KB260269

As Reformed Church, What Do We Believe?

개혁교회는 무엇을 믿는가?

지은이 서창원

개혁교회 : 오직 성경이 말하는 대로 말하고 성경이 주장하는 대로 가르치고 선포하며 성경이 교훈하는 대로 실천하고자 하는 자들의 공동체는 규모의 크기에 힘이 있는 것이 아니다. 항상 살았고 운동력이 있으며 좌우에 날선 어떤 검보다도 예리하여 사람의 혼과 영과 관절과 및 골수를 찔러 쪼개기까지 하며 심령을 변화시켜 새 사람이 되게 하는 하나님의 진리에 있다.

개혁교회는 무엇을 믿는가?

| 초판 4쇄 발행 | 2019년 1월 20일 |
| 초판 1쇄 발행 | 2010년 5월 5일 |

지은이	서창원
펴낸이	서창원
펴낸곳	진리의 깃발
등록일	1995년 1월 27일
동록번호	제 17-203호
발행처	도서출판 진리의 깃발
	서울 용산구 한강대로39길 34-4, 위너스타워 1203호
전화 · 팩스	02)984-2590	02)945-9986

| 편집 · 디자인 | 토라 디자인 (908-5538) |

| ISBN | 978-89-87124-19-3   03230 |

| 가격 | 20,000 |

As Reformed Church, What Do We Believe?

개혁교회는 무엇을 믿는가?

지은이 서창원

추천서

한국교회 강단에는 처음부터 요리문답 강해가 별상관이 없었습니다. 한국교회도 화란개혁교회처럼 요리문답 강해를 계속하였더라면 교회가 믿음의 진리에 굳게 서서 바르게 자라났을 것입니다.

요리문답은 우리의 믿음의 내용을 문답형식으로 제시하는 좋은 믿음교육서입니다. 만일 요리문답을 강론 받으면 믿음이 굳게 뿌리내려서 성도들이 믿음에 바로 서서 자라게 될 것입니다.

이번에 서창원 목사께서 교회설립 50주년 기념으로 요리문답 강해를 출간하기로 하였습니다. 문답형식으로 된 요리문답을 요목별로 통합해서 전개하고 제시하고 있습니다. 개혁신학에 입각해서 잘 해설하고 쉽게 전달하고 있습니다.

하이델베르크 요리문답과는 달리 웨스트민스터 요리문답은 성경관부터 제시합니다.

저자도 성경에 관하여 개혁신학의 입장을 고수하므로 현대 비평적 이론들을 멀리하고 있습니다. 그러면서 성경이 정확무오한 하나님의 말씀임을 잘 설명하고 제시하여 바른 믿음의 길을 제시합니다.

또 신학에서 제일 어려운 믿음의 조항인 삼위일체교리를 쉽게 설명하고 제시하여 누구나 이해할 수 있게 하였습니다. 삼위일체교리가 다 부정된 현대신학에서 전통적인 우리의 믿음의 도리를 잘 설명하고 고수해야 할 당위성을 성경적으로 잘 증명하고 제시하였습니다.

하나님의 속성에 대한 해설을 한 다음 하나님의 경륜의 작정 중에서 개혁신학의 핵심인 예정교리를 잘 설명하여 제시하고 있습니다. 믿음과 삶의 체험에서 이 어려운 교리를 잘 제시하므로 예정론에 대한 모든 시비를 잠재웁니다.

이어서 요리문답 해설자는 구주 예수 그리스도의 성육신의 필요성과 신인 양성이어야 함을 설명하고 제시하여 전통적인 신앙에 굳게 서도록 합니다. 현대신학은 기독론교리를 다 부정하여 자유주의기독교를 만들었는데 저자는 이 교리를 굳게 세우고 그렇게 믿어야 할 당위성을 잘 제시하고 있습니다.

성령의 사역과 위격을 성경적으로 잘 제시할 뿐만 아니라 오순절 운동의 문제점도 지적하여 교정하고 있습니다.

다음 인간론을 다루고 있습니다. 개혁신학의 인간론을 제시하므로 죄의 기원과 타락에 대해서 인간의 결정사항으로 이루어짐을 제시하고 있습니다.

2편에서는 구원의 길로 구원과정을 다루고 있습니다.

여기서는 구원이 전적으로 하나님의 은혜의 역사임을 강조하고 밝히고 있습니다. 그러므로 선택교리를 도입할 수밖에 없음을 밝히고 있습니다.

믿음에서 구원에 이르는 모든 과정이 다 성령의 역사로 이루어짐을 잘 밝히고 있습니다. 부르심에서 시작하여 거듭남과 믿음고백을 하여 죄인이 하나님께로 돌아가는 것을 성령의 사역으로 다 제시하고 있습니다. 그리고 믿음의 완성이 부활로 영생에 이름으로 결말합니다.

마지막으로 믿음이 발생하고 자라나는 터전인 교회의 조직과 직분자들에 대해서 잘 설명하고 있습니다. 믿는 자들이 바르게 자라도록 돕는 교회의 직분자들에 대해서 성경적인 합당한 제시를 하고 있습니다.

어려운 주제들을 저자는 쉽고 이해하기 쉽게 설명하고 제시합니다. 이렇게 할 수 있으려면 높은 신학적인 훈련과 경륜과 경험이 필요합니다.

저자이신 서창원 목사께서는 오랜 목회과정에서 꾸준히 신학도로 연구하고 목회과정에 적용하고 가르친 것을 결정판으로 제시하였습니다.

이 요리문답 해설서를 읽으면 우리의 믿음의 도리에 대한 간결하고 명료한 이해를 얻게 됩니다. 널리 읽으시므로 요리문답으로 교회를 지도할 수 있게 되기를 바랍니다. 성도들의 믿음생활에 놀라운 변화가 일어날 것입니다.

2010년 4월 22일
서철원 교수 (현 한영신학대학교 석좌교수 · 전 총신대 교수)

머리말

　목사의 영광은 하나님의 진리를 구원받아야 할 자들과 구원에 이른 자들에게 가감없이 전파하는 것이다. 엘리야가 갈멜산에서 기도했던 것처럼 그 모든 일들이 다 주께서 명하신 대로 하는 것임을 사람들이 알게 하는 것이라야 한다. 그것이 살든지 죽든지 우리 안에서 교회의 머리이신 그리스도께서 존귀히 여김을 받게 하는 길이다.

　목사가 임의대로 혹은 자의적인 생각에 의해서 하나님의 말씀을 전하는 것이 아니다. 그렇게 하는 것은 거짓 교사의 일이다. 사도들과 바른 하나님의 진리의 사람들이 전해 준 올바른 신학과 신앙과는 다른 복음이 판을 치고 있는 세상일지라도 하나님의 진리는 누구도 파괴할 수 없다. 당장은 사람들의 주목을 받지 못하고 있는 것 같아도 하나님의 눈은 그 진리에서 떠난 적도 없고 앞으로도 세세토록 그 위에 머물 것이다. 그리고 그 진리를 자신의 목숨보다 더 귀하게 여기는 자들은 바알에게 절하지도 않고 무릎을 꿇고 입을 맞추지도 않은 남은 자들 일 것이다.

개혁교회, 오직 성경이 말하는 대로 말하고 성경이 주장하는 대로 가르치고 선포하며 성경이 교훈하는 대로 실천하고자 하는 자들의 공동체는 규모의 크기에 힘이 있는 것이 아니다. 항상 살았고 운동력이 있으며 좌우에 날선 어떤 검보다도 예리하여 사람의 혼과 영과 관절과 및 골수를 찔러 쪼개기까지 하며 심령을 변화시켜 새 사람이 되게 하는 하나님의 진리에 있다. 이 진리는 세상에 있는 모든 것이 다 사라지고 없어도 영영히 살아 존재한다. 땅에 있는 모든 일들이 다 한시적인 것들에 관련되어 있으나 목사직은 영원한 것을 상대하는 일이다. 영원하신 하나님을 대면하며 그의 입에서 나오는 영원한 진리를 다루는 일이다. 그래서 영광스럽다고 말하는 것이다.

교육전도사 시절로부터 현재 담임목회에 이르기까지 33년을 강단에 서 왔다. 행정적인 미숙함과 리더십의 부족함 그리고 도덕적인 많은 흠이 있다. 그러나 한 가지 겸손한 마음으로 자부하는 것은 하나님의 진리를 전파하는 일에 어느 누구 못지않게 최선을 다해 왔다는 것이다. 사람들이 얼마나 변화를 받았는지, 얼마나 많은 사람들이 우리 주님을 더 알게 되며 진리에 부착되어 떠나지 않았는지 수치로 말할 수는 없다. 그러나 들은 자들 중 대다수가 진리의 말씀 안에서 자신들의 믿음을 견고히 구축해 왔으며 그리스도의 장성한 분량의 충만한데를 향하여 지속적으로 달려가고 있음은 분명하다.

내가 시무하고 있는 교회 설립 50주년을 맞이하면서 모든 교회가 하고 있는 교회 50년사나 화보집 발행을 멈추고 개혁교회 입문서에 해당되는 책을 출판하게 되었다. 물론 이것은 삼일예배 때마다 강론해 온

개혁 신학과 신앙을 출판하는 것이다. 개혁신학은 강단에서 선포되지 않으면 올바른 신학이 아니라는 가르침에 충실히 노력해 온 결과물이다.

모든 지식이 그러하듯 이 지식은 내가 스스로 창출한 것이 아니다. 하나님이 계시해 준 진리와 그 진리를 나보다 앞서 발견하고 신실하게 선포해 온 많은 선각자들의 도움에서 비롯한 것이다. 개혁교회가 무엇을 믿고 삶의 스타일을 형성해야 할지를 일목요연하게 규정해 준 웨스트민스터 신앙고백서를 기초로 하여 우리가 믿는 도리가 무엇인지를 강론한 것이다. 이미 소요리문답을 오랫동안 강론했었다. 그 연장선상에서 신앙고백서를 다루게 되었는데 다 끝내지 못한 미완성품이라고 말할 수 있다. 특별히 성령론에서 한국 그리스도인들이 심각하게 고민하는 방언 문제나 예언 문제 또는 신비주의 운동 등을 다루지 못한 것이 아쉽다. 그리고 실천적인 측면에서 보다 더 구체적으로 다루지 않은 것도 아쉬움으로 남는다. 물론 다른 부분에서 대략적으로 취급한 것은 있으나 책으로 내지 못했다. 그러나 기회가 되면 소요리문답 강론을 내고 싶다. 그곳에서 더 많은 것을 다루었기 때문이다.

또한 본 강론은 기본적인 원고를 토대로 하여서 현장감이 배제되어 있음이 마음 아프다. 이것을 보완하기 위해서 강론한 것을 그대로 씨디로 담아 함께 배포하고자 한다. 아마도 씨디를 들으면서 이 책을 읽으면 훨씬 도움이 되리라 본다. 그러나 씨디도 극히 일부가 기계 사용상 입력되지 못한 것이 있음을 밝힌다(6강과 10강). 그 외에는 모두 남아 있어 하나님께 감사드리지 않을 수 없다. 개혁교회는 무엇을 믿는 가? 본 강론이 독자들의 궁금증과 진실한 그리스도인으로서 무엇을 믿고 어떻게 살아야 하는 것인지를 분명히 증언해 줄 것이다. 이미 믿음의 선배들로부터 전수받아 배워서 확신해 온 그 진리 안에 견고히 세움을 입게 해 줄 것이다.

끝으로 개혁신앙 입문서를 출판하기로 기꺼이 동의해 준 삼양교회 당회와 특히 임직을 받으시는 분들에게 감사를 드린다. 50주년을 더 화려하게 기념할만한 것을 추구하고 싶은 욕망을 억제하고 순수하게 응해 준 일이 너무 감사하다. 또한 출판할 시간적 여유가 매우 부족함에도 불구하고 밤샘하며 수고를 아끼지 않은 토라 식구들에게 감사드리며, 이 책을 출판해 준 진리의 깃발사에게도 감사를 드린다. 이 책을 주님의 피값으로 세움을 입은 삼양교회에게 바친다.

오직 하나님께만 영광을! Soli Deo Gloria!

솔샘골 삼양교회 서재에서
주후 2010년 4월에 하나님의 한 작은 종 서창원

서론

서론

    신앙생활을 하는 사람들에게서 공통적으로 나타나는 현상은 대체로 두 가지이다. 하나는 자신이 믿고 있는 바에 대한 분명한 깨달음을 가지고 그 깨달음을 따라 신앙생활을 하는 경우이다. 다른 부류는 그 반대현상으로서 단지 교회에 다니는 것으로 만족하는 것이다. 다시 말하면 기독교의 기본적인 가르침이 무엇인지 그리 알려고 애쓰지 않고 자신의 만족과 필요만 채우려는 욕심에 이끌린다. 이것은 아주 주관적인 사고에 사로잡혀서 사는 것이다. 이런 사람에게는 섬기는 신의 뜻보다는 자신의 의지가 무엇보다도 중요하다. 그러나 전자는 자신이 믿고 있는 바가 무엇인지, 자신이 섬기고 있는 신의 뜻이 어떤 것인지를 날마다 알고자 하는 마음을 가지고 있다. 이런 사람에게는 자신의 의지보다 신의 뜻을 더 소중하게 여긴다.

    그에게는 새로운 진리를 알게 된 것을 인하여 말로 다할 수 없는 희열을 가진다. 늘 감격해 하면서 진리 탐구에 힘을 기울인다. 이런 사람은 송이 꿀보다 더 달고 정금보다 더 사모할 것이 곧 진리라고 주저함이 없이 말한다. 그러나 후자는 손에 쥐어지는 것이 그의 전부이다. 신앙생활이란 원하는 바를 손에 더 쥐어질 수 있게 하는 도구에 불과한 것이다. 그게 없다면 신이 부정된다. 교회 다니는 것도 쉽게 포기해 버린다.

우리는 어떤 유형의 사람인가? 배우고 확신한 일에 거하고자 하는 자인가? 아니면 단지 종교를 하나 가지고 있는 것으로 만족하는가? 성경에서 올바른 신앙생활에 대하여 가르치고 있는 것은 이것이다. "아무든지 나를 따라오려거든 자기를 부인하고 자기 십자가를 지고 나를 좇을 것이니라"(마 16:24). 여기서 예수는 신앙생활의 출발이 어디인지, 그리고 신앙생활이 무엇을 의미하는 것인지를 명확하게 제시하고 있다. 신앙생활은 한마디로 예수를 따르는 것이다. 예수를 내 앞에 모시고 그가 어디로 이끌든지 나는 그의 인도함을 따라가면 된다. 그 일은 자기 자신을 앞세우면 결코 불가능한 것이다. 그렇기 때문에 신앙생활의 출발점은 자기 부정이다. 그리고 자기 십자가를 지는 것이다. 즉 남이 하는 것을 그저 보고 있는 것이 아니다. 내가 그 일을 해야 하고 주님을 좇아가는 일을 몸소 감당해야 하는 것이다. 그것이 신앙생활의 전부이다.

그렇다면 자신을 죽이는 일, 자신을 부정하고 주님의 주되심을 인정하는 길은 무엇인가? 그것은 항상 주님을 앞세운다는 것이다. 즉 주님의 뜻을 무엇보다도 먼저 생각해야 한다. 그것이 설혹 자신의 생각과 반대되는 것일지라도 순종하는 것이다. 이것이 신앙생활의 가장 기본적인 덕목이다. 이것이 이루어질 때 자기 부정에 성공했다고 말할 수 있다. 순종이 이루어지지 않으면 그 다음 단계에 누구도 올라설 수 없다. 주님과 함께 걸을 수도 없고 먹을 수도 없으며 주님의 교훈을 받을 수도 없다. 순종하는 것이 자기 부정의 출발점이다. 그것이 곧 자기가 감당해야 할 일을 실천하는 십자가 짐이다. 문제는 내가 따라야 할 그분에 대한 참 지식이다. 알아야 따르지 않겠는가? 그래서 어떤 사람은 예수를 먼저 배우라고 말한다. 그리고 그를 따를만하다고 생각되면 그때부터 주님을 따라가면 된다고 말한다. 그러나 나는 그것을 반대한다. 왜냐하면 기독교 신앙은 알기 위해 믿는 것이지 믿기 위해 아는 것이 아니기 때문이다. 다시 말하면 일단 모든 것을 버려두고 예수를 좇으라. 그것이 예수의 제자들이 갔던 길이다. 그리고 그들은 예수와 함께 다니면서 예수의 가르침을 배웠다. 예수를 더 알게 된 것이다. 똑같이 우리들도 일단 모든 것을 버려두고 예수를 따라야 한다. 다시 말하면 자기 부정에서부터 출발해야 한다. 그리하면 예수를 알게 된다. 거기에는 결코 후회가 없다. 그것이 신앙생활의 맛이다. 지금까지 앞서 간 수많은 신앙인들이 동일한 고백을 한다. 예수를 아는 것이야말로 최고의 지식이다. 그것이 생명이다.

나는 그리스도를 따르는 목사로서 예수를 믿는 성도 여러분들에게 우리가 믿고 있는 도리가 무엇인지, 우리가 섬기고 있는 주님의 뜻이 어떤 것인지를 바르게 가르친다. 그리고 여러분의 순종이 헛되지 않고 올바른 헌신과 믿음의 삶을 살게 하도록 돕고자 한다. 배움을 통해서 자기 부정이 더 많이 습관화되고 그리스도 예수의 사람으로 온전하게 되는 축복을 날마다 누리게 되기를 소망한다. 또한 예수를 믿는 성도들이 어린아이의 자리에 머물러 있지 않고 장성한 사람으로 성장하여 능히 선생이 되어서 예수 그리스도의 도를 다른 사람에게 가르칠 수 있고 스스로 선악을 분별하여 의의 말씀을 날마다 경험하는 축복이 있게 되기를 간절히 소망한다. 그런 목적을 가지고 이제부터 기독교 신앙의 핵심이 무엇인지를 여러분들과 함께 공부하려고 한다.

특히 이 공부를 위해서 성경 외에 세 권의 책을 참고하여 가르치려고 하는데 첫째는 19세기 프린스톤 신학교 조직신학 교수였던 아키발드 알렉산더 핫지(A. A. Hodge)목사가 쓴 『웨스트민스터 신앙고백 해설』과 현재 개혁신학연구원의 조직신학 교수인 나용화 목사가 쓴 『웨스트민스터 신앙고백서』, 그리고 미국의 웨스트민스터 신학교 강사인 알 씨 스프롤(R. C. Sproul) 목사가 쓴 『기독교의 핵심 진리 102가지』라는 책이다.

본 강좌는 웨스트민스터 신앙고백서의 가르침을 따라 진행하려고 한다. 신앙고백서란 성도들이 무엇을 믿는 것인지, 어떻게 살아야 하는지를 가르치고 있는 성경의 교훈을 체계적으로 정리하여 내놓은 교회 가르침을 말한다. 이것은 성경과 더불어서 교회가 가르치고 지키는 중요한 핵심사항을 일목요연하게 정리한 것으로서 마치 인체로 비유하면 뼈대와 같은 것이다. 골격이 없는 인간은 인간이 아니다. 모든 인간은 다 골격이 있다. 그 골격을 따라 건강한 몸을 만들어가듯 교회도 우리가 믿고 있는 도리에 따라서 건강한 교회를 만들어 가는 것이다. 그것은 곧 우리의 건강한 신앙생활에 결정적인 역할을 하는 것이다. 확실하게 아는 것만큼 자신감 넘치는 용기가 나타나는 것이다. 무기력증은 알고 있는 것이 희미하거나 알지 못하기 때문에 나타난다. 거기엔 용기도 없다. 생동감도 없다. 그러나 어떤 것을 분명하게 알 때 거기엔 흔들림이 없다. 자신감 위에 더 많은 것을 축적해 갈 수 있는 것이다.

문제는 초대교회가 형성된 이후로 교회 내에 흐르고 있는 여러 풍조들이 많이 있기 때문에 도대체 어떤 것이 바른 것인지, 무엇이 옳고 정확한 것인지를 알지 못하면 헛다리짚고 마는 것이다. 그 일을 위해서 사도 바울은 에베소 교회에 편지하면서 교회의 머리되신 예수 그리스도께서 하늘에 승천하시면서 이 땅에 있는 교회 안에 말씀을 선포하고 가르치는 귀한 직분자를 세우셨다고 하였다(엡 4:11-14 참고). 따라서 목사로서 나는 내게 줄로 재어준 구역의 사람들이 사람의 궤술과 간사한 유혹에 빠져 모든 교훈의 풍조에 밀려다니는 일이 없도록 바른 가르침을 제공하는 일에 최선을 다하고 있다. 소요리 문답 강해에 이어서 나는 여러분들에게 그 많은 신앙고백서들 중 특히 웨스트민스터 신앙고백서의 가르침을 소개하고자 한다. 그 이유는 그것이 개혁장로교가 신봉하고 있는 신앙고백서이기 때문이며 또한 그것이 가장 성경의 가르침을 잘 분석하여 체계를 세운 지침서이기 때문이다. 물론 여기에 이른바 1563년에 독일에서 만들어진 하이델베르크 요리문답이나 1619년에 화란에서 만들어진 도르트 신경 역시 우리가 안심하고 읽을 수 있는 개혁교회 신조임을 말한다. 그럼에도 불구하고 웨스트민스터 신앙고백서를 택하는 이유는 이것이 1517년 종교개혁 이후 수많은 신앙고백서들이 쏟아져 나온 100여년의 세월이 흐른 다음 1648년에 영국 웨스트민스터 종교회의에서 만들어진 신앙고백서이기 때문이다. 이것은 그 동안 나온 신앙고백서의 모든 특징들을 포함하여 완성된 신조이기도 하며 특히 장로교 전통적인 신조이기 때문이다.

웨스트민스터 종교회의는 1643년 7월 1일부터 1648년 2월 22일까지 만 5년 7개월 동안 151명의 총대들이 무려 1163번이나 회의를 거듭한 끝에 웨스트민스터 신앙고백서와 대소요리문답 및 예배 모범을 발간하게 되었다. 그 이후 스코틀랜드 장로교회는 1648년 6월 20일 의회의 승인을 거쳐서 장로교 신조로 사용하게 된 것이다. 그 후 미국에 건너간 장로교회가 이 신앙고백서 중 교회와 국가관계 문제를 다룬 일부를 수정 보완하여 사용하는 것을 한국교회가 채용하여 사용하고 있는 것이다. 나는 미국장로교회가 수정 보완한 것보다 원래 스코틀랜드 교회에서 사용하고 있는 웨스트민스터 신앙고백서의 가르침을 중심으로 기독교 신앙, 제대로 믿고 있는가? 라는 제목 하에 개혁장로교회 성도들의 믿는 바를 견고히 하고자 한다. 앞으로 이 강론에도 주님께서 풍성한 은혜를 부어 주사 우리의 영을 더욱 성결케 하고 믿는 것과 아는 것이 하나가 되고 우리를 향하여 가지신 주님의 뜻을 더 잘 받들어 섬기는 신실한 그리스도인들이 되기를 소망한다.

　주여 영광을 받으소서. 그리고 우리 모두를 긍휼히 여기소서! 아멘!

1장

하 나 님 의
계시(啓示)인
성경에 관하여

1장

하나님의 계시(啓示)인 성경에 관하여
Of the Holy Scripture

옛날에는 길거리에서 주사위나 화투를 가지고 코흘리개들의 쌈지 돈을 터는 일이 있었다. 앞에서 공기 속에 들어가 있는 특정한 주사위나 혹은 특정한 그림을 보여주고 손놀림을 통해서 본래 보았던 주사위나 그림이 있는 쪽을 가리켜서 맞으면 많은 상금을 받지만 틀리면 건 돈 다 잃는 게임이다. 분명 이쪽 공기 속에 내가 선택한 주사위가 있는 것 같다고 생각했는데 막상 뚜껑을 열면 전혀 아닌 경우가 대부분이었다. 재미있는 것은 돈을 따겠다는 욕심이 작용해서 주사위나 그림이 있다고 추측하여 돈을 건다는 것이다. 그러나 그것은 단순한 어림짐작이었고 순전히 억측이었으며 결과는 눈속임에 속아서 주머니에 든 돈을 다 잃고 만다는 것이다. 공기를 열거나 또 덮어두었던 그림을 열어 펼쳐 볼 때 진짜가 어디에 있고 가짜가 어떤 것인지를 알 수 있는 것이다.

하나님에 대한 지식도 마찬가지이다. 우리가 기독교 신앙에 대하여 아는 것들은 다 하나님이 계시해 준 것들뿐이다. '계시하다'(reveal)는 말은 '가려진 베일을 벗기는 것'이다. 즉 가려져 있는 천이나 커튼을 열어 젖히는 것을 말한다. 우리가 하나님에 대하여 알고자 할 때 하나님이 계시해 준 것을 사용하지 않는 한 우리들의 어림짐작은 언제나 빗나가고 만다. 그것은 어리석은 행위인 것이다. 상당수의 성도들이 하나님에 대하여 대충 짐작하여 말하는 경우가 많다. 그러나 우리의 추측이 정확하지 않는 추측으로 끝나버릴 가능성이 많다는 것이다. 선거 때 하는 출구조사를 통해서 당락 여부를 발표하는 언론사들의 추측보도는 항상 뚜껑을 다 열어보아야만 알게 되는 것이다.

우리가 단지 머리로 혹은 경험적으로 말하는 하나님에 대한 지식도 그것이 하나님이 계시해 주신 것에 근거하지 않는 한 항상 불안한 것임을 알아야 한다. 우리가 배우고 확신한 일에 거하기 위해서는 우리의 믿는바가 하나님의 계시하심에 근거한 것이라야 한다. 하나님을 하나님만큼 잘 아시는 분이 누가 있는가? 나를 나만큼 잘 아는 사람이 없다. 따라서 여러분들이 목사를 어떤 모습으로 묘사하든, 혹은 추측하여 말하든지 가장 정확한 것은 당사자로부터 직접 듣는 것이다. 마찬가지로 하나님에 대한 것도 하나님께서 하나님 자신을 하나님이 어떻게 말씀하고 있는지를 알 때 우리는 하나님을 올바르게 알 수 있는 것이다.

그 하나님께서 말씀하신 계시가 바로 성경이다. 하나님께서는 다양한 방법으로 자신을 계시한다고 말하는 성경의 가르침은 웨스트민스터 신앙고백서에서 다음과 같이 말한다.

'자연의 빛과 창조와 섭리의 사역 가운데 하나님의 선하심과 지혜와 능력이 분명하게 나타나 있다. 그래서 아무도 하나님을 모른다고 핑계할 수가 없다(롬 1:19-20, 32, 2:14-15, 시 19:1-3). 그러나 그러한 것들은 하나님과 구원에 이르는데 필요한 그의 뜻을 아는 지식을 주는데 있어서는 불충분하다(고전 1:21, 2:13-14, 행 4:12, 롬 10:13-14). 그래서 주님은 여러 시대 여러 가지 방식으로 자신을 계시하시고 자기의 교회에 자신의 뜻을 선포하시기를 기뻐하셨다(히 1:1-2, 갈 1:11-12). 그 후에는 진리를 더 잘 보존하고 전파하기 위해서 그리고 육신의 부패와 사단과 세상의 악에 대비하여 교회를 더욱 견고하게 하며, 위로하시기 위해서 바로 그 진리를 온전히 기록해 두게 하셨다(눅 24:27, 딤후 3:16). 이같은 이유로 성경이 절대적으로 필요하게 된 것이다(눅 16:29-31, 벧후 1:10, 히 2:1-3). 그리하여 하나님께서 자기 백성에게 자신의 뜻을 직접 계시해 주시던 과거의 방식들은 이제 중단되었다(요 20:29-31).

이 전문은 4가지 사항을 제시하고 있다.

① 자연의 빛, 창조와 섭리의 일들은 하나님이 계시다는 것과 그의 본성과 성품을 어느 정도 알려주기 때문에 사람들이 하나님을 전혀 알지 못하노라고 핑계할 수 없다는 것이다.

② 그러나 이 지식은 사람이 죄로부터 구원을 받게 하는데는 충분한 것이 못된다.

③ 그 결과 하나님은 그의 무한하신 자비하심으로 인하여 여러 시대에 여러 가지 방법으로 자신을 나타내시기를 기뻐하셨다.

④ 그 계시를 기록하시기를 기뻐하셨으며 그 계시는 지금 오직 기록된 성경에만 포함되어 있다.

이것을 좀더 알기 쉽게 정리해 보면 사실 두 가지를 말씀하고 있다. 신학적인 용어를 사용하면 하나는 일반 계시이며 다른 하나는 특별계시를 말한다. 일반 계시라고 하는 것은 그 내용이 보편적이라는 것이며 일반적인 사람들을 그 계시의 대상으로 삼는다는 점에서 일반 계시이다. 그리고 특별계시라는 것은 반대로 특별한 방식으로 나타낸 것인데 예수 그리스도와 기록된 성경이 그러하며 그 계시의 대상은 하나님의 자녀들에게 한정된다는 차원에서 특별계시이다. 이 하나님의 계시에 대한 극치는 히브리서 1장 서두에서 언급하고 있다: "옛적에 선지자들로 여러 부분과 여러 모양으로 우리 조상들에게 말씀하신 하나님이 이 모든 날 마지막에 아들로 우리에게 말씀하셨으니 이 아들을 만유의 후사로 세우시고 또 저로 말미암아 모든 세계를 지으셨느니라"(히 1:1-2).

1) 일반 계시의 내용

우리는 일반 계시를 통해 하나님이 계신다는 것을 안다. 구약 성경이 가르치고 있는 것을 보면 "하늘이 하나님의 영광을 선포한다"고 했다(시 19:1). 하나님의 영광은 하나님이 하신 모든 일들 속에서 나타난다. 그러한 나타남이 너무나 명백하기 때문에 모든 피조물들은 그 사실을 다 알 수 있다. 자연 만물의 움직임과 우주의 모든 조화가 하나님의 능력의 어떠함과 신성을 보여주는 것이다(롬 1:18-23 참고). 하나님이 모든 인간에게 햇빛과 달빛 그리고 공기와 물을 마시게 하시는 것들이 다 일반 계시에 속한 일들이다. 때를 따라 이른비 늦은비를 내리는 것도 다 일반 계시에 속한 일들이다. 그러나 그것들이 다 하나님의 계시가 아니다. 자연 속에 나타난 하나님의 계시를 가지고서는 죄인들이 구원을 얻게 하는 하나님에 대한 지식을 온전히 알 수 없는 것이다. 그것은 특별한 계시가 필요하다. 그러나 우리가 알아야 하는 것은 일반 계시 속에서 발견되는 하나님의 창조하심과 그의 신기한 능력에 대한 내용들은 다 성경의 특별 계시에서 언급하고 있는 것과 일치하는 것이다. 즉 성경의 하나님과 자연 만물이 계시하고 있는 하나님은 동일한 것이다.

2) 일반계시는 그 대상이 모든 사람들이다

이 세상의 모든 사람들이 다 성경을 읽거나 하나님의 복음 메시지를 듣는 것이 아니다. 그러나 앞에서 지적하였듯이 태양이나 달과 별빛이 어디서나 누구에게나 다 비추이듯 하나님의 일반 계시는 날마다 주어진다. 하나님은 언제나 자신을 증거하시기를 좋아하신다. 우리 눈에 보이는 세상은 이 세상을 지으신 분의 권능과 영광을 반사하는 거울과 같다. 마치 최고의 조각가가 어떤 작품을 만들었다면 그 작품 자체가 그 조각가의 능력과 영광을 나타내는 것과 같다. 그 조각품을 보고 조각가를 생각하며 이 훌륭한 작품을 남긴 것을 인해 모든 영광을 조각가에게 돌리는 것이다.

마찬가지로 세상의 모든 눈에 보이는 것이나 보이지 않는 것들, 땅 아래 있는 것이나 하늘에 있는 것들, 물 속에 있는 것들이나 물밖에 있는 것들 모두가 다 하나님의 창조 작품들이다. 그 작품들의 화려함과 섬세함 그리고 움직임 하나 하나가 다 창조주의 솜씨를 드러낸다. 사람들은 자연이 모든 자연의 시작이라고 말한다. 그러나 자연은 그 자체로서 생명을 만들어낼 수 없다. 자연 자체가 생명을 잉태할 수 있는 것이 아니다. 모든 생명의 근원은 생명이신 하나님께 있다. 자연을 생명의 근원으로 간주하는 것은 피조물과 창조주를 혼동하는 것이다. 하나님께서는 로마서에서 이 사실을 명확하게 제시한다: "썩어지지 아니하는 하나님의 영광을 썩어질 사람과 금수와 버러지 형상의 우상으로 바꾸었느니라 … 이는 저희가 하나님의 진리를 거짓 것으로 바꾸어 피조물을 조물주보다 더 경배하고 섬김이라 주는 곧 영원히 찬송할이시로다 아멘!"(롬 1:23, 25).

이처럼 자연 숭배사상은 그 형태가 어떠하든지 하나님께서 역겨워하시는 것이다. 그래서 우상숭배는 하나님이 가장 경멸하시는 대상인 것이다.

일반 계시의 역할은 하나님의 존재를 알리는 것이다. 그러나 이 세상은 무신론 사상도 많이 있다. 그런 자들을 성경은 어리석은 자라고 말한다: "어리석은 자는 그 마음에 이르기를 하나님이 없다 하는도다"(시 14:1).

어리석다는 말은 얼간이 혹은 바보라는 말이 아니라 부도덕하다는 의미이다. 그렇기 때문에 하나님을 인정치 아니하는 자들이 만들어내는 일들은 세상을 더욱 썩어가게 하는 것들뿐이다. 타락의 모든 일들은 하나님을 창조주시요 만 왕의 왕으로 인정하지 아니하는 자들의 일들이다. 그것은 하나님의 무서운 심판을 초래하는 것들일 뿐이다. 바보는 원래 저능아이기 때문에 정상적인 판단과 행동을 할 수 없다. 그런 자들이 살인죄를 범할 때 정상 참작이 된다. 그러나 부도덕하다는 말은 자신의 지각을 가지고 행동하되 하나님을 인정치 아니하는 교만한 얼굴을 가지고 합당치 못한 일을 저지른 것이다. 그러므로 하나님은 충분히 죄를 물을 수 있게 되는 것이다. 마음에 이르기를 하나님이 없다 하는 것은 하나님의 심판을 받을 대상으로 스스로를 방치하는 것이다. 그런 의미에서 어리석은 자이다. 또 그런 자들을 성경은 악인이라고 한

다: "악인은 그 교만한 얼굴로 말하기를 여호와께서 이를 감찰치 아니하신다 하며 그 모든 사상에 하나님이 없다 하나이다"(시 10:4). 하나님을 부인하는 것이야말로 악한 행위이다. 많은 사람들이 하나님을 믿지 않는 것이 죄라는 사실을 알지 못한다. 이것이 자연 계시의 한계이다. 그러나 성경은 우리에게 분명히 선언한다. 하나님이 계시다는 만물의 선언이 참이라는 것과 그 하나님을 믿지 않는 것이 악이며 어리석음의 극치를 보여주는 것임을 말이다.

결론은 이것이다. 기독교는 계시의 종교이다. 하나님을 알지 못하는 인간들에게 하나님을 알도록 계시하신 것이다. 이 계시에는 일반 계시와 특별계시가 있다. 전자는 하나님이 지으신 창조 세계를 말하며 후자는 성경을 의미한다. 자연 만물은 하나님이 계심을 증거하지만 죄와 허물로 죽은 인간들이 구원을 받게 하는 참 지식은 주지 못하는 불충분한 것이다. 왜냐하면 자연만물은 인간의 죄로 인하여 부패하고 왜곡되었기 때문이다. 따라서 하나님을 어림짐작으로 아는 것이 아니라 하나님이 덮여있던 베일을 벗김으로써 온전히 알게 되는 것이다. 하나님이 없다고 부정하는 것은 어리석은 것으로서 하나님의 심판의 대상이 되는 것이다. 따라서 범사에 하나님을 아는 것이 생명이다(요 17:3). 이 생명을 얻게 하는 참 지식은 예수 그리스도와 성경을 통해서만이 습득할 수 있는 것이다.

3) 특별계시와 성경

예수께서는 보이지 아니하는 하나님의 형상(골 1:15)이시다. 이것은 예수께서만 하나님이 어떠한 분인지를 제대로 알게 해 준다는 그의 신적 권위를 말하는 것이다. 실지로 빌립이 아버지를 보여달라고 했을 때 그는 직접 "나를 본 자는 아버지를 보았거늘 어찌하여 아버지를 보이라 하느냐"(요 14:9)고 꾸짖으셨다. 즉 예수께서는 자신을 보는 것이 곧 아버지 하나님을 보는 것이라고 말씀하신 것이다. 그러므로 예수의 성육신 자체는 곧 하나님의 특별계시임을 선포하신 것이다. 그 예수께서 그가 공생애를 시작하실 때 마귀에게 시험을 당한 세 가지 것들을 다 기록된 말씀으로 물리치셨다. 그것은 기록된 성경의 권위를 인정하신 것이다. 그리고 예수께서 대응하신 것 중에 돌로 떡을 만들라는 시험에서 "사람이 떡으로만 살 것이 아니요 하나님의 입으로 나오는 모든 말씀으로 살 것이라"(마 4:4)고 하신 것은 인간에게 하나님의 말씀의 필요성을 강조하신 것이었다. 이스라엘 백성들, 하나님을 경외하는 백성들에게 주신 하나님의 말씀을 언급하신 것이다. 육신을 지닌 사람에게 육의 양식이 필요하지만 하나님의 백성들에게는 영의 양식도 필요한 것이다. 그 양식은 사람이 주는 것이 아니라 하나님의 입에서 나오는 말씀이다.

그 성경의 권위는 다른 책들과 달리 기록한 사람들에게서 있는 것이 아니다. 그것은 그것을 말씀하신 하나님의 권위에서 나오는 것이다. 그렇기 때문에 교회는 역사적으로 성경을 '복스 데이'(Vox Dei) 즉 하나님의 음성 혹은 '베르붐 데이'(Verbum Dei), 즉 하나님의 말씀으로 지칭하였다. 우리가 성경을 읽을 때 혹은 성경의 가르침을 배울 때 그것이 곧 하나

님의 음성으로 들어야 하고 하나님의 말씀으로 받아야 함을 의미하는
것이다. 물론 이것은 성경이 거룩하신 하나님에 의하여 직접 쓰여졌다
거나 하늘에서 뚝 떨어진 것이라는 의미가 아니다. 우리가 다 알고 있
듯이 성경은 여러 명의 저자들이 있다. 그들의 독특한 언어 습관과 문
체, 특별한 강조점과 관점들 및 나름대로의 독특성을 가지고 쓰여진 것
이다.

그렇다면 성경을 왜 하나님의 음성 혹은 하나님의 말씀으로 믿는 것
인가? 그것은 성경을 기록할 때 인간 저자들은 자신들의 의견을 기록
했을 뿐 아니라 그것이 하나님에 의해서 영감을 받은 즉 성령의 감동하
심으로 기록된 것 때문이다. 성경에 대한 가장 확실한 증언을 담고 있
는 디모데후서 3:16은 "모든 성경은 다 하나님의 감동으로 된 것이니"라고
기록하고 있다. 여기에 번역된 '감동' 혹은 '영감'이라는 단어는 '하나님
이 숨을 내쉼'이라는 의미를 지닌 헬라어의 번역이다. 즉 하나님이 호
흡을 불어넣어 주신 것이라는 말이다. 인간 저자들이 성경을 기록할 때
하나님께서 숨결을 불어넣어 주심으로 그 기록된 말씀이 하나님이 말
씀하신 것으로 믿는 것이다.

사람의 손길에 의해서 기록된 것임에도 불구하고 그 원천이 하나님
에게 있기 때문에 우리는 성경을 하나님의 말씀이라고 말하는 것이다.
특히 구약에 보면 모든 선지자들이 다 "여호와께서 말씀하시기를"로 시작
하고 있는 것은 그들이 입을 벌려 말씀하는 모든 것이 다 여호와 하나
님으로부터 온 것이라는 사실을 표현한 것이다. 바알 선지자들과 맞서
싸운 엘리야의 기도에도 그런 사실을 분명하게 언급하고 있다: "내가 주

의 말씀대로 이 모든 일을 행하는 것을 오늘날 알게 하옵소서"(왕상 18:36). 선지자들의 말과 행동은 스스로에게서 우러나온 지혜의 말이 아니라 하나님께서 말씀하신 것을 말하는 것이었다. 그렇기 때문에 성경은 누구도 폐하지 못한다(요 10:35).

영감(inspiration)이라는 말에는 성령 하나님께서 '감독하신다'는 의미도 갖고 있다. 즉 인간 저자들이 임의대로 말하지 않고 하나님의 말씀을 전하도록 조정하신 것이다. 즉 성령 하나님께서 인간 저자들이 자유롭게 자신의 능력을 발휘하되 그들의 저작활동을 지도하며 틀림없는 하나님의 말씀을 표현하도록 지켜주셨음을 의미하는 것이다. 그렇기 때문에 영감을 받아 기록된 말씀은 다 하나님의 말씀으로서 틀림없는 진리요 하나님의 입에서 나온 말씀으로 받는 것이다. 또한 성경을 우리는 정확 무오한 하나님이 말씀이라고도 표현한다. 오늘날 일부 신학자들 사이에서는 성경의 무오성을 부정하는 가르침을 두려움 없이 하고 있지만 우리는 성경이 하나님의 말씀임을, 그것도 오류가 없는 하나님의 말씀임을 믿는 것이다.

그 증거는 많이 있다.
① 구약성경의 저자들의 증언: 신 31:19-22, 34:10, 민 16:28,29
삼하 23:2
이들의 공통점은 다 하나님의 이름으로 말씀했다는 것이다.
신 18:21,22, 왕상 21:19, 렘 9:12 **"여호와의 입의 말씀"**이라는 말로 표현하고 있다.
② 신약의 저자들의 증언: 눅 1:70, 히 1:1, 딤후 3:16, 벧전 1:12

벧후 1:21

③ 신약저자들이 구약성경을 인용할 때도 성령께서 말씀하신 것으로 기록하고 있다

히 3:7, 9:8, 행 2:17, 고전 9:9-10, 행 4:25. 히 4:7 등등

④ 사도들의 증언: 사도들은 그리스도의 약속이 실현된 것과 자신들을 하나님의 선지자로 간주하였다. 그렇기 때문에 완전한 권위를 가지고 말함을 천명한 것이다. 사도들의 기록은 구약성경과 같은 위치에 놓인 하나님의 말씀으로 간주되는 것이다.

벧후 3:16, 살전 5:27, 고전 2:13, 고후 13:2-4, 갈 1:8-9.

이 영감된 말씀은 지금 구약과 신약으로 구성되어 있는 66권이 전부이다. 그 외에는 누구도 정경에 포함시킬 수 없는 것이다. 이 말씀은 모두 진리이고 신뢰할 만한 것이다. 인간의 문학작품들은 그 어느 것이든 오류를 범할 여지가 있다. 그러나 성경은 인간의 고안물이 아니라 하나님에 의해서 영감을 받아 기록된 것이며, 성령 하나님의 감독하심에 따라 주어진 것이기 때문에 진리의 영께서 주신 이 말씀에 오류가 있을 수 없는 것이다. 만약 있다고 주장한다면 그것은 진리의 영이신 성령 하나님에게 오류가 있음을 말하는 것과 같다. 물론 우리는 성경의 번역본 자체에 오류가 없다고 말하는 것이 아니다. 성경의 원본이 절대적으로 정확하다는 것이다. 일부 종교에서는 외경을 포함하여 가르치고 있지만 정통적으로 기독교는 66권의 정경만을 인정한다.

4) 정경이란 무엇인가? (of the Canon)

우리는 보통 성경을 한 권의 책으로 생각하기 쉽지만 사실은 66권이라는 별개의 책들을 한권으로 묶은 것이다. 이 66권을 정경이라고 하는데 영어의 canon이라는 말은 헬라어의 '측정하는 잣대', 혹은 '기준' 및 '표준'이라는 말에서 나온 것이다. 그래서 웨스트민스터 신앙고백서에서 이 성경을 '신앙과 행위의 유일한 규범'으로 정의한 것이다. 신약성경의 정경에 있어서는 가톨릭이나 개신교간에 완벽한 일치를 이루었지만 구약에 대해서는 의견의 차이가 있다. 즉 가톨릭에서는 신구약 중간기에 쓰여진 외경을 포함시킨 반면에 개신교에서는 배제시켰다. 그 이유는 유대인들의 팔레스타인 정경에 이 외경을 포함시키지 않았기 때문이다.

웨스트민스터 신앙고백서에서는 외경에 대하여 이렇게 정리하고 있다: '보통 외경이라 불리우는 책들은 영감에 의한 것이 아니기 때문에 경전의 일부가 될 수 없으며 하나님의 교회 안에서 어떤 권위도 행사할 수 없다'. 이 외경이란 다른 책들과 달리 인정될 수도 없고 사용될 수도 없다. 영어의 아포크리파(apocrypha)라고 하는 외경은 저자가 불분명한 고대문서들에 붙인 이름인데 토비트서, 지혜서, 유딧과 집회서, 마카베오 상하 등을 말한다. 이것들이 정경에 포함되지 않는 이유는 ① 히브리어 성경에 포함된 일이 없으며, ② 그리스도나 사도들에 의해서 인용된 적도 없다, ③ 초대교회 교부들이 작성한 정경목록 속에도 포함된 적이 없기 때문이다. 다만 로마 가톨릭에서 16세기 트랜트 종교회의에서 처음으로 정경 속에 포함시켜서 논쟁을 불러 일으킨 것이며 종교개혁자들은 이것들에 대하여 강력하게 반대하였던 것이다. 외경은 영감을 받았다는 증거가 하나도 없는 것이다. 일부는 우화에 불과하며 나쁜 짓도 가르치고 있는 것으로 보아 정경에 포함될 자격이 없는 것이다.

그렇다면 어떻게 해서 정경을 형성하게 되었는가? 그것은 다른 여러 논란을 거쳐서 초대교회 성도들이 사용해 온 사본들을 모아 사도들이 쓴 서신들을 중심으로 공교회가 하나님의 성령으로 감동을 받아 기록한 말씀으로 받게 한 것이다. 다시 말하면 로마 가톨릭의 주장처럼 교회가 정경을 '창출해내는' 것이 아니라 이미 주님이 주신 기록된 말씀을 교회는 하나님의 말씀으로 받은 것이다. 즉 교회는 성경의 정경을 인정하고 받아드리고 그것에 복종할 뿐이다. 그래서 종교회의에서 교회가 사용한 단어는 라틴어의 '레시피무스'(recipimus), 즉 우리는 '받아드린다'라는 단어를 사용한 것이다.

구약을 포함한 정경에 대한 기준은 사도들이 사역하고 있는 초대교회에 있어서 크게 문제가 되지 않았다. 그 이유는 교회들이 예수 그리스도의 사역에 관한 모든 내용과 가르침을 담고 있는 구전들이 상당수 존재하고 있었기 때문이다. 더구나 사도들이 살아 있는 동안에 사도적 가르침에 대한 다른 특별한 내용이 필요하지 않았다. 그러나 교회들이 사방에 흩어지며 생겨나면서 신약성경에 대한 기준이 필요하였던 것이다. 심지어 그들이 살아 있는 동안에도 어떤 문서들이 진짜 사도들의 것인지, 혹은 권위를 지닌 것인지 제정해야 할 필요성이 생겨난 것이다.

정경의 기준은 다음 세 가지이다. 첫째, 사도들이 원저자이거나 또는 사도들의 승인이 있어야 한다. 구약 성경 같은 경우에는 모세의 율법과 선지서들과 시가서들 및 역사서들을 하나님의 아들 예수 그리스도께서 인정하셨고 사도들이 인정한 성경이었다(막 14:49, 눅 24:44, 요 5:39).

둘째, 초대교회에 의하여 권위있는 책으로 받아진 것이라야 한다.

셋째, 확실하게 정경으로 받아드려진 다른 책들과 조화를 이루어야 한다. 이와 같은 원리에 w의하여 교회는 정경을 창출해 낸 것이 아니라 단지 책들이 정경성을 가지고 있다고 인준한 것이며 그 인준으로 말미암아 그 책들이 교회 안에서 권위 있는 것이 된 것이다. 그래서 웨스트민스터 신앙고백서에서는 이렇게 명시한다: '성경의 권위는 어떤 인간의 증언이나 교회의 증언에 의존하는 것이 아니라 전적으로 하나님께 의존한다. 하나님께서 이 성경의 저자이시다. 이처럼 성경은 하나님의 말씀이기 때문에 우리는 그것을 믿고 순종해야 하는 것이다'(WFC. 1:4항).

성경을 하나님의 말씀으로 믿고 순종할 수밖에 없는 가장 큰 이유는 성도들 속에 내주하고 계신 성령의 역사하심이다. 성령은 소경이 된 눈을 뜨게 해 주며, 병든 마음에 합당한 감각을 주신다. 그래서 영적인 체험을 하게 되고 그것을 증거로 확신이 생기는 것이다. 다시 말해서 사람이 중생을 하면 처음엔 이성으로 성경을 이해해보려고 애를 쓴다. 그러나 읽고 묵상할수록 이것이 하나님의 진리라는 사실을 확신하게 되고 그 말씀에 복종하지 않을 수 없게 되는 것이다.

성경을 '신앙과 행위의 유일한 규범'으로 규정하고 있는 이유도 하나님의 영감된 말씀이라는 사실에서 출발하는 것이다. 이 성경 외에는 하나님의 계시가 없으며 여기에 어떤 것도 가감할 수 있는 권한이 인간 누구에게도 주어진 적이 없다. 사람들이 성경을 부지런히 연구할수록 그리고 성경의 교훈들을 열심히 순종할수록 하나님에 대하여 믿어야 할 모든 것과 하나님이 사람에게 요구하시는 모든 의무에 대하여 성경이 충분히 설명하고 있음을 확신하지 않을 수 없게 한다.

5) 성경 해석

'성경의 모든 기록들은 그 자체가 모두 같은 정도로 알기 쉬운 것이 아니며 모든 사람에게 같은 정도로 분명한 것도 아니다(벧후 3:16). 그러나 구원을 위해서 우리가 꼭 알아야 하며 꼭 지켜야 할 부분들은 성경의 이곳저곳에 분명하게 제시되어 있고 열려 있기 때문에 유식한 사람이든 무식한 사람이든 일상적인 구원의 수단이 적절히 사용될 경우 그것들을 충분히 이해할 수 있다'(1:7항)

문자화된 문서를 이해하려면 먼저 그 문서를 해석해야만 한다. 헌법재판소 위원들은 헌법을 해석하는 임무를 가진 고도로 숙련된 사람들로서 논란의 여지가 있는 것들을 명확하게 규정하는 일을 한다. 일단 결정이 내려지면 모든 사람들이 다 그 결정에 순응해야 하는 것이다. 대통령의 탄핵문제나 수도이전 문제 등에 대한 헌법소원을 다룬 결과에 대하여 반대가 있을 수 없는 것이다. 모든 법적 문제의 최종적 권위가 헌법재판소에 있는 것이다. 그러나 성경 해석은 헌법을 해석하는 것보다 훨씬 더 엄숙한 일이요 세심한 주의와 부단한 노력이 요구되는 일이다.

성경은 그 자체가 헌법 재판소이다. 성경 해석의 주된 규칙은 '성경을 성경으로 해석한다'는 말인데 그 말인즉 '성경이 그 자신의 해석자'라는 말이다. 다시 말하면 성경의 어떤 한 부분에서 애매한 부분이 다른 부분으로 명확해 질 수 있다는 것이다. 성경 자체가 성경해석의 무오한 법칙이다. 성경을 성경으로 해석한다는 것은 성경의 한 본문을 다른 본문과 대립시켜서 해석한다는 말이 아니다. 모든 본문은 직접 접해 있는 문맥에 비추어서 해석할 뿐 아니라 성경 전체의 문맥에 비추어 해석해야 하는 것이다.

로마 가톨릭에서는 성경 해석에 네 가지 방법을 사용한다. 하나는 문자적인 해석이요, 두 번째는 은유적 해석, 셋째는 비유적 해석, 넷째는 신비적 해석이다. 그러나 개신교에서는 오로지 문자적 해석만이 정당한 해석방법이라고 가르친다. 문자적 해석이란 성경에 기록되어 있는 그대로 해석한다는 의미이다. 즉 명사는 명사로 동사는 동사로 다룬다는 것이다. 시는 시로서, 역사는 역사로서 다룬다. 즉 존 오웬이 지적한 것처럼 '성경에는 실질적으로 성경을 구성하고 있는 단어들 속에 담겨진 의미 외에 다른 의미가 없다 … 어떤 사람의 생각을 해석함에 있어서 먼저 그가 말하고 기록한 것을 올바르게 이해하는 것이 필요하다. 그러나 우리는 그가 말한 언어, 관용어구, 표현의 통상적인 사용과 취지들을 올바르게 이해하지 않는 한 그의 생각이 무엇인지 직시할 수 없는 것이다'. 따라서 문자적 해석은 그 책이 주어진 저자의 의도를 밝히고 본문의 문맥과 문법을 세심하게 살피는 강해가 아주 중요한 것이다.

성경은 우리 자신의 욕망이나 선입관에 따라 해석되어서는 안된다. 우리는 성경이 실제로 무엇을 말하고 있는지 이해하려고 애써야 하며 우리의 시각으로, 우리 현실의 잣대로 판단하려고 해서는 안된다. 성경의 근본적인 메시지는 어린아이도 이해할 수 있을 정도로 단순하다. 즉 성경에는 누구든지 건너갈 수 있는 얕은 물가가 있는 것에 비해 또 코끼리도 헤엄쳐야만 건너갈 수 있는 깊은 곳도 있다. 어린아이들이 마시며 소화시킬 수 있는 젖도 있지만 장성한 자들이 먹는 단단한 음식도 있다. 그러기 때문에 세심한 주의와 연구가 필요한 것이다. 성경을 함부로 해석하다가는 이단으로 빠질 우려가 아주 높기 때문에 건전한 신학적 가르침을 가르치는 바른 교회를 다니는 것이 성도들로서는 안전한 신앙생활을 할 수 있다. "먼저 알 것은 경의 모든 예언은 사사로이 풀 것이 아니니 예언은 언제든지 사람의 뜻으로 낸 것이 아니요 오직 성령의 감동하심을 입은 사람들이 하나님께 받아 말한 것임이니라"(벧후 1:20-21).

그러나 성경 해석은 반드시 신학자들만의 전유물은 아니다. 성도 개개인들도 얼마든지 해석할 수 있는 권리가 있다. 이 유산은 그저 얻어진 것이 아니다. 루터의 종교개혁을 통해서 하나님께서 성도들에게 주신 선물이었다. 즉 성경의 사적 해석 원리와 보통 사람들이 쓰는 언어로 성경을 번역하게 된 것이다. 그러나 문제는 성경의 사적인 해석이 가능하다는 것은 우리가 원하는 대로 성경을 해석할 수 있다는 것이 아니다. 성경의 진리를 발견할 자유가 누구에게든지 있지만 자신들의 진리로 꾸며낼 권리가 있다는 것이 아니다. 성경해석의 건전한 원리에 대한 바른 이해와 주관적인 해석의 위험을 피해야 하는 것이다. 그렇기 때문에 일반적으로 하나님께서 기록된 말씀을 전파하라고 맡겨주신 목사들과 신학자들의 사명은 성경의 바른 해석을 통하여 하나님의 진리를 성도들에게 깨닫게 하는 것이다. 그러므로 성도들은 그들의 가르침을 받으며 하나님을 알게 되고 교회를 섬기게 되는 것이다. 여기서 우리가 주의해야 할 것은 우리들의 삶에 성경 진리를 적용하는 것에 있어서 얼마든지 가능하나 그 말씀의 올바른 의미는 한 가지뿐이라는 점이다. 이런 전제하에서 우리는 바른 성경해석의 원리를 다음과 같이 말할 수 있다:

① 바른 성경 해석은 성경의 기록한 목적에 따라 해석해야 한다. 즉 본래 주어진 그 의미에 충실해야 하는 것이다. 하나님의 말씀은 그 말씀이 최초로 주어진 상황에 아주 적절한 것이었기 때문이다. 그리고 나서야 오늘의 상황에 적용 가능하게 되는 것이다. 예를 들어서 야고보는 도덕성과 믿음의 사회적 표출에 대하여 무관심한 백성들에게 야고보서를 썼다. 반면에 바울의 갈라디아서는 정반대의 사람들에게 썼다. 사람들은 자신들의 윤리 도덕적 및 종교적 덕행들이 하나님의 은총을 획득한다고 주장하였다. 그런데 그 두 저자가 서로 모순되는 내용을 가르치고 있는 것이 아니라 상호보완적인 것을 지적하고 있는 것이다.

② 같은 주제를 다룬 다른 본문에 비추어서 해석한다. 이것은 기술적으로 조화를 이루는 해석방법이다. 성경의 통일성과 충족성을 시사하는 것이다.

③ 초기의 계시는 나중에 그리고 온전히 주어진 계시의 조명으로 해석한다. 즉 구약은 신약의 조명하에서 해석되어야 한다. 예수는 율법의 완성이기 때문이다. 또 복음서에 대한 해석은 사도들이 후에 복음서의

가르침을 어떻게 해석하고 적용했는지를 보며 충분한 이해를 하는 것이다. 칼빈은 로마서에 대해서 이렇게 설명하였다: '만일 사람이 로마서를 잘 이해한다면 그는 전체 성경을 이해하는 열려있는 문을 가지게 된 것이 분명하다'. 이런 것이 성경을 성경으로 해석한다는 의미인 것이다.

④ 성경은 성령 하나님에 의해서만 해석되어질 수 있다. 성경의 바른 해석이 우리들에게 자연스럽게 일어나는 일이 아니다. 그것은 성령 하나님을 통하여(요 16:13) 주신 하나님의 선물이다(마 11:25, 16:17). 그렇다고 해서 성경 연구가 필요 없다거나 혹은 다른 사람들과 교제할 필요가 없이 오로지 성령 하나님께만 기도하면 된다는 것이 아니다. 성령은 하나님의 백성들 가운데 거하시는 협력하는 영이다(고전 12:12 이하). 하나님께서 그의 진리를 이해하게 하기 위해 사용하시는 수단에 대하여 무시해 버리는 것은 어리석은 일이다. 그런 의미에서 성경해석을 위한 좋은 학자들의 가르침과 교회 목사들의 바른 해석에 도움을 얻어야 한다. 종종 성경에 대하여 바른 해석을 하지 못하고 풍유적으로 해석하여 성도들을 오도하는 거짓 교사들이 있기 때문에 성도들은 분별의 영을 위하여 기도해야 할 것이다. 하나님께서는 구약에서 선지자들의 말과 글을 통해서 말씀하셨고 신약에서는 예수 그리스도와 그의 제자들을 통해서 말씀하셨다. 지금도 하나님은 교회를 위하여 세우신 목사들과 교사들을 통해서 말씀하신다. 하나님의 말씀을 선포하고 권고하는 목사들이 바른 가르침을 주도록, 또 거짓 교사들이 사라지도록 기도하며 깨어 있어야 한다.

⑤ 성경은 오늘의 현실에 적용 가능한 생동감 있는 말씀으로 해석되

어져야 한다.

　이것은 앞에서 성령의 조명하심에 대한 부연설명이라고 볼 수 있다. 하나님의 영은 산 영이시다. 그리고 살리는 영이다. 성령은 하나님의 백성들을 위한 거룩한 목적하심과 일치하도록 그의 말씀을 사용하신다. 중생과 성화의 일을 위하여 말씀을 사용하신다. 따라서 성경이 주어진 당시의 상황과 정황들을 충분히 이해하고 그 말씀이 오늘 우리들에게 어떤 관련이 있는지를 생생하게 설교하는 것이 되어야 하는 것이다. 적용되지 않는 말씀은 하나님의 말씀이 아니다. 하나님의 말씀은 오늘 우리 시대를 위하여 주신 생명의 양식이기 때문이다. 올바른 성경해석과 올바른 적용이 주님을 더욱 깊이 이해하고 사랑하고 섬기는 모든 발판이 된다.

2장

하 나 님 은
누 구 인 가 ?

2장

하나님은 누구인가?

Of God

　'살아 계시고 참되신 하나님은 오직 한 분만 계신다. 그는 존재와 완전성에서 무한하시다. 가장 순결한 영으로서, 볼 수 없고 몸과 지체가 없으시며 성정(性情)도 없으시다. 그리고 변치 않으시고 광대하시고 영원하시고 측량할 수 없으시고 전능하시고 가장 지혜로우시며 가장 거룩하시고 가장 자유로우시고 가장 절대적이시다. 그는 모든 일을 자신의 변함 없으시고 가장 의로운 뜻의 계획을 따라 행하시되 자신의 영광을 위하여 하신다. 그는 가장 사랑이 많으시고 은혜로우시며 긍휼이 많으시고 오래 참으시며 인자와 진실이 많으시다. 그리고 죄악과 죄과(罪過)와 죄를 용서하시고 자기를 부지런히 찾는 자들에게는 상을 주시는 이시다. 동시에 그의 심판은 가장 공의롭고 무서우며 모든 죄를 미워하시고 결단코 면죄하지 않으시는 분이다'.

　인간의 최고 행복은 하나님을 아는 것이다. 하나님을 안다는 것은 유한한 존재가 무한한 존재가 되는 축복의 길이다. 하나님의 아들 예수께서 이렇게 선언하신다: "영생은 곧 유일하신 참 하나님과 그의 보내신 자 예수 그리스도를 아는 것이니이다"(요 17:3). 이것은 아주 의미심장한 일이다. 하나님을 알지 못하면 결국 인간이 알 수 있는 것은 아무것도 아니라는 결론이다. 인간이 아는 것은 하나님을 아는 것이 전제될 때 가치가 있고 의미가 있는 것일 뿐이다. 하나님을 아는 것, 혹은 하나님을 경외하는 것이 지식의 근본이기 때문이다. 그래서 칼빈은 참 지식이란 하나님을 아는 지식과 자기 자신을 아는 지식 두 가지로 구분하여 설명하면서 하나님을 알 때 비로소 인간에 대한 지식이 온전해 진다고 주장하였다.

그렇다면 하나님을 안다는 것은 무엇을 의미하는가? 인간 누구도 하나님을 완전하게 이해할 수 없다. 그 이유는 하나님을 총체적으로 쉽게 이해하는 것을 가로막는 뿌리 깊은 장벽이 있기 때문이다. 그 장벽은 하나님은 무한한 존재임에 비해 인간은 유한한 존재라는 것이다. 무한한 것을 유한한 것에 담을 수 없다는 것을 유념한다면 하나님을 아는 것이 인간에게 주어진 최대의 축복이요 자랑거리라고 말하지 않을 수 없다. 그러나 유한한 존재인 인간이 무한하신 하나님을 알 수 없다는 이른바 '하나님의 불가해성' 주장은 하나님을 인간이 전적으로 알 수 없다는 것을 말하는 것이 아니다. 다만 우리의 지식이 부분적이고 제한적이기 때문에 완전하신 하나님을 완벽하게 알지 못한다는 의미인 것이다. 우리가 아는 하나님에 대한 지식은 우리 스스로에게서 나오는 것이 아니라 '계시'를 통해서만 이루어진다. 그런 의미에서 기독교를 '계시의 존종교'라고 말하는 것이다. 하나님이 자신을 인간에게 알리시기를 기뻐하시기 때문에 하나님의 계시를 통해서 얻어지는 지식만이 참 지식이고 실제적이며 인간에게 유용한 것이다. 인간이 알 수 있는 하나님에 관한 최고의 지식은 오로지 하나님이 계시하신 것 안에서만 알 수 있는 것이다. 따라서 우리가 지금 알고 있는 하나님에 대한 지식은 그것이 하나님의 전 모습이라고 말할 수 없는 것이다. 우리의 이해와 지식을 뛰어넘는 것이다. 따라서 우리가 공부하는 하나님에 대한 지식은 결코 계시를 벗어날 수 없다. 앞에서 이미 살펴본 하나님의 계시는 자연만물과 기록된 말씀이다. 특히 기록된 하나님의 말씀인 성경을 통해서 우리에게 알려주시는 하나님의 참 모습을 통해 전통적으로 신앙고백하고 있는 하나님에 관한 진리는 신앙고백서에서 밝히고 있는 것들이다.

1. 하나님의 존재

1) 하나님은 계신다.

하나님은 어떤 분이냐 라는 질문은 이미 하나님이 계심을 전제로 하고 있는 말이다. 그러나 무신론자들은 아무리 자신들의 주장이 옳다고 열변을 토할지라도 그 근거를 댈 만한 것이 전혀 없다. 무신론자라는 말 자체 역시 유신론 사상, 즉 신이 있다는 것을 전제할 때만이 가능한 주장이기 때문이다. 따라서 하나님이 없다는 것은 성경에서 가르치고 있는 것처럼 인간 스스로 '나는 어리석은 사람이오'(시 14:1)라고 나팔 부는 일일 뿐이다. 또한 '나는 악인입니다'(시 10:4)라고 떠들고 다니는 불쌍한 존재일 뿐이다.

성경은 하나님의 존재에 대하여 이성적으로 확정짓는 무엇을 제공하는 것이 아니다. 단지 의심의 여지가 없는 그 실제에 대하여 가리키고 있다: "태초에 하나님이 천지를 창조하시니라"(창 1:1). "나는 여호와라 나 외에 다른 신이 없느니라"(사 45:5, 롬 11:36 등등). 이처럼 성경은 하나님이 계심을 인간에게 납득시키려고 기록된 것이 아니라 하나님이 계심 그 자체를 선언하시고 있다. 그 하나님을 보도록 인간의 눈과 귀를 이끈다. 세상 도처에 널려 있는 우상들이 다 증명하고 있는 것은 신이 있다는 것이다. 그러나 우상들은 참 신을 말하는 것이 아니라 거짓된 신들을 의미한다. 성경이 기록하고 있는 참 신은 여호와 하나님 한 분 외에는 아무도 없는 것이다.

사람들이 우상을 섬기는 가장 큰 이유는 인간에게 신적 존재에 대한 작은 의식이 있기 때문이다. 성경에 있는 표현을 빌리면 인간에게 영원을 사모하는 마음, 즉 종교심을 하나님이 인간의 본성에 심으셨기 때문에(전 3:11) 스스로 알 수 없는 참 신 대신에 인간 스스로가 만들어낸 신들을 섬기고 있는 것이다. 이것이 우상 숭배의 기원인 것이다. 미국의 보수주의 신학자인 찰스 핫지 박사는 말하기를 '사람에게는 의존하고 있는 존재 그리고 책임을 다해야 할 존재가 있다'라고 했다. 그러나 우리가 착각하지 말아야 할 것은 신적 존재에 대한 의식 자체가 언제나 바른 신관을 가지게 하는 것이 아니라는 사실이다. 그래서 우상숭배가 있는 것이다. 사람들이 알지 못하는 신을 알게 하는 것은 기독교 복음 전파의 목적이기도 하다. 우리가 하나님을 공부하는 것은 사람들을 참 신이 아닌 엉뚱한 것을 신으로 섬기는 죄에 빠지지 않게 하기 위함이다. 그것이 곧 전도의 시작이다. 바울이 아테네에 가서 전도할 때 '알지 못하는 신에게' 제사하는 자들에게 그 알지 못하는 신을 알게 하겠다고 선언한 것이 전도인 것이다(행 17장).

이처럼 하나님이 계시다는 사실을 믿는 것이 신앙이다.

2) 우리는 삼위일체 하나님을 믿는다

신앙고백서에서 선언하고 있는 것처럼 우리는 '살아계시고 참 되신 하나님은 한 분 뿐'임을 믿는다. 즉 하나님은 살아 계신 분이시고 참이신 분으로서 오직 한 분이다. 그러나 기독교의 근본 진리는 하나님은 세 위를 가지신 한 하나님이라는 사실이다. 이 교리는 정말 이해하기가 아주 어렵고 까다로운 가르침이다. 이것은 하나 더하기 하나 더하기 하나 더하기가 하나이라는 말도 안되는 등식을 이해시키려고 했다. 그러나 올바른 등식이라고 말할 수 없다. 왜냐하면 삼위일체라는 용어 자체는 세 하나님의 관계를 나타내는 말이 아니라 세 인격이신 한 하나님을 나타내는 말이기 때문이다. 하나님은 살아계신 인격적 영이다(God is a living personal Spirit). 인격적이라는 말은 독특하고 구분되는 성품을 지니신 영을 의미하는 것이다. 성부 하나님과 성자 하나님 그리고 성령 하나님이 인격적으로 구분되시나 그 셋은 동시에 하나라는 가르침이 삼위일체 교리이다.

이것은 삼신론, 즉 셋이 함께 하나님으로 존재한다는 말이 아니다. '본질에 있어서는 하나이고 인격에 있어서는 셋이신 하나님'을 뜻하는 이 용어는 신비롭고 역설적인 것이다. 다만 하나님의 본질과 존재를 생각할 때 하나님은 한 분임을 의미하며 하나님의 하시는 다양성을 생각하면 세 인격을 지니신 분임을 말하는 것이다.

그러면 삼위일체 하나님을 믿는다고 고백하는 성경적 근거는 무엇인가?

우리가 알다시피 '삼위일체'라는 용어 자체는 성경에 없다. 그러나 그 개념은 성경 속에 명확하게 나타나고 있다. 하나됨 및 세 인격으로 나눠 언급하는 성부 성자 성령 하나님을 분명 증거하고 있다.

● **구약의 증거들**

이스라엘에게 있어서 한 분 하나님의 개념은 자명한 것이다(신 6:4). 이 하나님의 일체성은 아주 중요한 것이었는데 그것은 근동주변 국가들에게서 발견되는 혼합주의 다신사상 및 우상 숭배적 가르침 때문이다. 그에 비해 이스라엘의 하나님은 오직 하나이신 하나님임을 고백하는 것이다. 동시에 삼위 하나님을 나타내고 있는 증거는 이러하다:

가. 하나님에 대한 언급이 복수로 쓰이고 있다: (창 1:26, 3:22, 11:7, 사 6:8)

사도 요한은 이사야의 환상을 예수에 대한 것으로 묘사하고 있다(요 12:41).

나. 하나님과 구분되면서 또 일치하는 여호와의 사자(출 3:2-6, 삿 13:2-22)

다. 하나님의 영은 하나님의 개인적인 사신(창 1:2, 느 9:20, 시 139:7, 사 63:10-14)

하나님의 영은 하나님의 지혜를 말한다(잠 8장). 세상을 향한 하나님의 의인화된 모습으로 설명하고 있고 하나님의 창조적인 발언으로서 하나님의 말씀하시는 분으로 언급되고 있다(시 33:6,9).

물론 이 모든 것들이 다 삼위일체 교리를 완전하게 설명하는 것은 아니다. 그러나 하나님의 일체성에 대하여 언급하고 있는 계시임엔 틀림없다.

●신약의 증거들

구약의 표면적인 계시는 신약에 와서 그 문이 더 활짝 열리게 된다. 우선 예수의 생애와 성품이 그가 하나님임을 분명히 증거한다. 그가 일으킨 기적들과 그의 부활 승천하심 모두가 다 그를 하나님으로 경배하게 한다.

또한 성령의 실체와 활동은 사도들과 초대교회 성도들에게 하나님의 임재하심을 경험하게 했다. 더구나 예수께서 마태복음 28:19에서 삼위일체적 발언 자체가 삼위 하나님의 실존을 증명하는 것이다. 여호와 하나님은 한 분이시다. 그러나 세 인격을 지닌 분으로 구분된다.

신약에서 발견되는 사례들: 마 3:13-17, 28:19, 요 14:15-23, 행 2:32, 고후 13:14, 엡 1:1-14, 3:16-19

성부 하나님은 하나님이다: 마 6:8 이하, 7:21, 갈 1:1

성자 하나님은 하나님이다: 요 1:1-18, 롬 9:15, 골 2:9, 딛 2:13, 히 1:8-10

성령 하나님은 하나님이다: 막 3:29, 요 15:26, 고전 6:19 이하,

고후 3:17 이하

이처럼 성경은 삼위일체 하나님에 대한 독특하고 신비적인 실체에 대하여 분명하게 언급하고 있다. 삼위 하나님을 이해하기 위한 한 가지 방법은 성부 성자 성령 하나님의 각각이 하시는 역할을 살펴보는 것이다. 가장 보편적인 일은 성부 하나님은 창조의 일을, 성자 예수는 구속의 일을 성령 하나님은 성화의 일을 하는 분이라는 이해이다. 그러나 이것도 어디까지나 우리들의 편의에 의한 구분이지 창조의 일에 성자나 성령은 구경꾼으로 있었다거나, 구속의 일에 성부 하나님은 낮잠 잤다거나, 성화의 일에 성부 성자 하나님은 구경만 하고 계신다고 말할 수 있는 것이 아니다. 성경은 그 모든 일들에 삼위 하나님의 역사하심이 다 포함되어 있다고 말씀하고 있다. 성자 하나님 없이 창조가 이루어진 일이 없고 성부 하나님의 간섭하심이 없이 구속사건이 성취될 수 없는 일이며 성부 성자 하나님의 임하심이 없이 성도가 거룩한 삶을 살 수 있는 것이 아니다. 그러므로 성도의 선택과 구속과 성화의 길은 삼위 하나님의 전인적인 일들이다.

이것과 관련하여 교회역사에 나타난 이단들이 있다. 특히 양태론과 삼신론이 그것이다. 양태론이란 성부 성자 성령은 하나님이 자신을 표현하시는 방법에 불과한 것이지 하나님 안에는 인격의 구분이 없다고 주장하는 것이며 삼신론은 하나님을 구성하는 세 존재가 있다고 믿는 것이다. 그러나 성경의 가르침은 분명 삼위 하나님이 계시며 각각 독립된 인격체이시면서 동시에 하나인 신적 존재이다. 본래 인격이라는 용어는 본질의 차별성을 의미하는 것이 아니라 하나님 안에 있는 다른 실재를 의미한다. 그러므로 삼위의 차이는 실제적인 차이를 말하는 것이지 존재의 차원에서 본질적인 차이가 있는 것이 아니다. 본질상 삼위가 동등하신 인격체이다.

그리고 각각 삼위 하나님이 하시는 일에도 차이가 있다. 구원의 역사는 삼위 하나님의 공통적인 역사임에도 불구하고 십자가에 죽은 분은 분명 성자 예수이며 그 아들을 이 땅에 보내신 분은 성부 하나님이다. 그 성부와 성자 하나님이 이 땅에 세운 교회와 성도들을 위하여 보내신 분이 성령 하나님이다. 성령 하나님을 통해서 우리가 진리 가운데로 인도함을 받으며 사람들이 거듭나며 거룩한 삶을 살도록 이끄신다. 이 부분에서도 인간의 유한한 생각의 한계를 보여준다. 하나이시며 동시에 셋이신 하나님을 드러내고 있는 성경의 가르침을 신뢰하는 것 외엔 다른 길이 없다. 삼위일체는 이해되어지는 진리가 아니라 믿어야 할 진리인 것이다.

아타나시우스 신경(8세기): 'We worship one God in Trinity, and Trinity in Unity; neither confounding the Persons, nor dividing the Substance'(우리는 삼위일체이신 한 하나님을 경배한다. 하나이신 삼위 하나님을 경배한다. 그러나 세 인격들이 뒤죽박죽 섞여 있다거나 본질이 나누어진 하나님이 아니다). 우리는 하나님에게 있는 세 인격이 일체라는 삼위일체 교리를 믿는다. 이 교리는 모순이 아니며 본질에 있어서 하나이시고 인격에 있어서 셋이신 하나님을 믿는 것이다. 성경은 하나님의 하나되심과 성부 성자 성령의 신성을 모두 확언하고 있다. 단지 그 활동하는 역할에 따라 우리들의 시각에서 구별되어 나타난다.

3) 삼위일체 교리의 중요성

삼위일체를 부정하면 우리의 믿음이 헛것이다. 예를 들어 우리를 하나님과 분리시킨 죄 문제를 생각해 보라. 죄는 우리가 선하시고 의로우신 하나님을 공격하는 죄인으로 만들고 하나님을 공격당하게 만들었다. 그러므로 만일 예수가 하나님이 아니라면 내 죄는 예수와 아무 상관이 없는 것이다. 한번은 예수께서 죄를 사해주신다고 선언하자 신성모독죄를 범했다고 비난받았다. 왜냐하면 오직 하나님만이 죄를 사하기 때문이다(막 2:5-7). 그를 비난한 것은 어떤 측면에서 보면 맞는 말이다. 그러나 비난하는 자들의 잘못은 예수가 누구인지를 알지 못하는데서 기인한 것이다. 예수께서 하나님으로 이 땅에 오신 것이라면 그는 분명 우리들의 죄를 다룰 수 있는 자격자인 것이다. 거꾸로 그가 우리 죄를 다루실 수 있다면 그는 분명 하나님이어야만 한다.

성령의 사역과 연관하여 살펴보자. 기독교인은 하나님의 거듭나게 하는 능력으로 새 사람이 된 자이다. 하나님을 알게 되고 그의 임재를 경험하며 말씀의 권위가 어떠한지를 맛본 자들이다. 주님을 위하여 살게 하고 주님을 잘 섬기도록 필요한 은사들을 수여하시는 분이 성령 하나님이다. 만일 그와 같은 일을 하시는 분이 하나님이 아니라고 한다면 기독교인들이 성령의 역사로 주장하는 것들은 다 속이는 일이요 영적인 실제하고는 아무 상관이 없는 것들이다. 우리 안에서 일하시는 분이 성령 하나님일 때만 우리의 경험이 참된 구속받은 자들의 일들로 나타나게 되는 것이다. 이처럼 인간의 구속과 적용하심에 있어서 그 모든 경험들은 전적으로 삼위 하나님의 일에 달려 있는 것이다. 그러므로 삼위일체 교리는 아주 중요한 것이다. 성부 성자 성령 하나님은 인격과 역할에 있어서 구분되시지만 완벽한 일체와 상호 조화와 영원한 사랑 가운데 거하시는 분이다. 우리는 이 영광스럽고 아름다우며 매력있는 하나님을 경배하며 사랑하며 찬양할 뿐이다.

'holy, holy, holy, merciful and mighty, God in three persons, blessed Trinity! Amen!'(거룩하다 거룩하다 거룩하다! 자비하시고 전능하시며 삼위이신 하나님, 삼위일체 하나님을 찬양하라 아멘!)

3장

하나님의 속성들

3장

하나님의 속성들
Of God's Attributes

하나님의 속성이라 함은 하나님께서 스스로를 계시하신 하나님의 특질들 혹은 자질들이라고 말할 수 있다. 전통적으로 공유적 속성과 비공유적 속성으로 구분하여 설명하곤 하는데 공유적 속성들이라 함은 인간에게서도 발견되는 특질들을 말한다. 예를 들면 선하심과 사랑 및 공의와 같은 것들을 말한다. 비공유적 속성들이라 함은 하나님의 무한성, 불멸성, 스스로 계심 등과 같은 하나님의 영광에 속한 것들 및 거룩 등 인간에게서 전혀 발견할 수 없는 특질들을 말한다. 따라서 우리는 하나님의 속성들 중 특히 비공유적 속성들을 살펴보면서 하나님을 하나님으로 바로 알고 신앙생활 하는 발판이 되기를 소망한다.

1. 영광의 하나님

영광은 보이지 않는 하나님의 존재에 대한 보이는 현현을 말하는 성경적 용어이다. 하나님의 영광은 하나님으로서 그의 본질에 속한 모든 것들을 우리들에게 나타내는 것이다. 이와 견줄 수 있는 용어는 보이는 모든 실체 너머에 계시는 초월적인 존재(transcendence)를 나타내는 말이다. 이것을 하나님의 완전하심으로도 말한다. 시내산에서 하나님의 영광은 소멸하시는 불로 나타나신다(출 24:17, 19:16-22). 그발 강가에서 에스겔이 본 압도적인 하나님의 환상이 영광으로 나타난다(겔 1장). 높임을 받으신 그리스도를 언급할 때도 불꽃같은 눈으로 묘사하고 있는데(계 1:14-16) 이것 역시 하나님의 영광의 표출이다. 다메섹 도상에서 그리스도의 얼굴에 있는 하나님의 영광을 사울은 바라보았다(고후 4:6). 이 영광은 피조물인 우리로 하여금 그를 두려워하고 앙망하게 하는 하나님이 본질이다. 여기에는 하나님의 무한하심과 스스로 계심 및 불변하심이 포함되어 있다.

1) 하나님의 무한하심

이 말은 제한이 없다는 말이다. 그는 가까이 도달할 수 없는 빛에 거하시는 분이다(딤전 6:16). 그의 길은 측량할 수 없을 정도로 깊고 높은 것이다(롬 11:33).

2) 하나님은 스스로 계신다

모세가 이집트에서 신음하고 있는 이스라엘 백성들을 구원하라는 하나님의 부르심을 받았을 때 그는 누가 나를 보내서 왔다고 말씀할지를 물었다. 즉 나를 부르시는 하나님이 누구냐는 질문에 그 때 하나님은 "나는 스스로 있는 자니라"고 말씀하셨다(출 3:13-14 참고). 스스로 있다는 말씀은 무슨 뜻인가? 하나님은 그 어떤 것에도 의존되지 않는 존재라는 말이다. 창세기 1장 1절은 그 의미를 명확하게 설명하는 말씀이다: "하나님이 태초에 천지를 창조하시니라". 하나님이 우주의 창조주라고 선포하는 것은 하나님 자신은 창조 받은 존재가 아니라는 말이다. 사도 바울은 아테네에서 전도할 때 이렇게 하나님을 소개하였다: "우주와 그 가운데 있는 만유를 지으신 신께서는 천지의 주재시니 손으로 지은 전에 계시지 아니하시고 또 무엇이 부족한 것처럼 사람의 손으로 섬김을 받으시는 것이 아니니 이는 만민에게 생명과 호흡과 만물을 친히 주시는 자이심이라"(행 17:24-25, 사 40:13 이하 참고).

창조주와 피조물 사이에는 엄청난 차이가 있다. 어떤 작품이 있을 때 그 작품에는 그 작품을 만든 이의 사상이나 모습이 각인되어 있다. 작품을 보고 작가의 사상을 이해하거나 작가의 의도를 파악하는 것이다. 마찬가지로 천지에 있는 피조된 세계는 이 세계를 창조하신 하나님의 성품이 각인되어 있다. 그의 능력이 어떠한 것인지를 나타내 준다. 그래서 성경 로마서 1장은 이렇게 소개한다: "창세로부터 그의 보이지 아니하는 것들 곧 그의 영원하신 능력과 신성이 그 만드신 만물에 분명히 보여 알게 되나니 … "(롬 1:20). 피조된 이 세계를 볼 때 우리는 이 세상을 지으신 하나님의 지혜와 능력이 어떠함을 알 수 있는 것이다. 그것은 곧 하나님의 영광이 어떠한 것인지를 나타내는 것이다. 그럼에도 불구하고 인간은 그 하나님께 영광을 돌리지 아니하고 감사치도 아니하고 도리어 그 생각이 허망하여져서 피조물을 조물주보다 더 경배하고 섬기는 어리석은 일을 저지르고 있는 것이다.

피조물은 신이 아니기 때문에 경배의 대상이 될 수 없음에도 불구하고 인간은 하나님보다 지음 받은 것들에 의미를 더 두고 산다. 하나님은 스스로 계신 분이다. 누구에 의해서 지음을 받은 분이 아니라는 말이다. 스스로를 창조해 낸다는 것은 더욱 불가능하다. 그 무엇도 자기 자신을 만들 수 없다. 하나님조차도 자신을 만들어낼 수 없는 것이다. 하나님이 자신을 창조하시려면 자신을 창조하기 위한 하나님이 이미 존재하고 있어야만 한다. 하나님조차도 이런 일은 할 수 없는 것이다. 그렇지 않으면 스스로 계신 분이라는 주장은 사기이다.

혹자는 이렇게 주장한다: 모든 결과에는 원인이 있다. 맞는 말이다. 그러나 하나님은 결과가 아니다. 하나님께는 시작이 없기 때문에 선행하는 어떤 원인도 없다. 하나님은 영원하신 분이다. 하나님은 언제나 계셨고 지금도 계신다. 사도 요한은 요한계시록에서 그 사실을 명확하게 제시한다: "주 하나님이 가라사대 나는 알파와 오메가라 이제도 있고 전에도 있었고 장차 올 자요 전능한 자라 하시더라"(계 1:8). 하나님은 자신 안에 존재하는 능력을 갖고 계신다. 하나님은 하나님으로 계속 존재하도록 도와 줄 외부의 어떤 도움을 필요로 하지 않는다. 이것이 스스로 계신 분이라는 말이다. 스스로 충족하신 분이다. 이것이 지음 받은 존재와 조물주와의 차이이다. 우리가 알고 있는 모든 것이 다 의존적이고 피조된 세계에 국한된 것들이다. 우리 스스로 지음을 받은 자이기 때문에 스스로 존재하신 하나님을 완벽하게 이해할 수 없는 것이다.

하나님은 스스로를 창조할 수는 없어도 스스로는 존재하실 수 있는 분이다. 이것이 하나님을 하나님 되게 하는 것이요 모든 다른 존재의 근원이 되게 하는 점이다. 태초에 천지를 창조하신 하나님은 지음을 받은 모든 것들이 다 자신에게 의존되어 있음을 선포하시는 것이다. 왜 아무 것도 없지 않고 뭔가가 있는 것일까? 그에 대한 답은 '하나님이 계시기 때문이다'이다. 하나님이 모든 존재의 근원이시며 기초이시다. 우리 인생은 바울 사도가 증거하고 있는 것처럼 "그를 힘입어 살며 기동하며 있다"(행 17:28). 우리는 철저하게 하나님께 의존되어 있다. 이것을 인정하지 않는 자들이 우상숭배자들이요 하나님을 대적하는 악한 무리들이다. 지음 받은 자가 지음 받은 것을 신으로 섬기는 것이야말로 인간의 어리석음의 극치이다. 하나님께서 왜 그토록 우상 숭배를 경멸하시는지 그 이유를 스스로 계신 하나님의 속성에서 찾는 것이다. 하나님은 스스로 계신 완전하신 분이다.

3) 하나님은 불변하신다

하나님은 언제나 일정하신 분이다. 일관성이 결여됨이 전혀 없는 분이시다. "나 여호와는 변역치 아니하나니 … "(말 3:6). "각양 좋은 은사와 온전한 선물이 다 위로부터 빛들의 아버지께로서 내려오나니 그는 변함도 없으시고 회전하는 그림자도 없으시니라"(약 1:17). "예수 그리스도는 어제나 오늘이나 영원토록 동일하시니라"(히 13:8). 하나님이 불변하시는 분이기 때문에 그는 미쁘신 분, 신실하신 분으로서 우리가 그를 전적으로 신뢰할 수 있는 근원이다. 하나님의 언약의 모든 배경이 다 이 속성에 속한 것이다.

2. 주(主)되신 하나님

주 혹은 여호와로 번역되는 영어의 'Lord'는 히브리어로 야웨 하나님을 말한다. 그 용어는 이스라엘과 하나님 사이에 언약적 관계를 지칭할 때 주로 사용된다. 앞에서 인용한 출애굽기 3:13-15의 스스로 계신 하나님이라는 칭호에서 '나는 나이다' 라는 말로 번역되는데 이것은 또한 '나는 나 일 것이다'(I will be what I will be)라는 말로도 번역되는 것이다. 이것은 이집트의 학정으로부터 이스라엘을 구원하실 것이라는 하나님의 선포된 목적을 반드시 이루시겠다는 하나님의 약속을 나타내는 표현이다. 그리고 약속의 땅에 그들을 심으시겠다는 약속의 실현을 나타내는 하나님의 특질이다. 이 이름은 하나님의 백성들을 위한 하나님의 충성심과 그의 약속의 무오류를 담고 있는 칭호이다. 이것은 하나님만이 참 신임을 선언하는 칭호이기도 하다(사 45:6, 사 43:11, 44:8, 45:21 참고).

하나님이 주되심을 선언하는 하나님의 속성에는 세 가지가 있다.

1) 하나님의 전능하심(The Omnipotence of God)

'하나님은 자신이 들어 옮길 수 없을 만큼 큰 바위를 만드실 수 있나요?' 그렇다고 답하면 하나님이 하실 수 없는 뭔가가 있다고 말하는 셈이 되어 하나님은 바위를 옮기시지 못한다는 말이다. 만일 아니다 라고 답한다면 하나님은 그런 바위를 만들지 못하신다는 말이 된다. 어떻게 대답하든 하나님의 능력을 제한하는 셈이다. 사실 이 질문은 아주 잘못된 전제에서부터 출발한 질문이다. 하나님의 전능하심은 하나님은 무엇이든지 하실 수 있다는 의미로 이해한다. 그러나 그 용어는 신학적으로 볼 때 반드시 그런 의미가 아니다. 성경은 하나님이 하실 수 없는 일 몇 가지를 시사하고 있다. 하나님은 거짓말을 할 수 없다(히 6:18). 하나님은 죽으실 수 없다. 하나님은 영원하시면서 동시에 창조될 수 없는 존재이다. 하나님은 자신의 본성을 거슬러 행동하실 수 없다. 하나님은 같은 시간, 같은 관점 안에서 하나님인 동시에 하나님이 아니실 수 없다.

따라서 하나님이 전능하시다는 말은 그의 피조물에 대한 모든 능력을 지니신 분이라는 의미이다. 피조물의 어떤 한 부분도 하나님의 주권적인 통치의 영역을 벗어날 수 없다. 그러므로 바위의 딜레마에 관한 올바른 해답이 있다. 그 어려운 문제를 풀 수 있는 답은 '아니다'이다. 왜 그런가? 하나님이 그런 바위를 만드실 수 있다면 그것은 곧 하나님이 자신의 힘을 능가하는 뭔가를 만드신다는 말이 된다. 하나님은 자신의 전능하심을 파괴할 수 없다. 하나님은 하나님이기를 멈추실 수 없다. 그는 전능하시지 않을 수가 없는 것이다. 천사 가브리엘의 '하나님의 모든 말씀은 능치 못하심이 없다'(눅 1:37)는 말씀은 하나님의 능력이 피조물의 능력을 넘어선다는 의미이다. 우리에게는 불가능할지 모르는 것이 하나님께는 가능하다는 말씀이다. 하나님께는 불가능이 없다는 말은 하나님께서 하시고자 하는 것은 무엇이든 하실 수 있다는 말이다.

하나님의 능력은 유한한 존재의 그 무엇에도 제한을 받는 법이 없다. 하나님의 능력을 제한할 수 있는 것이 무엇이겠는가? 그러나 하나님의 능력은 하나님의 하나님 되심에 의해서 제한을 받는다. 하나님께는 죄가 불가능하다. 그 누구도 죄짓고 싶어하는 마음 없이 죄를 지을 수는 없기 때문이다. 따라서 하나님은 죄를 짓고 싶어 하실 수 없는 분이기에 죄를 범하실 수 없다. 욥은 "주께서는 무소불능하시오며 무슨 경영이든지 못 이루실 것이 없는 줄 아오니"(욥 42:2)라는 말로 하나님의 전능성을 표현하고 있다.

이 속성은 성도들에게 얼마나 놀라운 위로가 되는지 모른다. 인간의 모든 불가능의 한계 앞에서 하나님의 구원하심과 지키심 및 인도하심을 굳게 신뢰하게 하는 그 원천이 바로 하나님의 전능하심인 것이다. 여호와께 능치 못한 일이 있겠느냐?(창 18:14) 아브라함과 사라가 백세에 이삭을 낳는 것, 홍해바다를 육지같이 건너게 하는 것, 반석에서 물이 나게 하는 것, 광야에서 만나와 메추라기를 먹이는 것, 동정녀의 몸에서 한 아이가 태어나는 것, 타락한 인간이 거듭나는 것 등이 다 하나님의 전능하신 역사로 인한 것이다. 우리는 피조계의 그 어떤 것도 장래를 위한 하나님의 계획을 좌절시키지 못한다는 것을 믿는다. 이 우주에는 하나님의 계획을 파기할 만한 그 어떤 독립체도 존재하지 않는다. 이 세상의 권세와 능력이 우리를 위협할지라도 우리가 두려워하지 않는 것은 하나님이 살아 계신 전능자이기 때문이다. 원수들의 목전에서도 상을 베푸시는 하나님이기에 요동치 않는 믿음으로 서 있는 것이다. 죽은 자도 살리시고 없는 것도 있게 하시는 하나님의 전능하심을 인하여 하나님을 찬양하지 않을 수 없다. 이 믿음으로 항상 승리의 면류관을 쓰는 성도들이기를 소망한다.

2) 하나님의 편재하심(The Omnipresence of God)

하나님은 어느 곳이나 계시지 않은 곳이 없다. 이것에 대한 가장 세세한 언급은 시편 139:7-12에 나타나 있다. "내가 주의 신을 떠나 어디로 가며 주의 앞에서 어디로 피하리이까 내가 하늘에 올라갈지라도 거기 계시며 음부에 내 자리를 펼지라도 거기 계시니이다 내가 새벽 날개를 치며 바다 끝에 가서 거할지라도 곧 거기서도 주의 손이 나를 인도하시며 주의 오른손이 나를 붙드시리이다 내가 혹시 말하기를 흑암이 정녕 나를 덮고 나를 두른 빛은 밤이 되리라 할지라도 주에게서는 흑암이 숨기지 못하며 밤이 낮과 같이 비취나니 주에게는 흑암과 빛이 일반이니이다".

어떤 상황이든지 하나님의 감찰하시는 능력을 피할 수 있는 존재는 아무도 없다. 그런 하나님을 시편기자는 결코 시공간적으로 피할 수 없음을 고백하고 있는 것이다. 투명인간일지라도 한 장소 외에 다른 장소에서 동시에 존속할 수 있는 것이 아니다. 인간이나 천사도 하늘과 땅에 동시에 존재할 수 없다. 설사 한 사람의 영혼이나 정신이 땅 위에 돌아다닐 수 있다하더라도 그것은 제한된 시간 내에서만 이루어지는 것이다. 오직 무한하신 하나님만이 가능한 것이다.

하나님의 편재라고 하면 우리는 보통 하나님이 모든 장소에 계신다는 의미로 생각한다. 그래서 잉크병에도 계신 하나님이라고 말하는 선생님의 이야기를 듣고 얼른 병뚜껑을 닫으면서 하나님 잡았다고 소리친 한 어린아이의 농담이 가능한 것이다. 하나님이 계시지 않은 곳이 없다. 심지어 음부에도 계시는 하나님이시다. 그러나 하나님은 영이시기 때문에 물질이 공간을 차지하는 것과 같이 공간을 차지할 수 있는 물질적 특성을 지닌 것이 아니다. 우리는 이것을 오해해서는 안된다. 하나님을 언제 어디서든지 즉각적으로 만날 수 있는 것이 아니다. 아니 계신 곳이 없으신 하나님이시지만 우상숭배의 자리에서 하나님을 경배한다고 할 수 있는 것이 아니다. 술집에서 흥청망청 떠들고 잡다한 더러운 일들이 벌어지는 곳에서 하나님을 만날 수 있는 것이 아니다. 하나님은 자신의 속성에 어울리는 옷을 우리에게 입혀 주시고 자신의 거룩한 이름에 합당한 경배를 받으시기를 원하신다. 그러므로 하나님을 예배하는 것도 신령과 진리로 예배할 것을 요구하시는 것이다. 어느 특정한 장소가 하나님의 임재를 더 느낄 수 있고 더 거룩한 곳이라고 말할 수 있는 것이 아니다.

또 우리가 하나님의 편재성을 말할 때 영어의 omni라는 말은 하나님이 어디에나 계신다는 것을 의미하는 것만이 아니라 주어진 장소에 하나님이 얼마든지 계시다는 것을 담고 있다. 즉 하나님이 천지에 충만히 계신다는 말씀이다. "나 여호와가 말하노라 사람이 내게 보이지 아니하려고 누가 자기를 은밀한 곳에 숨길 수 있겠느냐 나 여호와가 말하노라 나는 천지에 충만하지 아니하냐?"(렘 23:24) 이렇게 어느 장소에나 충만하신 하나님으로 계시는 것이다. 이것을 우리는 하나님의 '광대하심'이라고 한다. 서울에 있는 하나님의 백성들이 하나님의 임재하심을 풍성하게 느낄 때 뉴욕에 있는 성도들도 동일한 하나님의 임재하심을 느낄 수 있는 것이다. 그것이 편재이다. 하나님은 광대하시다고 할 때 그의 크기가 엄청나다는 것이 아니라 어디에나 충만히 거하실 수 있는 하나님의 능력을 의미하는 것이다. "여호와는 광대하시니 크게 찬양할 것이라 그의 광대하심을 측량치 못하리로다”(시 145:3).

이 교리가 우리에게 주는 교훈은 무엇인가?

첫째는 하나님을 향한 우리의 경외심이다. 만민에게서 경배와 찬송을 받으시기에 합당하신 이유가 그의 충만하신 임재하심 때문이다. 그가 온 땅을 두루 감찰하시는 분이시기 때문에 그를 두려워하며 동시에 어디에나 계신 하나님이기 때문에 성도들에게 주는 위안이 큰 것이다. 감옥에서도 함께 하시는 하나님이기 때문에 추운 겨울철에도 은혜의 꽃이 활짝 핀다고 고백할 수 있는 것이다. “네가 물 가운데로 지날 때에 내가 함께 할 것이라 강을 건널 때에 물이 너를 침몰치 못할 것이며 네가 불 가운데로 행할 때에 타지도 아니할 것이요 불꽃이 너를 사르지도 못하리니 대저 나는 여호와 네 하나님이요 이스라엘의 거룩한 자요 네 구원자임이라 … ”(사 43:2-3). 우리가 하나님과 함께 하기 위하여 미리 줄을 서서 기다려야한다든지 미리 약속 시간을 정해야 할 필요는 없다. 항상 자기 백성과 함께 하시는 임마누엘 하나님이시다.

둘째는 성도에게는 하나님의 편재성이 이렇게 큰 위로와 능력이 되지만 동시에 악인에게는 무서운 심판을 피할 수 없는 공포를 주는 교리이다. 그를 피하여 숨을 자가 아무도 없기 때문이다. 아나니아와 삽비라의 사건에서도 보듯이 사도 베드로를 속이려 한 것이 아니라 하나님을 속이려고 한 그들은 즉결처분을 받아 죽임을 당한 것이다. 악인들이 승리하는 것 같고 그들의 불의가 창궐하고 그들의 통치가 누구에게도 공격을 받지 않고 승승장구하는 것 같아도 하나님은 그 모든 것을 다 하늘에서 살피시고 계신다. 그는 만홀이 여김을 받지 아니하신다(갈 6:7). 세상을 심판할 날을 가지고 계신 분이다. 그러므로 이 교리는 하나님을 경외하는 것 외에 다른 길이 없음을 확정짓는다. 하나님을 피해 숨을 곳이 없다. 이 우주에 하나님이 계시지 않은 곳이 없다. 지옥의 악인도 하나님에게서 분리되어 있는 것이 아니다. 다만 하나님의 자비에서 벗어난 것이다. 하나님의 분노는 끊임없이 악인을 향해 있다. 오직 하나님께 피함이 살 길이다. 고로 우리는 부지런히 하나님의 날개 그늘 밑에 거하라고 사람들에게 촉구해야 한다. 소멸하시는 하나님의 불꽃 같은 눈을 피할 죄인은 아무도 없기 때문이다.

3) 하나님의 전지하심(Omniscience of God)

하나님의 전지하심이란 하나님은 모든 지식을 갖고 계시는 분이라는 말이다. 모든 것을 아신다. 이 완전한 지식은 그의 편재성과 깊은 관련이 있다. 시편 139편은 그 부분을 잘 묘사하고 있다: "여호와여 주께서 나를 감찰하시고 아셨나이다 주께서 나의 앉고 일어섬을 아시며 멀리서도 나의 생각을 통촉하시오며 나의 길과 눕는 것을 감찰하시며 나의 모든 행위를 익히 아시오니 여호와여 내 혀의 말을 알지 못하는 것이 하나도 없으시니이다 주께서 나의 전후를 두르시며 내게 안수하셨나이다 이 지식이 너무 기이하니 높아서 내가 능히 미치지 못하나이다"(1-6절). 하나님이 다 보시기 때문에 다 아신다. 하나님은 다 들으시기 때문에 다 아신다. 하나님은 다 살피시기 때문에 다 아신다. 하나님은 무한하신 분이기 때문에 모든 것을 알고 계신다. 하나님 이전이나 이후에 어떤 순간이 존재한 적이 없다. 그는 영원부터 영원히 계신 분이기 때문에 모든 것을 파악하고 계신 분이다. 하나님은 학교를 다니시는 법이 없으시며 새로운 지식을 얻으려고 안달하시는 법도 없다. 그는 과거나 현재나 미래를 완벽하게 알고 계신다. 그렇기 때문에 그 무엇에도 놀라시는 법이 없다.

하나님의 전지하심은 하나님의 전능하심으로부터 나온다. 하나님이 모든 것을 다 아시는 것은 그 초월적인 지능으로 우주와 그 안에 있는 모든 것을 열심히 연구하셨기 때문이 아니다. 하나님이 모든 것을 창조하셨고 다스리시기 때문에 모든 것을 아신다. 하나님은 우주의 주권자로서 우주를 통치하신다. 이 둘을 따로 떼어 생각할 수 없다. 모든 것을 다스리지 않으시면서 모든 것을 안다고 말할 수 없고 모든 것을 알지 못하면서 모든 것을 다스린다는 것 역시 불가능한 것이다. 하나님의 전지하심은 하나님이 편재하심 및 하나님의 전능하심과 무한하심이 다 상호 연관되어 있는 것이다. 하나님이 모든 것을 영원히 아신다는 점에서 하나님의 지식은 절대적이다. 정확성을 기하기 위해서 정보검색을 하실 필요가 없다. 그의 지식은 완벽하고 절대적이다. 누구도 반박하거나 추궁할 수 없는 지식이다.

이 교리 역시 성도에게는 가장 큰 위로와 평안을 가져다주지만 악인에게는 무서운 공포를 자아낸다. 모든 것을 하나님이 통치하시고 아시기 때문에 모든 것을 주님께 맡길 수 있고 주님의 다스림에 안정을 얻는다. 때로 우리는 당혹스럽게 생각하는 것들을 만나지만 하나님께는 그런 일이 없다. 폭풍우가 일어 배가 거의 침몰지경에까지 이르러 아우성대는 제자들이었지만 그 배 밑에서 고요히 잠을 자고 계실 수 있으신 주님이시다. 우리의 믿음을 더욱 강화시킬 수 있는 배경은 하나님은 다 아신다는 사실이다. 동시에 악인에게는 하나님의 전지하심이 공포 자체이다. 누군가가 나의 은밀한 것을 다 알고 있다고 하자. 어떤 시달림을 받을지 뻔한 것이다.

얼마 전에 전직 목사가 몇몇 교회 목사에게 협박하여 28억이나 뜯어내려했다가 잡혔다는 기사가 있었다. 그는 교회 목사들과 성도들에게 불륜 관계를 폭로하겠다고 협박하여 돈을 받아내려 했다는 것이다. 죄인들의 죄가 사람들 앞에서 명백하게 드러나도 철장행을 피할 길이 없다. 이 세상에서 완전범죄를 노리는 일들이 얼마든지 있다. 그러나 최고의 법정에서 최고의 재판관이신 하나님의 눈을 피할 수 있는 것은 아무도 없다. 하나님은 그 행위록을 열고서 죄인들의 죄악을 낱낱이 세시며 심판하실 것이다(계 20:12). 사람들은 죄를 지은 아담이 그러했던 것처럼 할 수만 있으면 숨으려고 한다. 그러나 하나님의 사랑 안에서든 그의 저주 아래서든 이 우주에서 하나님의 눈길이 닿지 않는 구석은 하나도 없다. 하나님은 공의하신 분이시다. 공의는 모든 것을 알지 않는 한 결코 공의한 판결을 내릴 수 없는 것이다. 정상참작 사유는 하나님이 다 아신다. 누구도 핑계할 수 없다. 변명도 늘어놓을 수 없다. 정확하게 아시고 판단하시기 때문이다.

우리에게 과거는 과거일 뿐이지만 하나님에게는 언제나 현재이다. 하나님의 최후의 심판은 언제나 공정함 그 자체이다. 모든 증거는 우리가 생각한 것보다 더 적나라하게 드러날 것이며 인간의 외적 행위들과 내적 사고들의 실체가 명백하게 밝혀질 것이다. 삶의 비밀들, 수수께끼와 같은 것들도 봄날에 눈 녹듯 다 풀려질 것이다. 하나님께는 신비한 것이 있을지 몰라도 실수는 결코 없다. 이 완전성은 하나님의 계시의 말씀에 대한 신뢰를 더욱 가져다 준다. 만일 하나님이 부분적인 것만 아신다고 한다면 그의 계시 역시 한정적인 것이 될 수 밖에 없을 것이다. 하나님의 전지하심은 우리의 구원에 필요한 모든 지식이 다 이 계시의 말씀안에 있음을 의미하는 것이기 때문에 더 이상 새로운 계시를 기다릴 필요가 없다. 하나님의 영원하신 아들이시며 영원하신 하나님의 실체이신 예수 그리스도야말로 우리의 최종적인 계시이다. 예수야말로 감추어진 하나님의 지식과 지혜의 부요함이 담겨 있는 실체이다 (요 14:6, 골 2:3).

하나님의 전지하심은 또한 성경에 있는 하나님의 뜻과 진리를 나타내는 성령의 역사하심의 근거이기도 하다. 그 진리의 신뢰성과 최종성을 보증하시는 것이다(요 16:13, 17:17).

3. 하나님의 거룩하심

"여호와여 신 중에 주와 같은 자 누구니이까 주와 같이 거룩함에 영광스러우며 찬송할 만한 위엄이 있으며 기이한 일을 행하는 자 누구니이까"(출 15:11).

거룩하신 하나님을 생각할 때 우리는 사랑의 하나님과 충돌되는 개념으로 말하기 쉽다. 어떤 자는 하나님을 가혹한 분으로, 심판하심에 있어서 무자비하신 분으로 공포의 하나님을 강조한다. 반면에 어떤 자들은 인간이 무슨 짓을 해도 다 용서하시는 사랑의 하나님을 강조하여 윤리 도덕적으로 엄격하지 않은 친구같은 하나님을 나타내고자 한다.

그러나 이 둘은 성경에서 말하고 있는 거룩하신 하나님을 제대로 알지 못하는 것이다. 성경은 하나님은 거룩하시고 사랑의 하나님임을 동시에 강조하고 있고 그 둘은 분리할 수 없는 하나님의 속성이다. 사실 죄를 미워하시는 하나님과 죄인을 사랑하시는 하나님이 동시에 어떻게 한 하나님으로 공존할 수 있는가? 라고 의문을 제기하는 자들이 많이 있다. 그래서 구약의 하나님은 말하거나 가르치지 않고 오로지 복음에 나타난 하나님의 사랑만 말하는 자들도 많이 있다. 그러나 우리는 성경에서 가르치고 있는 하나님의 속성을 바르게 이해하는 것이 중요하다.

성경에서 나오는 거룩이라는 단어는 두 가지 뜻이 있다. 하나는 '구별됨' 혹은 '다른'이라는 의미이다. 즉 하나님이 거룩하시다고 말할 때 지음을 받은 인간과 인간을 지으신 하나님 사이에 엄청난 차이가 있음을 말하고 있다. 하나님의 초월적인 위엄과 권세를 담고 있는 것이다. 레위기 10장에 등장하는 아론의 두 아들들이 첫 제사를 드릴 때에 여호와께서 명하시지 않은 불로 제사하다가 그 자리에서 즉결처분을 받아 죽게 된 이유를 말씀하시는 가운데서 우리는 하나님의 누구도 근접할 수 없는 위엄과 권세를 엿볼 수 있다: "나는 나를 가까이 하는 자 중에 내가 거룩하다 함을 얻겠고 온 백성 앞에서 내가 영광을 얻으리라". 하나님은 하나님을 가까이 하는 사람들이 하나님이 거룩한 분이라는 것을 인정해야 하고 당연히 그렇게 인정해야 함을 말씀하는 것이다. 이것은 그가 다른 어떤 피조물과 다른 어떤 신들 즉 인간이 만든 우상들과는 구별된 존재임을 나타내신 것이다.

이렇게 거룩함은 하나님의 존재에 있어서 가장 핵심적인 속성이다. 그 부분이 구약에 가장 많이 나타나 있으며(레 11:44, 19:2, 수 24:19, 삼상 6:20, 시 22:3, 사 57:15) 신약에서는 특히 성령 하나님의 사역과 인격으로 나타난다. 거룩은 하나님의 왕관에 박힌 가장 빛나는 보석이다. 그의 크신 위엄으로 인해 우리의 모든 존재가 다 하나님의 영광을 드러내고 그만을 경배하며 사모하며 섬기는 자여야 한다. 하나님 한 분 외에는 다른 신이 없기 때문이다. 만약 다른 신이 있다고 한다면 하나님의 거룩은 의미가 없는 단어가 되고 만다.

따라서 거룩하신 하나님을 말할 때 적어도 두 가지 측면을 반드시 기억해야 한다.

하나는 하나님이 다른 모든 존재들과는 구별된 존재라는 사실이다. 그만이 홀로 하나님이시다. 거룩은 하나님의 이름과 같다. 시 111:9에 "여호와께서 백성에게 구속을 베푸시며 그 언약을 영원히 세우셨으니 그 이름이 거룩하고 지존하시도다" 라고 했다. 이사야 6:3에서는 "거룩하다 거룩하다 거룩하다 만군의 여호와여 그 영광이 온 땅에 충만하도다"라고 했다. 홀로 하나님이시라는 사실은 그의 영광과 밀접한 관계를 지닌다. 그렇기 때문에 거룩하신 하나님을 섬기는 천사들은 "그 영광이 온 땅에 충만하도다"라고 노래하지 않을 수 없었던 것이다. 이사야가 본 그 환상은 거의 천년이 지나서도 사도 요한의 환상에서도 나타나고 있다: "거룩하다 거룩하다 거룩하다 주 하나님 곧 전능하신이여 전에도 계셨고 이제도 계시고 장차 오실 자라"(계 4:8).

이렇게 하나님의 영광과 인간의 영광은 차원이 틀리다. 성경에서 거룩한 물건, 혹은 거룩한 사람, 혹은 거룩한 시간이라고 할 때는 '구별된' '성별된' 혹은 하나님의 손길이 닿아 '달라진' 것을 의미한다. 시내산 중

턱에서 불타는 가시떨기 나무 옆에 섰던 모세에게 이 땅은 거룩한 곳이니 네 발에서 신을 벗으라고 하신 것은 그 땅에 무슨 특별한 무엇이 있어서가 아니라 그곳에 하나님이 임재해 계셨기 때문이었다. 그 하나님의 임재하심으로 인하여 갑자기 평범한 것이 특별하게, 흔한 것이 기이한 것으로 바뀐 것이다.

예수 믿는 사람들을 성도라고 부르는 것은 바로 하나님의 거룩한 영이신 성령께서 우리 안에 거하시고 계시기 때문이다. 죄인들이 의인이 되는 것이고 하나님을 위하여 특별히 구별하여 세움을 입은 하나님의 백성, 하나님께 속한 사람이라는 뜻이다. 성도는 세상 사람들과는 다른 존재인 것이다. 전에는 우리도 다 같이 죄와 허물로 죽은 자들이었다. 그러나 지금은 주 예수 그리스도를 믿어 새 사람이 되었다. 이전 것은 다 지나간 새 사람인 것이다. 전에는 자기를 위하여 살았지만 이제는 우리를 위하여 죽었다가 다시 산 주님을 위하여 사는 자들이 된 것이다. 전에는 하나님의 영광하고는 아무 상관없이 죄만 짓고 살았지만 이제는 먹든지 마시든지 무엇을 하든지 다 하나님의 영광을 위하여 사는 자들이다. 이러한 놀라운 변화는 인간 스스로에게서 나온 것이 아니라 위에 계신 하나님께서 선물로 주신 것이다. 주 예수를 믿는 자들에게 내리신 하나님의 특별한 은혜의 결과인 것이다.

따라서 성도는 하나님을 하나님으로 알고 그 분의 위엄과 권세에 걸맞는 태도와 방식으로 하나님을 섬기는 자들이어야 한다. 동시에 삶의 목적이 오로지 우리를 새로운 피조물로 만들어주신 하나님의 영광을 위한 것이어야 한다. 이것이 거룩하신 하나님을 섬기는 자들이 가져야 할 기본적인 자세이다.

둘째로 거룩하심은 하나님의 순결하고 의로운 행하심을 의미한다. 이것은 하나님에게 어떤 죄나 악이 없는 순결함과 완전함을 말한다. 하나님은 항상 절대적인 존재이다. 하나님만이 모든 도덕적 차이의 표준이다. 선함이란 하나님이 뜻하시는 것을 말한다. 악이란 하나님이 거절하시는 것이요, 그의 뜻과 반대되는 것이다. 하나님은 항상 옳은 일을 하신다. 하나님은 결코 그른 일을 하시지 않는다. 하나님은 그 성품이 거룩하시기 때문에 언제나 그의 말과 행동은 올바르다. 하나님의 존재는 그의 순결함과 진실함, 의로우심, 공의하심과 선하심 등 모든 도덕적 완전함을 발산하시고 부어주시는 것 자체이시다. '이스라엘의 거룩한 자'(사 5:19 30:12, 43:3, 55:5)라는 말은 이스라엘이 그들의 모든 행위에 있어서 열국 가운데서 하나님의 이 특성에 걸맞는 행위를 해야 한다는 것을 나타내는 말이다. 신약에서도 성령의 내주하심이 기독교인들의 도덕적, 영적 순결함을 드러내는 삶을 살아야 함을 요구하시는 것이다. 성도는 부정한 것들을 피하고 거룩한 삶을 살아야 하는 존재인 것이다(고전 6:18f. 살전 4:3, 7f.). 만일 하나님의 뜻이 거룩한 것이라면 그의 사랑과 용서함의 행위 역시 하나님의 거룩한 행위들이다.

이렇게 하나님의 거룩한 성품은 하나님의 거룩한 행하심으로 드러나는데 그것은 다음과 같은 특별한 특성을 지니고 있다.

1) 하나님의 선하심

하나님의 선하심은 그의 거룩하심과 분리할 수 없는 속성이다. 그가 거룩하신 분이라면 그는 반드시 선하신 분이어야 한다. 하나님의 거룩한 영광을 보여 달라고 한 모세에게 하나님은 이렇게 답변하신다: "여호와께서 가라사대 내가 나의 모든 선한 형상을 네 앞으로 지나게 하고 여호와의 이름을 네 앞에 반포하리라 나는 은혜 줄 자에게 은혜를 주고 긍휼히 여길 자에게 긍휼을 베푸느니라"(출 33:19). 우리는 하나님의 선하심을 맛보아 알 수 있어야 한다(시 34:8). 왜냐하면 그의 존재 자체가 그의 선하심을 발산하는 것이기 때문이다. 그가 하시는 모든 뜻이 다 선한 것이다. 하나님은 완전히 선하실 뿐 아니라 시종일관 선하시다. 하나님은 선하시지 않은 방식으로 존재해 본 적이 없다. 하나님의 선하심은 하나님의 거룩한 성품과 그의 행하심 두 가지에 다 관련되어 있다. 왜냐하면 그의 행하심은 그의 존재에서 기인하며 흘러나오는 것이기 때문이다. 하나님은 자신의 성품을 따라서 행동하신다. 부패한 나무가 온전한 열매를 맺을 수 없는 것과 마찬가지로 온전한 하나님이 부패한 열매를 내실 수 없는 것이다.

성경 야고보서에 보면 "각양 좋은 은사와 온전한 선물이 다 위로부터 빛들의 아버지께로서 내려오나니 그는 변함도 없으시고 회전하는 그림자도 없으시니라"(약 1:17)고 했다. 강아지가 자기 그림자를 잡으려고 빙빙 도는 모습을 다 보았을 것이다. 그림자를 따라잡을 수 없는 것은 자기가 움직이면 그림자도 움직이기 때문이다. 그러나 하나님께는 회전하는 그림자가 없으시다. 하나님은 영이시기 때문에 그림자를 가질 수 없다는 말이기도 하지만 이 표현은 하나님께 '어두운 면'이 조금도 없다는 말이다. 그림자란 어둠을 연상시키는 단어이며 영적 의미로 어둠은 악을 암시한다. 그러기 때문에 선하신 하나님께는 그림자가 전혀 없는 것이다. 하나님께 악이 없기 때문에 어둠의 자취가 전혀 없는 것이다.

하나님의 선하심은 독단적이거나 변덕스러운 것이 아니다. 하나님은 결코 변함이 없으신 분이다. 그의 법은 일정하다. 그는 법에 따라 행동하시지만 그 법은 그 자신의 성품이다. 그 성품에 어긋나는 일을 하시거나 반대되는 행동을 결코 행하실 수 없는 분이다. 언제나 하나님 자신의 영원하며 변함없는 고유한 성품에 따라 행동하시는 분이다. 야고보가 이야기 한 "각양 좋은 은사와 온전한 선물이 다 하나님으로부터 온다"고 한 것은 하나님 자신이 궁극적인 선의 기준이요 절대적 가치가 다 하나님에게 속한 것임을 말하는 것이다. 모든 좋은 것의 원천은 하나님이다. 사람들이 말하는 선의 기준과 하나님의 변함없는 성품에서 우러나오는 선의 기준은 결코 비교할 수 없는 것이다. 따라서 하나님의 선하심의 잣대로 인간의 선을 잰다면 모두가 다 오물덩어리 자체에 불과한 것이다. 인간의 선으로 하나님의 선에 도달할 수 있다고 말하는 것은 인간의 교만이다. 성도의 선은 오직 그리스도 예수 안에서 빛들의 아버지로부터 온 선함이어야 한다. 그렇지 않으면 우리의 행위는 하나님을 역겹게 하는 것에 불과한 것이다.

하나님의 선과 관련하여 우리가 가장 많이 암송하는 구절은 로마서 8:28이다: "우리가 알거니와 하나님을 사랑하는 자 곧 그 뜻대로 부르심을 입은 자들에게는 모든 것이 합력하여 선을 이루느니라." 이 말씀만큼 납득하기 어려운 일들을 겪게 되는 성도들에게 위안을 주는 말씀도 드물다. 성도들이 경험하는 것이 무엇이든지 하나님을 사랑하는 성도들에게 하나님의 선하신 뜻은 반드시 이루어진다는 말씀이다. 거기에 성도는 무한 감사와 찬송을 돌린다. 만일 우리에게 일어나는 모든 일들이 합력하여 하나님의 선을 이룰 수 있는 것이 되게 하신다면 성도들에게 일어나는 일들은 최종적으로 선한 것이 될 수 있다. "최종적"이라는 말에 주의하라. 사실 이 세상에서 성도에게 일어나는 일들은 다 악하다. 우리들이 겪는 재난들, 불행한 일들, 불의한 것들 등 수많은 악한 것들을 만난다. 그러나 하나님의 선하심은 이 모든 것들을 초월하여 우리에게 선한 것이 되게 일하시는 것이다. 하나님의 선을 반영하신다. 하나님의 선하신 뜻이 이루어지도록 역사하신다. 그 뜻을 깨닫게 될 때 우리는 고난 중에도, 불행 중에도, 병든 중에도 하나님께 감사 찬송할 수 있다. 그것이 하나님의 선이다.

이것이 우리에게 주는 교훈이 크다. 성도에게는 최종적인 비극은 없다. 최종적으로 하나님의 선하신 섭리하심은 임박해 있는 악을 우리에게 궁극적인 유익이 되게 하신다. 그렇기 때문에 루터는 이런 이야기를 했다; '만일 하나님이 내게 길거리에서 오물을 주워 먹으라고 하신다면 나는 그것을 먹을 것이다. 내가 그것을 먹는 것은 그것이 내게 좋은 것이라는 사실을 아는 까닭이다.' 하나님의 선하심 때문에 성도는 어떤 일이 닥쳐도 감사를 잃지 않을 수 있는 것이다. 우리를 향하여 가지신 하나님의 뜻이 선한 것이 아니라면 신앙생활은 불안의 연속이요 절망의 늪일 뿐이다. "나의 평생에 선하심과 인자하심이 정녕 나를 따르리니 내가 여호와의 집에 영원히 거하리로다"(시 23:6).

2) 하나님의 의로우심

하나님의 의는 그의 거룩한 성품과 일치한다. 구약에서 하나님의 의는 하나님의 피조물과의 관계에 의해서 해석된다. "여호와는 그 모든 행위에 의로우시며 그 모든 행사에 은혜로우시다"(시 145:17). 이것은 하나님이 자기 백성을 구원하시고 옹호하시는 행동을 포함한다(렘 23:6). 그래서 하나님을 의로우신 하나님이요 구원자라고 말한다(사 45:21). 의의 결핍은 하나님 앞에 인간의 도덕적 곤궁상태를 나타낸다. 의인은 한 사람도 없다. 오로지 그리스도의 의가 복음 안에서 성도들이 하나님 앞에 받아 드려지게 하는 원천이다(롬 5:17-21, 롬 1:17).

이 의로움이 죄인들과 관계에서 나타내는 하나님의 행동을 하나님의 공의 혹은 공정함이라고 한다. 하나님의 공의 혹은 공정함에는 양면이 있다. 하나는 일반적으로 세상을 다스리는 하나님의 공정한 법칙을 말하며 또 하나는 상벌의 원칙이다. 공정하다 공정치 못하다는 말을 우리들은 늘 듣고 산다. 과연 무엇이 공정인가? 무전유죄 유전무죄라는 말이 통용되고 있는 것은 그만큼 이 사회가 공정하지 못하다는 말이다. 어떤 사람이 마땅히 받아야만 하는 대우가 공정하지 못하다고 해서 남녀차별 혹은 인종차별 등의 말을 한다. 또는 마땅히 받아야 할 상이나 벌을 말할 때 공정하지 못하다는 말을 쓴다. 그러나 상이라는 것은 반드시 공적이 있어야만 받는 것은 아니다. 미인경연대회에서 상을 받는 것은 아름답다고 하는 것에 대한 어떤 공적이 있어서 상을 받는 것이 아니다. 여기서는 가장 아름다운 후보자에게 상이 돌아간다는 원칙을 지키는데 공정이라는 개념이 사용되는 것이다. 거기에 뇌물을 받아서 가장 아름다운 자가 아님에도 상을 받았을 때는 경연대회의 결과는 불공정한 것이다. 그래서 공정을 '마땅히 받아야 할 것을 주는 것'이라는 정의를 내릴 때 받아야 할 벌 보다 심하게 받았을 때 그 벌은 공정치 못한 것이요 쌓은 공적이 미치지 못하는 상을 받았다면 그 상도 공정치 못한 것이다.

그렇다면 자비와 공의 사이에는 어떤 차이가 있는가? 자비란 잘못을 범한 자에게 벌을 덜 줄 때 혹은 상을 받을 자에게 상보다 더 큰 상을 줄때 나타나는 것이다. 그렇다면 앞에서 말한 공정함과 어긋나는 것이 자비가 아닌가? 사실 하나님은 자신의 엄위하심을 그의 자비하심으로 누그러뜨리신다. 인간이 행한 죄악대로 하나님이 처치하신다면 이 세상에 살아남을 수 있는 존재는 아무도 없다(시 130:3-4). 그러나 그는 자비로우시고 은혜로우신 분이시다(시 103:8-11). 그렇기 때문에 우리가 받아야 할 형벌을 유보시키시거나 죄를 사해 주심으로 자비를 베푸신다. 하나님의 공의와 충돌되는 이 순간 하나님은 그리스도의 십자가를 준비하시고 그 십자가에서 공의와 사랑이 함께 만나게 되는 위대한 역사를 이루신 것이다. 인간 스스로에게는 하나님의 용서를 받을 만한 어떤 것도 없다. 그런 죄인에게 값없이 베푸시는 호의가 은혜요 자비이다. 하나님께서 결코 우리에게 자비로워야 할 의무가 있으신 것이 아니다. 다만 하나님은 그의 선하시고 기뻐하시는 뜻을 따라 은혜를 베풀 권리를 가지고 계신다. 즉 하나님이 은혜 베풀 자에게 은혜를 베풀고 긍휼히 여길 자에게 긍휼을 베푸시는 것이다(롬 9:15).

여기에서 사람들이 납득하지 못하는 자비와 공정 혹은 공의에 대한 질문을 던진다. 한 사람에게 은혜를 베푸셨다면 골고루 은혜를 베푸는 것이 공정하다는 말이다. 그러나 앞에서 지적한 것처럼 하나님의 기뻐하시는 뜻을 따라 은혜를 베푸시는 하나님이다. 부자가 가난한 어떤 특정한 자에게 자선을 베풀었다고 해서 모든 가난한 자들이 그에게 자선을 받을 권리가 있는 것이 아니다. 성경에서 하나님은 모든 사람들을 똑같이 다루신 적이 없다. 하나님은 가룟 유다에게 나타내셨던 것과는 대조적으로 다메섹 도상에서 사울에게는 은혜롭게 나타나셨다. 바울은 하나님으로부터 은혜를 받았다. 가룟 유다는 하나님으로부터 공의의 심판을 받았다. 자비와 은혜는 공의하고는 무관하다. 그러나 자비와 은혜가 불의한 처사가 아니다. 유다가 받은 형벌이 마땅히 그가 받아야 할 형벌보다 심한 것이었다면 그는 불평할 만한 이유가 있을 것이다. 바울이 은혜를 입었다고 해서 유다도 은혜를 입어야만 한다고 말할 수 없는 것이다.

예수께서 공의와 자비 문제를 가장 잘 드러낸 가르침은 마태복음 20장에 나오는 포도원 품군에 관한 비유이다. 포도원 주인이 밖에서 빈둥빈둥 놀고 있는 자들을 포도밭에 들여보내 일하게 하였다. 일군들에게 품삯은 하루 노동자 임금에 해당되는 일 데나리온으로 계약을 했다. 그리고 그 계약에 따라 일을 마친 후 일 데나리온씩 지불했다. 이것이 공정한 처사이다. 그런데 문제가 발생했다. 그것은 아침 9시부터 와서 일한 사람에게 준 품삯이나 오후 3시에 와서 일한 사람이나 나중에 받는 삯이 똑같았던 것이다. 그래서 아침부터 와서 일한 사람들은 하나같이 적어도 한 데나리온 보다 더 받을 것이라고 생각했다. 그런데 받고 보니 똑같은데 대해서 분통이 터진 것이다. 이것은 분명 공정치 못한 것이다. 어떻게 해서 아침부터 하루 종일 일한 사람이 받는 것과 거의 해질 무렵에 와서 일한 사람과 품삯이 똑같을 수 있느냐며 주인에게 항의를 했다. 그 때 주인은 그 농성자들에게 이렇게 말했다: "친구여 내가 네게 잘못한 것이 없노라 네가 나와 한 데나리온의 약속을 하지 아니하였느냐 네 것이나 가지고 가라 나중에 온 이 사람에게 너와 같이 주는 것이 내 뜻이니라"(마 20:13-14).

아침부터 와서 일한 자에게는 주인이 공의한 처사를 한 것이다. 그러나 오후 늦게 와서 일한 자에게는 주인이 자비를 베푼 것이다. 공의와 자비의 차이를 분명히 알 수 있다. 그러나 사람들은 대체로 자기 입장에서 남이 그런 대우를 받았으니 나도 그처럼 대우를 받아야 한다고 생각하기 때문에 공정하지 못하다고 불만을 토로하는 것이다.

하나님의 공의에 대한 질문을 받은 바울의 답변 역시 성경에서 인용한 것이다: "혹 네가 내게 말하기를 그러면 하나님이 어찌하여 허물하시느뇨 누가 그 뜻을 대적하느뇨 하리니 이 사람아 네가 뉘기에 감히 하나님을 힐문하느뇨 지음을 받은 물건이 지은 자에게 어찌 나를 이같이 만들었느냐 말하겠느뇨 토기장이가 진흙 한 덩이로 하나는 귀히 쓸 그릇을, 하나는 천히 쓸 그릇을 만드는 권이 없느냐 만일 하나님이 그 진노를 보이시고 그 능력을 알게 하고자 하사 멸하기로 준비된 진노의 그릇을 오래 참으심으로 관용하시고 또한 영광 받기로 예비하신바 긍휼의 그릇에 대하여 그 영광의 부요함을 알게 하고자 하셨을지라도 무슨 말하리요?"(롬 9:19-23)

성경적으로 공의란 의의 기초위에서 정의된다. 하나님이 공의로우시다는 것은 그가 옳게 행하신다는 것이다. "세상을 심판하시는 이가 공의를 행하실 것이 아니니이까"(창 18:25). "그런즉 우리가 무슨 말하리요 하나님께 불의가 있느뇨 그럴 수 없느니라"(롬 9:14). 공의하신 하나님은 한번도 옳지 않은 말이나 행동을 하시는 법이 없다. 누구도 그에게 잘못이라고 말할 수 없다. 불의한 자들이 의로운 자들을 죄인으로 몰아붙이는 일이 이 세상엔 비일비재하다. 그러나 공의하신 하나님께는 통하지 않는다. 마땅히 형벌 받을 자에게 벌을 주고 은혜 베풀자에게 은혜를 베푸는 것은 하나님의 자비이다. 하나님의 기뻐하시는 뜻을 따라 주권적으로 일하시는 것이다. 그렇기 때문에 야곱은 택하고 에서는 버리는 일에 대하여 누구도 하나님이 공정하지 못하다거나 비열하신 분이라고 말할 수 없는 것이다. 에서를 버리고 야곱을 택하여 복 주시는 것은 생명의 주인이신 하나님의 뜻이다.

그렇기 때문에 성도들은 나 같은 죄인에게 복을 주시어 하나님의 자녀가 되게 하시고 이렇게 하나님을 아버지로 섬기는 왕실 자손이 되게 하신 것을 인하여 일평생 감사 찬송하며 살아야 하는 것이다. 하나님께 원망하는 것은 우리의 교만함을 드러내는 것이다. 공의를 인하여 두려워하며 자비를 인하여 감사하는 성도여야 한다. 공의하시기 때문에 하나님은 진노를 쏟으신다. 진노는 하나님의 거룩하신 속성에 반대되는 것으로서 그 행위에 대한 하나님의 거룩한 혐오감을 말한다(존 머레이). 하나님의 진노는 종종 사람들에 의해서 신인동형동성론의 잔인한 측면이라고 단정한다. 그것은 분명 인격적인 요소를 지닌 것이다. 그러나 그것은 어디까지나 규범적인 인격자의 모습이지 무분별한 감정적 치우침의 요소는 아니다. 다시 말해서 하나님에게 진노하시는 모습이 없다고 한다면 하나님의 거룩은 가짜이다. 그의 사랑 역시 일종의 감상주의적인 요소에 불과한 것이다. 하나님의 진노하심은 사람 안에 있는 것과 같은 감정에 속하는 혹은 제멋대로의 폭력이 아니다. 어디까지나 모든 행위의 규범이신 공의하신 하나님의 심판인 것이다.

하나님의 진노는 역사 속에서 하나님의 진리를 거절한 인생들에게 종종 나타내셨다. 그런 역사적 심판의 일은 장차 마지막 날에 모든 인류에게 내릴 최종적 심판의 전초전에 불과한 것이다. 죄인이 받아야 할 진노가 얼마나 무서운 것인지 그 처절한 광경이 그리스도의 십자가에서 적나라하게 드러났다. 동시에 그런 형벌을 받아야 할 죄인들에게 내리시는 하나님의 선하심과 자비하신 사랑이 어떠한지도 그리스도의 십자가에서 드러난 것이다. 우리가 십자가를 자랑해야 할 이유가 여기에 있는 것이다. 하나님의 공의와 자비가 함께 만나는 그리스도의 십자가야 말로 죄인들에게 주어진 최고의 복음이다. 그래서 사도 바울은 갈라디아서 6:14에서 우리 주 예수 그리스도의 십자가 외에는 결코 자랑할 것이 없다고 한 것이다. 그 말씀에 맞추어 쓴 찬송가가가 그 유명한 아이삭 왓츠의 147장이다. 영어 가사를 몇 절을 보면 그 내용이 더욱 실감난다:

When I survey the wondrous Cross, on which the Prince of glory died,

My richest gain I count but loss, and pour contempt on all my pride.

See, from His head, His hands, His feet, sorrow and love flow mingled down,

Did wonder? amazing? such love and sorrow meet, Or thorns compose so rich a crown.

··· Were the whole realm of nature mine, that were an

offering far too small,

Love so amazing, so divine, Demands my soul, my life, my all.

영광의 왕자께서 죽으신 놀라운 십자가 살펴볼 때 나의 가장 풍부한 소득을 아무 것도 아닌 것으로 간주하며 나의 모든 교만 위에 경멸을 쏟으리,

그의 머리, 그의 손과 발을 보라, 슬픔과 사랑이 뒤섞여 내리네, 그 놀라운 사랑과 슬픔이 만나고, 또 가시들은 굉장한 면류관이 되었네

온 세상 만물 가져도 주 은혜 못 다 갚겠네, 너무 놀랍고 너무 신령한 사랑 받은 나, 내 영혼, 내 생명, 내 모든 것 드리네

하나님의 공의하심과 자비하심이 있기 때문에 우리는 우리의 생명을 다하여 주님을 섬기며 주의 뜻을 받들어 섬기는 일을 기꺼이 하는 것이다. 우리의 충성과 헌신을 주님은 결코 모른체 하시는 법이 없다. "하나님이 불의치 아니하사 너희 행위와 그의 이름을 위하여 나타낸 사랑으로 이미 성도를 섬긴 것과 이제도 섬기는 것을 잊어버리지 아니하시느니라"(히 6:10). 그렇기 때문에 더욱 주의 일에 힘쓰는 자들이 되어야 한다. 부지런히 심으면 때가 되면 주께서 갚아주신다(갈 6:9). 죽도록 충성하는 자에게 반드시 생명의 면류관을 주신다(계 2:10).

하나님의 공의하심을 마치기 전에 우리들에 종종 가지는 의문은 악인의 형통함이다. 공의하신 하나님이 온 세상을 통치하시고 계신데 어

떻게 악인들이 처처에 횡행하며 형통함을 누리는가? 이에 대한 성경적인 답은 세 가지가 있다.

● 악인은 때로 하나님의 일을 이루는 도구로 사용하신다.

비록 그들이 하나님의 영광을 계획하지는 않을지라도 하나님의 영광을 드러내는 일을 조성하기도 한다. 고레스 왕 같은 이는 예루살렘에 하나님의 성전을 건축하게 하는 도구로 일했다. 그들은 현상적인 보상을 받을 만한 정의로운 무엇을 행하기도 한다. 하나님께서는 이들을 종종 번성케 하여 그 밑에 사는 백성들이 안식하게 만드신다. 하나님은 어떤 인간에게도 빚을 지고 계시지 않는다. 잠언 16:4에 "악인도 악한 날에 적당하게 하셨느니라"고 하였다.

● 하나님께서는 인간으로 하여금 계속해서 죄를 범하도록 허용하시며 번성케 하신다.

하나님이 공의하지 않아서가 아니며 그들에게 자비로워서가 아니다. 그들의 범죄로 인하여 하나님께 변명의 여지가 없게 만드시는 것이다. 회개할 기회를 주어도 회개치 아니하면 하나님의 오래참으심이 그들을 대적하는 증거물이 된다. 하나님의 공의는 그들을 정죄하는 판결문에서 보다 더 명확하게 드러날 것이다. "주께서 말씀하실 때에 의로우시다 하고 판결하실 때에 순전하시다 하리이다"(시 51:4).

● 하나님은 악인을 반드시 심판하신다. 시편 50:16-21을 보라

"악인에게는 하나님이 이르시되 네가 어찌 내 율례를 전하며 내 언약을

네 입에 두느냐 네가 교훈을 미워하고 내 말을 내 뒤에 던지며 도적을 본즉 연합하고 간음하는 자와 동류가 되며 네 입을 악에게 주고 네 혀로 궤사를 지으며 앉아서 내 형제를 공박하며 네 어미의 아들을 비방하는도다 네가 이 일을 행하여도 내가 잠잠하였더니 네가 나를 너와 같은 줄로 생각하였도다 그러나 내가 너를 책망하여 네 죄를 네 목전에 차례로 베풀리라 하시는도다."

만일 하나님께서 죄 중에 형통케 하신다면 그의 진노의 잔은 죄를 범하는 동안 가득채워지는 것이다. 인간이 죄 중에서 형통하고 있는 동안 하나님은 진노의 칼을 숫돌에 갈고 계신다. 비록 하나님이 잠시 동안 참고 계시지만 오래 참으심이 용서를 의미하는 것이 아니다. 회개치 아니하면 우리는 다 망하는 것이다. 사실 하나님이 오래 참으실수록 받을 형벌이 더욱 커지는 것이다. 하나님의 공의가 때로 잠자는 사자처럼 여겨진다. 사자가 잠을 자고 있지만 영원히 자는 것이 아니라 일어나며 죄인을 향하여 뇌성을 발하는 것이다. 고로 하나님의 공의를 의심치 말라. 그리고 우리의 죄악들을 그 때 그 때 회개하며 악을 버리고 주님의 뜻을 즐거운 마음으로 행하는 자가 되라. 그리스도 예수의 십자가를 붙들고 승리하는 성도들이 되기를 소망한다.

4장

하나님의 행하심과 뜻

4장

하나님의 행하심과 뜻
God's Doing and Will

1. 창조에 관하여(of Creation)

'성부와 성자와 성령이신 하나님께서는 자기의 영원한 권능과 지혜와 인자하심의 영광을 나타내시기 위하여 태초에 우주를 창조하시기를 즉 무에서 지으시기를 기뻐하셨고 그 안에 있는 보이는 것과 보이지 않는 모든 것을 엿새 동안에 창조하셨으니 그 지으신 모든 것이 좋았다.'

하나님의 선하심과 의로우신 속성은 그가 행하신 일들 가운데서도 분명 드러난다. 특히 그가 지으신 만물들이 다 그러하며 그 만물들 속에 주님의 모든 성품들이 다 스며들어 있는 것이다. 무엇보다 창조사역 자체를 들여다보자. 시공간 속에 존재하는 모든 것은 다 시작이 있다. 눈에 보이는 것이나 보이지 않는 것이나 땅에 있는 것이나, 땅 아래 물 속에 있는 것이나, 땅 속에 있는 것이나, 하늘에 있는 것이나 모든 만상이 시작이 있는 것이다. 개개인의 시작도 있고 나라의 시작도 있고, 우리가 사용하고 있는 물건들의 시작이 있다. 이 말이 뜻하는 것이 무엇인가? 그것은 시작이 있기 전에는 존재자체가 없었음을 의미한다. 내가 있기 전에 나는 없었다. TV가 있기 전에 TV는 존재하지 않았다. 자동차도 있기 전에는 자동차라는 것이 없었다. 즉 한마디로 모든 것이 다 존재하지 않았었다는 사실이다. 이것처럼 분명한 사실은 없는 것이다.

그런데 문제는 아무 것도 없는 상태 즉 무(無)의 상태가 있다는 말이다. 그러나 이것은 논리적으로 합당한 것이 될 수 없다. 왜냐하면 무는 웃을 수도 없고 노래할 수도 없으며 울 수도, 일할 수도, 숨쉴 수도 없기 때문이다. 무는 창조를 할 수 없다는 것이 분명하다. 무는 존재할 수 없다. 무는 존재가 아니기 때문에 무엇인가 만들 수 있는 것이 아니다. 아무 것도 없는 것에서 뭔가가 나올 수는 없다. 그러므로 이전에 아무 것도 없었다면 지금 역시 아무것도 존재할 수 없는 것이다. 그러나 지금 뭔가가 존재하고 있다. 그렇기 때문에 시작을 갖지 않은 무언가가 존재해야만 한다. 사물은 자신을 창조할 수 없기 때문에 창조 전에 그 자신이 있어야 하는 것이다. 따라서 현재 존재하는 것이 있으려면 그 자체가 시작을 갖지 않는 무엇인가가 있어야 하는데 그것이 과연 무엇인가?

사람들은 그것을 초월적인 존재라고 말한다. 기독교는 그것을 창조주 하나님이라고 말한다. 세상의 과학자들이나 철학자들이 말하는 최고의 존재는 하나님 한분을 제외하고는 설명이 불가능하다. 하나님을 최고의 존재라고 말하는 것은 하나님이 일반적인 존재들과는 그 본질에 있어서 다르다는 의미이다. 그 다른 것이 무엇인가? 하나님은 시작을 가지고 있지 않다는 점이다. 그래서 그를 최고의 존재라고 말한다.

다른 모든 존재가 다 이 하나님으로부터 말미암았지만 하나님 자신은 아무로부터도 말미암지 않았기 때문에 그가 최고의 존재인 것이다. 다른 모든 존재들은 다 스스로 계신 하나님이 창조하신 작품들인 것이다.

성경의 가장 첫 마디가 무엇인가? "태초에 하나님이 천지를 창조하시니라"(창 1:1). 이 말씀은 모든 기독교 사상의 근원이다. 단지 종교적인 주장만이 아니라 합리적이고 과학적인 개념이다. 이것을 받아드리지 않는 자들은 세상의 존재들을 설명할 근거가 비논리적인 것들 뿐이다. 창조 받지 않는 존재는 어디에 살고 있느냐에 관계없이 최고의 위치에 있다. 하늘과 땅을 초월한 위치에서 최고의 존재로 계신 하나님께서는 모든 만물의 근원인 것이다. 시편기자는 "땅과 세계도 주께서 조성하시기 전 곧 영원부터 영원까지 주는 하나님이시니이다"(시 90:2)라고 노래하였다. 무에서 유를 창조하신 하나님으로 인하여 모든 만물이 질서정연하게 움직이고 있는 것이다. 하나님은 어지러움의 하나님이 아니라 질서 화평의 하나님이시기 때문이다(고전 14:33). 질서의 하나님께서만 세상에 존재하는 삼라만상들의 창조주이시다.

'창조하다'라는 말의 히브리어 바라(בָּרָא) Qal 동사로만 사용될 때 하나님의 행위를 나타내는 단어이다. 신적 명령에 의하여 형성되는 창조의 개념으로만 사용되는 용어인 것이다. 따라서 이 단어는 어떤 새로운 것의 주도적인 역할을 하는 창조주의 행위, 그리고 어떤 무엇을 존재케 하는 행위를 나타내고 있다. 놀라운 것은 이 용법은 오로지 천지 만물의 창조행위에 국한하고 있다는 점이다. 이것이 바로 하나님의 권능의 역사인 것이다. 창조물 자체가 하나님의 지혜와 능력과 부와 위엄과 주권을 다 드러내는 실체들이다.

이처럼 성경은 항상 만물의 존재를 순전히 하나님의 '뜻'이나 '말씀' 혹은 '입기운'으로 지어진 것으로 말하고 있다. "믿음으로 모든 세계가 하나님의 말씀으로 지어진 줄을 우리가 아나니 보이는 것은 나타난 것으로 말미암아 된 것이 아니니라"(히 11:3, 시 33:6, 148:5).

만일 하나님이 우주 만물에 형태를 주셨을 뿐 아니라 그 본질까지도 무에서 창조하신 분이 아니라면 하나님은 이 세상에서 최고의 절대자로 있을 수 없다. 그 역시 여러 방면으로 제한을 받을 것이기 때문이다. 그러나 그는 스스로 계신 분이시며 회전하는 그림자도 없으시고 만물의 절대 주권자요 소유주인 것이다. 누가 만물을 '다 내 것'이라고 선언할 수 있으신가? "이는 산림의 짐승들과 천산의 생축이 다 내 것이며 산의 새들도 나의 아는 것이며 들의 짐승도 내 것임이로다 내가 가령 주려도 네게 이르지 않을 것은 세계와 거기 충만한 것이 내 것임이로다"(시 50:10-12).

이처럼 성경은 창조를 ① 삼위일체 하나님의 절대 주권적 행위로 말씀한다(창 1:1, 26, 요 1:1-3), ② 성부에게 돌리며(고전 8:6), ③ 성자를 통하여 성부에게 돌리며(히 1:2), ④ 성령을 통하여 성부에게 돌린다(시 104:30), ⑤ 성자에게 돌리며(요 1:2-3), ⑥ 성령에게 돌린다(창 1:2, 욥 33:4).

2. 섭리하심에 관하여(of God's providence)

하나님의 섭리하심은 그가 지으신 모든 만물의 운행하심과 관련이 있다. 섭리(Providence)라는 말은 '앞서서 보다' 혹은 '공급하다'이다. 그러나 이 어원적 의미가 하나님의 섭리하심에 대하여 충분히 설명하고 있는 것은 아니다. 단순히 하나님이 인간역사 혹은 세상의 돌아가는 일들을 지켜보고만 계신 분이 아니라는 말이다. 하나님의 뛰어난 지적 능력을 드러내는 이 교리에 대하여 웨스트민스터 신앙고백서에서는 이렇게 정의하고 있다:

'만물의 위대한 창조주 하나님은 모든 피조물을 붙드시고 그 행동과 사건들을 가장 큰 것에서부터 지극히 작은 것에 이르기까지 지도하시고 처리하시며 그의 가장 지혜롭고 거룩하신 섭리와 무오하신 예지와 그 마음의 자유롭고 변함없으신 뜻을 따라 다스리시니 이는 하나님의 지혜와 권능과 공의와 선하심과 긍휼의 영광을 찬송하게 하려 함이다.'

여기서 우리는 하나님의 섭리사역을 첫째는 창조물을 보존하시는 일로 규정함을 알 수 있다. 하나님께서 우주 만물을 처음 만드셨을 뿐 아니라 그 만드신 것들이 원래 지은바 그 목적대로 운행되어지도록 붙들고 계시는 것이다. 건물을 짓고 그 건물을 유지하는 일이 필요하듯이 하나님은 창조하신 후 그 창조된 것들을 유지하고 계신다. 이것이 그의 섭리하심이다. 그렇다면 여기에서 우리가 알 수 있는 것은 그 방대한 우주, 얼마 전에 미국의 디스커버리호 우주선이 우주 정거장에 갔다 온 일이 있었는데 그 방대하고 넓은 우주를 무슨 지혜와 힘으로 다 운행할 수 있느냐? 라는 의문이 생기지 않을 수 없다. 여기에 답은 한계가

있는 어떤 피조물의 지혜와 능력으로는 불가능한 일임을 고백하지 않
을 수 없게 된다. 여기에 이 우주를 초월해 계시는 분이 필요하다는 말
이다. 자연스럽게 하나님의 능력이 아니면 이 우주는 존재할 수도 없고
활동할 수도 없다는 말이 된다. 하나님께서는 그의 전능하신 힘과 전지
하신 지혜로 만물을 붙들고 계신다. 그래서 우리는 그 안에서 살고 기
동하며 있는 것이다(행 17:28).

둘째는 하나님은 통치자라는 사실을 알 수 있다. 모든 피조물을 붙
드시고 유지하실 뿐 아니라 그 행동과 사건들을 가장 큰 것에서부터 지
극히 작은 것에 이르기까지 지도하시고 처리하시는 것이다. 섭리교리
의 핵심 부분이 이것이다. 가장 큰 일들, 나라의 흥망성쇠, 우주 만물
의 운행하심, 인간의 생사화복 등 지극히 작은 미미한 것에 이르기까지
모든 일들을 주관하시고 다스리신다. 이 우주 공간에 있는 모든 것들은
다 하나님의 손길 범위를 벗어나지 않는다. 낮과 밤을 주관하시며 눈과
비를 다스리신다. 우리의 머리카락 수를 세시며 우리 평생의 날 수를
계수하신다(시 90:12). 하나님은 왕이시다. 그의 다스림을 피하여 숨을
자가 누가 있으며 그의 능력을 대적하여 우뚝 설 자가 누가 있겠는가?
그는 후계자가 없으신 영원한 통치자이시다. 그는 초월적인 존재인 것
이다.

여기에서 우리가 생각할 것은 섭리와 운명 혹은 숙명 사이에는 엄청
난 차이가 있다는 사실이다. 그 차이는 하나님의 인격적인 성품에서 분
명하게 나타난다. 운명은 앞을 보지 못하는 장님이지만 하나님은 앞 뒤
옆 위 아래를 다 보시는 분이시다. 운명에는 인격이 없다. 하나님은 인

격적인 분이시다. 운명은 말을 못하지만 하나님은 말씀하시는 분이시다. 운명이 역사를 주관하는 것이 아니라 이 세상을 지으신 하나님께서 주관하시고 다스리신다. 모든 것이 보이지 않는 섭리의 손길에 의해 움직이는 것이다. 모든 것이 합력하여 선을 이루시는 선하신 인격적인 하나님이 계신 것이다.

이 섭리하심 때문에 성도들은 이 세상에서 소망가운데 즐거워할 수 있다. 불확실한 미래를 보면서도 한탄하고 낙심하지 아니함은 미래의 역사를 쥐고 계신 하나님이 계시기 때문이다. 그렇기 때문에 역사의 주인이신 하나님의 섭리하심, 그것도 그의 선하신 뜻을 따라 진행됨을 믿기에 기독교인들은 낙담하거나 좌절하지 않으며, 또한 우연히 일어난 어떤 무엇을 믿는 것이 아니다. 하나님의 뜻을 받는 것이다. 우연이란 우리가 수학에서 확률을 설명하기 위해 사용하는 말일 뿐이다. 우연 자체는 존재하는 것이 아니기 때문에 아무런 힘이 없다. 그래서 실제에 영향을 줄 수 없다. 우연은 아무 것도 아닌 것이다.

칼빈은 "하나님의 손이 실권을 쥐고 있다"라고 한다. 그러므로 우연이라고 하는 것은 없다. 마태복음 10장에 나오는 참새 한 마리조차도 우연히 떨어지는 일은 없다. 이 모든 일들이 하나님의 섭리 가운데서 일어나는 것이다. 따라서 하나님의 주권적인 행하심이 모든 실재적 소망의 근거가 되고, 하나님을 신뢰하는 자들에게는 좌절과 낙담 가운데서도 소망을 가지고 일어날 수 있다. 주변에 일어나는 일들이 아무리 암울한 것 같아도, 사망의 음침한 골짜기를 다닐찌라도 두려워하지 않게 되는 것이고, 원수들의 목전에서도 상을 베푸시는 하나님을 믿게 되는 것이다. 우리가 읽은 시편 16편의 내용들을 보면 주의 거룩한 자로 썩지 아니하게 하시는 이것이 하나님의 섭리하심 가운데서 일어나는 일이라고 볼 수 있는 것이다.

기계론주의자들과 숙명론자들은 '원래 정해진 어떤 운명이 있기 때문에 그 운명대로 인간은 흘러가는 것뿐이야' 라고 하는 자들이다. 그들은 인간의 자유 의지를 박탈하고, 인간이 하나의 기계로 지음 받은 존재인 것처럼 말함으로 하나님이 세상을 창조하신 것은 기계와 같아서 '한번 만들어 기계를 작동시키면 수명이 다할 때까지 기계가 계속 돌아간다'라는 것이다. 그래서 하나님께서는 더 이상 손을 떼고 계시고 '원래 정해진 운명에 따라서 움직여 가는 것이다'라는 것이다. 그러한 예로 인도의 힌도교의 가르침과 불교의 숙명론에 가르침은 원래 그렇게 지음을 받은 존재이기 때문에 하층 계급에 있는 사람들은 상층 계급에 갈 생각을 안 한다는 것이다. 이 땅에서 착하게 살다보면 나중에 죽어서 윤회를 하게 되는데 윤회를 할 때 더 높은 지위에 있는 사람으로 태어날 것을 믿고 있기 때문에 지금도 억압받고, 가난하고, 무시하고, 힘들게 하는 일들은 내가 짊어지고 가야하는 운명라고 생각하여 더 이상 개선하려고 하지 않는다. 그러나 인간의 운명은 하나님의 손에 달려있으며 하나님의 뜻 안에서 생육하고 번성하고 정복하며 다스리는 창의적인 길을 간다. 이것이 하나님의 통치를 믿는 성도의 삶이다.

셋째로 섭리하심에는 협력이 있다. 협력은 하나님이 하시는 일들과 사람이 하는 일들이 경계선을 같이하는 것을 뜻한다. 인간은 창조 때부터 하나님의 형상으로 지음을 받은 자이기 때문에 자유의지가 주어져 있는 피조물이다. 우리는 우리의 의지와 생각을 가지고 어떤 일들을 발생시킨다. 여기서 동원되는 힘들은 제일 원인이 아니다. 하나님의 주권적인 섭리하심이 우리의 행동들을 굽어보시며 우리의 행동들을 초월해 계신다. 인간의 자유의지를 파괴하지 않으시면서 자유의지를 통하여 하나님의 선하신 뜻을 실행해 가신다. 이 부분을 쉽게 이해할 수 있는 한 사례를 꼽으라면 구약의 요셉의 이야기이다. 요셉의 형제들은 그를 속이고 죄를 범했지만 하나님의 섭리하심은 그들의 죄를 통해서도 이스라엘 백성들을 기근과 굶주림의 고통에서 구원하시려는 그의 선하신 뜻을 성취해 가신 것이다. 그렇기 때문에 훗날 이집트에서 형제들을 만났을 때 요셉은 이렇게 고백하였다: "당신들은 나를 해하려 하였으나 하나님은 그것을 선으로 바꾸사 오늘과 같이 만민의 생명을 구원하게 하시려 하셨나니"(창 50:20).

또 다른 한 사례는 예수를 은 삼십냥에 판 가룟 유다의 경우이다. 그리스도를 배반한 그의 흉악한 범죄행위는 그리스도 예수의 죽음을 가져왔다. 그러나 그의 죽음은 우연한 사고로 된 것이 아니라 죄인들을 구원하시려는 하나님의 확고한 구원의 섭리 가운데 이루어진 것이었다. 유다의 사악한 행동은 인간의 역사상 가장 위대한 일, 곧 속죄를 이루게 한 것이었다.

그런 의미에서 우리는 하나님을 사랑하는 자 곧 그 뜻대로 부르심을 입은 자에게는 모든 것이 협력하여 선을 이루신다는 로마서 8장 28절 말씀을 우리의 신앙고백으로 굳게 고백하는 것이다.

마지막으로 하나님께서 지으신 모든 만물들을 보존하시고 다스리시고 섭리하시는 가장 큰 이유가 무엇인가?(WCF 5:1) 그것은 피조물들이 그 크신 하나님의 일들을 찬양하며 하나님을 섬기게 하려 하심이다. 하나님의 지혜를 노래한다. 하나님의 권능을 인하여 그 앞에 무릎을 꿇고 경배하며 최고의 영광을 돌린다. 그의 공의하신 판단하심과 의로우신 생각들과 행위들을 인하여 하나님을 찬양한다. 그의 선하신 뜻과 궁휼히 여기심을 깊이 노래하며 주님의 영광을 선포한다. 이것이 그 모든 행하심과 일하심의 궁극적인 목적이라고 말할 수 있다. "하늘이 하나님의 영광을 선포하고 궁창이 그 손으로 하신 일을 나타내는도다 날은 날에게 말하고 밤은 밤에게 지식을 전하니 언어가 없고 들리는 소리도 없으나 그 소리가 온 땅에 통하여 그 말씀이 세계 끝까지 이르도다"(시 19:1-4). 이같은 일을 하지 않는 것이 죄악이다. 죄가 이 세상에 들어와 하나님의 선하신 의도를 망가뜨리고 도리어 하나님의 영광을 썩어질 사람과 금수와 버러지 형상의 우상으로 바꾸는 악이 난무하게 된 것이다.

따라서 하나님을 경외하는 자들은 뒤바뀐 이 영광을 하나님께 돌리는 일을 해야 한다. 그 하나님을 지극히 높이는 일만이 주님의 영광이 온 땅에 가득하게 하는 일이다. 그의 선하심과 인자하심을 언제나 맛보며 그의 은혜의 영광을 찬양하는 것이 피조물의 행복이다.

3. 기적에 관하여(Of Miracles)

게빈 오코너 감독의 영화 〈기적〉은 냉전이 한창인 격변기의 1979년도 소련의 아이스하키 팀이 15년간 세계 정상을 평정하고 있던 시기에 다른 동구 구라파 팀과도 열세를 면치 못하고 있는 미국의 아이스하키 팀이 1980년 동계 올림픽을 앞두고 국가 대표팀 감독에 허브 부룩스를 임명하고 그의 지도력하에 선수들이 하나가 되어 최강 소련을 물리치고 금메달을 딴다는 내용을 다루고 있다. 그 결과에 이르기까지 피나는 훈련과 노력을 통해서 누구도 예상치 못한 결과를 이루어냈기에 '기적'이라고 부른 것이다. 요즘 축구 국가대표팀 감독이 결과가 좋지 않다고 몇 개월 남지도 않은 시점에서 감독을 경질시키고 새로운 인물을 택한 것을 보면 하루아침에 어떤 기적을 바라는 한 측면이 빚어낸 결과라고 말할 수 있다. 족집게 과외가 한국에서처럼 성행하고 있는 곳도 없다. 그 결과 당장 눈앞에 있는 대학입시엔 조금 도움을 얻을지는 몰라도 대학생활에서 두각을 나타내 세계적인 인물들과 어깨를 나란히 하게 하는 일은 좀처럼 나타나지 않고 있다. 그러나 기적이라는 영화에서 보여주듯 기적은 저절로 되어지는 것이 아니라 땀과 눈물과 고된 훈련의 과정을 통해서 축적된 하나의 열매인 것을 알 수 있다. 오랜 시간 동안 투자하고 체계적인 훈련과 학습을 통해서 무적의 팀으로 성장할 수 있는 것이다.

'기적'(Miracle)이라는 말은 놀라움을 뜻하는 라틴어의 'miraculum'에서 파생된 말이다. 이것은 초자연적인 일이며 일련의 사건 속에서 발생하는 예상치 못한 일을 말한다. 영어의 기적은 헬라어에 세 가지 다른 단어로 사용되고 있다. 하나는 σημειον으로 a sign이라는 뜻이며, τεραζ는 기사라는 뜻의 a wonder이며 마지막으로 a mighty work 강력한 일을 나타내는 δύναμιζ가 있다. 이 세 단어는 기적에 대한 세 가지 다른 측면들을 담고 있다. 표적이라는 말의 세메이온은 기독교의 섭리와 더불어 그 나타난 현상들의 실제 의미와 관련성을 언급하는 것이다. 기사는 관람자들 측면에서 느끼는 현상을 말하고 '강력한 일'을 말하는 듀나미스는 초능력적인 힘을 뜻한다.

사전에서 기적이라는 단어를 설명하고 있는 것을 보면 어떤 일이 상식적으로 납득이 가지 않는 결과를 빚었을 때를 말하고 있다. 막연히 어떤 아슬아슬한 일을 모면하게 된 것이라든지, 전혀 예상치 못한 결과를 낳았을 때를 말하는데 보통 다음 두 가지 경우에 사용될 수 있다고 본다.

첫째는 그 현상 자체는 일상적이지만 몹시 감동적일 때를 말한다. 창조물의 신비성, 인간의 신묘막측한 신체구조는 다 하나님의 비상한 능력을 지칭하는 일상적인 현상이다. 스포츠 세계에서 누가보아도 질 수밖에 없는 약체가 강팀을 꺾는 역전의 드라마를 일구어 냈을 때도 기적이라고 말한다.

둘째로는 기적은 자연의 법칙에 반하는 하나님의 특별한 역사이다. 이것조차도 하나님 입장에서는 늘상 일어날 수 있는 것이기는 하지만 인간의 입장에서 판단할 때 일반적인 자연의 법칙에 정반대되는 일들을 말한다. 그러나 기적이라는 말은 표적으로 가장 많이 쓰이고 있는데 이것은 신적 권능의 개입을 지칭하는 말이다. 주로 신적 명령을 받은 표시로 나타나는 현상(요 3:2, 9:30, 33)으로서 우리 주님과 그의 사도들에 의해서 일어난 것들이다. 예를 들어 물로 포도주를 만드는 일, 죽은 나사로를 살리는 일, 불치의 병자들을 고치시는 일들, 태양이 뒤로 물러가는 일, 반석에서 물이 나게 하는 일, 홍해바다가 갈라지는 일 등등 이것들을 성경은 다 표적과 기사, 능력이라고 부른다. 그러나 성경에서 말하고 있는 표적과 기사들은 다 기적 그이상의 중요한 무엇을 나타내고 있는 것들이다. 동정녀 탄생의 일이나, 주님의 수많은 기적들, 병고침의 역사들은 다 주 예수 그리스도의 권능과 신성의 어떠함을 드러내는 것으로서 하나같이 죄인된 인간과의 관계성에서 나타난 일들이다. 주께서 역사 속에 개입하시는 것은 인류와 합당한 관계를 맺으시는 하나님의 주권적인 일이다. 주께서 만물을 창조하신 목적과 깊은 관련이 있다. 임의대로 행하신 것이 아니라 다 목적이 분명한 것이다.

주님의 기적의 일들은 다 하나님이 아들 예수 그리스도를 믿게 하려 함이요 하나님이 만물 중에 뛰어난 참 신이심을 나타내시는 것이다. 또 히브리서를 보면 하나님께서 계시를 대언하는 대언자들을 증거해 주시고 확증하시기 위해 기적을 사용하셨다(히 2:3-4). 예를 들면, 모세에게 이집트에서 기적을 행하는 능력을 가지게 하신 것. 또 전도자들에게 능력을 나타내도록 하신 일들은 다 그들이 하나님의 보내신 바 된 참 대리자들임을 나타내는 것이다.

그렇다면 오늘날에도 그러한 기적은 존재하는가?

기적에 대한 세 가지 다른 견해가 있다. 하나는 오늘날에 기적이 일어날 수 있다는 것을 부인하는 견해이다. 둘째는 성경에 있는 기적은 오늘날에도 계속된다는 주장이다. 그리고 마지막으로 성경의 기적은 하나님께서 그 계시의 말씀을 완성시키신 이상 더 이상 기적이 필요 없기 때문에 멈추셨다고 보는 견해이다. 지금도 하나님께서는 세상 가운데서 역사하시지만 더 이상 인간에게 기적을 행하는 능력은 주시지 않는다는 생각이다. 우리는 어떤 입장을 취해야 하는가?

성경의 계시를 확증하기 위한 어떤 기적은 불필요한 것이다. 예를 들어서 죽은 나사로를 살려 보내 부자의 다섯 형제들을 구원시켜 달라는 간청이 거절된 경우를 보면, 죄인의 구원과 관련된 일들은 복음 선포로 충분하다는 것이다(눅 16장).

성경에서 기적들은 일관적인 모습을 띤 것들은 아니다. 그러나 구원의 역사 가운데서 하나님은 초자연적인 일들을 일으키셨음을 앞에서 언급한 내용들 가운데서 찾아지지만 동시에 성경은 거짓 선지자들도 기사와 표적들을 행하는 것을 언급하고 있다(신 13:1-5, 마 7:22, 24:24, 막 3:22, 살후 2:9). 우리 눈으로 목격하는 모든 기이한 현상들에 대한 것들이 다 하나님으로부터 온 것이 아니라는 것이다. 그렇다면 참된 기적과 거짓된 기적을 어떻게 구별할 수 있을 것인가?

80년대에 미국 테네시주에서 종교적으로 뱀을 다루는 자들이 아주 모험적인 일을 감히 시도하였는데 그것은 뱀의 독을 마시는 일이었다. 이 작은 사이비 종파의 저녁 예배 후에 뱀을 다루는 능숙한 두 사람이 (한 사람은 그 교회 부목사고 다른 사람은 평신도였다) 신경흥분제를 물에 섞어 들여 마셨고 성도들은 그들을 향하여 박수를 쳤다. 예배 후에 교회 밖에서 그 두 사람은 두 번이나 큰 경련을 일으키고 바닥에 쓰러졌다. 많은 사람들이 그들 주변에 둘러서서 간절히 기도했지만 그 둘은 회생하지 못하고 말았다. 그 두 사람은 마가복음 16:16-18을 펼쳐진 성경을 그들 배위에 올려놓은 채로 장사지냈다. '뱀을 집을 것이요 그 독을 마실지라도 해를 당하지 않을 것이며 병자들에게 손을 얹은즉 나으리라'는 말씀이 그 구절의 마지막 절이다.

우리가 이 구절을 읽고서 누구나 가지는 질문은 오늘날에도 기적은 일어나는가? 이다. 신약성경에 언급된 은사들 중에는 기적을 일으키는 은사도 있다(고전 12:10, 28). 따라서 신약시대에 사람들이 했던 것처럼 오늘날에도 기적을 일으키는 일을 할 수 있는가? 만일 그렇지 않다면 왜 그런가? 기적은 도대체 무엇을 말하는가? 어떤 유형의 기적이든지 오늘날에도 일어나고 있는가?

성경에서 말하고 있는 기적은 주님의 신적 권위에 의한 초자연적인 것들이다. Power란 말이 기적으로 번역된 것은 9번, Wonder라는 말은 16번 사용되었는데 언제나 복수로 사용되었고 그리고 표적(signs)이라는 말과 함께 사용되고 있다. 표적은 무려 70번이나 사용된 것으로 어떤 기이한 일, 경이로운 일을 말한다. 그 중 60여번이 다 어떤 무엇을 상징하고 있는 말이다. 예를 들면 요한복음에 나타난 기적들은 그리스도의 신성을 나타내어 그를 사람들로 하여금 믿게 하려는 것이다(요 20:30,31).

Power – 초자연적 권능의 사건

Wonder – 감각적으로 느낄 수 있는 것들

Sign – 신적 명령을 수행하고 있다는 것을 확증시키기 위하여 하나님의 종들에게 나타나는 표적들을 말한다. 한 구절에 이 세 단어가 다 나타나기도 한다(행 2:22).

1) 초자연적 권능의 사건

기적의 은사는 자연법을 뛰어넘거나 반대되는 행동을 수행하는 힘을 성령께서 주신 것을 포함한다. C. S 루이스는 기적적인 것이 되도록 초자연적인 힘이 자연에 개입되어지는 것이라고 지적하였다. 하나님은 자신이 제정하신 자연법에 한정되시는 분이 아니기 때문에 그 자연법을 떠나 일하실 수 있으신 하나님이시다. 기적은 하나님이 그의 지으신 세계에 개입하시는 것이다. 초자연적인 일을 하시기 위하여 자연적인 현상을 한쪽으로 밀어놓는 것이다. 예수의 기적이라든지 사도들의 기적이 그 예들이다. 질병치유능력(power over disease), 귀신축출능력(power over demons), 초자연적능력(power over nature), 폭풍을 잠잠케 함(stilling storm), 물위를 걸으심(walking on water), 물질변형능력(power over matter), 물로 포도주를 만듦(water into wine), 오병이어의 기적(loaves and fishes), 죽음을 이기는 능력(power over death)이다.

2) 감각적으로 느낄 수 있는 것들(기사들)

'기적은 긴 목과 같아서 사람들이 그들의 목을 길게 내리빼고 뭔가 놀라운 일을 볼 수 있는 것과 같은 것이다'(Mazatecs of Mexico). 기사(Wonder)는 주의깊게 살펴라(watch carefully)라는 말에서 나왔다고 생각한다.

기적이 되기 위해서는 반드시 보여져야 하거나 감각적으로 느낄 수 있어야 한다. 볼 때 이상하다고 느끼는 것, 복음을 받아드리는 것, 거듭나는 것은 내적인 것이기 때문에 외부로는 표시가 나는 것은 아니지만 그 결과는 궁극적으로 드러나게 되는 것이다. 예수께서 마비된 자를 고쳤을 때 사람들은 놀랐다(막 2:12). 예수께서 물 위를 걸으셨을 때 제자들이 다 놀랐다(막 6:51). 엄청난 고기를 잡은 베드로는 놀랐다(눅 5:9). 이렇게 기적은 사람들에게서 두려움의 감정을 이끌어내는 것이다. 신적권능의 놀라운 역사에 의해서 사람들은 경이로운 모습을 나타내는 것이다.

3) 신적 명령을 받은 자라는 것을 확증하기 위해 하나님의 종들에게 수반되는 표적

기적의 능력은 구경꾼에게 놀라움을 선사하며, 어떤 의미가 있음을 나타낸다. 그 일을 행하는 자에게 하나님으로부터 온 자임을 확정짓게 하는 표적이 된다. 그의 메시지가 효력있는 것임을 나타낸다. 그는 하나님을 위하여 말하는 자이다. 그렇기 때문에 그의 메시지는 들어야 하고 주의를 기울여야 하는 것이다.

예수께서 5천명을 먹이시고 난 후 말씀하셨다. '이것은 … 선지자라'(요 6:14). 표적들은 예수로 하여금 사람들의 눈에 띄게 만들었기 때문에 자신을 숨길 수 없게 되었다. 그리하여 사람들에게 자신이 하나님으로부터 보냄을 받은 자라는 사실을 믿을 수 있게 한 것이다. 그는 그가 아버지와 하나임을 믿으라고 촉구하였다. 그가 하는 일을 보고 말이다(요 14:11). 베드로가 죽은 도르가를 일으켰을 때에도 욥바 전 지역에 그 사실이 알려졌고 많은 사람들이 주님을 믿게 되었다(행 9:42). 바울이 박수 엘루마가 장님이 되리라고 선언한 후에 그 지역의 관료들이 여호와의 도를 인하여 놀라며 믿었다(행 13:12). 이렇게 사도들이 행한 기적들은 사도들의 메시지를 믿게 하였다. 그것을 목격한 자들에게 그 일들이 하나님의 능력으로 인한 것이며 그렇기 때문에 그들의 전파하는 메시지에 주의를 기울여야 할 것을 시사한 것이다. 그것이 사도 바울의 사도권에 대한 시비가 있을 때에 방어를 한 방편이기도 했다(고후 12:12, 롬 15:18-19, 히 2:4 참고). 이처럼 기적의 은사는 사도들이 하나님의 부름을 받은 자들임을 확신케 하도록 주어진 것이었다.

그런데 그토록 흔하게 일었던 기적들이 왜 지금은 거의 찾아보기 힘든가? 불신앙? 혹은 하나님의 뜻? 기적을 일으키는 사람이 있다고 한다면 대중 언론 매체들이 가만히 있지 않을 것이다. 그러나 물 위를 걷는다든지 죽은 자를 살리는 일과 같은 기적을 행하는 사람은 없다. 그렇다면 그것이 하나님의 뜻인가? 주로 개혁교회에서는 신약성경이 다 주어진 이후에는 그러한 특별한 기적의 일들은 일어나지 않는다고 주장한다. 일부는 여전히 그런 은사들이 있다고 하면서 특별히 초대교회 상황과 비슷한 선교지에서 그런 일들은 일어난다고 보는 견해도 있다. 즉 오랫동안 말씀의 빛을 받은 지역에서는 기적이 필요치 않지만 복음의 빛이 새롭게 열리는 지역에서는 하나님께서 그의 능력을 우상숭배자들에게 나타내 보이신다는 것이다. 그의 종들을 지키시고 복음을 조롱하는 자들을 벌하시는 일을 하신다고 한다. 실지로 그러한 일들이 선교지에서 벌어지기도 한다. 인도네시아나 아프리카 외지에서 그러한 일들이 일어났다는 과장된 보고들이 접해지기도 한다. 그러나 그런 기적을 구하는 것은 믿음을 방해하는 것이다. 요한복음 4:48, 누가복음 11:29을 읽어보라.

사람들은 단지 자신들의 필요를 채우는 것으로만 보지 정작 보아야 할 영적인 진리에는 순종치 않기 때문이다. 그러나 오늘날에도 신약시대에 사도들이 행한 기적 같은 것은 없을지라도 기도에 대한 응답이나 어떤 특별한 힘을 얻는다든지, 주님께서 풍성하게 채워주시는 일, 위험한 상황에서 보호해 주시는 일들을 성도들은 경험한다. 그러한 것들은 좁은 의미에서 기적들로 간주하지는 않지만 넓은 의미에서는 기적으로 볼 수 있다. 마가복음 16:16-18은 사도시대에 성취된 것일지라도 요한복음 14:12은 지금도 이루어지고 있다. 말씀에 귀가 막혔던 자들이 말씀을 듣게 되고 의의 길을 걷지 못한 자들이 의의 길을 가게 되고 목적 없이 살던 사람들이 하나님의 영광을 위해서 살게 되고 이기적인 사람들이 남의 유익을 구하며 살게 되는 것들이 진정한 의미의 기적이다. 무엇보다도 영적으로 죽은 자들이 복음 메시지를 듣고 살아나는 것이야말로 기적 중의 기적이 아니고 무엇인가? "그러나 모든 기적이 다 하나님의 역사는 아니다"(살후 2:9).

4. 하나님의 뜻

그리스도인들의 습관 중 하나는 어떤 현상에 대하여 '하나님의 뜻이라면'이라는 문구를 즐겨 사용하는 것이다. 어떤 일을 계획하거나 실행하고자 할 때 주의 뜻이면 잘 될 것이고 그렇지 않으면 안될 것이라는 말을 한다. 우리가 113기도운동을 벌이고 있는 것도 주님의 뜻이면 좋은 열매들이 있을 것이고 그렇지 않으면 아무런 성과도 없을 것이라는 다분히 운명적인 생각들을 한다. 여기의 위험성은 상당히 소극적이라는 말이다. 이슬람교도들이 알라의 뜻이라는 말로 모든 문제를 해결하는 것과 별로 다르지 않는 처세술인 것이다. 사람을 죽여놓고도 알라의 뜻이라고 하면 정당화되는 것이다. 그러나 기독교의 신관에서는 어떠한가? 일이 잘 되면 하나님의 뜻이고 잘 안되면 하나님의 뜻이 아니라고 단정짓는 논리의 근거는 무엇인가? 다분히 주관적인 생각에 하나님의 뜻을 갖다 붙인다. 그러나 분명한 것은 결과를 놓고 말하는 것은 인간의 실수를 은폐하려는 교묘한 술책이 된다는 점이다. 나의 잘못도 하나님의 섭리적인 뜻에 따라서 이루어진 것이기 때문에 우선적으로 내 잘못도 있지만 그 일에 대한 하나님의 뜻도 포함되어 있으니 하나님께도 일말 책임이 있다는 교묘함이 들어가 있는 것이다.

옛날 도리스 데이(Doris Day)라는 사람은 유행가 '케 세라 세라'(Que, Sera, Sera)라는 노래를 불러 많은 사람들에게 인기를 얻었다. 우리말에 '될대로 되라'는 가사인데 운명주의의 사고방식에 적합한 현대인들의 심성을 드러낸 것이다. '될대로 되라지' 하는 것은 이미 정해진 어떤 운명이 있기 때문에 인간의 길흉화복의 모든 것이 초자연적인 힘이나 신비적인 어떤 힘에 의존되어 있다고 생각하는 것이다. 따라서 자신의 노력이나 책임을 다하는 일을 통하여 밝은 미래를 개척하고자 하는 마음보다는 그저 운에 맡기는 막연한 기대감이나 혹은 포기감이 함께 뒤섞여 있는 것이다. 하나님의 섭리하심을 공부하고 있는 성도들은 인간 세상에서 인간이 경험하는 모든 것들에 대한 하나님의 뜻을 어떻게 이해해야 할 것인가?

　　성경은 하나님의 뜻, 하나님의 창조와 그 안에 있는 모든 것에 대한 하나님의 주권적인 권위를 깊이 다루고 있다. 웨스트민스터 신앙고백서 5장 4항에서는 이렇게 묘사하고 있다: '하나님의 전능하신 권능과 헤아릴 수 없는 지혜와 무한하신 선은 그의 섭리활동에 나타난다. 즉 그것은 최초의 타락과 천사와 인간이 범하는 모든 다른 죄에까지 영향을 미친다. 하나님은 죄를 단순히 허용하시는 것이 아니라 허용에 이어 지혜롭고 강력하게 죄를 제한하시기까지 하시고 그의 거룩한 목적을 위해서 각양 경륜으로 천사와 인간을 인도하시고 다스리신다. 그러나 하나님은 가장 거룩하시고 의로우시므로 죄를 만드시거나 죄를 인정하실 수 없다. 죄는 피조물에게서 나온 것이지 하나님께로부터 나온 것이 아니다.'

　　이 문항이 가르치고 있는 것은 크게 두 가지인데 하나는 하나님은 죄되는 행동을 허락하실 뿐 아니라 그것들을 지도하며 통제해서 하나님의 거룩하고 선하신 뜻을 이루어 가신다는 것이다. 다른 하나는 인간의 죄악된 행동들은 하나님께로부터 나오는 것이 아니라 죄를 짓는 인간에게 그 책임이 있고 하나님이 죄를 허용하실지라도 그것이 죄를 인정하거나 조성하는 분이 아니라는 말씀이다. 이러한 가르침에서 우리는 하나님의 뜻에 대한 세 가지 관점을 말할 수 있다.

1) 하나님의 주권적인 뜻

이것은 인간에게 잘 알려지지 않는 하나님의 작정적인 혹은 숨겨진 뜻을 말한다. 신학자들은 이것을 일컬어 모든 일들을 주권적으로 정해 놓으시는 하나님의 뜻이라고 말한다. 하나님은 주권자이시며 그 뜻은 결코 좌절될 수 없기 때문에 하나님의 통제에 미치지 못하는 일은 결코 존재하지 않는다는 말이다. "하나님은 인생이 아니시기 때문에 식언치 않으시고 인자가 아니시니 후회가 없으시도다"(민 23:19). "이스라엘의 지존자는 거짓이나 변개함이 없으시니 그는 사람이 아니시므로 결코 변개치 않으심이니이다"(삼상 15:29).

따라서 어떤 일들이 일어나는 것은 최소한 하나님께서 '허용'하셔야만 가능한 것이다. 그 허용하심이 소극적이든 적극적이든 하나님의 주권하에서 움직인다는 말씀이다. 예수께서는 하나님의 주권적인 뜻에 관하여 이렇게 말씀하신다: "참새 두 마리가 한 앗사리온에 팔리는 것이 아니냐 그러나 너희 아버지께서 허락지 아니하시면 그 하나라도 땅에 떨어지지 아니하리라"(마 10:29). 땅에서 일어나는 모든 일들이 다 하나님의 주권적인 뜻에 따라 되어지며 그 모든 사건들을 중재하시고 막으실 권리와 능력이 있으시기에 그 일들을 허용하기로도 결정하시는 것이다.

그렇다면 하나님께서 일이 일어나도록 두시는 이상, 어떤 의미에서는 그 일들을 하나님이 '의도'하신다고 말할 수 있다. 특별히 인간이 범하는 죄와 관련하여 하나님께서 그렇게 의도하시는 이유를 신앙고백서에서는 이렇게 기술하고 있다: '가장 지혜로우시고 은혜로우신 하나님은 때때로 자기의 자녀들을 얼마 동안 여러 가지 시험을 받고 마음이 부패하도록 내버려두신다. 하나님께서 이렇게 하시는 목적은 그의 자녀들이 지난 날들의 죄 때문에 징벌을 받기 위함이며 자신들의 마음 속 깊이 도사리고 있는 부패와 속임수의 힘을 발견하게 하기 위함이다. 이렇게 함으로 그의 자녀들이 더 겸손해질 수 있고 하나님을 더 친근히 의존하고 더 꾸준히 신뢰할 수 있게 된다. 그리하여 그들은 다시는 죄 지을 기회를 허용치 않으려고 세심한 주의를 기울일 수 있고 의롭고 거룩한 목적을 지향할 수 있게 되는 것이다'(5항).

하나님이 성도들이 죄를 범하도록 허용하시는 이유는 죄에 대한 형벌을 받기 위함과 자신의 마음 속 깊은 곳에 도사리고 있는 부패와 속임수의 힘이 얼마나 강한지 알게 하여 주님의 은혜를 더욱 사모하게 하기 위함이다. 그리고 하나님 앞에 겸손히 엎드릴 수 있는 자가 되게 함이다. 죄에 대하여 민감하게 하고 주의하여 더욱 거룩한 삶을 추구하게 하기 위함인 것이다. 그런 의미에서 하나님을 사랑하는 자에게는 모든 것이 협력하여 선을 이루시게 하시는 하나님이시다(롬 8:29).

2) 하나님의 교훈적인 뜻

하나님의 주권적인 뜻은 종종 우리들의 눈 앞에 펼쳐지기 전에는 숨겨져 있는 것이지만 이미 우리에게 명확하게 알려진 또 다른 하나님의 뜻이 있는데 그것은 하나님의 교훈적인 뜻이다. 이것은 하나님의 거룩한 율법을 통하여 이미 드러난 뜻을 말한다. 주로 십계명과 같은 것, 원수를 사랑하는 것, 회개해야 한다는 것, 하나님 아버지의 온전하심처럼 온전해야 한다는 것, 거룩하게 살아야 한다는 것, 범사에 감사하는 것, 항상 기뻐하고 쉬지 말고 기도해야 하는 것 등이 이에 해당된다. 이러한 것은 성도들의 마음과 양심에 새겨진 율법이다. 그리고 또한 계시된 하나님의 말씀을 통해서도 명확하게 드러나고 있다. 그런 의미에서 성경은 우리의 마음을 비추는 거울과 같은 것이며 주의 기록된 말씀을 통해서 어떻게 살아야 하는지를 알게 되는 것이다. 모든 성경적인 바른 설교들은 성도들에게 나타내시는 하나님의 교훈적인 뜻이다.

우리 양심에 새긴 법이든 주님의 기록된 말씀이든 하나님의 법은 모든 인생들이 지켜야 할 법이다. 구속력이 있는 법이다. 인생에게는 하나님의 뜻을 어길 권리가 없다. 물론 인생들은 하나님의 말씀을 어기거나 거역할 의지와 힘을 가지고 있다. 그러나 어겨도 되는 권리는 없는 것이다. 그리고 '될 대로 되라'는 말로 자신의 죄에 대한 책임을 면제받을 수도 없는 것이다. 죄를 짓도록 허용하시는 것은 하나님의 주권적인 뜻이며 숨겨진 뜻일 것이다. 그러나 하나님은 죄의 조성자는 아니시며 인간의 죄악된 행동조차도 수단으로 사용하시어 하나님의 주권적인 뜻을 이루어 가신다.

하나님은 유다의 반역을 사용하시어 예수께서 배반당하도록 정하셨다. 그러나 이 사실이 유다의 죄를 덜 악하게 혹은 덜 기만적인 것으로 만들지는 않는다. 하나님께서는 우리가 그의 명백한 뜻을 거스르도록 허용하시는 것을 그가 우리에게 도덕적 권리를 주시며 도덕적 의미에서 허용하신 것이라고 이해할 수는 없다. 하나님의 허용은 우리에게 죄를 지을 힘은 주지만 죄를 지을 권리는 주지 않는다. 죄에 대한 하나님의 심판은 기록된 하나님의 명백한 뜻을 따라서 행하신다. 거기에 어떤 오류나 잘못이 있을 수 없으며 인간은 주님의 말씀에 복종할 의무와 책임이 있는 것이다.

3) 하나님의 성향적인 뜻

이것은 하나님의 마음을 나타낸다. 이것은 로마서 12장 서두에서 지적하고 있는 것과 같이 하나님의 성품에 기인하는 것으로 선하시고 온전하시고 기뻐하시는 뜻을 말한다. 가령 하나님은 사악한 자들의 죽음을 기뻐하시지는 않지만 반드시 사악한 자들의 죽음을 의도하시고 정해 놓으셨다(겔 33:11). 하나님의 궁극적인 기쁨은 그 자신의 거룩과 의에 있다. 따라서 우리 성도들이 일반적으로 하나님의 뜻을 알고자 할 때 모든 지혜를 다 동원하여 주님의 이 성향에 어울리는 일인지를 살펴야 하는 것이다. 다시 말하면 그 분의 거룩함과 의로움에 어긋나는 일은 아닌지, 하나님의 영광을 훼손하는 일은 아닌지를 살펴야 한다. 명백하게 어긋나는 것임에도 불구하고 적극 나서는 일은 스스로 주님의 채찍을 재촉하는 것이다. 주님께서 우리를 단련하실 때 사용하는 것들도 하나같이 다 그의 거룩함에 참여시키고자 함에 있다(히 12:10).

우리의 욕망이 하나님의 성품을 닮지 못하게 하는 것이지만 죄 회개를 통해서 주님의 거룩한 성품을 더욱 닮게 한다. 세상을 심판하실 때 하나님은 자신의 의와 공의를 입증하시는 것을 기뻐하신다. 죄인들이 회개하고 돌아오기를 기뻐하신다. 이것을 오해해서는 안된다. 심판받게 되는 사람들에 대하여 보복하심을 즐기시는 하나님이 아니시다. 그는 슬퍼하신다. 예수께서도 예루살렘의 멸망을 내다보시고 우셨다. 그러나 그 심판을 통해서 하나님은 하나님의 의를 충분히 드러내신 것이

다. 소돔과 고모라의 멸망도 마찬가지이며 가나안 족속들에 대한 심판
도 마찬가지이다. 하나님의 기쁨은 우리들이 주께로 돌아오는 것과 즐
거움으로 그의 말씀에 순종하며 사는 것이다. 반면에 우리들의 불순종
은 하나님을 몹시 노하시게 하는 것이다. 제사드리는 일, 하나님을 예
배하는 일, 분명 하나님은 즐겁게 받으신다. 그러나 그 보다 더 기뻐하
시는 것은 순종이다. 순종하지 않으면서 제사드린다고 난리를 벌이는
것은 스스로를 속이는 죄에 빠지는 것이다.

주님께서는 정말 목사로서 두려워해야 할 말씀으로서 마태복음
7:21-23에 이렇게 강력하게 말씀하셨다: "나더러 주여 주여 하는 자마다
천국에 다 들어갈 것이 아니요 다만 하늘에 계신 내 아버지의 뜻대로 행하는
자라야 들어가리라 그 날에 많은 사람이 나더러 이르되 주여 주여 우리가 주
의 이름으로 선지자 노릇하며 주의 이름으로 귀신을 쫓아내며 주의 이름으로
많은 권능을 행치 아니하였나이까 하리니 그 때에 내가 저희에게 밝히 말하
되 내가 너희를 도무지 알지 못하니 불법을 행하는 자들아 내게서 다나가라
하리라."

수많은 그리스도인들이 다 자신들의 인생을 향한 하나님의 뜻을 찾
고 있다. 그러나 그것이 하나님의 비밀스럽고 숨겨져 있는 주권적인 뜻
이라면 구하는 우리의 모든 행동은 헛수고를 하는 것이다. 왜냐하면 그
것은 하나님께 속한 것이기 때문이다. 하나님은 그 비밀한 것들이 인간
들에게 알려지기를 기뻐하시지 않으신다. 따라서 하나님의 비밀을 알
려고 몸부림치는 것은 자신의 영성이 얼마나 깊은 것인지를 나타내기
보다 하나님께만 속한 것을 허락없이 침범하는 죄악이다. 하나님의 비

밀스러운 일들은 우리들이 관여할바가 아니다. 예를 들면 언제 주님이 다시 오실 것인지, 이 세상의 종말이 언제인지는 전적으로 하나님께만 속한 것이다. 그렇기 때문에 성경에서는 점보는 일, 강신술과 같은 일들을 금하고 있는 것이다. 미래는 하나님께 속한 것이나 현재는 우리에게 허락하신 것이다. 현재 우리가 하는 일에 최선을 다하는 것이 필요하다.

결론적으로 하나님의 뜻과 관련하여 우리가 알고 수행해야 할 부분은 하나님의 교훈적인 뜻과 그의 성향적인 뜻이다. 기록된 말씀을 통해서 그리고 하나님의 성품에 부합하는 일을 통해서 하나님께 즐거움으로 순종하는 자가 되는 것이다. 칼빈의 말이 하나의 시금석이다: '하나님께서 그 거룩하신 입술을 닫으실 때는 나도 질문하는 것을 멈추겠다.' 참된 영성, 참된 경건의 능력은 이미 계시된 하나님의 교훈적인 뜻 가운데서 하나님의 뜻을 찾아 행하는 것이다. 주님의 말씀을 주야로 묵상하는 자이다. 성령의 인도하심은 반드시 우리를 진리 가운데로 나가게 하신다. 그 열매는 의의 평강한 열매이다. 인생은 떡으로만 사는 것이 아니라 하나님의 입에서 나오는 모든 말씀으로 산다. 이것이 우리를 향하여 가지신 하나님의 뜻이며 그 뜻을 행하는 것이 우리의 삶에서 가장 중요한 일이다.

5. 하나님의 언약(The Covenant of God)

1) 행위 언약

'하나님과 피조물 사이의 거리가 멀기 때문에 이성이 있는 피조물은 당연히 창조주 하나님께 순종해야 할 의무를 지니고 있으나 하나님 편에서 자발적으로 자기를 낮추시지 않으면 결코 피조물은 하나님을 복과 상으로 얻을 수 없었다. 그러나 하나님께서 기꺼이 그렇게 하심으로 인간이 그 복과 상을 얻을 수 있는데 그것을 하나님은 언약의 방편으로 표현하시기를 기뻐하셨다(사 40:13-17, 욥 9:32-33, 삼상 2:25, 시 113:5-6, 100:2,3 욥 22:2-3, 35:7-8, 행 17:24-25)'(1항). '사람과 맺은 최초의 언약은 행위 언약이었으니 거기서 완전한 개인적 순종을 조건으로 아담과 그의 모든 후손들에게 생명이 약속되었다'(갈 3:12, 롬 10:5, 5:12-20, 창 2:17, 갈 3:10). (WCF 7:2)

하나님께서 자신의 백성과 맺으신 관계의 기본적인 구조는 언약관계로 설명하고 있다. 이 언약은 보통 계약으로 이해되기는 하지만 성경에서 말하고 있는 언약은 계약과 차이가 있다. 계약도 언약과 마찬가지로 구속력을 가진 분명한 합의에 의한 것이다. 그러나 계약은 쌍방이 평등한 입장에서 거래를 하는 것으로서 계약문서에 본인이 원치 않으면 서명을 하지 않을 수 있다. 반면에 언약은 언약을 맺는 당사자들이 평등한 관계에 놓여 있는 것이 아니다. 강한 자와 약한 자 사이에 맺는 일방적인 약조이다. 그래서 이를 가리켜 편무언약이라고 말한다. 즉 고

대근동지방에서 흔히 찾아지는 정복자와 정복당한 자 사이에 맺어지는 일방적인 계약인 것이다. 여기엔 어떤 협상도 없이 지배자가 피지배자에 대한 조약을 말한다. 그러나 강한 자와 약한 자 사이에 맺는 언약이라고 해서 약자에게 굴욕적인 것을 담고 있는 언약은 아니다.

그 언약의 형식을 보면 알 수 있다. 먼저 언약의 전문(前文)이 있다. 그 내용은 출애굽기 20:2에 있는 내용이다: "나는 너를 애굽 땅 종 되었던 집에서 인도하여 낸 너의 하나님 여호와로라." 여기서 하나님은 강한 지배자요 이스라엘은 그의 다스림을 받는 피지배자이다.

여기엔 역사적 내용이 서술되어 있는 서문이 있는데 그것은 지배자가 그의 성실함과 자비로우심을 입증하기 위해 하신 일을 열거하는 것이다. 즉 이집트 땅에서 종살이하던 이스라엘을 이끌어 내신 일이다. 이것을 신학적인 용어로 하나님의 은혜라고 말한다. 이 사실을 언급하고 있는 이유는 이스라엘이 어떠한 존재였는지를 상기시켜 주는 것이다. 겸손하게 하나님이 하신 일을 따라야 할 책임이 있음을 말한다. 그리고 그 상태에서 건짐을 받은 것이 이스라엘 자체의 능력이나 힘에 달린 것이 아니라 그야말로 하나님의 전적인 은혜로 말미암은 것임을 주지시키는 말이다.(시 44:3) 이스라엘은 종이었다. 자유가 없는 사람들이었다. 이집트 사람들의 학정에 숨도 제대로 쉴 수 없는 고통스러운 세월을 보내야 했다. 그들의 고통과 눈물이 얼마나 큰지 나일 강물이 넘치고도 남을 눈물이었을 것이다. 그런 처참한 상태에 있던 이스라엘 백성들을 하나님이 건져주셨다. 따라서 하나님의 언약의 전문의 내용만 보아도 하나님의 언약안에는 이 세상에서 강한 자와 약한 자 사이에 맺어지는 불평등 계약이나 조약이 들어 있는 것이 아니다. 세상에서는 철저하게 강자의 이익만 추구하는 불합리한 내용들이 가득하다. 약자의 설움은 조약이나 계약 내용에서 확연히 드러난다. 그러나 하나님이 이스라엘과 맺은 언약은 약자인 이스라엘이 굴욕감을 느끼거나 억울하다는 생각이 드는 조항이 전혀 없다. 하나같이 다 이스라엘의 복을 위한 것이다. 그들의 겸손은 하나님의 은혜를 더 풍성히 받는 것이 된다.

물론 건짐을 받는다는 것은 또 다른 속박을 의미한다. 그러나 이 속박은 이전의 속박과는 판이하게 다르다. 종으로서 사는 것이 아니라 이제는 하나님의 자녀로서 사는 것이다. "나는 너희의 하나님이 되며 너희는 나의 백성이 된다"는 약속이다. 이 구속은 종으로서가 아닌 아들로서 새로운 가문과 전통을 배우고 그 안에서 사는 이스라엘의 행복을 요구하는 것이다. 잃었던 생명을 되찾고 그 생명을 풍성하게 하시려는 하나님의 은혜의 행동인 것이다. 이스라엘이 지켜야 할 그 내용이 이를 말한다. 하나님께서 통치하는 자들에게 요구하는 것은 10계명이다. 각각의 계명들을 보면 언약 안에 있는 하나님의 모든 백성들이 계명에 구속당함을 알 수 있다. 그러나 그것은 곧 이스라엘의 행복과 번영을 위한 것이지 그들을 멸하기 위한 법조항들이 아니다. 그래서 마지막 조항이 복과 저주로 나누어져 있다. 언약을 충실히 지킬 경우엔 하나님이 주시는 복이 어떠함을 나열한다. 그러나 지키지 못하면 저주를 받게 된다. 생명과 사망, 복과 저주를 우리 앞에 두시고 우리가 살기 위하여 생명과 복을 택할 것을 요구하신다.

부모를 공경하면 약속의 땅에서 장수의 복을 누린다. 그러나 그 책임을 다 하지 않을 경우 저주를 면치 못하는 것이다. 하나님은 이스라엘 민족이 하나님의 이름을 지극히 높이는 일을 하지 않는다면 그들을 죄가 없는 자로 간주하지 않는다. 이와 같이 언약 안에는 하나님이 정하신 계명에 구속당하는 면이 강하게 드러나 있다. 그러나 지성적인 피조물인 인간이 창조주 하나님, 구원자 하나님께 대하여 가진 의무는 본질적인 것이지 선택사항이 아니다. 지음을 받았다는 사실 자체가 의존과 의무의 관계에 놓여 있음을 말한다. 더구나 종으로 살던 이스라엘 백성을 건져주셨다는 것은 건짐을 받은 자로서 건져주신 분에 대한 의무가 존속하는 것이다. 그것이 조약의 전문 내용인 것이다.

그러나 그 일은 어떤 힘에 의한 강요가 아니라 사랑과 은혜에 의한 감동으로 말미암은 것이다. 이 일이 있기 전까지 피조물인 인간은 창조주 하나님의 은혜와 사랑을 맛볼 수 있는 자리에 없었다. 이 일이 허락되는 것은 하나님의 주권적인 은혜로 건짐을 받았기 때문에 발생하는 것이다. 그 창조주 하나님의 뜻으로 말미암아 피조물인 인간은 하나님께서 정해 놓으신 모든 복과 생명을 누리게 되는 것이다.

따라서 이 복은 일정한 조건하에서만 누릴 수 있다. 그 조건이 붙은 약속을 가리켜서 언약이라고 말한다. 하나님의 직접적인 사랑과 생명을 주는 교제라는 이 놀라운 선물은 아담과 하와에게 주신 것이었고 지금 이스라엘 백성들에게도 주신 것이었다. 순종만이 생명과 직결되는 것이요 불순종은 사망에 이르게 된다. 하나님을 성도의 기업으로 누릴 수 있는 것은 언약에 충실할 때만이 가능하다. 하늘에 속한 모든 것을 누리는 것은 언약 안에 있을 때뿐이다. 언약의 파기는 파멸을 의미한다. 문제는 강자이신 하나님 편에서는 언약을 파기하신 적이 없는 것에 비해 인간은 자주 파기한다는 사실이다. 인간의 불행의 근원이 여기에 있다. 그럼에도 불구하고 하나님은 회개하고 돌아오는 자들을 여전히 그 언약 안에 있게 하신다. 왜냐하면 하나님의 언약은 영원하신 하나님께서 맺으신 영원한 것이기 때문이다.

하나님의 언약이 영원한 것이라는 증표로서 하나님은 피를 사용하신다. 피로서 언약을 인준하신 것이다. 두 당사자가 사지가 잘린 동물의 쪼개진 몸 사이로 지나가면서 언약에 대한 그들의 합의를 표명하였다(렘 34:18). 언약의 파기는 곧 쪼개진 짐승의 시체처럼 될 뿐임을 상기시킨 것이다. 이 일은 일찍이 아브라함과 맺은 언약사이에서도 발견된다. 창세기 15장 7절 이하에 있는 말씀을 보면 하나님은 아브라함과 약속을 하시고 동물을 제물로 바치는 일을 통해서 약속의 효력을 인준하셨다. 그런데 재미있는 것은 그 쪼개진 동물 사이로 하나님께서 홀로 지나가신 일이다. 그것은 하나님 자신이 언약을 성취하시겠다는 엄숙한 선서이다. 한번도 그 약속하신 것을 어기지 않은 전능한 하나님이시다: "하나님은 인생이 아니시니 식언치 않으시고 인자가 아니시니 후회가 없으시도다 어찌 그 말씀하신 바를 행치 않으시며 하신 말씀을 실행치 않으시랴"(민 23:19).

이렇게 하나님은 하나님의 아들 예수 그리스도안에서 맺으시는 새 언약에서도 십자가상에서 흘리신 아들의 피로 그 언약을 인준하셨다. 이 언약의 핵심은 하나님의 구원약속이다. 하나님은 그리스도를 믿는 자 모두에게 구원을 약속하셨을 뿐 아니라 그 약속을 가장 거룩한 맹세로 인봉하시고 확증하신 것이다. 따라서 피조물이 가장 안심할 수 있는 것은 하나님의 후회하심이 없는 약속의 신실성 때문이다. 그 구원의 약속을 굳게 믿고 약속해 주신 하나님을 경배하고 섬기는 것이다.

창조주 하나님이 인간과 맺은 최초의 언약은 아담과 하신 행위언약이다. 아담과 하와가 지음을 받았을 때 그들은 창조주 하나님과 도덕적 관계 속에 있었다. 그들에게 요구되는 것은 하나님께 순종하는 것이었다. 그것이 지음 받은 자로서 해야 할 의무였다. 순종했다고 해서 그에 대한 어떤 보상이나 복을 요구할 권리가 있는 것이 아니었다. 그럼에도 불구하고 하나님은 무한하신 은혜와 사랑으로 피조물과 언약관계 속에 들어가셨고 복을 약속하셨다. 인간은 하나님과 평등한 관계에서 조약을 한 것은 아니지만 하나님의 이끄심과 창조주의 권위 안에서 가장 행복한 삶을 살 수 있었다.

그러나 인간이 그 언약을 깨버린다. 하나님은 아담에게 한 가지 조건을 말했다. 동산 중앙에 있는 선악을 알게 하는 나무의 실과를 먹지 말라는 것이었다. 그 규례를 온전히 지키면 영생을 얻게 될 것이며 그렇지 않으면 죽으리라고 경고하셨다. 이것이 행위언약의 내용이다. 그러나 아담은 그 경고를 무시하고 임의대로 선악과를 따먹었다. 그 결과 하나님이 허락하신 모든 복이 박탈되었다. 더 이상 하나님과 함께 할 수 없는 지경에 이르렀다. 하나님과 교제가 단절된 것이다. 자신만이 아니다. 그의 불순종은 그 안에서 탄생할 모든 인류에게 미치는 저주를 불러 온 것이다. 아담 이후 모든 인간은 그 언약에 순종하지 않을 수 있다. 또는 그러한 언약이 존재한다는 것 자체를 전혀 알지 못한 채 살아갈 수 있다. 그러나 누구도 그 언약에서 결코 벗어날 수 없다. 언약을 지키는 자이든지 어기는 자이든지 모든 인간은 다 하나님의 언약관계 속에 들어가 있다. 왜냐하면 하나님이 아담과 언약을 맺은 것은 단지 아담 혼자와 맺은 것이 아니다. 아담은 인류의 첫 부모이다. 인류를

대표하는 자로서 아담이 하나님과 언약을 맺었기 때문에 아담의 타락
은 온 인류의 타락을 불러 온 것이다.

2) 은혜 언약

모든 사람은 다 구원을 필요로 한다. 그것 때문에 하나님은 아들 예
수를 이 땅에 보내신 것이다. 저로 말미암아 모든 죄인들이 다 구원을
받을 수 있게 하시기 위함이다. 우리가 그 언약을 어긴 자가 되었기 때
문에 구원이 필요한 것이요 동시에 우리는 구원을 소망할 수 있게 되었
다. 왜냐하면 하나님의 아들 예수께서 그 언약의 모든 요구를 다 충족
시켰기 때문이다. 하나님의 독생자의 피로 맺은 언약이기에 죄인의 구
원에 대한 소망은 막연한 것이 아니라 분명한 것으로 주어진다.

그러나 인간이 죄를 한 가지만 지어도 행위언약을 어기는 것이 된
다. 야고보의 말씀에 "누구든지 온 율법을 지키다가 그 하나에 거치면 모두
범한 자가 된다"고 했다(약 2:10, 갈 3:10과 신 27:26 참조). 이렇게 타락하여
결코 하나님께 나아갈 수 없는 인간이 구원의 소망을 가질 수 있게 된
것은 행위언약으로 할 수 없는 것을 은혜의 언약 안에서 주어지기 때문
이다. 구원은 율법을 지킴으로서 주어지는 것이 아니라 구주 예수 그리
스도를 보내어 주신 하나님의 주권적인 은혜로 말미암아 주 예수를 믿
는 믿음 때문이다. 예수 그리스도로 인하여 제시된 생명과 구원을 위해
서 요구되는 새 언약 즉 은혜 언약이 요구하는 '믿음'으로 하나님과 단
절된 관계가 회복되는 것이다. 그것을 보증으로 믿는 성도의 마음에 성
령을 부어주신 것이다(엡 1:13~14).

    이 부분에 대해서 웨스트민스터 신앙고백서 7장 3항, 4항에 이렇게 기록하고 있다: '사람이 타락하여 저 언약 안에서 있는 생명을 얻을 수 없게 되었음으로 하나님께서는 보통 은혜의 언약이라고 하는 둘째 언약을 기꺼이 맺어 주셨다. 거기서는 죄인들에게 예수 그리스도로 인한 생명과 구원을 제시하시고 그들이 구원을 받기 위해서 그를 믿으라고 요구하신다. 생명을 얻기로 작정된 모든 사람에게 성령을 주셔서 그들이 믿을 의욕과 능력이 있게 하시겠다고 약속하신다. 이 은혜언약은 성경에서 자주 유언이라고 부른다. 그것은 언약을 하시는 그리스도의 죽으심과 또 그 언약에 부속된 모든 것을 합하여 주신 영원한 기업에 관련된 명칭이기 때문이다.'

    우리가 하늘의 하나님께로부터 상을 받는 것은 하나님의 은혜로 말미암는 것이다. 하나님께서 우리에게 그 아들 예수 안에서 은혜의 면류관으로 관을 씌우시기를 기뻐하신다. 아담의 실패를 도리어 하나님은 아들 예수로 인한 인류의 구원을 완성하시고 계신 것이다. 이렇게 인간은 누구도 행위언약을 지킬 수 없다. 단 인간의 몸으로 이 땅에 오셔서 하나님의 은혜를 나타내신 예수 그리스도만이 그 법을 지키셨다. 둘째 아담이신 예수 그리스도는 이제 그 안에 있는 모든 백성들을 능히 구원하신다. 그리고 지키신다. 예수 그리스도만이 하나님이 원하시는 모든 요건들을 만족시키셨다. 이 만족은 여자의 몸에서 나셔서 우리가 어긴 모든 죄악의 형벌을 친히 받으신 그의 순종으로 얻으신 것이다. 예수께서 이루신 그 일은 사람과 하나님 사이의 중보자로서 그리고 왕으로서 예수를 믿는 자는 누구든지 다 동일한 효과를 가지고 하나님의 복을 얻는다. 이 혜택들을 복음에서 모든 사람에게 제시되며 그리스도를 영접하게 되면 그 혜택들이 주어지는 것이다.

예수님은 자신의 선행으로 하늘나라에 간 첫 번째 사람이시다. 그가 부활의 첫 열매로서 우리도 예수를 믿음으로 그의 공로를 가지고 하늘나라에 갈 수 있다. 우리가 주 예수를 믿을 때 하나님은 예수님의 선행을 우리의 것으로 보신다. 우리의 죄악을 보지 않으시고 아들 예수의 의의 옷을 입은 우리를 보시는 것이다(롬 4:25). 하나님께서 은혜로우시고 자비하신 하나님으로서 아들 예수님의 공로를 우리의 것으로 돌려주시기 때문에 은혜 언약이 행위 언약을 만족시키는 것이다. 이와 같이 우리는 은혜로 말미암아 행위 언약 안에 있는 조항들을 만족시킨다. 따라서 하나님의 모든 은혜의 언약적 복을 받으려면 반드시 주 예수 그리스도 안에 거해야 한다. 언약 안에 있는 모든 귀중한 은혜와 축복이 다 주님의 손에 맡겨져 있기 때문이다.

그러나 그리스도인이 받는 은혜는 그리스도인의 의무를 내포하고 있는 것이다. 그리스도께서 우리의 구원을 자신의 피로 사셨고 그 구원을 그 이름을 믿는 모든 자에게 수여하신다. 그 은혜를 수여받은 성도들은 마땅히 그리스도의 왕 되심에 순종해야 한다. 그것은 우리를 죄에서 건져주시고 율법의 모든 요구를 만족시키셔서 우리의 구원을 이루신 주님의 놀라운 사랑과 은혜에 힘입어 나타내는 사랑의 충성심이다.

5장

예 수 그리스도의 신성과 인성

5장

예수 그리스도의 신성과 인성
Of Divinity and Humanity of Jesus Christ

'하나님의 아들은 삼위일체 하나님의 제 2위격으로서 참 하나님이
시오, 영원하신 하나님이요, 아버지 하나님과 동일본질이시오, 아버지
하나님과 동등하시다. 이 하나님의 아들이 때가 무르익었을 때 성육신
하사 인간의 본성을 입으셨으니 그는 인간과 꼭 같은 본질적 특징들을
지니셨고 인간과 꼭 같은 약점을 보유하고 계시지만 죄만 없으시다. 그
는 성령의 능력으로 잉태되사 마리아의 태에서 나셨으니 그는 이 여인
의 본성으로부터 나셨다. 따라서 예수 그리스도의 한 위격 안에는 신성
과 인성이 불가분리하게 연합되어 있으니 이 두 본성은 각각 온전하고
완전하고 구별을 분명히 한다. 이 양자는 결코 변경될 수도 없고 혼성
(混成)될 수도 없으며 혼동(混動)될 수도 없다. 이 위격은 참 하나님이신
동시에 참 인간으로서 한 그리스도시요, 하나님과 사람 사이에 있는 유
일무이한 중보자이시다.'(WCF 8장 2항)

1. 그리스도의 신성

죄인들이 하나님의 자녀가 됨에 있어서 반드시 믿어야 할 것은 예수 그리스도가 하나님이라는 사실이다. 이것은 신약의 복음서에서 크게 강조하고 있는 진리이다. 그럼에도 불구하고 역사상 교회는 그리스도의 신성을 부인하고 왜곡시키면서도 자기 자신을 그리스도인으로 간주하는 이들과 직면해 싸워야만 했다.

지난 역사를 돌이켜 보면 제 4세기와 5세기 및 19세기와 20세기가 그리스도의 신성을 부인하는 이단들이 판을 치고 있던 시기였다. 특히 지금 21세기를 맞이한 우리들에게서도 그러한 잘못된 사상적 전달이 깊이 남아 있기 때문에 우리가 그리스도가 하나님의 아들이심을 고백하는 것이 무엇보다 중요한 것이다.

그리스도의 신성과 관련하여 웨스트민스터 신앙고백서 8장 2항에서 이렇게 설명하고 있다: '하나님의 아들은 삼위일체 하나님의 제 2위격으로서 참 하나님이시요, 영원하신 하나님이요, 아버지 하나님과 동일본질이시요, 아버지 하나님과 동등하시다. 이 하나님의 아들이 때가 무르익었을 때 성육신하사 인간의 본성을 입으셨으니 그는 인간과 꼭 같은 본질적 특징들을 지니셨고 인간과 꼭 같은 약점을 보유하고 계시지만 죄만 없으시다. 그는 성령의 능력으로 잉태되사 마리아의 태에서 나셨으니 그는 이 여인의 본성으로부터 나셨다. 따라서 예수 그리스도의 한 위격 안에는 신성과 인성이 불가분리하게 연합되어 있으니 이 두 본성은 각각 온전하고 완전하고 구별을 분명히 한다.'

주후 325년 니케아 종교회의에서 교회는 이단 아리우스파에 맞서 예수께서 독생하신 하나님의 아들이시며 그는 지음을 받은 분이 아니라 그의 신적 속성은 본질에 있어서 그 아버지와 동일하시다(homoousios)라고 선언하게 되었다. 아리우스는 주후 336년에 죽은 알렉산드리아 장로로서 삼위일체 하나님을 부인한 이단 아리안주의를 주장한 사람이었다. 그의 주된 주장은 오직 잉태됨이 없는 유일한 한 하나님, 그 어떤 존재의 시작도 없는 창조되지 않은 한 존재만이 있다는 것이었다. 이 사상은 성육신하신 예수는 지음을 받은 존재로 시작이 있다는 것이기 때문에 그의 신성과 영원성을 부인하는 것이다. 아리우스의 이단적 주장 때문에 삼위일체 교리가 확고하게 서게 된 수확을 거둔 것이 니케아 종교회의 결과였다. 삼위의 제 2위에 해당하신 그리스도가 하나님 아버지와 본질에 있어 하나님이심을 선언하는 것이었다. 즉 그리스도의 존재는 하나님의 존재이며 그리스도는 단순히 하나님과 같을 뿐 아니라 바로 하나님이시다.

성경은 이에 대하여 어떻게 가르치고 있는가?

요한복음 1장 서두에서 그리스도의 신성에 대하여 분명히 발견할 수 있다. 성육신하신 말씀이신 그리스도는 피조물보다 선재(先在)하실 뿐 아니라 영원하신 분이시다. 그리스도는 태초에 하나님과 함께 계셨을 뿐 아니라 그가 곧 하나님이시다. 그가 하나님과 "함께 계셨다"는 말은 하나님 안에 인격적인 구별이 있을 것을 요구한다. 그가 하나님이시라는 사실은 그가 하나님께 포함될 것을 의미한다(요 1:1-3).

빌립보서 2:9-11을 보라. 사도 바울은 예수 그리스도를 분명히 하나님에 대한 호칭을 사용하여 언급하고 있다. 하나님은 예수 그리스도에게 모든 이름 위에 뛰어난 주(主, the Lord)라는 이름을 주셨다. 인자이신 예수님은 자신이 안식일의 주인이라고 선언하셨다(막 2:28). 죄 사할 권세도 가지고 계시다고 말씀하셨다(막 2:1-12). 예수님은 "영광의 주"(약 2:1)라고 불리셨다. 여기서 말하는 "영광"은 구약에서 오로지 여호와 하나님께만 해당되는 칭호이다. 그런데 예수님께 사용되었다는 것은 그리스도가 본질상 하나님이심을 선언하는 것이다. 도마가 "나의 주시며 나의 하나님이시니이다"(요 20:28)라고 했을 때 그의 말을 기꺼이 받으시고 경배 받으셨다. 하나님은 자신이 받아야 할 영광을 결코 다른 이에게 주시는 일이 없다(사 42:8). 그래서 헤롯이 하나님께 영광을 돌리지 않았을 때 벌레가 먹어 죽게 하는 형벌을 가차 없이 내린 것이다(행 12:23).

바울 사도는 그리스도 안에는 "신성의 모든 충만이 육체로 거한다"고 말하고 있다(골 2:9). 그리고 히브리서에는 예수께서 천사보다 높으신 분이라는 것을 계속 반복하여 설명하고 있다. 천사나 다른 어떤 피조물이제 아무리 굉장한 것이라 할지라도 그것을 경배하는 것은 성경이 금하고 있는 우상숭배의 죄이다. 그런데 예수께서 지음을 받은 피조물이라면 사람들이 그를 경배하는 것 역시 우상 숭배에 해당되는 것인데 모순이 없으신 참 진리이신 하나님께서 예수께 경배하는 것은 눈감아주시고 다른 우상을 섬기는 것을 죄라고 심판하신다는 것은 있을 수가 없는 일이다. 더욱이 요한복음에 나오는 "나는 … 이다"라는 주장은 그리스도가 하나님이라는 명백한 성경의 증거임을 보여준다.

이 이후 주후 5세기에 와서는 예수의 인성을 문제 삼아 예수는 인간이 아니라는 주장 때문에 451년 칼세돈 종교회의에서 예수는 참 하나님이시며 참 사람임을 선언한 것이다. 그래서 웨스트민스터 신앙고백서에서는 '따라서 예수 그리스도의 한 위격 안에는 신성과 인성이 불가분리하게 연합되어 있으니 이 두 본성은 각각 온전하고 완전하고 구별을 분명히 한다. 이 양자는 결코 변경될 수도 없고 혼성(混成)될 수도 없으며 혼동(混動)될 수도 없다. 이 위격은 참 하나님이신 동시에 참 인간으로서 한 그리스도시요, 하나님과 사람 사이에 있는 유일무이한 중보자이시다'라고 기술한 것이다. 이처럼 참 인간이시며 동시에 참 하나님이신 그리스도만이 하나님과 인간 사이의 참 중보자가 될 수 있는 것이다. 이 중보자는 오직 예수 그리스도뿐이다.

2. 그리스도의 인성

그리스도의 인성과 관련하여 웨스트민스터 신앙고백서 8장 2항에서 이렇게 설명하고 있다: '하나님의 아들은 삼위일체 하나님의 제 2위격으로서 참 하나님이시오, 영원하신 하나님이요, 아버지 하나님과 동일본질이시오 아버지 하나님과 동등하시다. 이 하나님의 아들이 때가 무르익었을 때 성육신하사 인간의 본성을 입으셨으니 그는 인간과 꼭 같은 본질적 특징들을 지니셨고 인간과 꼭 같은 약점을 보유하고 계시지만 죄만 없으시다. 그는 성령의 능력으로 잉태되사 마리아의 태에서 나셨으니 그는 이 여인의 본성으로부터 나셨다. 따라서 예수 그리스도의 한 위격 안에는 신성과 인성이 불가분리하게 연합되어 있으니 이 두 본성은 각각 온전하고 완전하고 구별을 분명히 한다.'

성자 하나님이 실제로 인간의 본성을 입으셨다는 사실은 기독교가 역사적 사실을 근거로 한 종교임을 나타내는 아주 중요한 교리이다. 주후 451년 칼세돈 종교회의에서 예수는 참 사람이며 참 하나님이시라는 것과 그리스도의 이 두 가지 본성 즉 신성과 인성이 연합되어 혼합, 혼동, 분리 혹은 불일치 없이 각각의 본성을 그 자신의 속성으로 가지신다는 것을 확언하였다. 그것을 웨스트민스터 신앙고백서에는 예수께서 인간과 꼭 같은 본질적 특징들을 지니셨고 인간과 꼭 같은 약점을 보유하고 계시나 죄는 없으시다고 하였다. 그리고 이 두 본성은 각각 온전하고 완전하고 구별을 분명히 하는 것이라고 했다. 이 가르침의 본질적인 내용을 성경의 조명을 통해서 살펴보도록 하자.

1) 성경적 증거

복음서에서 예수 그리스도의 족보를 다루고 있는 것은 예수의 오심이 역사적 사실임을 말하는 것이다(마 1:1-16, 눅 3:23-38). 그의 잉태됨과 그의 탄생과정은 모든 인간이 하는 동일한 현상이었다(마 1:25, 눅 2:7, 갈 4:4). 마리아의 몸에서 열달 동안 수태되어 있었고 그리고 여느 인간처럼 해산하는 과정을 겪으며 이 세상에 오신 분이다. 그가 이 세상에서 성장과정을 거친 것 역시 인간의 과정과 같은 것이었다(눅 2:40-52, 히 5:8). 그에게도 가정이 있었고 가족들과 함께 성장하였다(막 6:1-6). 그는 천사들의 생식구조 속에서 태어난 것이 아니다. 그래서 히브리서 기자는 "그가 천사들을 도와주려는 것이 아니라 아브라함의 씨를 도와주려고 오신 것"(히 2:16)임을 말하고 있다.

예수는 육체를 지닌 인간이 경험하는 제한적인 것들을 친히 당하신 분이다. 예를 들면, 피곤하고 지친 모습(요 4:6), 굶주림(마 21:18), 목마름(마 11:19), 주무심(마 8:24) 등이다. 더욱이 그가 영혼의 깊은 고독과 아픔을 겪으며 결국 육체적 죽음을 맞이하신 것(막 14:33-36, 눅 22:63, 23:33)도 인간의 몸을 입으신 주님이었기에 가능한 것이다. 이처럼 그리스도가 지니신 인성은 우리와 똑같은 것이었다. 그는 우리를 위하여 인간이 되셨다. 그는 우리의 구세주가 되시기 위하여 우리의 상황 가운데 오신 것이다. 그리스도는 우리의 자리에서 우리가 받아야 할 고통을 친히 받으셨고 우리의 죄를 담당하시어 우리의 대리자가 되신 것이다. 또한 우리를 위해 하나님의 율법을 완성하심으로써 우리의 옹호자가 되셨다. 이 일을 히브리서 기자는 이렇게 묘사하고 있다: "우리에게 있는 대제사장은 우리 연약함을 체휼하지 아니하는 자가 아니요 모든 일에 우리와 한결같이 시험을 받은 자로되 죄는 없으시니라"(히 4:15).

이처럼 인간으로서 예수는 시공간의 제한을 받으셨다. 모든 인간들과 마찬가지로 같은 시간에 두 장소 이상에 머무실 수 없었다. 예수님은 땀 흘리셨고 배고프셨고 우셨으며 고통을 견디셨다. 그는 죽을 수밖에 없었고 죽음을 앞에 두고 여느 인간처럼 괴로워하셨다. 이 모든 면에서 예수님은 우리와 같은 인간이셨다. 그는 기뻐하셨으며(눅 10:21), 슬퍼하셨고(마 26:37) 사랑하셨으며(요 11:5), 민망히 여기셨고(마 9:36) 놀라셨으며(눅 7:9), 분노하셨다(막 3:5). 더구나 예수님은 자기를 부르실 때 언제나 사람의 아들인 '인자'라는 표현을 즐겨 사용하셨다(마 8:20, 딤전 2:5). 인간으로서 그 모든 일을 하신 것이다. 칼빈은 말하기를 '하나님의 아들께서는 인간이 경험하는 모든 것으로부터 예외였을 것이라고 상상

하는 자들은 그가 인간이었다는 것을 진실되게 그리고 진지하게 인식하고 있지 않는 자'라고 했다.

그러나 우리 인간과 동일한 경험을 다 하신 분이지만 그가 우리 인간과 다른 점은 그에겐 죄가 없으시다는 점이다(히 4:15). 베드로 사도 역시 그리스도는 "죄를 범치 아니하시고 그 입에 궤사도 없으셨다"고 했다(벧전 2:22). 사도 요한 역시 그에게는 죄가 없음을 증언하고 있다(요일 3:5, cf. 히 7:26, 눅 1:35). 이것을 어떻게 확신할 수 있는가? 그의 인격이 그를 증명한다. 그가 구원자로서 하신 일이 그를 증명한다. 그의 삶이 그를 증명한다. 그를 심문하던 빌라도도 그가 죽임을 당할만한 아무 잘못도 없음을 인정하였다(눅 23:22). 물론 그는 우리처럼 죄의 유혹도 받았다(마 4;1-11, 27:42, 막 1:24, 8:33, 눅 11:15-20). 그러나 그는 죄가 없으신 분이다.

어떤 사람들은 예수께서 시험을 받으신 것은 실제적으로 일어난 것이 아니라고 말한다. 왜냐하면 그가 죄인이 아니었기에 죄와 사단이 그에게 힘을 발휘할 수 없거나 혹은 하나님이 인간이 되셨기 때문에 죄를 품을 수 없기 때문이라고 한다. 그래서 예수께서 유혹을 받는 시늉만 했을 뿐이라는 그들의 주장은 성경에서 말씀하고 있는 것과 맞지 않는다. 더욱이 타락 이전에 아담은 분명 죄가 없는 자였다. 그럼에도 그는 사단의 시험에 굴복되었다. 물론 하나님의 아들이신 예수께서 유혹에 굴복된다는 것은 생각할 수 없는 것이다. 그러나 그가 아버지 하나님께 전적으로 순종하는 일을 못하도록 방해하려는 사단의 공격은 예수께서 직면한 실제적인 사건들이었다. 그렇기 때문에 히브리서 기자는 "그가 아들이라도 받으신 고난으로 순종함을 배워서 온전하게 되었다"(히 5:8)고 하였다.

사실 성도가 시험을 당할 때 하나님께서 걸려주시는 보호 장치가 있다(고전 10:13). 그러나 예수께서는 그 보호 장치가 없으셨다. 그럼에도 불구하고 그가 직접 시험을 당하셨을 때 그는 시험에 굴복하지 않으셨다. 그는 죄가 없으신 분이시다.

2) 그리스도의 인성을 부인하는 이단 사상들

그리스도의 참 인성은 두 가지 측면에서 공격받아왔다. 첫째는 가현설이다. 이것은 예수께서 실제 육체와 진정한 인간의 본성을 소유하지 않았다고 하는 주장이다. 그들은 단지 예수께서 육체를 가지신 것처럼 '보이는' 것에 불과할 뿐 실제로는 존재하지 않는 환영에 지나지 않는다는 것이다. 그러나 이 주장이 거짓된 것이라는 사실은 제자들이 예수의 몸을 실제로 만지고 함께 먹고 주무셨다는 사실을 설명할 수 없기 때문이다. 그래서 사도 요한은 예수께서 육체로 오심을 부인하는 자들마다 적그리스도라고 확고하게 선언하였다(요일 4:1-3).

둘째는 단성론 자들이다(monophysite). 이 이단은 예수께서 두 가지 본성을 가지신 것이 아니라 한 가지 본성만 지니셨다는 것이다. 그 한 가지 본성이란 참 신성, 참 인성도 아닌 이 둘의 혼합이라는 것이다. 이것을 '신인양성'의 본성이라고 말한다. 이들의 오류는 인성을 신격화하고 신성을 인간화하는 오류이다. 이들은 결국 인성이 신성에 합류되어 인성의 진정한 한계들을 제거하는 경향을 나타낸다. 즉 이들 역시 적그리스도가 되는 것이다.

　이러한 이단들의 출현 때문에 교회는 신앙고백서에서 단호하게 선언하고 있는 것이다: 그리스도의 신성과 관련하여 웨스트민스터 신앙고백서 8장 2항에서 이렇게 설명하고 있다: '이 하나님의 아들이 때가 무르익었을 때 성육신하사 인간의 본성을 입으셨으니 그는 인간과 꼭 같은 본질적 특징들을 지니셨고 인간과 꼭 같은 약점을 보유하고 계시지만 죄만 없으시다. 그는 성령의 능력으로 잉태되사 마리아의 태에서 나셨으니 그는 이 여인의 본성으로부터 나셨다. 따라서 예수 그리스도의 한 위격 안에는 신성과 인성이 불가분리하게 연합되어 있으니 이 두 본성은 각각 온전하고 완전하고 구별을 분명히 한다.'

　다시 말해서 우리는 예수님의 두 가지 본성을 분리시키지 않고 구분해야 한다. 가령 예수께서 배고프셨을 때 여기서 우리는 그의 신성을 보는 것이 아니라 인성을 보는 것이다. 그가 행하신 수많은 기사들과 기적들은 그가 하나님의 아들 즉 그가 소유한 신성임을 확증하는 것이며 앞에서 열거한 성경적 증거들은 그가 인성을 지닌 참 인간임을 확연하게 드러내는 것이다. 그의 두 가지 본성은 예수님의 인격을 드러내보이는 것이며 인간을 위하여 오신 구세주임을 확증하는 것이다. 그가 십자가상에서 죽으신 것은 하나님이 죽으신 것이 아니라 인성을 입으신 그리스도가 죽으신 것임을 말한다. 그리스도가 승천하신 이후로 이 두 가지 본성은 연합하여 있지만 각각 온전하고 완전하고 구별되는 성품이시다. 그리스도께서 세상 끝 날까지 자기 백성들과 함께 한다고 하신 것은 그의 인성을 지닌 육체가 아니다. 인성으로 말하면 그는 결코 우리와 함께 하지 않는다. 그러나 신성으로 말하면 그가 결코 우리가운데 계시지 않을 수 없는 것이다. 그는 영으로 우리와 영원히 함께 하며 동시에 우리가 천국에 들어가면 몸을 입으신 아들 예수 그리스도를 두 눈으로 분명 확인하게 될 것이다. 그리고 그가 다시 오실 때 제자들이 그의 승천하신 모습을 본 모습 그대로 다시 오신다고 했으니 부활의 몸을 지니신 예수님을 영접하게 될 것이다. 그러한 의미에서 그의 두 본성은 구별되는 것이다.

3) 그리스도는 죄가 없으시다

그리스도가 죄 없으시다고 말할 때 우리는 그의 인성과 연관지어 말한다. 그리스도의 신성에 죄가 없다는 말은 생각할 필요도 없는 것이기 때문이다. 신성은 죄를 지을 수도 없고 짓지도 않는 개념이다. 그리스도의 죄 없으심은 심지어 이단들조차도 부정하지 않았다. 그의 죄 없으심은 우리의 구원을 위해 기초적이고 필수적인 것이다. 그가 흠 없는 어린 양이 아니었다면 그 누구의 구원도 이룰 수 없었을 것이다. 더구나 예수께서도 구원자가 필요한 존재가 되는 것이다. 그리스도께서 십자가상에서 짊어지신 죄인들의 수많은 죄들은 완벽한 희생 제물을 요구했다. 그 제물은 죄 없는 자의 제물이다.

죄 없으신 그리스도라는 진리가 주는 교훈은 무엇인가?

첫째 소극적인 면에서 보면 어떠한 범죄로부터 자유로우셨다는 것이다. 그는 하나님의 거룩한 율법이 요구하는 모든 계명을 한번도 어기신 적이 없으시다. 그는 하나님이 명하시는 것은 무엇이든지 세세히 지키셨다. 그의 전 생애가 이를 증명한다. 그는 철저하게 하나님의 뜻에 복종하셨고 자기 뜻대로 산 것이 아니라 자기를 보내신 아버지의 뜻대로 사셨다. 그래서 마침내 그는 십자가상에서 다 이루었다고 외치실 수 있었던 것이다. 죄가 없으심에도 불구하고 할례를 받았으며 세례 요한의 세례를 받았고 회당에 정기적으로 나가셨으며 유대 절기들을 지키셨고 동물 제사까지도 지냈다.

둘째 적극적인 면에서 그의 죄 없으심은 스스로 율법에 복종하시고 아버지의 뜻에 순종하는 일에 헌신하셨다는 점이다. 그의 양식은 자기를 보내신 아버지의 뜻을 행하는 것이요 그 뜻을 온전히 이루는 일이었다(요 4:34). 앞에서 지적한 것처럼 그것도 고난을 인하여 순종을 배워 온전히 이루셨다.

이 부분에서 우리는 "우리와 한결같이 시험을 받은 자"라는 히브리서 4:15 말씀을 어떻게 이해할 것인지 생각해 보자. 특히 야고보서 1:14-15을 보면 주님께서 시험을 받았다는 것에 대한 약간 어려운 고민이 생긴다. 즉 "오직 각 사람이 시험을 받는 것은 자기 욕심에 끌려 미혹됨이니 욕심이 잉태한즉 죄를 낳고 죄가 장성한즉 사망을 낳느니라"고 한 것과 같이 시험은 우리 안에 있는 죄된 욕망으로부터 일어나는 것이다. 만일 예수께서 우리와 한결같이 시험을 받은 자라고 한다면 예수께서도 그 안에 죄된 욕망을 가진 분이라는 의문이 생기지 않는가? 그러나 히브리서 4:15은 그러나 "그는 죄는 없으시니라"고 하였다. 예수님도 욕망이 있었다. 그러나 죄된 욕망이 아니었다. 그가 사단에게 시험을 받으셨을 때 그 공격은 예수님의 속에서 나온 것이 아니라 외부로부터 온 것이다. 금식하셨을 때 그는 배고프셨기 때문에 먹고 싶은 욕망이 있다. 배고플 때 먹고자 하는 욕망을 죄라고 말할 수 없다. 모든 것이 우리와 같은 인성을 지닌 분이기 때문에 그는 분명 배고프셨을 것이다. 그러나 예수님은 모든 면에서 우리와 같으신 분이 아니다. 그는 죄가 없으신 분이시다. 죄에 대한 어떤 욕망도 없으셨다. 최근에 할리우드에서 막달라 마리아와 관계를 묘사하는 영화가 마치 예수께서도 성적 욕망을 가진 분이시고 그리고 우리 몰래 자녀들을 낳았다는 황당무개한 이야기들을 전개하여 사람들의 이목을 끌고자 하는 어리석은 자들이 있지만 성경은 그 어디에서도 예수께서 죄를 범한 자라는 것을 가르치지 않는다.

성경에 수많은 위대한 인물들이 언급되어 있다. 그러나 단 한 사람도 허물이 없이 완벽한 인생살이를 기록한 인간은 없다. 아브라함도, 모세도, 다윗도, 위대한 선지자들도 예외 없이 다 허물들이 세세히 기록되어있다. 그야말로 낯 뜨거운 일들도 기록되어 있다. 그런 성경이 만일 예수께서 죄를 지은 것이 있었다고 한다면 그 놀라운 일을 기록하지 않고 침묵할 수 있겠는가? 구약의 저자이신 성령 하나님께서 신약을 기록할 때는 약간의 술에 취해서 그 순간을 전혀 기억하지 못함으로 실수로 빠진 것인가? 아니다. 예수께서는 완벽한 인간이시다. 죄가 없으신 분이다.

그렇기 때문에 단번의 완벽한 제사를 하나님께 드릴 수 있었다. 이것이 죄인을 벌하시는 하나님의 공의를 만족시키신 것이요 동시에 우리가 하나님의 복을 받기에 합당하도록 우리에게 필요한 의를 보장해 주셔야만 했다. 그의 완벽한 순종으로 우리가 그 안에서 의롭다함을 받게 되었고 그것이 우리의 구원을 온전히 이룬 것이었다. 그가 우리에게 주시는 하늘의 상을 받을만한 공로를 쌓으셨다. 아버지의 뜻에 철저하

게 복종하신 그는 복종하지도 않고 할 수도 없는 모든 사람을 구원하셨
다. 이처럼 그의 죄 없으심은 우리의 구원을 위해 절대적인 것이다.

3. 그리스도의 동정녀 탄생

웨스트민스터 신앙고백서 8장 2항에서 동정녀 탄생을 이렇게 설명
하고 있다: '그는 성령의 능력으로 잉태되사 마리아의 태에서 나셨으니
그는 이 여인의 본성으로부터 나셨다. 따라서 예수 그리스도의 한 위격
안에는 신성과 인성이 불가분리하게 연합되어 있으나 이 두 본성은 각
각 온전하고 완전하고 구별을 분명히 한다.'

동정녀 탄생 교리는 예수님의 탄생이 육신의 아버지 없이 성령의 능
력으로 말미암아 마리아의 몸에 기적적으로 잉태되어 태어난 것임을
가르치는 것이다. 이것은 그리스도의 인성과 관련하여 뗄 수 없는 교리
이다. 여자에게서 나셨다는 것은 그가 우리와 같은 인간이며 우리 중
하나같이 되었다는 것을 시사하는 것이다. 그가 남자에게서 나왔다고
해보라. 그것처럼 해괴망측한 일이 어디 있겠는가? 그러나 여자에게서
나셨다는 것이 우리와 다른 점은 우리는 죄악 중에서 출생하였지만 그
리스도는 그렇지 않았다. 그의 잉태됨이 죄인들의 결합을 통한 것이 아
니라 '성령의 능력으로' 되어진 것이기 때문이다(아담의 뼈에서 하와를 만들
듯이 아기 예수님의 오심은 그런 방법으로는 할 수 없었던 일인가? 아마도 그것은 예수께
서 창조된 존재가 아니라 영원한 때부터 계신 분이기 때문에 불가능한 일이요 그렇게 이

세상에 왔다고 한다면 그의 오심은 시작이 있는 유한한 존재가 되는 것이기에 이런 모순을 피하기 위한 하나님의 지혜일 것이다).

마리아가 처음 그가 잉태됨을 듣게 되었을 때 그의 즉각적인 답변은 "나는 사내를 알지 못하니 어찌 이 일이 있으리이까"(눅 1:34)였다. 이에 대하여 천사 가브리엘은 예수님의 동정녀 탄생을 이해하는 결정적인 답변을 준다: "성령이 네게 임하시고 지극히 높으신 이의 능력이 너를 덮으시리니 이러므로 나실바 거룩한 자는 하나님의 아들이라 일컬으리라"(눅 1:35). 이는 사람으로 도저히 이해가 안 되는 부분이다. 그렇기 때문에 천사 가브리엘은 덧붙여 설명하기를 "대저 하나님의 모든 말씀은 능치 못하심이 없느니라"(눅 1:37)고 하였다. 그것이 하나님의 능력이요 그것이 예수님의 신성을 드러내는 증거이기도 하다. 따라서 이를 부정하는 것은 대체로 성경의 초월적이고 기적적인 요소를 부인하게 되어 결국은 이단이 되는 것이다.

마태의 증거나 누가의 기록은 예수님께서 동정녀 마리아의 몸에서 태어난 것임을 확증해 주는 명백한 설명이다. 그 기록을 역사적인 사실이 아닌 가설로 읽는다는 것은 있을 수 없는 일이다. 이처럼 동정녀 탄생은 다음 몇 가지 중요한 의미를 지니고 있다.

첫째 어린 아이 예수님의 탄생이 독특한 탄생이라는 사실이다. 성경에서 특출한 사람들의 특이한 탄생 기록을 가지고 있듯이(창 21:1-7, 눅 1:5-23) 예수님의 탄생기록도 그러한 측면에서 이해할 수 있다. 즉 하나님의 위대한 아들로서 특별한 탄생 과정을 말하는 것이다.

둘째 성육신 사건에 초자연적인 신적 역사하심이 있음을 내포하고 있다. 그것 때문에 생물학적 요소에 대한 논쟁을 잠재운다. 전능하신 하나님이라는 개념은 능히 동정녀 탄생을 가능케 한다.

셋째 마리아에게 성령이 임하심은 그리스도 안에서 수태하는 그 순간에 하나님께서 인간 경험 속으로 완전하게 진입하셨음을 선언하는 것이다.

넷째 그리스도께서 인류 역사의 새로운 시작에서 일어난 둘째 아담이라는 바울 사도의 가르침과 일치하는 것이다(롬 5:12, 고전 15:22).

다섯째 이것은 주님의 선재성과 일치한다. 인간의 경우 수태하는 그 순간부터 우리의 존재가 시작된다. 그러나 주님의 경우 이미 영원부터 존재하신 영원한 말씀이 수태된 것이다. 그것이 "성령이 네게 임하시고 지극히 높으신 이의 능력이 너를 덮으시겠다"는 말씀의 의미이다.

여섯째 이것은 성령의 능력에 의한 중생 혹은 거듭남에 대한 설명을 가능케 한다.

4. 독생자이신 예수님

성경에서 예수님을 '아버지의 독생자'(요 1:14)라고 말한다. 그리고 예수님을 '모든 창조물보다 먼저 나신 분'으로 말한다(골 1:15). 그러나 이같은 표현은 기독교내에서 많은 논쟁을 불러 일으켰는데 그 이유는 예수님이 하나님이 아니시고 높임을 받은 창조물이라는 뜻을 말하는 것이라는 해석 때문이다. 이에 대한 대표적인 자들이 여호와의 증인이나 몰몬교들이다. 이들은 예수를 창조물로 보고 그의 신성을 부인하고 있기 때문에 정통기독교가 아닌 이단이라고 규정된 자들이다. 삼위일체를 부인하여 이단으로 정죄된 아리우스파가 활동한 주후 4세기에는 그리스도의 신성이 중요한 현안이었다. 그리스도의 신성을 부인한 아리우스는 오늘날 여호와의 증인이나 몰몬교도들의 시조 격이라고 말할 수 있다.

성경에서 '독생하신 분'이란 무슨 뜻인가? '독생하다'로 번역된 헬라어는 '발생하다', '되다', '시작하다'라는 의미를 담고 있다고 아리우스는 주장하였다. 그들의 주장처럼 독생한 존재는 시간적으로 시작이 있다는 말인가? 문자적인 의미로만 보면 시간적인 관점에서 볼 때 독생자라는 말은 유한한 것이며 피조물의 성격을 지녔다는 뜻이 된다. '모든 창조물보다 먼저 나신 자'라는 말도 피조물 가운데 으뜸으로서 천사들보다도 뛰어나다는 것을 암시하지만 피조물의 수준을 넘어서는 말이 아니라는 것이다. 그렇기 때문에 독생자 예수를 예배하는 것은 피조물을 섬기는 우상숭배와 같은 것이라는 말이다. 어떠한 천사나 피조물도 예배를 받을만한 가치 있는 존재가 아니기 때문이다. 그래서 아리우스는 예수님의 신성을 인정한다는 것은 성경의 유일신 사상에 모독을 가하는 것이라고 한 것이다. 하나님은 그 존재면에서나 그 위격에서 오로지 '하나'여야만 한다는 것이 아리우스의 주장이었다.

이에 대한 교회의 반응을 자세히 다룬 것이 니케아 종교회의였던 것이다. 즉 예수님은 피조된 자가 아니라 독생하신 분이라는 말이다. '독생하다'는 말 속에 피조된 존재라는 의미를 담고 있는 것이 아니라는 선언을 분명히 했다. 그 이유는 첫째, 교회가 이 용어들을 그리스도의 본성에 관한 성경 전체의 가르침 속에서 이해하였기 때문이다. 신약성경이 분명히 그리스도의 신성을 말하고 있으므로 교회는 성경의 한 부분이 다른 부분에 대치되게 하는 것은 있을 수 없는 것이다.

둘째는 신약성경이 헬라어로 씌어진 것은 사실이지만 대부분 사상의 형태와 개념에는 히브리어적 의미가 담겨져 있다. 히브리어적 개념들이 헬라어라는 수단을 통해 표현된 것이다. 다시 말하면 우리가 성경을 해석하면서 성경 밖에서 사용된 단어의 의미에 지나치게 무게를 두는 것은 본질적인 뜻을 왜곡할 수 있는 것이다. 예를 들면 예수님을 '로고스'라고 할 때 그 용어를 헬라문학에서 사용하고 있는 '말'의 개념이 사용된 용례들을 연관시켜서만 이해하려는 것은 잘못인 것이다.

셋째는 '독생하다'라는 말은 신약성경에서 제한된 방식으로 사용되고 있기 때문이다. 요한복음 1:14에서도 아버지의 독생자(only begotten son)라고 언급한다. 또 요한복음 1:18에서도 '아버지의 독생하신 아들'로 불렀다. 본래 헬라어로는 '독생하신 하나님'이라고 읽는다는 의미심장한 필사본의 증거가 있다. 만일 정경 형성에 있어서 이 사본이 받아드려졌다면 논쟁은 마무리되었을 것이다. 그러나 '독생하신 아들'이라는 구절을 보면 여전히 한정적 의미가 쓰여진 것임을 알 수 있다. '독생하셨다'(μονογεναιζ)라는 헬라어에서 접두사 '모노'는 영어에서 오직(only)이라는 말보다 더 의미가 강하다. 이 단어는 '유일하다'라는 말을 강하게 내포하는 단어이다. 즉 예수님의 나심이 전적으로 유일한 탄생임을 말하는 것이다. 그의 탄생이 독자적인 것이다. 성령의 큰 능력으로 이루어진 사건이었다. 이 세상의 그 어느 누구도 예수님께서 나신 방식으로 온 자는 아무도 없다. 그런 의미에서 나시는 분도 없다. 교회가 그의 오심에 대하여 영원한 것으로 말하는 것은 아들은 영원한 하나님 아버지로부터 비롯된 일이기 때문이다. 피조물로서 오신 것이 아니라 삼위 일체 하나님 중 제 2 위격으로 오신 독생하신 하나님이시다.

예수님에 관하여 '내가 너를 낳았다'(히 1:5)고 이야기 하고 있는 히브리서는 신약에서 가장 뛰어난 기독론이 들어가 있는 서신이다. 히브리서의 이 기록과 견줄만한 복음서는 요한복음 뿐이다. 예수님을 분명하게 하나님이라고 기록하고 있는 사람은 사도 요한이다. 그리스도를 독생자라고 부르는 자도 사도 요한이다.

마지막으로 '모든 창조물보다 먼저 나신 자'라는 말은 1세기 유대의 문화적 배경과 관련되어 이해해야 한다. '가장 먼저 나다'라는 표현은 아버지의 상속자로서 그리스도의 높아진 상태를 표현하는 문구라는 말이다. 대체로 맏아들이 열조의 유산을 상속받았듯이 예수님도 하나님의 맏아들로서 하나님의 나라를 그의 유업으로 받으심을 의미하는 것이다. 하늘과 땅의 모든 권세를 가지신 그리스도라는 말이 성립되고 그와 더불어 모든 그리스도인들이 그와 함께 하는 후사라는 말이 이 문구에서 이해되는 것이다. 아버지의 것을 상속받는다고 해서 아버지가 떠나가고 없다는 말이 아니라 사실은 아버지의 것이 아들 예수님의 것이요 예수로 말미암아 하나님의 자녀가 되는 모든 그리스도인들도 아버지의 모든 것들을 함께 누리는 자들이 됨을 의미하는 것이다. 주님의 나라에는 후계자가 없는 이유가 거기에 있다.

더 나아가서 '하나님의 아들'이라는 칭호는 하나님과 하나임을 뜻하는 말이다. 그래서 유대인들이 예수님께서 하나님의 아들이라는 말을 했을 때 신성모독죄를 범한 것이라고 몰아부친 것이 여기에 있다(요 10:33,36). 초대교회는 예수님을 하나님의 아들로 고백하였다(행 9:20, 롬 1:4, 히 1:1f, 요일 4:15). 예수님은 피조된 자가 아니라 영원하신 하나님의 독생하신 하나님이시다. 그래서 예수님을 만주의 주이시요 만 왕의 왕이라고 고백한다(딤전 6:15). 예수 그리스도를 주라 시인하는 것이 천사들의 일이요 그리스도인들의 면류관이다.

웨스트민스터 신앙고백서 8장 3항은 이렇게 정리하고 있다: '인성과 신성의 완전한 연합체이신 주 예수는 성령에 의하여 한량없이 성화되셨고 기름부음을 받으셨다(시 45:7, 요 3:34). 이 주 예수는 자신 안에 보배같은 온갖 지혜와 지식을 지니셨고(골 2:3), 아버지 하나님께서는 이 주 예수 안에 모든 신성의 충만함이 깃들어 있기를 기뻐하셨다(골 1:19). 주 예수는 거룩하시고 손상을 받지 않으셨고 결코 오염되시지 않으셨고 은혜와 진리로 충만하신 분이신데 이처럼 그가 모든 것을 갖추어 가지신 목적은 중보자와 보증인의 직무를 충분히 수행하는데 있는 것이다(히 7:26, 요 1:4, 행 10:38, 히 12:24, 7:22). 주 예수는 이 직책을 스스로 취하신 것이 아니라 아버지 하나님에 의하여 이 직책에로 부름 받으셨으니(히 5:4-5), 아버지 하나님께서는 모든 권능과 심판을 주 예수께 맡기셨고 이 모든 권능과 심판을 실천하도록 그에게 명령하셨다(요 5:22, 27, 마 28:18, 행 2:36).'

　　이상의 말씀에서 우리가 분명히 할 것은 그리스도의 위격은 절대적 신성의 모든 속성을 가지셨으며 모든 점에서 완전하고 비할 수 없이 높여진 인성을 지니셔서 중보와 보증으로서의 직책을 다할 준비가 철저히 된 자라는 사실이다. 영원한 말씀(로고스)는 그 본질이 성부와 동일하며 권능과 영광이 동등하다. 그러나 하나님이신 동시에 사람이신 분으로서 그는 그의 중보자로서 직무 수행을 위하여 아버지로부터 보냄을 받으신 분이시며 아들로서 그는 모든 일에 절대 순종을 보이셨고 하나님으로서 높임을 받으시기에 합당하신 분이심을 그의 일을 통해서 보이신 것이다. 그렇기 때문에 성부 하나님은 "모든 충만으로 예수 안에 거하게 하시기를"(골 1:19) 기뻐하신 것이다.

6장

예수 그리스도의 세례

6장

예수 그리스도의 세례
The Baptism of Jesus Christ

1. 그리스도의 세례 받음이 주는 의미

구약에서 세례는 씻는 의식과 연관되어 있다. 죄의 오염과 더러움으로 깨끗케 하는 것을 표현하는 것으로 물로 씻는 것을 포함하고 있다(출 19:14f. 레 16:4, 24, 시 51:2). 예수님은 사역을 시작하면서 세례 요한에게 세례를 받으셨다(막 1:2-11). 요한의 세례는 새 언약의 표지로서 예수께서 제정하신 세례와 밀접한 관련이 있다. 그러나 예수님께서 물과 성령으로 주시는 세례와 세례 요한의 세례와는 같은 것이 아니다. 세례 요한의 세례에는 두 가지 특성이 있다. 하나는 죄 회개를 촉구하는 세례였다(마 3:2). 이 세례는 또한 하나님 나라의 임하심을 예비하는 세례였다. 여기엔 임박하고 무서운 하나님의 진노와 심판이 담겨 있는 것이기 때문에 죄 회개에 강조점이 있다.

요한의 세례는 엄밀히 말해서 구약에 속한다. 왜냐하면 요한의 사역이 끝나기까지 새 언약의 시대가 시작된 것이 아니기 때문이다. 요한의 세례는 하나님께서 그의 백성 이스라엘에게 요구하신 것이다. 그것은 곧 임할 하나님의 나라를 예비하는 세례였던 것이다. 요한은 하나님 나라가 임박하였다고 설교하였다. 메시아가 오심을 예비하는 선지자였다. 메시아이신 예수께서 세상에 알려지기 직전이었지만 이스라엘 백성들은 그를 만날 준비가 되어 있지 않았다. 그들은 왕을 영접할 만큼 깨끗하지 못하였다. 그래서 요한은 회개를 촉구한 것이다.

사실 이 세례는 이방인들 중에서 유대교로 개종하는 자들에게 요구하였던 깨끗케 하는 정결의식이었다. 그런데 하나님은 유대인들도 깨끗하지 못하기 때문에 세례요한을 통해서 회개를 촉구한 것이다. 이것 때문에 유대인들이 요한을 좋아하지 않았다. 그의 죄 회개를 촉구하는 설교는 이단적이고 모욕적인 것이라고 생각하였다. 왜냐하면 자신들을 이방인들과 똑같이 죄인취급을 하였기 때문이다.

그런데 문제는 죄가 없으신 하나님의 아들께서 왜 회개의 세례를 받으셨는가? 이다. 이것이 사실은 세례요한의 의문점이기도 했다. 그래서 세례를 받으려고 나오신 예수를 보고 '자기가 도리어 세례를 받아야 할 자인데 어찌 내게로 오십니까?' 하고 반문하였던 것이다. 그 이유가 무엇인가? 여기엔 두 가지 의미가 있다.

첫째는 예수께서 자기 백성들을 죄에서 건지러 오신 메시아로서 죄인인 자기백성들과 동일시하는 것 때문이다. 그래서 예수께서는 "우리가 이와 같이 하여 모든 의를 이루는 것이 합당하니라"고 말씀하신 것이다 (마 3:15). 그가 메시아로서 이 땅에 오신 분이기 때문에 그는 이스라엘 민족에게 주신 하나님의 율법의 모든 요구에 복종할 필요가 있었던 것이다. 죄인인 자기 백성들과 동일시하시면서 동시에 하나님의 모든 의를 이루어드리는 것이다.

둘째는 예수께서 자신의 구원 사역을 위하여 자신을 아버지께 봉헌하는 의식이었다. 다른 말로 하면 메시아로서 공생애 시작을 알리는 일종의 안수식과 같은 것이었다. 이 때 성부 하나님은 "성령을 비둘기 같이 임하게" 하시고 그의 메시아직을 공적으로 인준하심을 선언하신 것이다: "이는 내 사랑하는 아들이요 내 기뻐하는 자라 하시니라"(마 3:17). 성령이 임하심은 그가 하나님의 보내신 자, 메시아라는 것임을 입증하는 것이다. 이사야 61:1에 이미 예언된 메시아직이다: "주 여호와의 신이 내게 임하셨으니 이는 여호와께서 내게 기름을 부으사 가난한 자에게 아름다운 소식을 전하게 하려 하심이라 나를 보내사 마음이 상한 자를 고치며 포로된 자에게 자유를 갇힌 자에게 놓임을 전파하여 … "

세례의 의미

① 그리스도안에 있다는 신앙고백(롬 6:3-4, 벧전 3:21, 행 8:37)으로서 예수 그리스도께서 주이시며 구주이심을 공적으로 선언하는 것이다.

② 세례는 그리스도와 교통하는 경험이다(골 2:12). 이 일은 그리스도의 죽으심과 부활하심에 들어감으로 얻어진다. 그런 차원에서 세례는 그리스도와의 연합 혹은 결혼이라고 말하는 것이다. 사망과 생명과 부활과 승천과 다스림에 전적으로 참여하게 되는 온전한 연합이다(갈 2:20 엡 2:5f). 그러나 세례는 구원이 아니다. 구원은 오직 믿음으로 받는 것이며 구원받았다는 외적 증거

로 세례를 받는 것이다. 죄 사함을 얻었으며 성령 안에서 거듭났
고 구원의 모든 복을 누리게 된 자임을 선언하는 것이다. 그리고
그리스도의 몸에 붙은 지체임을 선언하는 행위이다(고전 12:12, 벧
전 3:21)

③ 세례는 그리스도에게 산 제물로 봉헌하는 행위이다(롬 6:4-22).
그러므로 부주의한 삶은 그리스도와 연합되었다는 세례를 부정
하는 것과 같다.

④ 세례는 그리스도를 통해서 최종적인 자리에 나아가는 약속이다
(롬 6:22). 그 일에 보증으로 성령께서 우리 마음에 부은바 되신
것이다.

2. 그리스도의 승천

그리스도의 승천 문제는 성도들의 생각 속에서 그리 자주 묵상되는
것은 아니다. 이는 그 중요성을 간과하기 때문이다. 탄생과 고난 및 죽
음과 부활 문제는 깊이 생각해도 승천은 그저 **"하늘에 오르사"** 라는 한
문장으로 끝나고 만다. 기독교의 절기 중 승천절이라는 절기를 가지고
축제일로 지키는 것도 거의 없다. 그러나 그리스도의 승천은 매우 중요
한 의미를 지니고 있다. 왜냐하면 그리스도의 재림에 앞서서 그리스도
께서 인간의 몸을 입고 이 세상에 오신 자기 비하이후 가장 높임을 받
으신 순간을 다루는 것이기 때문이다. 그리스도께서 이전에 누리신 하
늘 영광으로 들어가신 때가 그의 승천이었다. 따라서 그리스도의 승천

은 그의 전 구속사적 관점에서 떼어버릴 수 없는 중요한 사건인 것이다. 부활 후 제자들과 함께 40일을 이 세상에 더 계신 주님은 제자들에게 가르치신 모든 것들을 확정하셨을 것이다. 그리고 그리스도께서 죄와 사망의 권세를 깨뜨리시고 정복하셨으며 그를 통하여 하나님 나라가 견고하게 세워진 것을 확증해 주셨다.

1) 승천하신 광경

이제 예수께서는 모든 제자들이 두 눈으로 보는 가운데서 하늘로 올리워 가셨다. 그리고 구름이 저를 가리워 보이지 않게 되었다. 하늘로 사라진 주님을 멍한 눈으로 쳐다보고 있었던 제자들에게 흰 옷 입은 두 천사가, (이 천사는 예수님의 부활 때에 무덤 안에 서 계셨던 분이었다.) 말하기를 "갈릴리 사람들아 어찌하여 서서 하늘을 쳐다보느냐 너희 가운데서 하늘로 올리우신 이 예수는 하늘로 가심을 본 그대로 오시리라"고 하였다. 즉 주님의 승천이 분명한 역사적 사건이요 그리고 그의 재림도 반드시 이루어질 것임을 선언한 것이다.

① 구름 속으로 떠나셨다: 하나님의 영광의 구름, 즉 하나님의 거룩한 임재(세키나)를 나타낸다. 이것은 하나님의 빛나는 영광의 현현이다(출 40:34, 왕상 8:10f. 눅 9:34f.). 하나같이 다 하나님의 영광과 임재를 나타내는 현상이었다.

② 승천하다(ascend): '올라가다', '솟아오르다'라는 뜻이다. 그러나 이 용어가 그리스도에게 사용될 때는 훨씬 깊고 풍성한 의미가 담겨있다. 그리스도의 승천은 유일한 것이다. 에녹이 하늘로 바

로 올라간 것이나 엘리야가 불병거를 타고 하늘로 올라간 사건과 차원이 다르다. 특별한 장소에 특별한 목적을 위해 가신 것이다.

③ 승천하신 장소: 감람산 등성에서 제자들이 보는 앞에 구름 속으로 사라진 부활의 주님은 아버지께로 가셨다. 아버지 우편에 가셔서 좌정해 계신다.

2) 승천이 주는 교훈

A. 그리스도의 신적 속성

그리스도께서 하나님의 영광가운데 거하시는 하나님임을 나타낸다. 그의 승천의 목적 즉 하늘과 땅을 다스리시는 하나님의 통치하심에 동참하는 것이며, 이것은 그의 왕적 통치를 의미한다.

B. 그리스도의 왕적 직임

① 그리스도의 승리를 선언하는 것이다. 그는 천사들과 함께 하나님 보좌 우편에 좌정해 계신다(벧전 3:22). 그는 영광과 존귀로 관 쓰신 분이다(히 2:9). 지극히 높은 뛰어난 이름을 받으신 분이다(빌 2:9). 사로잡힌 자들을 사로잡아 끌고 간 분이다(엡 4:8). 즉 개선장군처럼 전쟁에서 승리하고 포로를 잡아 돌아오는 광경을 상징한다. 이것은 그가 항상 그를 믿는 성도들이 영적 전쟁에서 승리함을 보장하는 것이다(고후 2:14). 사로잡은 자는 구속함을 받은 성도들을 말하는 것이 아니라 마귀의 세력을 말한다. 인간 위에

군림하는 적대적인 권능의 사악한 세력이 다 파괴되었음을 말한다. 그 승리의 방법은 십자가였다(골 2:15).

② 주님을 섬기는 교회의 상태를 가리킨다.

하늘과 땅의 모든 권세를 지니신 그리스도의 다스림 안에서 성도들은 살며 기동하며 일하며 기도하며 믿으며 증거하며 섬기며 예배하며 순종하며 죽는 자가 된 것임을 말하는 것이다. 교회는 그를 떠나서는 존재할 수 없다. 이것은 초대교회 성도들이 핍박과 폭력적인 위협함 앞에서도 굴하지 않고 소망 중에 즐거워하며 고난을 이겨낸 세상이 감당치 못하는 자들이 된 원동력이었다. 혼란한 세상 가운데서 교회가 흔들리지 않고 평강을 지킬 수 있는 비결이 여기에 있다. 그리고 타락한 세상을 섬기는 효과적인 사역을 감당할 수 있는 모든 힘이 다 여기에 있다. 그리스도에게 속한 자들이요 그리스도의 다스림을 받는 하늘의 군대이기 때문이다. 그래서 성도들은 주님만을 경외하고 그의 공의하신 다스림 속에서 그에게 합당한 영광을 돌리며 그 분의 능력에 복종하는 자라야 한다.

③ 그의 영을 제자들과 세상에 보내시는 기회였다.

예수께서는 제자들과 함께 있는 것보다 하늘로 올라가심이 그들을 위해 더 좋다고 하셨다. 예수님이 떠나실 것을 처음으로 밝히셨을 때에 슬프지 않은 제자들은 아무도 없었다. 그러나 그의 떠나심이 무엇을 의미하는지 후에 알게 되자 그 어떤 두려움도 없이 그리스도의 제자로서 일평생을 살게 되었다. 즉 보혜사 성령께서 아버지와 아들로부터 오신 것이다. 그리스도의 승천이 없다면 성령의 오심은 불가능한 일이다. 교회의 머리이신 그리스도께서 그의 복된 영을 교회에 보내셔서 진리 안에 굳게 서게 하시고 진리이신 그리스도를 효과적으로 전파하게 하셨다. 사도행전 1:8이 성령 강림의 주 목적을 분명하게 설명한다. 즉 그리스도의 증인이 되게 하심이다. 교회는 세상에 그리스도가 구주임과 왕이심을 알리는 유일한 기관이다. 교회를 통해서 세상에 구원이 선포되는 것이다.

승천하신 그리스도는 이 교회를 위하여 선물을 주셨다. 성령 하나님께서 그리스도의 십자가 복음 진리를 증거하시기 위해 즐겨 사용하시는 선물이다. 그 선물은 에베소서 4:11에 있는대로 사도와 선지자, 복음 전하는 자, 목사 및 교사들을 말한다. 어떤 직임이든 그리스도를 전파하는 증인으로서 주님의 양무리들을 먹이고 치며 돌보아 그리스도의 장성한 분량에 이르기까지 자라게 한다. 즉 그리스도 예수 안에서 온전한 자로 세운다. 그리스도의 승천이 교회의 사명을 더욱 견고히 확정지었다.

④ 그의 승천은 그리스도의 대제사장직 수행을 위해 하나님 아버지가 계신 지성소로 가신 것이다.

그리스도는 승천하셨을 때 그의 인성을 하나님께로 가져가셨다. 그리하여 그곳에서 그리스도는 우리와 하나임을 드러내시며 인간의 수많은 고난과 아픔을 친히 체휼하신 분으로서 교회에 필요한 모든 은혜를 능히 공급해 주신다(히 4:14-16). 또한 이 사역은 성도들을 위해 중보사역을 하는 것이다(롬 8:34, 히 7:25). 그는 하늘에 계신 우리의 대변자, 혹은 옹호자이시다(요일 2:1). 존 칼

빈은 그의 승천하심에 대하여 이렇게 말했다:

'예수님이 하늘로 올리워지셔서 우리의 시야에서 그의 모습을 감추신 것은 아직 이 땅에서 순례길을 가는 그의 제자들과 함께 하시기를 그만 두시려함이 아니라 하늘과 땅에서 그의 능력으로 더욱 직접적으로 다스리시기 위함이다'(기독교 강요 II, 1:448).

⑤ 그의 승천은 영광 중에 다스릴 그리스도의 통치를 확실하게 보증하는 것이다.

예수님께서 왕 중의 왕으로서 가지시는 대관식을 위해 승천하시고 하나님 보좌 우편에 앉으셨다. 하나님 우편은 권세의 자리이다. 이 자리에서 그의 나라를 다스리시고 관리하시고 심판하시는 것이다.

그의 통치권은 교회와 국가를 초월하여 온 세상에 미치는 것이다. 예수님의 권위는 교회와 국가에 다 미치는 것이다. 그리스도는 그의 발아래 그의 원수들을 무릎 꿇게 하기까지 다스리시는 영원한 왕이시다(고전 15:25). 이것은 천하를 공의로 심판 하실 날이 있음을 말한다(행 17:31). 즉 그의 재림을 보증한다. 그래서 천사들이 하늘로 올리우심을 간 모습 그대로 다시 올 것을 분명하게 선언한 것이다. 그 때가 되면 온 천하의 통치자들에게 책임을 물으실 것이며 만왕의 왕으로서 만주의 주로서 그들을 심판하실 것이다.

7장

중보자 예수 그리스도와 그의 삼중직

7장

중보자 예수 그리스도와 그의 삼중직
The Mediator, Jesus Christ and His threefold office

1. 중보자 예수 그리스도

'하나님께서는 그의 영원하신 계획에 따라 그의 독생자 주 예수를 하나님과 사람 사이에 중보자, 선지자, 제사장, 왕 또 그의 교회의 머리와 구주, 만유의 후사 및 세계의 심판주로 택하시고 임명하시기를 기뻐하셨다. 그에게 하나님은 영원부터 한 백성을 그의 씨로 주시고 때가 이르러 그로 말미암아 구속함을 받고 의롭다함을 받으며 성화되고 영화롭게 되도록 하셨다'(WCF 8장 1항).

하나님께서는 타락한 인류가운데서 일정한 수효의 사람들을 그리스도의 구속행위에 의해서 구원하시기로 영원 전부터 주권적으로 정하셨다. 죄인들을 구원하시기를 기뻐하신 하나님은 성자 예수 그리스도와 언약을 맺어 죄인들의 구원을 위하여 이 세상에 내보내셨다. 하나님은 예수를 하나님과 사람 사이의 중보자로 세우시고 그로 인하여 그에게 속한 모든 백성들이 하나님의 자녀가 되어 영원한 생명을 누리게 되는 것이다. 따라서 웨스트민스터 신앙고백서 8장은 이 중보자 예수 그리스도를 자세하게 소개하고 있다. 그가 중보자로서 하는 직임을 위하여 선지자직과 제사장직 및 왕직을 가지고 오셨으며 그는 교회의 머리가 되고 구주이시며 만물의 상속자와 심판주이심을 선언하고 있는 것이다.

중보(仲保, Mediator)라는 원어는 중재인을 의미하는 것으로서 서로 싸우고 있는 사람들 사이에 개입해서 화해시키는 사람을 말한다. 그 자격은 서로에게 이해관계가 없는 사람이거나, 혹은 싸움 당사자들의 심부름꾼을 보내서 화해의 제안을 하기도 한다. 그러나 성경은 그런 의미보다 더 심오한 의미를 담긴 중보라는 말을 그리스도에게 사용한다. 즉 그리스도는 하나님과 원수 된 인간 사이의 다리 역할을 하셔서 단순히 화해를 추진하는 것만이 아니라 그 모든 일에 전권을 받은 분으로서 효과적으로 평화를 수립하며 평화를 이루기 위해서 그가 할 수 있는 모든 일을 다 하시는 분으로서의 중보자이시다(딤전 2:5, 벧전 1:19-20).

이 위대한 목표를 달성하기 위해서 예수 그리스도께서 하신 필요한 일은 먼저 하나님에게 관계된 일을 해야 하며 그리고 사람들에 관계된 일도 해야 했다.

하나님과 원수 된 죄인들과의 화목을 위해서는 먼저 중보자가 죄책을 대신 담당함으로써 하나님의 죄에 대한 공정한 진노를 달래며, 우리를 위해서 대신 기도하시며, 우리의 인격과 섬김이 실질적으로 하나님께 용납되게 하는 일을 하는 것이다.

그리고 사람들과의 관계에서 절대적으로 필요한 것은 중보자가 그들에게 하나님에 대해서 하나님과의 관계에 대해서 또 용납될 만한 섬김이 되도록 만들 진리를 제시하며 사람들로 하여금 그 진리를 받아 순종하도록 깨달음을 주며 그들을 지도하고 보존하며 외부로부터 받는 모든 영향을 제어하여서 악한 세상의 힘과 죄에서 그들을 완전히 구출하는 것이다.

앞에서 지적한 바와 같이 중보자라는 말은 중간에 서는 사람을 말하는데 특히 다툼 가운데 있는 두 사람, 혹은 그 이상의 관계에 놓여 있는 사람들이나 집단 사이에 서서 그들을 서로 화해시키는 중재자를 말한다. 그리스도가 중재자라 함은 성경 본문에서도 언급하고 있듯이 하나님과 사람 사이에 중보자가 예수 그리스도뿐이라는 사실이다(딤전 2:5-6). 즉 원수된 인간과 창조주이시요 거룩하신 하나님과 화해케 되는 일을 위한 직임을 맡은 분이 중보자이신 예수 그리스도라는 말이다. 이것은 그리스도가 없이는 하나님과 화해는 있을 수 없다는 것을 선언하는 말씀이기도 하다. 요즘 유행하는 신학적 사고에서 그리스도를 제외하고도 얼마든지 하나님께 나아갈 수 있다는 이교도적 사상이 있으나 성경 어디에서도 그 근거를 찾을 수 없다. 명백한 진리는 예수 그리스도로 말미암지 않고는 누구도 하나님과 화목케 될 수 없다는 사실이다. 성도는 예수 안에 있는 자이며 예수는 하나님께로 나와서 성도인 우리에게 지혜와 의로움과 거룩함과 구속함이 되신 분이시다. 그러므로 그리스도 없는 구원과 화목은 존재하지 않는다.

왜 중보자가 필요한가?

인간이 죄인이기 때문이다. 인간은 하나님을 대적하는 존재요 하나님과 원수된 자요, 하나님을 반역하고 모독하며 하나님의 법에 순종하기를 거부하는 존재이다. 그 결과 인간은 본질상 진노의 자식이 된 것이다. 하나님의 진노를 피할 길이 없는 비극적인 인간이 살 수 있는 방편은 하나님과 화목하게 되는 것이다. 그런데 누가 어떻게 이 일을 하실 수 있는가? 그것은 하나님과 인간 사이의 중보자이신 예수 그리스도로 말미암은 일이다. 사실 인간 편에서 누구도 하나님께 중보자를 보내달라고 한다든지, 구원해 달라고 죄 용서를 구한 것이 아니었다. 일방적으로 하나님의 무궁하신 자비와 사랑의 뜻으로 인하여 독생자 예수 그리스도를 중보자로서 이 세상에 보내신 것이다. 그래서 누구든지 예수로 말미암지 않고는 아버지께로 올 자가 없게 된 것이다(요 14:6). 이 일은 신앙고백서에서 지적하고 있듯이 하나님께서 독생자 예수 그리스도를 중보자로 임명하시고 보내기를 기뻐하신 일이다. 누군가의 강요에 의해서 억지로 하신 일이 아니다. 사실 창조주 하나님을 누가 강요한다고 원수된 인간에게 다가가실 수 있겠는가? 그것은 오로지 죄인을 구원하시려는 하나님의 놀라운 사랑 때문에 그의 기뻐하신 뜻을 따라 행하신 일이다.

2. 그리스도의 삼중직

그리스도께서 그 중보의 일을 수행함에 있어서 어떻게 처신하셨는가?

　이와 같은 일을 위해서 하나님은 아들 예수 그리스도에게 삼중직임 (선지자, 제사장, 왕)을 허락하셨다. 즉 이것은 그리스도가 하나님의 아들임을 드러내는 것이며 동시에 죄인들의 구주이심을 분명하게 선언하는 그리스도께서 감당하셔야 할 역할들이었다. 그는 선지자직, 제사장직, 왕직을 가지시고 행하신다. 마치 전쟁터에서 왕의 명령을 받아 적진에 사신으로 가 왕의 친서를 전달하여 양국간의 화해를 조성하는 일을 하는 것과 같이 그리스도께서 성부 하나님의 명을 받아 죄인들에게 오신 것이다. 이것은 매우 위험한 일이었다. 사실 자기 목숨을 내놓아야 가능한 일이었다. 그런데 주님은 죽기까지 복종하시어 그 일을 이루신 것이다. 그는 선지자로서 만 왕의 왕이신 하나님 아버지의 뜻을 죄인들에게 전달하였으며 뿐만 아니라 자신을 희생제물로 드림으로써 죄인들의 구원을 완성하신 것이다. 하나님과 자기 백성 사이의 갈라놓은 죄를 없이 하고 하나님이 자기 백성들과 함께 거하실 수 있는 자리를 마련한 것이다. 그런 의미에서 예수는 하나님과 자기 백성 사이의 막힌 담을 허무신 중보자요 구속주가 되시는 것이다.

　예수께서 중보자가 되시기 위하여 하신 일은 세 가지이다. 하나는 자신의 모든 영광과 존귀를 내려놓아야 했다. 하나님과 동등됨을 취할 것으로 여기지 아니하신 것이다. 그리고 도리어 자기를 비어 종의 형체를 취하시고 사람의 모양으로 이 세상에 오신 것이다. 그것만이 아니라 자신의 생명을 죄인들을 위한 대속물로 내어놓아야 했다. 이것이야말로 주 예수 그리스도에게 엄청난 사건이었다. 단지 인간의 몸을 입고 오신 것만 아니다. 그는 사람들에게 싫어버린바 되셔야 했고 갖은 간고를 당하셨으며 채찍질과 못 박힘과 창에 찔림을 받아 결국 십자가에 달려 죽게 되신 것이다. 이것이 중보자가 가야할 일이었다. 이것 때문에 하나님과 사람 사이에 중보자가 하나라고 말하는 것이다. 만일 이 일을 감당할 수 있는 자가 예수 말고 또 있다고 한다면 우리는 그 분도 우리의 구주로 섬겨야 할 것이다. 그러나 천하 인간에게 구원 얻을 만한 다른 이름을 예수의 이름 외에 주신 적이 없기 때문에 다른 중보자도 없다.

사실 인간 누구도 그리스도의 자리를 차지할 수 없다. 오로지 주님만이 하실 수 있는 일이었다. 화해를 만족시킬만한 것이 인간 편에서는 하나도 없기 때문에 사랑이 많으신 성부 하나님께서 친히 그 길을 준비하시기를 기뻐하신 것이다. 나는 이 사실에 큰 감동을 받는다. 세상 신들은 사람들에게서 무엇인가를 받기를 기뻐한다. 그들은 사실 주는 것은 하나도 없지만 사람들에게서 취하는 것은 많다. 그러나 기독교의 하나님은 모든 것을 주신다. 그의 생명까지도 주신 것이다. 그의 독생자를 내어주신 하나님이 우리에게 모든 것을 아낌없이 주시는 것이다. "자기 아들을 아끼지 아니하시고 우리 모든 사람을 위하여 내어 주신 이가 어찌 그 아들과 함께 모든 것을 우리에게 은사로 주지 아니하겠느뇨?"(롬 8:32) 이런 하나님을 어디서 만나겠는가?

사랑은 주는 것이다. 내게 있는 모든 것을 주는 것이다. 그렇다면 사랑이신 하나님이 우리에게 자기 아들까지도 아끼지 않고 주셨는데 무엇을 주저하시겠는가? 그 아들과 함께 모든 것을 우리에게 선물로 주시는 것이다. 그래서 무엇이든지 아들의 이름으로 구하면 다 받게 되는 것이다. "너희가 내 안에 거하고 내 말이 너희 안에 거하면 무엇이든지 원하는대로 구하라 그리하면 이루리라"(요 15:7). 왜 원하는 대로 구하면 받게 되는가? 아버지께서 아들을 통하여 영광을 받으시기 때문이다. "너희가 내 이름으로 무엇을 구하든지 내가 시행하리니 이는 아버지로 하여금 아들을 인하여 영광을 얻으시게 하려 함이라"(요 14:13).

아들을 사랑하시는 하나님은 그 아들의 이름으로 나아오는 자를 결코 외면하지 않으신다. 세상의 고관대작의 이름으로, 세상의 성자들의 이름으로, 세상의 신들의 이름으로 나아온들 누구도 하나님께 설 수 없다. 심지어 앞서간 모든 선지자의 이름으로도, 천사들의 이름으로도 그리고 하나님의 집에서 사환으로 충성한 모세의 이름으로도 결코 나올 수 없는 일이다. 예수 외에 다른 이름으로 나오면 단 일초도 허용되지 않고 음부 깊은 곳으로 쫓겨 갈 것이다. 그러나 그리스도의 이름으로 나아오면 아버지 앞에서 그리스도와 더불어 영원히 거하는 복을 얻게 될 것이다.

선지자로서 그리스도는 가장 뛰어난 선지자였다. 그는 예언의 대상이기도 하였고 주체이기도 하셨다. 그의 위격과 사역은 구약의 핵심이었다. 그러나 그 분 자신이 선지자로서 자신의 예언자적 말씀 속에서 하나님의 나라와 다가올 하나님의 나라에서의 자신의 역할이 중심 주제로 선포되었다. 선지자의 주된 역할은 하나님 말씀 선포였다. 그는 하나님의 말씀을 선포하셨을 뿐 아니라 그 자신이 하나님 말씀 자체였다. 예수님은 말씀이 육신이 되신 최고의 선지자였다.

구약의 선지자는 하나님과 이스라엘 백성 사이의 중재 역할을 감당하였다. 그는 하나님을 대신하여 하나님의 백성에게 하나님의 말씀을 전달하는 자였다. 그리고 제사장은 백성들을 대신하여 하나님께 이야기했다. 이 점에 있어서 죄인들의 형편과 처지를 자신의 피로 값주고 사신 그리스도는 죄인들의 입장에서 하나님께 아뢰는 중재자였다. 구약의 제사장은 정기적으로 제물을 드렸지만 예수 그리스도는 단번에 영원히 유효한 제물로서 자기 지신을 드려 공의하신 하나님을 만족시켜드렸다. 그는 다윗의 자손인 동시에 다윗의 주이시다. 그는 제사장일 뿐 아니라 왕이시다(사 9:6-7, 눅 1:32-33). 죽임을 당하신 어린 양이시며 또한 유다의 사자이시다. 구약에서는 각각의 사람들에게 이 세 가지 직임이 나눠져 있었지만 신약에서는 이 세 가지 직임이 다 예수 그리스도 한 분에게 집중되어 나타났다. 따라서 그리스도의 사역을 온전히 이해하기 위해서는 그의 삼중직을 바로 이해해야 하는 것이다. 그는 만왕의 왕이시며 만 주의 주이시다.

뿐만 아니라 예수 그리스도는 하나님의 백성들의 몸인 교회의 머리요 하늘과 땅의 권세를 지니신 만유의 후사이며 마지막 날에 의인과 악인을 심판하실 심판주이시다. 교회의 머리이시기에 그의 지체인 성도들이 생명을 얻으며 만유의 후사이기에 만유에 대한 권한이 있고 심판주이기에 자기 백성에게 영생의 부활을 주실 수 있는 것이다. 이것 때문에 성도는 그로 말미암아 의롭다 함을 받으며 거룩하게 되고 영화롭게 되는 것이다. 그의 중보 사역이 없이는 아무것도 보장되지 않는다.

신앙고백서 8장 5항은 이렇게 설명한다: '주 예수는 그의 완전한 순종과 영원하신 성령을 통하여 단번에 드리신 자기 희생제사에 의하여 그의 아버지의 공의를 충분히 만족시키시고 화목만이 아니라 하늘나라에서 얻을 영원한 기업까지도 그가 값주고 사셨다.'

그의 구속적 중보 사역이 여기서 그치지 않는다. 그는 자기 백성들에게 동일하게 유효적으로 자신의 구속을 적용하시며 자기 백성들을 위하여 중보기도를 하신다(요일 2:1, 롬 8:34).

신앙고백서 8항은 이에 대해서 자세히 설명하고 있다: '그리스도께서는 값을 치루고 구속하신 모든 사람들에게 바로 그 구속을 확실하고도 효과있게 적용하시고 전달해 주신다. 그들을 위하여 중보기도하시고 말씀으로 그리고 말씀을 통해서 그들에게 구원의 비밀들을 계시하신다. 그의 성령에 의하여 효과적으로 그들을 설복하여 믿고 순종케 하며 그들의 심령을 그의 말씀과 성령으로 주관하신다. 그리고 그들의 모든 원수들을 그의 전능하신 능력과 지혜로 물리치시되 그의 기이하고 측량할 수 없는 섭리에 가장 부합되는 방법으로 하신다.'

우리의 중보자요 구속자이신 예수 그리스도는 하나님의 택함을 받은 자들을 자기의 피로 값 주고 사시어 죄 용서를 받고 거룩하게 하며 그의 말씀과 성령으로 자기 백성을 인치시고 또한 설복하여 그를 믿고 순종케 함으로 구원을 효과적으로 적용하고 전달하시는 것이다. 이처럼 중보자이신 예수 그리스도의 사역은 성도들의 구원과 영화를 위해 없어서는 안되는 복음의 핵심이다.

개혁교회는
무 엇 을
믿 는 가 ?

8장

예수님의 호칭들

8장

예수님의 호칭들
The Names of Jesus Christ

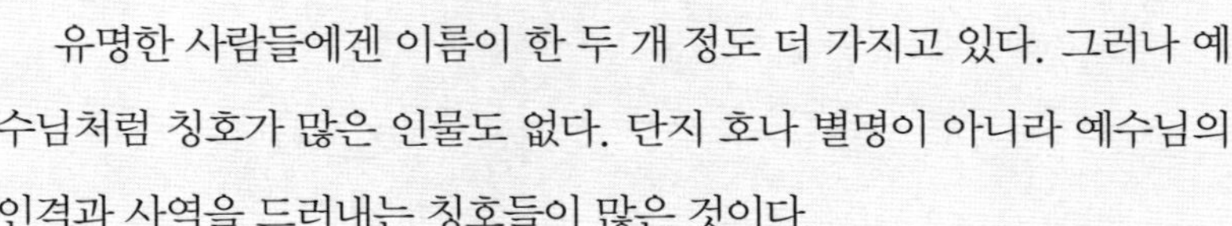

유명한 사람들에겐 이름이 한 두 개 정도 더 가지고 있다. 그러나 예수님처럼 칭호가 많은 인물도 없다. 단지 호나 별명이 아니라 예수님의 인격과 사역을 드러내는 칭호들이 많은 것이다.

우선 그리스도, 주, 인자, 구세주, 다윗의 자손, 대제사장, 하나님의 아들, 알파와 오메가, 주인, 선생, 의, 선지자, 샤론의 장미, 골짜기의 백합화, 대언자, 유다의 사자, 하나님의 어린양, 둘째 아담 등이다.

각각의 이름들마다 예수님이 어떤 분인지 무슨 일을 하시는 분인지를 설명해 주는 명칭들이다. 그 중에 가장 중요한 호칭들 몇 가지만 살펴보려고 한다.

1. 그리스도

우리는 예수님을 부를 때 그리스도라는 칭호를 같이 붙여 사용한다. 그래서 잘 알지 못하는 사람들은 예수님의 성이 그리스도가 아닌가 하는 오해도 한다. 이름을 쓰는 방식이 우리나라와 서양이 달라서 약간의 혼동이 생긴다. 내 이름도 서양식으로 표현을 해서 성이 나중에 오고 이름이 앞에 오도록 쓰면 한국문화를 아는 분들은 거꾸로 내 이름의 첫 자인 창이 성인줄 알고 끝 자인 '서'가 이름인줄 아는 분들이 있다. 어쨋든 예수님의 이름 뒤에 따라오는 '그리스도'는 성이 아니라 그 분의 신분에 해당되는 메시아로서의 사역을 의미하는 말이다. 즉 '기름 부음을 받은 자'라는 뜻을 지닌 호칭이다. 이 단어가 헬라어로는 '크리스토스'라는 말이요 히브리어로는 메시아라는 말이 된다.

이 단어에서 예수님이 메시아로서 행하시는 자신의 사역을 설명할 수 있다. 물론 구약에서 유대인들은 메시아에 대한 한 가지 개념만 가지고 있는 것이 아니기 때문에 유일하게 성령의 기름 부으심을 받으신 약속된 메시아의 개념만으로 말하기 어려운 것이다. 예수님 당시 유대인들이 이해한 메시아 개념은 왕이 되실 것이라는 것이었다. 실지로 구약에서 기름 부음을 받는 자는 세 가지 직임에 해당되었는데 첫째가 왕, 둘째가 선지자, 셋째가 제사장이었다. 따라서 로마의 지배를 받고 있는 유대인들에게는 그들을 로마인들의 압제에서 해방시켜줄 그들의 왕을 기대한 것이었다. 특별히 이스라엘의 가장 위대한 성군 다윗 왕의 자손으로 오시고 유다의 사자로서 몰락한 다윗의 왕국을 다시 세우실 왕으로 기대한 것이다. 그래서 예수께서 이 땅에 오셔서 많은 이적들을 행하였을 때 유대인들은 그들의 기대가 헛되지 않았다고 생각하고 로마인들을 몰아내고 다시 다윗의 왕국을 재건할 메시아 예수를 열심히 좇아다닌 것이었다. 그러나 메시아는 정치적 해방자를 의미한 것이 아니었다.

메시아는 하나님의 종이라고 불리기도 하였다. 이사야 선지자의 예언대로 참으로 고난받는 종이었다. 그 큰 능력으로 이스라엘의 원수인 로마인들을 몰아내고 해방시켜줄 메시아가 도리어 압제를 당하고 고난을 당하는 모습으로 등장하는 것은 도저히 용납하기 어려운 것이었다. 그리하여 이스라엘의 건국에 대한 대망이 물거품이 되어버린 것으로 확신한 그들은 예수를 더욱 죽이기 위해 몸부림쳤던 것이다. 실지로 그들의 눈에 정치적 해방자로서 메시아와 고난 받는 종으로서 메시아의 모습은 결코 조화가 되지 않는 것으로 보여진 것이다. 그러나 성경은 예수님을 분명 메시아로서 이 땅에 오신 그리스도임을 증거한다. 그렇다면 어찌하여 그를 그리스도, 즉 기름부음을 받은 자라 하는가? 동일한 질문에 대한 하이델베르크 요리문답 31문의 대답은 이러하다: '그 분은 성부 하나님으로부터 정하심을 받고 성령으로 기름부음을 받아 우리의 큰 선지자요 교사가 되사 우리의 구원에 관한 하나님의 은밀한 작정과 뜻을 충만히 계시하였기 때문이요, 또한 우리의 유일한 대제사장이 되사 그의 몸을 단번에 제물로 드리사 우리를 구속하셨고 우리를 위하여 아버지께 끊임없이 간구하시기 때문이요, 또한 우리의 영원한 왕이 되사 그의 말씀과 성령으로 우리를 다스리시고 우리를 위해 얻으신 구원을 누리도록 보호하시고 보존하시기 때문이다.'

이에 대해서 간단히 설명을 하자면 예수라는 이름은 구세주로서의 고유한 이름이요 그리스도는 그 이름에 첨가된 명칭이다. 그리스도라는 이름은 그의 직분의 세 가지 직임, 즉 선지자직, 제사장직, 왕직을 표현하는 말이다. 곧 선지자요 제사장이요 왕이신 예수님은 성령의 기름부음을 받은 자로서 그리스도라는 이름을 사용하는 것이다. 구약에서 기름 부음을 받은 세 가지 직임들은 기름 부음으로 말미암아 첫째는 직임에로의 구별된 부름을 받았다는 뜻이요, 둘째는 직임에 필요한 은사들이 주어질 것에 대한 약속을 의미하는 것이다. 셋째는 그 직임 수행에 필요한 모든 힘과 능력을 부으사 하나님께서 받으실 만한 일을 행하게 하시는 것이다.

따라서 기름 부음을 받은 자로서 예수님은 기름 부음을 받은 구약의 세 가지 직임을 수행함에 있어서 물질적인 기름 부음을 받은 자가 아니라 성령으로 기름 부음을 받은 자로 이해한다. "주 여호와의 영이 내게 내리셨으니 이는 여호와께서 내게 기름을 부으사"(사 61:1). 그리스도의 모형에 지나지 않는 선지자들이나 제사장들 및 왕들과는 달리 그는 참 선지자요 참 제사장이요 참 왕이심을 드러내는 칭호인 것이다. 그리스도 안에는 신성의 모든 충만이 육체로 거하시기 때문에(골 2:9) 오직 그만이 성령의 모든 은사들을 한량없이 받으셨다. 또한 구약 아래에서 기름 부음을 받은 자들 중에는 모든 은사들을 다 받은 자가 하나도 없었다. 그리고 그 은사들을 동일한 분량으로 받은 자들도 없었다. 그러나 그리스도는 가장 충만하고 가장 고귀한 의미에서 이 모든 은사들을 다 받으신 것이다. 그는 죄인들을 구원하시는 메시아로서 필요한 모든 은사와 능력을 다 가지신 완전한 인간이요 완전한 하나님이시다.

2. 주(퀴리오스)

종종 주란 단어가 단순하게 높은 사람, 대략 어르신 같은 사람에게 예의 바른 호칭으로 사용되었다(마 13:27, 21:30, 27:63, 요 4:11).

종종 이 단어는 종이나 노예들의 주인을 의미하기도 한다(마 6:24, 21:40). 그럼에도 불구하고 이 단어는 70인역에서 히브리어의 야웨, 주님 혹은 여호와의 번역어로 사용되었다. 퀴리오스 라는 단어는 이 70인역에서만 무려 6,814번이나 사용되었다고 한다. 따라서 신약 성경 당시에 헬라어를 말하는 어떤 독자라도 주님이란 단어가 창조주요 천지의 주재자요 전능하신 하나님의 이름이었다는 것을 쉽게 인식할 수 있다. 그 동일한 단어가 신약의 예수 그리스도에게 사용되었다(눅 2:11, 마 3:3). 이것이 예수님을 이해하는데 가장 중요한 호칭이다. 이러한 단어가 지금 우리에게는 아주 친근한 단어이지만 1세기의 어떤 유대인이 아기로 태어난 누군가를 그리스도로 말하는 것을 듣는다면 그것이 얼마나 놀라운 일인지 알아야 할 것이다. 그 아기가 곧 주님, 여호와 하나님 자신인 것이다. 이것 때문에 1세기 그리스도인들은 로마의 황제에게 충성을 맹세하는 의미로 가이사가 주이다! 라고 고백할 것을 요구받았을 때 명령에 불복종하여 순교를 당한 것이다. 왜냐하면 우리에게는 한 주 예수 그리스도만 있기 때문이다(고전 8:6). 그들은 항상 예수는 주님이시다!를 외쳤다.

이것은 로마인들의 관점에서 볼 때 상당히 급진적인 것만 아니라 유대인들에게도 충격적인 것이었다. 왜냐하면 유대인들에게는 오직 하나님 한 분만이 주님이라고 불렀기 때문이다. 그러나 이 칭호는 하나님 아버지께서 아들 예수께 부여하신 이름이다(빌 2:9). 이 이름에 대한 인식을 예수님은 그의 공생애 가운데서 한시도 잊은 적이 없다. 바리새인들이 시 110:1에 대하여 물으셨을 때 구약의 주권적인 주님과 자신을 동일시하였던 것이다. "주께서 내 주께 이르시되 내가 네 원수를 네 발 아래 둘 때까지 내 우편에 앉았으라 하셨도다"(마 22:44). 이 말의 뜻은 '성부 하나님께서 성자 하나님(다윗의 주)께 내 우편에 앉으라'고 말씀하셨다는 말이다.

이 예수는 우리의 주님이요 우리는 그의 것이다. 따라서 예수님을 주님으로 모시는 것은 주님 한 분 외에는 다른 주인이 없다는 것을 뜻하는 것이다. 이것을 시인하지 않는 자는 천국에 들어갈 수 없다. "누구든지 사람 앞에서 나를 시인하면 나도 하늘에 계신 내 아버지 앞에서 저를 시인할 것이요 누구든지 사람 앞에서 나를 부인하면 나도 하늘에 계신 내 아버지 앞에서 저를 부인하리라"(마 10:32-33). 로마서 10:9-10에서는 이렇게 말씀한다: "네가 만일 네 입으로 예수를 주로 시인하며 또 하나님께서 그를 죽은 자 가운데서 살리신 것을 네 마음에 믿으면 구원을 얻으리니 사람이 마음으로 믿어 의에 이르고 입으로 시인하여 구원에 이르느니라." 따라서 예수님이 나의 주님이라는 고백을 통하여 항상 주님의 이름을 드높이는 성도가 진정한 그리스도인이다.

3. 인자(人者)

이 칭호는 예수님에게 주어진 호칭 가운데 가장 흥미로운 것이요 또 가장 자주 오해되는 칭호이기도 하다. 예수님에게는 인성과 신성이 있다. 그래서 우리는 예수님을 완전한 인간이요 동시에 완전한 하나님으로 고백하는 것이다. 성경에서 예수님은 자신을 '인자'라는 말로 표현하였기 때문에 우리는 이것을 그의 인성으로 이해한다. 하나님의 아들은 신성으로 이해한다. 그러나 이것은 정확한 이해는 아니다. 인자라는 호칭이 인성의 요소를 포함하고 있는 것은 사실이지만 우선적으로 그 호칭은 예수님의 신성과 연관되어 있다. 그리고 하나님의 아들이라는 호칭은 신성과 관련되지만 그보다 우선 이 호칭은 아들로서의 예수님의 순종에 초점을 맞추고 있는 것이다.

이 호칭은 사용빈도는 세 번째에 해당되지만 예수님께서 자신을 일컬어 사용한 호칭의 빈도수로 보면 단연 으뜸이다(복음서에 84번 사용되었음). 아마도 예수님께서 이 칭호를 제일 좋아하신 것 같다. 이 호칭의 중요성은 일반적으로 구약에서 다니엘이 사용했다는 점이다(단 7:13). 여기에서 인자란 옛적부터 권세와 나라와 영광을 받은 우주의 심판자요 통치자 역할을 하는 하늘의 존재를 나타낸다. 이 구절은 분명 천상적인 기원을 가지고 전 세계를 영원히 다스리시는 어떤 분을 말하고 있다. 마태복음 26:64은 분명 다니엘 7:13-14을 염두에 둔 말씀이다. 예수님이 이 용어를 사용하신 것은 연약함이 있는 인성과 관련 있는 것이 아니라 분명하게 신적 권위를 선포하신 것이다. 예를 들면 인자가 죄사하는 권세가 있다고 하신 것이나(막 2:10) 인자가 안식일의 주인(막 2:28)이라고 선언하신 것이 그것이다. 따라서 천상의 영원한 아들로서의 예수님을 언급하는 인자로 이해해야 한다. 그는 아버지로부터 받은 생명을 주고 영원한 심판을 선언하고 만물을 다스리는 모든 권위를 가진 분이다.

4. 말씀

태초부터 계신 말씀이신 예수 그리스도(요 1:1-3) 그는 분명 하나님이시다. 주후 3세기 동안 로고스라는 호칭보다 더 집중적으로 철학적, 신학적 관심을 자아내는 용어는 없었다. 로고스는 초대교회 기독론 발전에 지대한 공헌을 하였다. 요한복음 선문에 등장하는 로고스는 하나님과 구분되기도 하며("하나님과 함께 계셨으니") 동시에 하나님과 동일시되기도 한다("이 말씀은 곧 하나님이시니라"). 이 역설은 삼위일체 교리를 발전시키는 중요한 역할을 감당하였다. 삼위 중 제 이 위에 해당되는 말씀이신 예수 그리스도는 그 위격에 있어서 아버지와는 다르지만 본질에 있어서는 아버지와 같은 분이다.

하나님은 말씀으로 천지를 창조하셨다. 그 말씀이 곧 예수 그리스도시오 하나님이시다. 로고스의 개념이 우주의 질서와 조화를 부여하는 능력으로 간주한 헬라철학과는 아주 그 차원이 다른 것이다. 성경의 로고스는 인격자라는 사실이다. 말씀이 사람이 되셔서 이 세상에서 사시고 죽으셨다. 예수님은 그의 영으로 자기 백성들과 함께 하시지만 동시에 그의 말씀으로도 우리 안에 거하신다(요 15:7). 그의 말씀으로 우리를 다스리신다.

로고스이신 예수님은 우주의 창조자이신 로고스이시며 우주의 배후에 계신 궁극적 실재이시며 계속하여 우주를 보존하시는 분이시다.

9장

성령 하나님은 누구신가?

9장

성령 하나님은 누구신가?

Of the Holy Spirit

성령 하나님을 생각할 때 성도들은 대개 능력이나 신유의 은사 쪽으로 많이 생각한다. 실지로 병고치는 은사나 예언 혹은 방언과 같은 신비적인 능력과 연관하여 생각하는 경향이 많다. 그러나 그것은 성령에 대한 단편적인 이해에 불과하다. 나타나는 현상을 통하여 성령이 어떤 분인지를 알고자 하는 것보다 성령에 대하여 성경이 무엇을 말씀하고 있는지를 살펴보아야 할 것이다.

무엇보다 성령은 삼위일체 하나님의 세 번째 위격에 속하는 하나님이라는 사실을 잊어서는 안된다. 그렇기 때문에 교회는 성부 성자 성령 하나님께 동일한 경배와 찬송과 존귀와 영광을 돌린다. 즉 성령 하나님도 성부 성자 하나님과 동일한 영광을 영원히 받으시는 분임을 잊어서는 안된다. 삼위 중에서 열등한 위격의 존재가 아니라 세 위격이 다 같은 신적 권위를 지닌 하나님임을 말한다. 이 성령 하나님에 대하여 성경의 교훈을 조명하도록 하자.

1. 구약의 가르침

구약에서 '영'에 해당하는 히브리어는 '루아크'(רוח) 로서 이 뜻은 바람, 혹은 호흡을 뜻한다(시 146:4, 겔 1:4). 그러나 여호와의 영은 항상 하나님의 인격적인 기관이며 이 세상에서 하나님의 행하심 속에 나타난 하나님을 지칭하는 말이다(창 2:7, 삿 11:29, 시 139:7). 구약에서 하나님이 말씀하신 것은 곧 성령께서 말씀하신 것으로 기록되어 있다. '여호와께서 말씀하시되'와 '하나님의 영이 가라사대'라는 표현은 상호 교환적으로 사용되고 있다. 이것은 신약에서도 마찬가지이다. 하나님의 자리에 성령님이 자리하는 것은 구약 시대나 신약시대의 성도들에게 하나도 이상한 것이 아니었다. 다만 구약에서는 성부 하나님의 역사하심이 성자나 성령 하나님의 역사하심 보다 더 부각되는 것은 사실이다. 그렇다고 성령 하나님이 계시지 않았다거나 성부 하나님보다 뒤떨어진 존재로 이해해서는 안된다. 창조 사역부터 삼위 하나님은 함께 일해 오셨다. 지금도 죄인을 구원하시는 일과 피조된 세상을 운영하심에 있어서 삼위 하나님은 동등한 위치와 능력으로 일하신다.

인간의 구원문제와 관련하여 구약은 새로운 시대를 기대하였는데 그 시대는 하나님의 영의 시대를 말하고 있다(사 11:2, 44:3, 겔 36:27 이하, 요엘 2:28 이하).

2. 신약의 가르침

헬라어로 '영'은 '페뉴마'(πνευμα)이다. 이 단어 역시 바람 혹은 호흡
이라는 뜻이다(요 3:8, 계 11:11). 신약에서 성령은 메시아의 도래와 더불
어 분명하게 드러나고 있고 특히 그리스도의 탄생과 더불어 나타난 사
건들 속에 두드러지게 나타난다(마 1:18, 눅 1:35, 41, 67f, 2:27f). 예수님의
세례 받으심에는 비둘기 같은 모양으로 나타났다(마 3:16). 이것은 그
의 사역과 깊은 연관이 있는 것이다(마 4:1, 12:28, 눅 4:14,18, 히 9:14). 예수
님은 제자들에게 고별 설교하면서 보혜사 성령에 대하여 언급하셨다
(요 14:16,26, 15:26, 16:7) 우리 말에 보혜사로 번역된 헬라어 파라클레테
(παρακλητη)는 기본적으로 어떤 사람의 사건을 취하여 옹호하는 자를 뜻
한다. 또는 그 편에 서서 함께 싸우는 동지 개념이 있다. 힘을 복돋아
주고 용기를 주는 이를 말하는 것이다. 예수 그리스도의 죽으심과 부활
하심으로 새로운 시대가 열리게 되었는데 이 때 예수님은 성령의 부어
주심에 대하여 약속하셨다(행 1:5). 교회를 창립하고 세상을 향한 선교
사역을 감당하는 힘을 부여해 주시는 성령을 약속한 것이다. 메시아의
첫 오심과 장차 다시 오심 그 사이에 사는 성도들의 삶은 이 성령 하나
님 안에서 사는 삶이다(행 2:2, 롬 5:5, 8:1-17, 고전 12-14장, 갈 5:16-26).

이 성령은 앞에서도 지적한 것처럼 인격자이다. 성령은 사물이 아
니다. 비인격적인 힘이나 파워가 아니라 신이신 인격자이다. 물론 헬라
어의 영은 중성명사이지만 신약성경에서 성령을 가리켜 항상 '그'라는
인칭 대명사를 사용하고 있지 '그것'이라는 사물을 지칭한 적이 없다(요

16:13). 더구나 보혜사라는 말인 파라클라테는 인격적인 존재를 말한다. 즉 인격적 대행자를 말하는 것이다(요 14:16, 요일 2:1). 요한복음 14:15에서 예수님은 성령을 다른 보혜사로 언급하셨다. 만일 인격자가 아니라면 예수님의 이 말씀을 이해할 수 없다. 사도 바울은 성령 하나님의 탄식하심에 대하여 언급하고 있는데(롬 8:26, 엡 4:30) 인격자가 아니면 불가능한 일이다. 이처럼 성령은 비인격적 사물이나 혹은 영향력이 아니라 진실로 확실한 인격자이기 때문에 우리는 성령 하나님과 인격적 관계를 맺을 수 있는 것이다. 그 내용을 가장 확실하게 확증하는 문구가 축도할 때 쓰는 고린도후서 13:13이다. "주 예수 그리스도의 은혜와 하나님의 사랑과 성령의 교통하심이 너희 무리와 함께 있을지어다." 누군가와 교제하기 위해서는 인격적인 관계를 맺어야 한다. 그런 의미에서 성령을 근심케 하는 것이나 성령을 대적하는 일이나 훼방하는 죄를 범하지 말아야 한다. 성도가 성령을 근심케 할 때 성령은 슬퍼하신다. 슬퍼하는 일은 인격적 존재만이 할 수 있다.

성령이 인격적인 존재이기 때문에 성도는 그에게 기도할 수 있다. 우리의 기도에 있어서 성령께서 하시는 일은 로마서 8장에서 충분히 살펴 볼 수 있듯이 우리의 연약함을 도우셔서 하나님이 받으실만한 기도를 드리도록 하신다. 예수님이 대제사장으로서 우리를 중재하시는 것처럼 성령 하나님께서도 기도 중에 우리를 위해 중재하신다. 어떻게 그것이 가능한가? 성령이 하나님이시기 때문이다. 성령의 전지성을 말하고 있는 고린도전서 2:10-11을 보라. "오직 하나님이 성령으로 이것을 우리에게 보이셨으니 성령은 모든 것 곧 하나님의 깊은 것이라도 통달하시느니라 사람의 사정을 사람의 속에 있는 영 외에는 누가 알리요 이와 같이 하나님의 사정도 하나님의 영 외에는 아무도 알지 못하느니라." 더구나 이 성령께서는 성부 하나님과 마찬가지로 무소부재하신 하나님이기 때문에 언제 어디서든지 기도할 수 있는 것이다. 다윗은 시편 139편에서 이렇게 고백하고 있다: "내가 주의 신을 떠나 어디로 가며 주의 앞에서 어디로 피하리이까? 내가 하늘에 올라갈지라도 거기 계시며 음부에 내 자리를 펼지라도 거기 계시니이다"(7-8절).

이 성령은 인격자만이 수행하는 일을 하신다. 즉 택한자들을 위로하시고 인도하시고 지키시고 가르치신다. 이러한 활동을 하기 위해서는 지성과 의지와 감성과 힘이 있어야 한다. 성령은 살피시고 선택하시고 계시하시고 위로하시고 깨닫게 하시고 권고하신다. 인격자만이 할 수 있는 일이다. 따라서 성도는 단지 이러한 존재가 있다는 것을 인정하는 것이 되어서는 아니된다. 제 삼 위이신 성령 하나님께 순종하고 성령을 사랑하고 섬겨야 할 책임이 있는 것이다. 왜냐하면 성령님은 곧 하나님이기 때문이다. 우리의 예배와 순종과 찬양과 사랑의 대상이시다.

성령은 여호와의 영 혹은 주님의 영이라고 한다(삿 3:10, 고후 3:17). 성경에서 종종 그를 가리켜 창조 사역에 있어서 나타나신 하나님으로, 구속 사역에 나타나신 하나님으로 말씀하고 있다. 성령께 짓는 죄는 그 어떤 죄보다 커서 사함을 얻기 어렵다고 예수님은 말씀하셨다(마 12:28-32). 만일 그가 하나님이 아니라면 그러한 일이 어떻게 일어날 수 있겠는가?

3. 성령의 사역

이미 앞에서 공부한 것처럼 성령께서는 태초에 하나님이 하신 천지 창조의 사역이나 주님의 백성들에게 하나님을 아는 지식을 깨닫게 하거나 새 생명을 얻게 하시는 놀라운 사역을 감당하고 계신 신적 존재이다. 이 성령 하나님의 사역 중에서 성도들의 신앙생활과 관련된 사역 그리고 영적 성숙과 관련된 성령의 사역을 살펴보고자 한다.

1) 성령의 내적 증거와 조명하심

증인은 법정에서 매우 중요한 역할을 차지한다. 증인의 증언여하에 따라 죄인이 무죄가 되기도 하고 무죄가 유죄로 성립할 수 있다. 그러니 증인이 누구냐가 정말 중요하다. 정신이상자의 증언을 채택할 판사나 변호사는 없다. 증인의 신분이 의심스러운 사람도 결정적인 역할을 할 수 없다. 증거가 믿을만한 것이 되기 위해서는 증인 역시 믿을만한 존재여야 하는 것이다. 그렇기 때문에 하나님께서 증인으로 채택하시는 분도 믿을만한 분이 아닌 분을 사용하시지 않는다. 더구나 거짓을 말하실 수 없는 하나님께서 의심스러운 분을 증인으로 내세운다는 것은 말이 되지 않는 것이다. 그러므로 하나님의 증거는 전적으로 의심할 이유가 없다. 그분이 채택한 증거는 무오한 것이라고 말할 수 있다. 그것은 최고의 성품과 최고의 지식과 최고의 권위로부터 비롯된 것이기 때문이다. 그런 의미에서 하나님이 증인으로 혹은 보증으로 택하신 성령은 의심할 수 없는 존재인 것이다.

성도에게 있어서 가장 날마다 경험하는 성령의 내적 증거사역은 우리가 무엇보다도 하나님의 자녀임을 알게 하시고, 우리의 눈을 밝히어 주님을 아는 지식을 갖게 하고 그 지식 안에서 날마다 성장케 하는 은총에서 찾아진다.

성령의 내적 증거는 크게 두 가지 측면에서 이해된다. 하나는 성도의 신분이다. 하나님의 자녀임을 증거하고(롬 8:16), 영생을 유업으로 받을 자로(고후 5:5) 말한다. 다른 하나는 주님의 진리가 참 진리임을 알게 하고 그 진리 안에서 주님을 닮아가게 하는 것이다. 물론 성경 자체도 신빙성이 충분한 책이다. 그러나 칼빈은 주장하기를 '성경 그 자체가 가지는 신적 권위가 분명하고 합리적인 증거들이 있고 그 기원이 하나님으로부터 온 것임을 나타내는 충분한 증거들이 있지만 그 증거들이 성령의 내적 증거를 통해 우리 마음에 인쳐지기 전에는 우리를 완전하게 확신시키지 못한다'고 했다(기독교 강요, 1권 1장 71-72). 즉 증거와 확신은 다른 것이다. 증거가 분명하다고 해서 다 믿는 것이 아니다. 그러나 그것을 믿게 확신시키는 일은 성령의 내적 증거를 통해서 가능한 것이다. 성령은 우리가 들은 말씀의 진리들을 확실한 하나님의 진리로 믿게 하고 순응하게 하고 굴복하게 만든다. 이러한 성령의 역사하심이 없이는 누구도 하나님의 진리를 믿을 수 없고 순종하지 못한다.

성령께서는 우리에게 어떤 새로운 정보를 독창적으로 제공하여 알게 하는 것이 아니라 이미 있는 진리를 우리의 영에 작용케 하시어 반항해온 의지들을 꺾고 명백한 성경의 가르침에 굴복하게 하는 것이다. 성경의 말씀과 상관없는 주관적인 생각이나 신비적인 일들에 몰입하게 하는 것이 아니라 이미 계시된 진리의 말씀을 더 알게 하시고 그 말씀에 순복하게 하는 것이다. 그러므로 요한복음 14장 26절에서 주님은 성령의 이 사역을 정확하게 지적하여 주셨다. "보혜사 곧 아버지께서 내 이름으로 보내실 성령 그가 너희에게 모든 것을 가르치시고 내가 너희에게 말한 모든 것을 생각나게 하시리라." 또 "그러하나 진리의 성령이 오시면 그가 너희를 모든 진리 가운데로 인도하시리니 그가 자의로 말하지 않고 오직 듣는 것을 말하시며 장래 일을 너희에게 알게 하시리라"(요 16:13). 이처럼 성령 하나님은 이미 성자 예수께서 우리들에게 가르쳐주신 말씀을 증거하시는 분이다. 성령은 말씀과 함께 말씀을 통해서 우리에게 다가오시는 것이다. 성령은 말씀을 떠나서 혹은 말씀과 상관없이 우리에게 오지 않는다. 성령께서 우리가 하나님의 자녀임을 우리의 영과 더불어 확정지으시듯이 하나님의 계시의 말씀이 참 진리임을 우리의 영과 함께 확정지어주시는 것이다.

이같은 일을 하시는 성령의 사역을 우리는 성령의 조명하심이라고 말한다. 우리의 영으로 하여금 믿고 확신하도록 모든 것을 환히 비추어주는 것이다. 마치 어두운 방안을 전기불이 켜질 때 방안에 있는 모든 것이 다 밝히 드러나게 하듯이 성령의 조명하심이 그러하다. 물론 성경 자체도 빛이다. 그런 의미에서 주의 말씀은 "내 발의 등이요 내 길의 빛이니이다"(시 119:105)라고 고백하는 것이다. 그러나 우리가 성경을 읽는다고 해서 다 이해하는 것이 아니다. 국어단어를 많이 알고 있는 우리 말 달인이라고 해서 성경의 내용을 마치 문학책 한 권 읽고 줄거리 파악하듯 다 이해할 수 있는 것이 아니다. 이미 성경에 대하여 말씀한 것처럼 성경의 저자가 영적인 존재이신 거룩한 성령 하나님이기 때문에 죄성을 가진 인간의 지식으로 이해할 수 있는 것이 아니다. 인간은 죄로 인하여 타락한 본성을 지니고 있어서 우리의 어둔 성품을 제거하는 강력한 빛의 역사가 있지 않는 한 영적인 일들을 분별할 수 없는 것이다. 신령한 것은 신령한 것으로라야 분별이 가능하기 때문이다(고전 2:13).

따라서 성령께서 하시는 일은 성경 자체에 있는 빛에 빛을 더하사 이 계시의 말씀이 하나님의 진리로 받게 하고 그 신령한 뜻이 무엇인지 정확하게 이해하도록 도와주시는 것이다(고전 2:9-11). 누군가를 이해하려고 할 때 단지 그의 활동사항을 관찰함으로 다 알 수 있는 것이 아니다. 그 사람의 생각과 마음이 어떠한지는 그 사람만이 가장 잘 안다. 마찬가지로 하나님의 생각과 뜻을 가장 잘 아는 분은 인간 세계에서는 없다. 오직 하나님의 깊은 것이라도 통달하시는 성령님만이 가장 잘 아는 것이다. 이 말은 성령께서 지시를 받으시기 위하여 하나님의 마음을 조사하고 탐구하신다는 말이 아니다. 그는 정보를 구하기 위하여 사방을 뒤적거리는 일을 하시는 분이 아니다. 그는 밤중에 서치라이트의 강력한 빛을 발하지 않으면 결코 볼 수 없는 것들을 빛 가운데로 드러내신다.

그러나 이 조명하심은 계시와 혼동해서는 안된다. 계시는 하나님께서 어떤 진리를 들춰내는 것을 의미한다. 조명하심은 이미 발설하신 진리를 밝히 깨닫도록 역사하시는 성령의 사역인 것이다. 하나님으로부터 직접 계시를 받았다고 주장하는 자들이 있다. 마치 자신이 신령한 도사가 된 것처럼 말하나 성령의 조명하심은 참신한 계시나 새로운 정보를 제공하는 것이 아니다. 반드시 성경에 있는 내용을 밝히 깨닫게 하시는 일을 하는 것이다. 성령은 우리가 성경을 이해하고 성경의 진리를 깨닫게 하고 우리의 삶에 적용시키도록 도와주신다. 성령은 말씀을 떠나 독단적으로 역사하지 않는다. 그가 자의로 말하지 않고 오직 받은 것을 가지고 말씀하신다고 한 것이 그런 의미이다. 그렇기 때문에 성령의 가르침은 반드시 기록된 계시의 말씀에 위배되어 행동하지 않으신다. 고로 혹 여러분 중에 성령의 음성을 들은 것이 있다고 한다면 그것이 성경에 위배되는 것인지 아닌지 점검해야 하는 것이다. 우리의 경험을 가지고 성경을 재단하는 것이 아니라 성경 진리를 가지고 우리의 경험을 재단해야 한다. 성경에 근거하고 있지 않으면 제발 입을 다물어야 한다. 주관적인 생각과 경험을 객관적인 진리로 둔갑시켜서는 안되는 것이다.

2) 성령의 세례

오순절 교회의 영향으로 인하여 요즘 성도들은 대부분이 성령 세례를 받아야하는 줄로 알고 있다. 개혁교회에서는 중생할 때 이미 성령의 능력으로 이루어진 놀라운 은혜라고 강조하나 오순절 교회에서는 중생한 다음에 성령의 특별한 임재하심을 뜻하는 성령 세례를 강조한다. 그 증거로 방언을 들고 반드시 방언을 할 줄 알아야 참 성도라고 주장하기에 이르렀다. 그러나 이와 같은 주장들은 성경을 잘 이해하지 못하는데서 온 그릇된 사상이다. 성경에서는 성령 세례라는 명사는 없다. 단지 성령으로 세례를 주다는 동사가 결합되어 사용되는 성령으로 세례라는 말을 쓰는 것이다. 오순절 교회에서는 이것을 성령 세례라고 부른다. 중생은 성령이 신자에게 새 생명을 주셔서 죄 가운데 죽었던 자를 살리는 것을 말한다.

'성령으로 세례'는 하나님께서 그의 백성에게 사역을 맡기시기 위해 능력을 부어주시는 것이다. 특히 복음 전하는 능력과 교회를 섬기는 지혜와 힘을 공급해 주시는 일이다. 그러나 중생은 성령으로 세례를 받는 것으로 나타나기 때문에 단회적이다. 그에 비해 성령 충만은 반복적이다. 그렇기 때문에 지금까지 개혁교회에서 가르쳐 온 것은 중생할 때 성령의 능력을 부어주시는 것이었다. 이 능력은 신앙생활하면서 지속적으로 받아야 하는 성령 충만함을 말한다. 따라서 오순절 교회가 주장하듯 회심한 자가 이후에 두 번째 능력을 받는 특별한 무엇을 구하는 것은 필수적인 일이 아니다.

다만 우리는 항상 성령 충만함을 구해야 하는 것이다. 사도행전에서 사마리아 사람들(8장), 고넬료 집안사람들(10장), 에베소 사람들(19장)이 성령의 특별한 임재하심을 경험한 것은 성령으로 세례를 받음이 일반 성도들에게 두 번째 축복의 사건으로 강조하기 위함이 아니라 초기 그리스도인들 사이에 이방인들은 그리스도인이 될 수 없다는 생각이 지배적이었다. 그래서 예루살렘에서 그들이 오순절 날에 받은 성령을 이방인들도 동일하게 받은 것임을 확정케 하여 그들도 성도들과 동일한 시민으로 받도록 하나님께서 강권적으로 역사하신 것이었다(행 10:47). 그러한 특수한 상황을 보편적인 교리로 만들 수 있는 것이 아니다. 신약교회 모든 성도는 모두가 다 방언을 말한 것은 아니지만 성령을 선물로 받은 것만은 부정할 수 없다. 성령으로 말미암지 않고는 거듭날 수 없기 때문이다. 거듭난 사람들이 반복적으로 필요한 것은 성령 충만함이다. 이는 하나님을 대적하는 세상에서 복음의 증인인 그리스도인으로 살아가기 위한 성령 하나님의 능력인 것이다. 그렇기 때문에 오순절 성령의 부어주심이 있을 때에도 성령으로 세례를 받았다는 표현이 쓰이지 않고 성령으로 충만하였다고 기록하고 있는 것이다(행 2:4).

이처럼 오순절 교회가 주장하는 성령 세례가 반복적이 아니라 단회적인 중생과 연결될 수 있는 증거는 고린도전서 12:13이다. '다 한 성령으로 세례를 받아'에서 고린도 교회 성도들에게 성령 세례가 이미 발생한 것으로 표현되고 있다. 헬라어의 동사의 시제가 부정과거형으로 쓰여 있다(Aorist). 헬라어의 부정과거형은 동작의 단회성을 나타낼 때 쓰인다. 그렇다면 바울과 고린도 교회 성도들은 각자가 다 한번 성령으로 세례를 받았다는 말이다. 따라서 역사상 모든 그리스도인들도 단 한 번 성령으로 세례를 받을 뿐이다. 즉 중생할 때 주어지는 성령의 은혜인 것이다. 이 성령 세례의 목적이 분명히 이를 뒷받침한다. 고린도전서 12장에서는 분명 '한 몸이 되는 것'으로 말하고 있다. 성령으로 세례를 받지 않으면 그리스도의 몸과 한 몸이 될 수 없다. 즉 그리스도의 몸에 붙은 지체가 될 수 없는 것이다. 이 일은 인종과 신분과 시공간으로 달리하여 많은 지체가 성령으로 한 몸을 이루고 있는 것이다. 따라서 성령으로 말미암지 않고는 누구도 그리스도를 주라 시인할 수 없는 것이다(고전 12:3).

이에 비해 사도행전 1:8의 성령 부어주심에 대한 약속과 그 약속의 실현을 기록하고 있는 사도행전 2:4의 성령 충만함은 그 목적이 분명 다르다. 그것은 복음의 증인으로서 살아가는데 필요한 능력을 부어주심을 말하는 것이다. 그렇기 때문에 사도행전 2:4에서 성령 충만함을 받은 그리스도인들이 각각 다른 말로 하나님의 하신 큰 일들을 발언하고 있는 것이다. 여기서 방언은 사도행전 강해를 통해서도 증거했던 것처럼 헬라어의 글로사(γλωσσα)는 우리말에 '방언'으로 번역하고 있지만 사실은 사람이 늘 세상적인 말만 하다가 성령에 의하여 거듭난 후에 예수를 전하는 내용을 말하게 된다는 것을 말한다. 즉 혀가 육체적인 내용을 말하는 것을 그치고 이제는 영적인 내용을 말하는 것으로 변화된 모습을 나타내는 것이다.

모든 참된 그리스도인은 성령으로 세례를 받은 자이다. 그러나 그들이 성령의 인도하심을 따라 살지 않고 '사람을 따라' 살면(고전 3:3) 육신에 속한 자이다. 시기와 분쟁을 일으키는 잘못된 습성이 그리스도와 한 몸을 이루게 하는 성령의 소욕을 거스리게 되는 것이다. 그렇기 때문에 성령 충만함을 받아야 하는 것이다. 고로 성령으로 세례를 받게 되면 나타나는 열매가 두 가지 측면에서 드러난다. 하나는 복음 증거이다. 성령이 임하시게 되면 그리스도를 전파하는 증인이 된다. 그것도 땅 끝까지 이르러 증인이 되는 것이다(행 1:8). 더구나 '지극히 높으신 이의 능력(성령)이' 마리아를 덮으시니 그에게서 난 자가 '하나님의 아들'이었다(눅 1:35). 그리스도를 증거하는 성령이시다. 그리스도를 증거하는 말이 확산되고 발이 확장되어진다. 이 복음 전파는 성령으로 거듭난 심령에게 즉각적으로 나타나는 것이다. 오랫동안 그리스도인으로 양육이 된 후에 전도자가 된다는 것이 아니다. 그리스도인이 되자 마자 복음 전파 사역에 기꺼이 종사한다. 그리스도를 전하지 않는 것은 성령충만함이 아니다.

또 하나는 성령께서 우리를 항상 그리스도께 집중하게 만든다. 그리스도와 연합하여 한 몸이 되었기 때문에 그리스도인들은 다 교회의 머리이신 그리스도에게만 집중한다. 그리스도와 긴밀한 교제를 그 무엇보다 선호한다. 그리고 그리스도를 중심으로 온 지체들과 관계를 중요시한다. 상호간에 깊은 교제가 있다. 이것을 성령의 교제(빌 2:1)라고 말한다. 즉 그리스도인이 되면 즉각적으로 머리이신 그리스도와의 연합과 다른 지체들과 교제를 추구하게 된다. 성령으로 말미암아 거듭났다고 하는 사람이 복음을 전파하지 않는다면 그는 새 사람이 된 것이 아니다. 복음을 전파하고 그리스도와 밀접한 관계를 통해서 온 세상에 하나님의 살아계신 참 지혜와 능력이 어떤지를 드러내야 하는 것이다. 이 모든 일들을 주관하는 이가 성령 하나님이다.

동시에 그리스도를 사랑하게 되면 자연스럽게 그의 몸에 붙어 있는 지체들을 사랑하게 된다. 이것이 그리스도의 제자들의 모습이다. 그래서 성도 간의 분열과 시기와 다툼을 피하게 되고 도리어 하나 되기를 힘쓰는 것이다. 복음 전파와 연합은 항상 동시적인 사건이지 따로따로 구분되는 것이 아니다. 그리스도와의 연합과 성도의 교통은 복음 전파로 나아간다. 이것이 없을 땐 하나님께서 강제로 교회를 흩어버리는 것이다.

3) 성령의 충만함

성령으로 충만함은 주로 누가의 저작에서 많이 발견된다. 그리고 사도 바울이 에베소서 5:18에서 말씀하고 있는 교리적인 측면에서 성령 충만함을 말하고 있다. 그런데 놀라운 것은 사도 바울이 성령에 대하여 언급을 그렇게 많이 하고 있으면서도 유독 성령으로 충만함이라는 말은 단 한번만 사용한 점이다. 그리고 사도 바울이 사용한 이 표현은 신약성경에서도 아주 독특한 방식으로 사용된 것이라는 사실이다.

충만함에 해당되는 헬라어는 크게 세 가지이다.

하나는 πιμπλαναι로서 충만하게 하다는 의미이다. 이 단어는 신약에서 24번 사용되었는데 그 중에 성령으로 충만을 나타내기 위하여 8번 사용되었다. 이 단어가 독립적으로 사용될 때는 주로 시간이 다 된 것을 나타날 때이다. 그리고 소유격 수식어와 함께 사용될 때는 여태까지 그렇지 않았지만 이제 비로소 충만하게 되었음을 나타낸다. 따라서 성령으로 충만하다(πιμπλαναιτου πνευματος αγιου)는 바로 소유격 수식어 용법에 해당된다. 성령 충만함의 급작성에 그 초점이 있다. 사도 바울의 회심의 경우가 그러하다. 그리고 이것은 단회적이 아니고 반복적인 것으로도 사용된다(행 4:8, 31, 9:17, 13:9).

둘째는 πληρης로서 충만함이란 형용사 의미로 신약에서 총 16번 사용되었다. 그 중에 성령으로 충만함을 뜻하는 경우는 5번 사용되었다. 이것 역시 앞의 단어와 마찬가지로 독립적인 경우와 소유격 수식어 용법이 같이 병행되어 나타난다. 특히 수식어 용법으로 사용될 때 충만한 상태를 말하는 것만이 아니라 그 상태가 지속적인 것임을 나타낸다.

성령 충만함을 말할 때 바로 이러한 경우를 말한다. 이 용어가 사용되는 것을 다 살펴보면 성도의 영적인 상태가 항상 성령으로 충만해 있어야 함을 교훈하고 있다.

그리고 마지막으로 충만하게 하다는 동사 플레룬이 있다(πληρουν). 이 단어는 신약에서 총 85번 사용되었는데 성령으로 충만함을 나타내는 경우는 오직 두 번이고(행 13:52, 엡 5:18) 그것도 각각 다른 어투를 지니고 있다. 에베소서에서 사용한 사도 바울의 단어 역시 그리스도인들이 지속적으로 성령 충만한 상태에 있어야 함을 나타내는 이 단어인 것이다. 이 것은 하나님께 대한 철저한 굴복과 의탁이 있을 때 가능한 것이다. 즉 하나님께 우리 자신을 맞추는 것이다. 그의 생각에 전적인 동의와 행동의 실천을 나타낼 때 성령의 충만함을 지속적으로 나타낼 수 있다. 이것은 한번 결단했다고 해서 계속 이어지는 것이 아니기 때문에 현재 시제로 사용되었다. 계속해서 성령 충만함을 받아야 한다는 말이다. 성령으로 거듭난 성도는 계속해서 성령으로 충만해야 한다. 성령으로 거듭남이 없이 즉 중생의 체험이 없이 그리스도인이 될 수 없고 성령의 충만함을 받지 않고서는 누구도 그리스도인으로 살아갈 수 없다.

결론적으로 성령 충만은 하나님께서 성도를 성령으로 인도하시는 일이며 성도 편에서 보면 하나님께 순종하고 그 표준대로 사는 것을 말한다. 이것이 정상적인 그리스도인이다. 성령충만한 삶을 살아가야 할 이유는 교회를 향한 성도들의 임무 때문이다. 연약자들을 바로 잡아주고 주님의 교회를 온전케 하는 일에 성령 충만함이 없이는 불가능하다. 그리스도의 장성한 분량에 이르기까지 성장하는 것은 성령 충만함을 받을 때 가능한 것이다. 더 나아가서 세상을 일깨워야 할 사명을 감당하기 위해서는 더욱더 성령 충만함이 필요하다. 영의 일을 생각하지도 못하고 알지도 못하는 세상을 무엇으로 일깨울 수 있는가? 오직 복음의 능력이다. 따라서 복음을 선포할 때 항상 성령 충만한 역사가 나타나는 것이다. 복음 전파함이 없이 성령 충만한 삶을 산다는 것은 불가능한 것이다. 술 취하고 방탕한 이 세대를 이길 수 있는 길은 성령 충만함을 받는 길이다.

4) 성령의 위로와 성화

성령의 사역으로서 우리가 간과하지 말아야 할 것은 성도들의 신앙을 도우시는 성령 하나님의 위로와 성화 사역이다. 예수님께서 십자가를 지시기 전에 마가 다락방에서 제자들에게 성령 하나님에 대하여 가르쳐주셨다. 요한복음 14장에 있는 말씀을 보면 "다른 보혜사"를 제자들에게 주신다는 약속의 말씀이 있다. 이미 보혜사라는 단어를 살펴보았지만 다시 상기하면 헬라어의 παρακλητη는 옹호자, 위로자 혹은 상담자라는 말로 번역되는 말이다. 연약한 자 편에서 힘을 복 돋아 주고 용기를 주는 인격자 하나님임을 말하는 것이다.

여기서 우리가 주목할 것은 '다른 보혜사'라는 말 자체가 시사하는 것이다. 이것은 원래 보혜사가 존재하고 있다는 말이요 예수께서 '다른 보혜사'를 보내시겠다고 하신 것이다. 그렇다면 원래 보혜사가 누구인가? 그것은 하나님의 아들 예수 그리스도를 말하는 것이다. 예수 그리스도는 우리의 위로요 변호사요 도움이시다. 요한일서 2장 1절을 보라: "나의 자녀들아 내가 이것을 너희에게 씀은 너희로 죄를 범치 않게 하려 함이라 만일 누가 죄를 범하면 아버지 앞에서 우리에게 대언자가 있으니 곧 의로우신 예수 그리스도시라." 여기서 번역되어 있는 대언자(advocate)라는 말은 다른 사본에는 '보혜사'라는 말로 언급되어 있다. 다시 말해서 예수님은 첫 번째 보혜사임을 알 수 있는 것이다.

물론 사도 요한이 요한일서를 기록할 당시에는 이미 예수님께서 승천하신 후의 일이다. 다른 보혜사이신 성령 하나님께서 이미 강림하신 후의 일이다. 그럼에도 불구하고 사도 요한이 예수 그리스도를 대언자로 혹은 보혜사로 기록하고 있는 것은 예수님께서 첫 보혜사이신 참 위로자임을 강조하고 있는 것이다. 그 예수님이 이 세상을 떠나 하늘에 계신 아버지께로 올라가시면서 예수님이 계시지 않은 빈 자리에 다른 보혜사를 보내주시기를 기도한 것이다. 그렇기 때문에 성령 하나님은 예수님 대신 이 세상에 오신 다른 보혜사인 것이다. 그는 이 땅에서 예수 그리스도의 최고 대리인인 것이다. 그가 피로 값주고 산 자기 백성들을 보호하시고 위로하시고 능력있게 하시는 분이시다.

따라서 성령께서 이 땅에 오셔서 하시는 중요한 일은 이미 살펴본 것처럼 우리가 하나님의 자녀임을 보증하시는 것과 동시에 우리의 연약함을 도우셔서 하나님 아버지께 마땅히 빌 바를 알게 하며 기도하도록 도우시는 일이다. 이것이 로마서 8장에서 강조하고 있는 점이다. 위로한다는 것은 단지 우리의 슬픔을 달래며 격려하는 정도가 아니다. 우리를 능히 도우시며 힘을 주시는 분임을 포함한다. 특별히 사도 요한이 지적하고 있듯이 우리가 죄를 범하였을 때 우리를 능히 위로하고 용기를 줄 수 있는 예수 그리스도를 대신할 최고의 다른 보혜사 성령 하나님이 계시다는 사실이야말로 수고와 슬픔뿐인 인생들에게 말로 다할 수 없는 힘이 되는 것이다. 죄 때문에 할 말을 잃고 어떻게 기도해야 할 지도 모르는 자들에게 능히 빌 바를 알게 하시는 성령 하나님이시다. 하나님께서 기쁘시게 생각하는 말을 우리의 입속에 넉넉하게 넣어주시 는 것이다.

"이와 같이 성령도 우리 연약함을 도우시나니 우리가 마땅히 빌 바를 알 지 못하나 오직 성령이 말할 수 없는 탄식으로 우리를 위하여 친히 간구하시 느니라 마음을 감찰하시는 이가 성령의 생각을 아시나니 이는 성령이 하나님 의 뜻대로 성도를 위하여 간구하심이니라 우리가 알거니와 하나님을 사랑하 는 자 곧 그 뜻대로 부르심을 입은 자들에게는 모든 것이 합력하여 선을 이루 느니라"(롬 8:26-28). 우리가 오해하지 말아야 할 것은 우리가 뭐라고 기 도할지 알지 못하여서 성령께서 우리 대신 친히 간구해 주시니 우리는 기도하지 않아도 된다는 것이 아니다. 성도는 무시로 성령 안에서 기도 해야 한다. 주님께 말로 아뢰어야 하는 것이다. 그런데 말을 잘못 할 경 우나 혹은 정욕으로 쓰려고 잘못 구하는 경우가 있을 수 있다. 그렇기 때문에 우리를 능히 도우시는 성령 하나님을 의존해야 함을 강조하고 있는 것이다. 그래서 우리의 기도가 주님께 합당한 것이 되도록 옆에 서 우리를 도우시며 친히 간구해 주시는 것이다. 우리의 도움자이신 성 령 하나님을 의존하지 않고는 하나님의 보좌에 상달할 수 있는 바른 기 도는 불가능한 것이다. 예를 들어서 왕께 상소장을 올릴 때 이것이 바 른 표현법인지 그 부분을 전문으로 다루고 있는 사람에게 자문을 구하 여 작성하듯 하나님의 깊은 것이라도 다 통달하고 계신 성령 하나님의 도움을 받는 기도야말로 하나님 마음에 합한 기도를 드릴 수 있는 것이다. 따라서 기도할 때마다 우리의 기도를 도와달라고 간구하며 성령님의 인도하심에 순응하는 자가 되어야 하는 것이다.

동시에 이 성령 하나님은 성도들의 복음 증거에도 직접 간섭해 주신다. 특히 복음 전하다가 잡혔을 때에, 고난 중에 있을 때에 상대방에게 무슨 말을 전해야 할지 몰라 답답해 할 때 우리 속에서 능히 할 말이 있게 만드시고 상대방을 복음의 능력 앞에 무릎 꿇게 하는 역사를 이루신다. 즉 우리의 입속에 할말을 넣어 주사 담대하게 복음을 증거하게 하시는 성령님이시다(눅 12:12, 막 13:11). 이 성령은 세상에 유죄를 선고하시고 세상에 대해 우리를 능히 변호해 주시는 분이시다. 악하고 불경건한 자들의 공격에 대항하여 의로운 자들의 정당함을 입증하는 일을 하신다. 그렇기 때문에 전도자들이 항상 기도할 것은 우리의 입을 열어 담대히 복음의 비밀들을 전파하게 해 달라고 간구하는 것이다. 우리 속에서 말하는 이는 내가 아니라 성령 하나님이어야 하는 것이다. 우리가 말하는 것이 성령 하나님의 말씀임을 어떻게 아는가? 주 예수 그리스도를 증거하는 것이요 기록된 하나님의 말씀에 충실한 것인지를 보는 것이다. 주님의 말씀이 증거되지 않으면 그것은 전달자의 임의대로 하는 말이지 성령의 인도하심을 받아 증거하는 것이 아니다. 성경에는 하나님으로부터 받지 않은 거짓된 것을 진리로 둔갑시켜 사람들을 속이는 악한 자들에 대하여 분명하게 지적하고 있다.

참 성도는 성령의 인도하심을 받는 자들이다. 참 목자 역시 성령 하나님의 말하게 하심을 따라 진리를 전하는 자들이다. 그렇기 때문에 여기엔 어떤 모순도 있을 수 없다. 우리의 듣는 것이 진리가 아닌 사람의 소리에 귀를 기울여 순종케 하는 성령은 없다. 만일 있다고 한다면 그는 거짓된 영일뿐이다. 진리의 영은 우리의 영혼을 소생시킨다. 죽은 자로 살아나게 한다. 그것이 위로자 성령 하나님의 일인 것이다. 예수께서는 "살리는 것은 영이니 육은 무익하니라 내가 너희에게 이른 말이 영이요 생명이라"(요 6:63)고 하셨다. 그렇기 때문에 성령의 역사는 우리의 파멸이 아니라 믿음의 결국, 곧 구원을 받게 하는 영생의 역사이다. 죄는 죽이되 우리의 영은 살리는 것이다.

더 나아가서 세상에서 복음 때문에 고난당하는 자, 상처 받은 자들을 능히 도우시며 위로하신다. 또 실패한 자, 슬픔과 고통 가운데 있는 자들에게 모든 위로의 원천자가 되신다. 사실 하나님은 모든 위로의 아버지이시다. 성령은 그 하나님과 첫 보혜사이신 아들 예수 그리스도에게로부터 오신 분이다. 그렇기 때문에 그는 능히 고난과 슬픔 중에 있는 자기 백성들을 위로하시는 분이다. 위로자라는 말을 라틴어 어원에서 보면 '힘있게' 라는 의미가 있다. 낙심과 좌절에 빠져 있을 때, 아무 힘이 없어 속절없이 눈물만 흘리고 있을 때 힘을 공급해 주신다. 두려움을 없애고 용기를 가지게 하며 담대한 마음을 가지게 한다. 그리하여 우리에게 능력 주시는 자 안에서 모든 것을 할 수 있게 한다. 모든 일에 우리로 하여금 넉넉히 이기게 하신다. 정복자 그 이상의 사람이 되게 하시는 것이다. 고로 성령 하나님께 우리 자신을 맡기자. 성령 하나님의 위로를 기다리자. 인내하며 기도하자. 강하고 담대하게 복음의 나팔을 불자. 하나님 아버지께 우리의 사정을 아뢰어 항상 응답 받는 성도들이 되기를 소망한다.

이제 우리는 성령의 성화사역을 살펴보도록 하자. 하나님이 거룩하기 때문에 하나님을 경외하는 성도들은 반드시 거룩해야 한다. 성도의 정체성을 단호하게 언급하는 베드로전서 2:9은 성도를 가리켜 "거룩한 나라" 백성이라고 한다. 전에는 죄로 인하여 거룩하지 못한 존재였지만 이제는 주 예수 그리스도의 보배로운 피로 씻음을 받은 하나님의 나라 백성이 된 것이다. 거룩하신 하나님 나라 백성들은 당연히 거룩해야 한다. 하나님께서 우리를 이 세상에 두신 것은 그의 거룩함을 나타내기 위함이다. 특히 우리가 하나님께 순종하지 않고 반항적인 길을 갈 때 사랑의 채찍을 드시는 하나님이다. 그 목적이 무엇인지 아는가? 히브리서 12:10에 그 답이 있다: "저희는 잠시 자기의 뜻대로 우리를 징계하였거니와 오직 하나님은 우리의 유익을 위하여 그의 거룩하심에 참예케 하시느니라." 그렇다 주님의 거룩한 성품에 참예케 하려 함이다. 하나님을 위하여 구별된 존재로 살게 하려함이다. 다시 말하면 우리로 하여금 전적으로 거룩한 삶을 살게 하기 위함인 것이다. 사도 베드로는 이것을 신의 성품에 참예하는 자로 묘사하고 있다(벧후 1:4).

하나님의 거룩한 성품에 참예하는 자가 되는 것은 죄인에게 무한한 영광이다. 그러나 모든 행실에 거룩한 자가 되라고 부르심을 입은 성도이지만 문제는 성도라고 말하는 우리가 거룩하지 못하다는 것이다. 우리는 부정한 자들이다. 우리의 삶 주변이 부정한 것들로 널려있다. 거리를 거닐거나 TV를 시청하거나 음악을 듣거나 소설을 읽거나 노래방에 갈지라도 더러운 먼지에서 피할 길이 없는 것이 우리들의 삶이다. 그럼에도 불구하고 성경은 예수 믿는 자들을 성도라고 부른다. 성도란 거룩한 무리들을 말하는 것이다. 그러나 거룩은 저절로 입혀지는 것이 아니다. 거룩함을 좇아야 한다. 왜냐하면 거룩은 우리의 본성이 아니기 때문이다. 거룩은 하나님의 본성이다. 그 본성에 날마다 참예하는 자가 되어야 한다. 그 첫 단추는 하나님의 아들 예수께서 끼셨다(히 2:11). 그로 인하여 날마다 거룩한 삶을 사는 걸음을 띠게 된 것이다.

그런 우리를 거룩한 자리에서 이탈되지 않도록 우리를 도우시는 성령 하나님이 계시다. 그를 의지하여 날마다 성결한 삶을 추구해야 하는 것이다. 좋은 청동제 그릇이 하나 있다고 하자. 그 그릇을 그냥 버려두면 녹이 슬게 된다. 항상 청결한 상태로 그리고 영롱한 빛을 잃지 않게 하기 위해서는 날마다 닦아 주어야 한다. 우리 집에 청동제품 동물들이 상당수 있다. 나는 수집만 하고 관리하는 일은 아내가 하는데 종종 닦아주지 않으면 그 위에 내려앉은 먼지가 도리어 청동제품을 더 형편없게 만든다. 그러나 날마다 닦아주는 것은 항상 깨끗한 청동기제품으로 남아 있게 하는 것과 같다. 이 세상에 죄의 먼지가 날아와 앉아 있는 것을 날마다 닦아내야 한다. 무엇으로 닦아낼 수 있는가? 그것은 말씀과 기도로 닦아낸다.

따라서 성령의 인도함을 받는다는 것은 죄성을 따라 사는 것이 아니라 말씀과 성령 안에서 무시로 기도하는 길을 가는 것을 말한다. 즉 우리의 본성을 거슬려서 진리가운데로 인도하시는 성령의 소욕을 좇을 때 우리의 삶이 거룩하고 의로운 길을 가는 것이 된다. 이 성령의 특별한 사역으로 인하여 거룩한 백성으로 살아가게 되는 것이다. 우리 속에 그리스도의 거룩한 형상이 새겨지도록 날마다 역사하신다. 성령 하나님을 의존하는 기도가운데서 그의 이끄심에 순종하는 것을 우리는 성화의 과정 즉 영적 성숙의 과정을 걷는다고 말할 수 있다. 오직 구속함을 받은 자들만이 가는 거룩한 길로 다닌다(사 35:9).

이제 구체적으로 성화를 살펴보도록 하자.

A. 성화의 참 뜻

거룩케 하다는 말의 근원은 '따로 구별하다', 또는 '신성하게 하다', 혹은 '어떤 목적을 위해 따로 바치다' 라는 말이다. 즉 성도는 그의 특별한 소유를 삼으시고자 하나님께서 따로 구별해 놓은 자를 말한다. 그러나 성경에 보면 신학적인 의미를 지니고 있음을 알 수 있다. 즉 본질적인 거룩에 도달함을 뜻하는 말이다. 레위기 11:44f, 데살로니가전서 4:3, 5:23을 보라. 다시 말하면 하나님의 백성들이 하나님의 본성이신 거룩함에 다가가는 점진적 거룩함을 포함하고 있는 것이다. 성령으로 중생함을 받은 성도들이 세상에 살아가는 동안 단번에 의롭다함을 받는 것과는 구분되는 점진적으로 온전한 거룩함에 도달해 가는 영적 성장의 과정을 성화라고 한다.

신학적 차원에서 칭의는 성화와 분리하여 설명할 수 없는 것이다. 하나님 앞에 의롭다함을 받은 자가 전 일생을 통해서 그리스도의 거룩한 형상으로 변화해 가는 점진적 과정을 거치는 것이다. 따라서 칭의가 없는 성화는 불가능한 것이다.

B. 이 성화는 성령으로 말미암아 진행되어 간다.

성령의 결정적인 역할은 기독교인의 삶에 있어서 언어사용에 깊은 관련이 있다. 이미 사도행전 공부를 통해서 살펴본 바와 같이 하나님의 약속하신 성령이 임하시매 120여명의 성도들이 다 방언으로 하나님의 큰일들을 말하기 시작했다. 즉 언어의 변화가 가장 먼저 일어난 것이다. 이것은 일반적으로 거듭난 성도의 삶에서 명백하게 증거되는 것이다. 중생한 성도의 입은 중생하기 전의 입과 물질적 성분은 동일한 것이지만 그 입에서 나오는 소리는 이전과는 확실하게 다른 것이다. 성령은 자의로 말하지 않고 오직 아버지와 아들에게서 받은 말씀을 말한다. 그렇기 때문에 그 성령이 내주하고 있는 그리스도인들은 반드시 임의대로 말하는 것이 아니라 오직 성령의 인도하심을 따라 말하는 것이어야 한다. 그것은 곧 하나님의 말씀을 말하는 것과 같은 것이다.

육신을 좇는 자는 육신의 일을 생각한다. 그러나 성령의 소욕을 좇는 자는 성령의 일을 생각한다(롬 8:5). 이 두 생각은 우리 속에서 이루어지고 있지만 그 결과는 천지 차이이다. 전자는 사망이요 후자는 생명과 평안이다(롬 8:6). 하나님의 거룩한 나라 백성이기 때문에 오직 성령 안에서 의와 평강과 희락을 추구하며 사는 자가 성도이다. 이것이 곧 성령 하나님이 인도하는 일이다. 지옥과 천국의 갈림길이 여기에서 시작되는 것이다. 도덕적 변화에 있어서 성도는 성령의 열매를 맺게 된다. 성령의 열매는 사랑과 희락과 화평과 오래 참음과 자비와 양성과 충성과 온유와 절제의 열매이다. 그러나 신약에서 특별히 강조하고 있는 것은 사랑의 은사이다(마 25:31-46, 눅 7:47, 요 13:34f. 17:21, 살전 4:9, 요일 3:11-18). 이것은 고린도전서 13장이 특별히 할애하고 있는 것처럼 가장 큰 은사이다. 따라서 성령 충만함은 그리스도의 사랑으로 가득한 사람을 말한다. 그 사랑이 우리를 강권하여 내 뜻을 꺾고 도움이 필요로 하는 자들을 향한 도움을 즐겁게 주는 것이다.

적어도 그리스도와 연합되어 있는 자들에게는 반드시 성령께서 그리스도와 연합된 우리의 삶 속에서 실제로 그리스도의 죽으심과 부활하심과 더불어 날마다 증가 되어진다. 여기엔 특별히 두 가지 내용이 함축되어 있다. 하나는 기독교인의 삶은 이미 그리스도 안에 있는 본질적인 성품 안에서 이루어지는 것이다. 전에는 어둠이었던 자가 이제는 거룩한 삶을 살아가도록 부름을 입은 빛이 된 것이다(엡 5:8). 믿음은 구속역사의 전 과정 속에서 성령으로 말미암아 그리스도와 연합을 의미한다. 다시 말해서 모든 그리스도인은 새롭게 거듭난 사람이지만 믿음의 미성숙 상태에서 그리스도와 더불어 죽은 자요 다시 살림을 받은 자요 그리스도와 더불어 부활의 영광에 참여하는 자로 점점 자라가는 것이다. 갈라디아서 2:20 말씀이 증거하고 있듯이 "나는 그리스도와 함께 십자가에 못 박혔나니 그런즉 이제는 내가 산 것이 아니요 오직 내 안에 그리스도께서 사신 것이라"고 말할 수 있는 것이다. 이것이 그리스도인이라는 말의 뜻이다. 물론 여기에는 신앙인들마다 정도의 차이가 있지만 그 근본은 다 같은 것이다. 그런 의미에서 기독교인의 삶은 시작부터 은혜요 마지막까지 은혜로 말미암는다. 하나님이 우리를 그의 아들과 하나 되게 하셨고 그 믿음 안에서 우리는 하나님께 감사하며 살아가는 것이다. 여기에 성령 하나님께서 그리스도의 모든 것이 우리의 것이 되도록 날마다 도우시며 인도하시는 것이다. 그 과정을 우리는 성화의 길을 가는 것으로 말할 수 있다.

둘째는 그리스도인의 삶은 집합적이다.

거룩을 가르치는 것은 성도 개개인에 대한 초점이 맞추어져 있지 거룩한 백성 혹은 거룩한 교회에 대한 생각이 별로 없는 현실이다. 개인의 경건에만 초점을 둘 때 죄와 사단의 모든 권세를 물리치는 탁월한 영적 힘과 능력을 발휘하는 성도도 있지만 대부분 실망과 좌절에 빠지는 경우가 허다하다. 그래서 이중적이고 위선적인 삶을 자아내는 경우가 많다. 따라서 이 부분에 대해서 우리는 재점검할 필요가 있다.

신약성경이 그리스도인의 삶을 조명할 때 그 상당한 분량이 성도들의 모임 혹은 교회전체에 주는 교훈이 대부분을 차지하고 있다. 예를 들면 '우리', '너희'라는 용어 사용이다(롬 6:1-23, 갈 5:13-6:10, 엡 4:17-6:18). 이와 마찬가지로 신약에서 승리에 대한 약속들도 대부분이 집합적인 것이다(고전 15:57, 요일 5:4, 계 15:2). 다시 말해서 사도들은 그리스도인의 삶과 성화 문제는 사랑과 돌봄의 교제 측면에서 다루고 있는 것이다. 개인적인 나약함과 성격적인 결함들, 개인적인 문제들이 상호 교제가운데서 치유되고 보완되며 힘을 얻게 되는 것이다. 물론 하나님께서 우리를 직접적으로 혹은 개인적으로 다루신다. 그렇다고 교회의 집합적 교제가 필요 없는 것으로 말해서는 안된다. 성도 개개인은 십자가를 져야 하고 자신의 죄 문제를 직접 하나님께 회개해야만 한다. 높은 수준의 거룩을 추구해야 하는 것이다. 그러나 교회 전제가 함께 거룩한 자리에 나아가는 상호보완적 노력을 각각의 지체들이 기울여야 하는 것이다. 그런 측면에서 강한 자가 약한 자의 믿음을 이끌어주어야 한다. 비판하고 정죄하는 것이 아니라 권면과 교훈을 통해서 더 나은 자리로 나아가도록 사랑과 인내로 감당해야 하는 것이다. 믿음이 약한 자들은 자신의 약한 믿음을 핑계대고 영적 게으름을 합리화하는 어리석음에서 떠나 적극적으로 배우고 따르려고 노력하는 자세가 필요한 것이다.

이처럼 성화는 장차 그리스도의 영광에 동참하는 그 날 까지 점진적으로 이루어진다. 그 과정속에서 우리는 날마다 죽는 고통을 받기도 하며(고전 15:31), 우리의 몸에 그리스도의 죽음을 지니고 살기도 한다(고후 4:10). 날마다 새롭게 하심을 받아야 하는 아픔을 직면하기도 한다(골 3:10). 그리스도의 장성한 분량에 이르기까지 자란다(엡 4:15). 이러한 것이 신앙생활이다. 이와 같은 일들 속에서 자유하시고 주권적인 성령 하나님은 자기 백성들을 거룩한 백성으로 온전하게 만들어가는 것이다. 하나님의 뜻에 반항하는 우리의 기질을 잠재우고 주의 뜻에 복종케 하며 장차 받게 될 믿음의 시련들을 잘 감당하는 자가 되도록 준비시키신다. 또 주님의 일에 적합한 그릇이 되게 하신다. 위대한 하나님의 일군들은 여러 시련을 통해서 하나님의 특별한 쓰심에 유용한 도구가 됨을 알 수 있다. 그 모든 과정은 우리를 거룩한 사람으로 만들어 가시는 성령 하나님의 역사하심 안에서 이루어진다.

C. 성화의 도구는 은혜의 수단이다.

이 부분은 앞에서 다 언급한 것이기 때문에 따로 길게 말하지 않아도 된다. 간단히 정리하면 우리를 거룩케 하시기 위해 성령 하나님께서 사용하시는 주된 도구는 말씀과 기도와 성례이다. 하나님의 말씀으로 우리를 거룩케 하며 우리 자신의 의지를 꺾고 주님의 뜻에 복종하기 위하여 주님께 무릎을 꿇으며 그리스도와 연합된 것을 늘 확인하며 감사케 하는 성례를 통해서 거룩한 백성으로 살아가게 한다. 그 밖에 우리의 시련과 환난과 고통가운데서도 우리를 더욱 주님의 거룩한 백성이 되게 하는 섭리적 은혜가 있다. 이와 같이 성령 하나님은 성도의 삶과 밀접한 관계를 형성하고 있다. 성령의 충만한 은혜만이 죄로부터 우리를 지키며 하나님과 긴밀한 관계를 유지케 하며 성령의 열매들을 맺게 한다. 이것이 우리가 거룩한 삶을 살아가고 있다는 증거이다. 하늘의 것을 더욱 사모하는 것, 주님의 말씀을 더욱 사모하는 것, 기도하는 시간을 더욱 가지는 것, 주님께 감사하며 찬송하는 것, 주의 만찬에 즐거움으로 참여하는 것은 성도의 신앙생활에 있어서 필수적인 요소들이다. 이것들을 떠나서 그리스도인의 자질을 어디서 얻을 수 있겠는가!

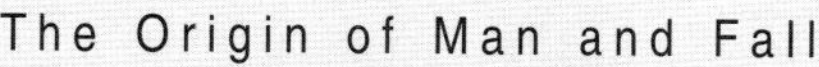

10장

인 간 의
기원과 타락

10장

인간의 기원과 타락
The Origin of Man and Fall

1. 인간이란 무엇인가?

철학자들, 심리학자들, 인류학자들, 생물학자들, 과학자들 등 많은 사람들이 각자의 분야에서 인간이란 무엇인지 정의를 내리고 있다. 그러나 그들의 정의가 무엇이든지 창조주 하나님을 떠난 정의는 불완전하며 가설에 불과한 것이다. 왜냐하면 인간을 지으신 분이 인간을 만들 때 가지신 의도가 분명히 존재하기 때문이다. 그 의도는 세상 어디에서도 발견되지 않는다. 오직 하나님이 주신 기록된 계시의 말씀 안에서만 존재한다. 따라서 성경을 믿지 않는 자연인들의 정의는 온전한 것이라고 말할 수 없다. 오직 성경만이 인간이란 어떤 존재인지를 명확하게 설명해 준다.

사전적 의미는 이렇게 설명한다: 언어를 가지고 사고할 줄 알고 사회를 이루며 사는 지구 상의 고등 동물. 철학적으로 인간은 생각하는 존재이다. 인간은 사회적 동물이다. 인간은 만물의 영장이라고 설명한다. 그러나 이같은 내용들은 사람이 어떤 존재인지를 설명하는 부차적인 말에 불과한 것이지 인간이란 무엇인지를 정확하게 설명하는 정의는 아니다. 이들의 정의는 인간이 어디서 와서 어디로 가는지에 대한 질문에 답을 줄 수 없다. 인간의 이성과 영적인 능력으로만 설명할 수 있는 것이 아니다. 공산주의나 물질주의에 입각하여 인간을 육체적인 존재로만 설명할 수 있는 것도 아니다. 또 현대인들이 주장하는 심리학이나 사회 공동체적인 차원에서 다 이해될 수 있는 것도 아니다. 그 모든 설명들을 다 동원해도 인간 사회에서 벌어지고 있는 수많은 문제들에 대한 해답은 얻지 못하는 것이다. 그래서 존 칼빈은 말하기를 '인간은 하나님의 얼굴을 바라보지 않는 한 인간 자신이 누구인지 결코 알 수 없다. 하나님을 알 때 비로소 자신이 어떤 존재인지를 정밀하게 숙고할 수 있게 된다'고 했다.

인간이란 무엇인가? 이에 대한 성경의 답은 주로 창세기 첫 두 장에 의존한다. 창세기 1:26-27, 2:7, 21-23이 그러하다. 이 말씀에서 인간을 정의하는 것은 무엇보다 하나님의 창조물이라는 사실이다(cf.시 8:2, 행 17:26-28). 즉 인간은 스스로 만들어진 존재가 아니다. 그렇다고 어떤 우주적 생성과정에서 우연히 만들어진 결과물도 아니다. 모든 인간은 남자이든 여자이든 하나님께서 만드셨기 때문에 존재하는 동물이다. 이것을 가리켜 인간은 '하나님에 의해서 창조된 인간'으로 정의한다.

1) 생명의 기원

창조주를 부정하는 자들은 생명의 존재가 지구상에 우연히 발생된 것으로 말한다. 그러나 세상에 존재하는 모든 것이 다 만들어진 것처럼 모든 동식물의 생명과 마찬가지로 인간의 생명 역시 창조주 하나님의 작품이다. 생명이신 하나님으로부터 온 것이다. 사람을 지으심을 보라. 그가 흙으로 인간을 빚어 그 코에 생기를 불어넣으시므로 인간이 비로소 생령이 되었다. 생명이 하나님께로 말미암은 것이다. 그래서 사도 바울은 로마서 11장에서 이렇게 단언하고 있다: "이는 만물이 주에게서 나오고 주로 말미암고 주에게로 돌아감이라"(36절).

진화론주의자들은 창조설을 부정하지만 생명의 근원에 대한 그들의 설명은 우연으로밖에 다른 결론이 없다. 우리가 뭘 만들어도 반드시 목적이 있어서 만든 것과 같이 인간의 존재 역시 우연히 발생된 사건이 아닌 것이다. 그 목적이 무엇인가를 생각하면 반드시 귀결되는 것이 창조론이다. 창조주의 의도가 있다는 사실이다. 그 의도는 창세기가 선명하게 지적하고 있는 것이다. 따라서 인간이란 무엇인가? 에 대한 정확한 대답은 칼빈이 지적한 것처럼 창조주 하나님의 얼굴을 바라보아야만 해답이 나오는 것이다. 그 하나님을 뵐 때 즉각적으로 얻어지는 답은 인간은 하나님이 아니라는 사실이다. 인간은 피조물이다. 인간에게는 태어난 날이 있다. 이 세상에서 나의 삶을 시작한 때가 존재한다. 그리고 이 세상에 영원히 존재할 자는 아니라는 것도 안다. 이 세상에 왔다가 어디론가 가는 존재이다. 고로 성경을 믿지 않는 자들은 허무주의와 비관주의에 빠지며 쾌락주의에 몰입하며 스스로의 파멸의 길을 가고 만다. 그러나 성경의 가르침을 따르는 자들은 그와는 정반대의 길을 간다. 소망이 있기 때문이다. 우리의 가는 길이 분명하기 때문이다.

내가 지음 받은 존재라는 인식은 내 생각을 나의 창조주에게로 돌아가게 한다. 따라서 하나님을 떠난 자신에 대한 인식은 철학자 사르트

르가 지적한 것처럼 인간은 하나의 '쓸모없는 열정'(useless passion) 이 되고 만다. 쓸모없는 열정이란 무엇인가? 열정이란 격렬한 감정이다. 그러한 감정에는 사랑과 미움과 두려움과 죄책감과 야욕과 정욕과 부러움과 시기와 질투 및 그밖의 인간이 느끼고 경험하는 많은 열정들이 있다. 인간이 느끼는 말할 수 없는 많은 정열들이 있다. 그 모든 감정들이 다 쓸모없는 것들인가? 우리가 애쓰는 모든 것들이 그리고 우리가 연연해하고 있는 것들 모두가 다 헛되며 덧없는 것들인가? 세상 사람들의 정의에는 무의미한 것들로 가득할 뿐이다. 그 모든 것들을 극복하고 우리의 생각이나 느낌이나 활동이 정말 의미있고 가치있는 것들이 되려면 창조주의 의중에 따르는 것뿐이다.

우리가 하나님에 의해서 창조되지 않았고 하나님과 아무 관계가 없는 존재라면 인간의 기원은 무의미하고 우리의 운명 역시 무슨 뜻이 있겠는가? 우연히 왔다가 우연히 사라지고 말것들인데 말이다! 무의미한 기원과 무의미한 운명의 양극 사이에서 일시적으로 인간의 존엄성을 인정하는 것은 순전히 소박한 감상에 젖는 사기이다. 스스로를 속이고 조롱하는 것이다. 그렇기 때문에 가장 지존하시고 거룩하신 창조주 하나님께로 나아가야 하는 것이다. 창조주 하나님이 만드셨다는 그 자체가 우리가 쓸모없는 존재가 아니라 가장 존귀한 자로 거듭나는 것이다. 우리가 만물의 영장인 까닭은 하나님이 계시기 때문이다. 하나님과 관계를 맺고 있는 인간이기 때문이다. 그를 떠나서는 아무것도 할 수 없다. 존재 의미가 없는 것이다.

2) 창조의 독특성

창조주 하나님의 선하신 계획을 따라 지음을 받은 인간 창조는 다른 만물 창조와는 차이가 있다. 그 차이점이 인간의 특수성을 나타낸다. 즉 만물의 영장이라고 주장하는 근거들이다. 인간은 영원자존적 존재가 아니다. 어떤 생물에서 진화된 것도 아니다. 인간은 "하나님이 가라사대 우리의 형상을 따라 우리의 모양대로 우리가 사람을 만들고 … "(창 1:26). 이 용어들은 다른 어디에도 찾아지지 않는 유일한 묘사이다. 인간의 특수성은 하나님이 "우리가 사람을 만들자"고 말씀하신 점에 있다. 이 묘사는 하나님의 사고와 간섭하심이 분명히 존재한다는 것을 내포하고 있다. 인간 창조는 단순한 명령에 의해서 빛을 만드신 것과 다르다. 이것은 기존하고 있는 땅과 물에게 명령하여 각종 생물들을 만드신 것과도 같은 것이 아니다. 인간을 창조하시기 전에 삼위일체 하나님의 특별한 생각과 계획과 결정이 존재하였다는 것을 시사한다.

다른 생물들을 창조하실 때 하나님은 "각기 종류대로" 또는 "그 종류대로"라는 말씀을 사용하였으나 창1:26은 그 종류대로가 갑자기 "우리의 형상을 따라 우리의 모양대로!"로 바뀌게 된 것이다. 이것이 다른 피조물과 인간이 그토록 크게 벌어지게 된 차이점이다. 사람이 부여받은 본성 그 자체가 다른 피조물과는 독특한 것이다. "그 종류대로"라는 말은 하나님의 설계와 합치되는 고정된 양식이 있다는 것을 의미한다. 사람의 경우에도 신적 설계가 존재했다. 그러나 그 설계도는 하나님 자신의 특성에 의해 준비된 모범이다. 즉 인간의 정체성은 하나님 자신의 형상과 모양에 있게 하신 것이다. 그럼에도 불구하고 그 형상과 모양 자체는 만들어진 것이 아니라 본래 하나님께 속한 것이다. 그렇기 때문에 시편 기자와 같이 감탄하지 않을 수 없다: "사람이 무엇이관대 주께서 저를 생각하시며 인자가 무엇이관대 주께서 저를 권고하시나이까"(시 8:4). 사람의 기원은 하나님의 계획의 유일한 대상일 뿐 아니라 사람은 그 시초부터 유일무이한 천부적 특성과 고상함을 부여받은 존재인 것이다.

또한 인간 창조의 독특성은 인간이 받은 통치권에도 있다. "그로 바다의 고기와 공중의 새와 육축과 온 땅과 땅에 기는 모든 것을 다스리게 하자"(26절). 사람의 창조가 천지 창조의 마지막 순서인 것은 통치권과 관련이 있기 때문이지만 통치권의 특권은 창조 순서에 있는 것이 아니라 사람이 부여받은 본성에 의한 것이다. 즉 하나님의 형상대로 지음을 받은 존재이기 때문이다. 하나님이 주권자이시기 때문에 사람이 하나님의 모양대로 지음을 받았다는 것은 그에 걸맞는 주권의 행사를 한다. 하나님과 닮았기 때문에 인간은 하나님의 대리인이다. 침팬지가 제 아무리 인간의 유전자와 가장 닮았다고 할지라도 하나님이 그에게 천지 만물의 통치권을 수여해주지 않은 이상 만물의 영장이 될 수 없다. 인간만이 하나님의 형상대로 지음을 받은 자이다. 그렇기 때문에 하나님과 교제할 수 있는 피조물은 인간뿐이며 그 인간의 구원을 위해서 독생자 예수께서 인간의 몸을 입고 이 세상에 오신 것이다.

그리고 인간만이 생령을 지닌 존재이다. "생기를 그 코에 불어넣으시니 사람이 생령이 된지라"(창 2:7). 불어넣었다는 표현이 구체적으로 무엇을 의미하는지 그 본질에 대해서는 설명하기 어렵다. 그러나 생기는 분명 사람 밖에서 온 것이라는 뜻을 내포하고 있다. 다른 말로 말하면 흙으로 지음 받은 인간은 그 자체로서 또는 흙에서 발생된 요인이 아니라는 점이다. 불어넣었다는 것은 생기 전달을 위하여 하나님께서 특별한 조치를 취하셨다는 것을 뜻한다. 이것을 성경학자들은 하나님의 호흡 또는 숨이라고 말한다. 숨으로 나타난 생명이라는 말이다.

"생령"(Living soul)이라는 말은 생기가 있는 존재, 생명의 호흡을 가진 피조물을 의미한다. 그러나 이것은 다른 생물들과 비교되는 독특성을 말하지는 않는다. 다른 피조물에도 적용되는 것들이다(창 1:21, 24, 30). 그러나 이 불어넣음이 중요한 것은 흙으로 만들어진 실체가 생물의 범주에 들게 된 것은 하나님의 전달행위로 말미암았기 때문이다. 즉 이미 존재하는 생물 위에 첨가된 무엇이 아니라 흙이라는 무생물로 지어진 것에 하나님이 생명을 주셨고 그로 인하여 생령이 된 것이다. 이 생령이 곧 사람이다.

이 지구상에 문화와 피부색이 다른 여러 인종들이 살고 있다. 비록 언어가 다르고 피부색이 다르며 습관이 다를지라도 모든 인간의 종족들은 다 한 혈통으로 말미암았다(행 17:26, 롬 5:12,19, 고전 15:21-22). 지구상의 모든 인종들이 다 동일한 욕망과 본능을 가지고 있고 유사한 도덕성과 이성과 종교성을 지니고 있다. 그리고 인간 종족들의 두뇌, 골격, 치아의 성질이 본질적으로 동일하며 어떤 인종끼리 결혼을 해도 자녀를 생산할 수 있고 신체의 정상 온도와 평균 맥박이 같다는 사실이 인간의 기원이 다 하나님에 의해서 지음을 받은 아담으로 말미암은 것임을 증명한다.

2. 인간의 성질

인간의 성질에 대하여는 크게 두 가지로 구분한다. 하나는 인간은 영혼과 육체로 구분되어 있다는 이분설과 몸과 영과 혼으로 구성되어 있다는 삼분설이 그것이다.

1) 이분설

사람은 육체와 영혼이라는 두 가지 다른 실체적 요소로 구성되었다는 이론이다. 그러나 성경에는 사람이 몇 가지 요소들로 구성되었는지에 대하여 명백한 언급은 없다. 다만 이분설을 이야기하는 것은 인간이 창조될 때 두 가지 요소 즉, 흙으로 만들어진 몸과 그 코에 생기를 불어넣어 생령이 되게 한 요소인 영혼으로 만들어졌다고 보기 때문이다. 사람이 죽으면 몸은 흙으로 지어졌기 때문에 흙으로 돌아가고 영혼은 하나님께로 돌아간다는 사실이 인간은 두 가지 다른 요소들로 구성되었다고 주장하는 것이다. **"흙은 여전히 땅으로 돌아가고 신은 그 주신 하나님께로 돌아가기 전에 기억하라"**(전 12:7). 이렇게 죽음으로 인간의 육체는 땅에서 썩게 되지만 영은 사후에 주와 함께 거하는 실체이다(고후 5:1-8, 빌 1:23-24, 행 7:59). 성경에서 육과 영(고후 7:1), 몸과 영(롬 8:10), 몸과 영혼(마 10:28), 영혼과 육체(벧전 2:11)라는 표현들은 인간의 전인(全人)을 드러내는 성경구절이다.

예수님이 몸은 죽여도 영혼은 능히 죽이지 못하는 사람을 두려워하지 말라고 하셨을 때(마 10:28) 일반적으로 인간의 구성 요소가 두 가지로 되어 있음을 말하신 것이다. 육체와 영혼 모두 하나님이 창조하셨고 그 둘은 인간의 구성 요소 중 서로 다른 부분이다. 성경의 인간관은 고대 헬라 철학과 완연하게 다르다. 성경에서 가르치는 육체와 영혼의 구분은 한 인간에게 존재하는 이중적인 요소이지 이원론적 요소가 아니다. 육체를 빼놓고 영혼만 인간이라고 말하지 않는다. 그렇다고 영혼을 제외하고 육체만 사람이라고도 말하지 않는다. 전자는 귀신이라고 할 수 있고 후자는 시체라고 말한다. 그러나 헬라 철학에서 인간의 영혼과 육체는 함께 공존할 수 없는 끊임없는 긴장 관계라고 말한다. 이 둘은 근본적으로 양립할 수 없는 것이다. 이원론 사상은 육체에 본질적인 악 혹은 불완전한 무엇인가가 존재하는 악한 것으로 간주한다. 이에 비해 영혼은 순수한 것이라고 말한다. 따라서 헬라인들에게 구원이란 마침내 영혼이 육체의 감옥에서 벗어나는, 전적으로 육체로부터 구원을 의미하는 것이다.

그러나 성경적인 가르침은 육체도 본래 선하게 지음을 받은 것이었기 때문에 본질적으로 그 속에 악이 존재한 것이 아니었다. 육체도 영혼과 마찬가지로 죄로 인하여 부패되고 타락하여 신음하고 있다. 즉 죄의 영향력에서 볼 때 육체와 영혼 둘 다 죄악된 요소들이다. 그렇기 때문에 기독교는 '육체로부터 구원'을 가르치기보다는 '육체의 구원'을 말하며 동시에 '영혼의 구원'을 말한다. 하나의 몸안에 구성되어 있는 이중적 요소 즉 육체와 영혼은 하나님의 창조 행위에 의해서 두 가지 다른 부분이 하나의 존재를 이루게 된 것이다. 철학적으로나 성경해석학적으로도 이중성의 긴장과 갈등을 극복하기 위해 제 3 의 어떤 것(정신과 같은)이 필요한 것이 아니다. 그렇기 때문에 정통 신학은 삼분설을 부정하는 것이다.

2) 삼분설

삼분설은 인간 구성 요소가 몸과 영과 혼 세 가지라는 것이다. 혼과 영이 인성의 비물질적인 부분이라는 견해에 있어서 이분설과 삼분설은 같은 것이다. 그러나 삼분설은 혼과 영을 서로 다른 것으로 구분하여 설명한다. 이분설에서는 영과 혼을 동일한 것으로 상호 교환적으로 사용되는 용어라고 보는 것에 비해 삼분설은 엄연히 구분되는 다른 요소라고 말한다. 이들이 주장하는 성경적인 근거는 데살로니가전서 5:23과 히브리서 4:12이다. C. J. Ellicott같은 이는 데살로니가 전서를 주석하면서 본문의 말씀이 세 가지 요소를 명백하게 주장하고 있다고 했다. 그는 '영은 두 개의 결합된 비물질적 요소 중 더 고상한 부분으로서 사람 안에서 활동하며 명령하는 우월하는 힘이며 혼은 의지와 감정의 영역이며 인격의 진정한 중심으로 작동되며 기동되는 열등한 힘이다'라고 했다. 그리고 히브리서 4:12은 말씀은 혼과 영은 초감각적인 것을, 관절과 골수는 감각적인 것을 가리킨다고 했다.

J. B. Heard와 같은 이는 사람의 삼분설의 계시는 진보적이며 하나님의 삼위일체의 계시와 유사하다는 주장을 편다. 구약에서 성령의 교리는 잠재적이고 현시적이지 않듯 사람의 영의 경우도 그러하단다. 신약의 서신서에서 비로소 사람의 영은 육체와 혼과 대조되어 하나님

의 형상으로 창조되고 성령에 의해 일깨워진 신적이며 새롭게 된 성질로 나타난다는 것이다. 다시 말해서 혼은 사람에게 자연적이며 인간성의 정의에 필수적인 모든 능력과 힘을 포함하여 넓은 의미에서 사람의 생명이라는 것이다. 영은 하나님을 아는 능력 또는 기관이며 하나님이 거하시는 처소이다. 하나님은 영이시며 오직 우리의 영을 통하여 알려지고 예배되어질 수 있다. 혼의 기능인 이성은 단지 하나님에 대해 상징적 지식만이 가능하며 오직 영만이 직접적인 지식을 가질 수 있다. 영은 하나님께서 그 자신을 알리는 성소이다. 영은 영적 안목의 기관이라는 것이다.

그러나 이같은 주장은 성경에서 근거를 찾기 어렵다. 육체, 영, 혼이 인간성의 구성 요소라면 이분설에서 본 것과 같이 어떤 때는 육체와 영, 어떤 때는 육체와 혼으로 인격의 전체성을 묘사한다는 것 자체가 성립이 되지 않는다. 더욱이 영적 경건의 모든 활동들은 영과 혼이 다 포함되는 것이다. 예를 들어 슬픔을 보자. 예수님께서 고난당하실 때 슬픔이 수반되셨다. 겟세마네와 갈보리의 고뇌만큼 그의 인간적인 영이 큰 강도와 효력을 가지고 개입된 적이 없었다. 그러나 "**지금 내 마음**(soul)**이 민망하니**"(요 12:27)이라고 말씀하신 것은 이러한 고뇌의 전날 저녁이었으며, "**내 마음**(soul)**이 심히 고민하여 죽게되었으니**"(마 26:38)라고 말씀하신 것은 겟세마네 동산에서였다. 그의 슬픔이 이와 동일한 깊이를 갖지 않은 다른 경우에서조차 영이 슬픔과 고뇌가 거하는 좌소로 언급되고 있다면 삼분설의 주장은 근거가 희박한 것이다. 왜냐하면 만일 혼이 바깥 성소라면 저주의 잔이 가장 쓴 체험으로 다가왔을 때 '혼'이라는 용어를 사용하는 것은 적절한 것이 아니기 때문이다. '혼'이라는 단어가 우리 주님의 가장 중요한 체험들과 관련하여 사용되고 '영'이라는 단어가 다른 경우에 사용된다면 삼분설적 구분은 적합한 것이 아닌 것이다. 가장 깊은 종교적인 슬픔은 영과 마찬가지로 혼의 속성으로도 표현되고 있기 때문에 혼을 '열등한 힘'으로 묘사하는 것은 옳지 않다.

가장 고상한 영적 작용들은 영과 마찬가지로 혼의 작용이기도 하다. 기뻐하고 즐거워하는 것도 그러하며 하나님을 향한 우리의 헌신 역시 그러하다. 헌신은 마음과 영 혹은 혼의 역사이기도 하다. 그렇기 때문에 혼은 바깥 처소이며 영은 하나님을 인식하는 기관이요 영적 안목의 중심이라는 주장은 성경적 증거와 일치할 수 없는 것이다.

그렇다면 히브리서 4:12을 어떻게 이해해야 하는가? 사람의 "혼과 영과 관절과 골수"를 찔러 쪼개기까지 한다는 표현은 인간을 구성하고 있는 요소를 설명하기 위한 구절이 아니라 하나님의 말씀의 관통력이 통하지 않는 부분은 하나도 없다는 것을 강조하기 위하여 우리 육체의 가장 신비로운 부분을 언급한 것이다. 관절과 골수는 우리 육체 구조의 가장 신비로운 부분들을, 혼과 영은 우리의 내밀한 영적 존재를, 마음의 생각과 뜻은 우리의 내밀한 정신적 활동들을 묘사한다. 말씀은 이 모든 것을 탐색한다. 모든 것이 하나님 앞에 벌거벗은 채로 드러난다. 하나님의 말씀은 우리를 마주 대하며 하나님의 말씀에는 전능하신 하나님께 속한 심판의 속성이 부가되어 있다. 즉 하나님의 심판과 그의 말씀의 심판 사이에는 불일치가 없다. 인간 구성의 완전성을 표현하기 위한 영의 다른 측면을 혼으로 이해하는 것이다.

많은 신학자들이 인간 영혼의 자연적인 혹은 본질적인 필멸성에 대하여 논쟁해 왔음에도 불구하고 인간의 영혼은 다음과 같다는 사실을 기억하라. 첫째는 영혼은 하나님이 창조하셨고 본질적으로 영원하지 않다. 둘째 물질로 이루어지지 않았으며 물리적인 힘에 의해 파괴될 수 없음에도 불구하고 하나님에 의해서는 파괴될 수 있다. 영혼은 하나님이 유지하시는 능력을 떠나서는 한 순간도 존재할 수 없다. "우리가 그를 힘입어 살며 기동하며 있느니라"(행 17:28).

죽을 때 육체는 죽을지라도 신자와 불신자 모두 그 영혼은 계속하여 산다. 신자는 그들의 육체의 부활과 영화가 함께 있음을 구원의 마지막 날을 기다리는 한편 회개하지 않은 자는 하나님의 영원한 심판을 가다린다. 하나님이 영혼을 죽음으로부터 보존하시기에, 인간은 무덤을 넘어서 의식적인 개인 존재의 연속성을 갖는다. 인간은 전체적으로 타락했다. 영혼, 육체 모두 하나님이 구원하시는 은혜의 대상이다. 성경은 몸과 혼과 영을 전체적으로 또는 개별적으로 동일하게 사람으로 표현한다. 영혼이 범죄하는 것이 아니라 사람이 범죄하며 몸이 죽는 것이 아니라 사람이 죽는다고 말한다. 이처럼 성경에서 혼과 영은 항상 상호교환적으로 사용되는 동의어이다. 그러나 상호 대체가능하다고 생각해서는 안된다. 하체와 상체의 구분이 있듯이 작용하는 관점에서 볼 때 영으로 혹은 혼으로 표현되는 것이다. 예를 들면 죽는다는 것은 영을 포기하는 것으로, 또는 혼(생명)을 내려놓는 것으로 각각 다른 경우에 다른 용어로 표현되고 있다(전 12:7, 마 20:28, 27:50, 막 10:45, 눅 23:46, 요 10:17-18, 행 7:59, 히 12:23). 이처럼 죽음을 보는 서로 다른 측면과 관련되어 있는 것이다.

그리고 육체 없는 실체는 통상적으로 영으로 불리는 반면에 육체를 가진 사람들은 '혼'이 사람의 사실상의 동의어인 한, 자주 '혼'(영혼)이라 불린다(시 16:10, 행 2:27, 31). 이러한 경우 영이라고 대체한다면 참으로 부적절한 표현이 된다. 영과 혼을 실제적으로 나눌 수 없지만 기능적으로 나누어 생각한다면 중생된 인간의 영적 생명 작용(죄를 미워하고 의를 사랑하는 것)을 이해하는데 도움이 된다. 거듭난 자와 거듭나지 못한 자는 모두 영혼을 가지고 있다. 거듭나지 못한 자에게도 영혼은 있으나 영적으로는 죽어 있으며 하나님과 산 교제를 가질 수 없는 존재이다(엡 2:1). 혼은 인간 생활에 있어서 일반적 지각 활동을 담당하고 있고 영은 하나님을 알고 그를 사랑하며 그에게 순종하게 하는 영적 기능을 담당하는 것이다.

성경에서 혼에 해당되는 히브리어의 '네페쉬'와 헬라어의 '프쉬케'는 생명을 가지고 지각 작용을 하는 살아 있는 사람을 가리킨다. 거듭난 자와 거듭나지 않은 자 모두에게 혼적 작용이 있으나 거듭난 자만이 영적 작용이 있다. 혼의 작용만으로도 세상적으로 위대한 일을 성취할 수 있으나 영이 주제가 되지 아니한 혼의 작용은 하나님과 연결이 끊어진 것이기 때문에 뿌리 끊긴 나무처럼 죽은 것이다. 성령으로 영이 거듭나고 성령이 우리 영으로 더불어 우리의 심신을 다스려 주실 때 생명과 평안을 가지게 된다. 그리스도의 대속의 공로를 힘입어 영원한 생명으로 영이 다시 살아난 자만이 성화의 은혜에 이르게 된다.

영을 뜻하는 히브리어는 '루아흐'이며 헬라어로는 '프뉴마'로서 하나님의 영, 천사, 악령과 귀신들, 별세한 사람들, 인간의 영을 나타내는 용어로 사용되었다. 영은 하나님을 닮은 것으로 하나님과 그의 뜻에 관한 직각적 지식을 가지며 하나님과 교통하며 심신을 하나님과 연결시키는 기능을 가진 인간에게만 있는 특수한 것이다. 인간의 영은 하나님을 그 안에 모실 수 있고 하나님으로만 살아갈 수 있는 특수한 것이다. 성령의 씻음과 거듭나게 하신 은혜로만 영적 기능이 회복되며 중생된 자의 영에 성령이 역사하셔서 성화를 이루어 가신다. 그러므로 죄와 허물로 죽었다가 다시 살아난 것이 영이다(롬 8:10). 성령께서 그가 중생시킨 인간의 영과 함께 활동하신다(롬 8:16). 방언으로 기도하는 것은 인간의 영이 기도하는 것이다(고전 14:14). 마음의 작용을 초월하는 영역이 있는데 그것은 영의 영역이다. 이것은 인간이성의 인식 능력을 초월하는 하나님과의 영적인 교제를 의미한다. 기도를 통하여 하나님과 직접적으로 교제하는 영은 인간의 영이다. 인간의 영은 하나님을 영접하며 모시며 그와 교제할 수 있는 기관이다. 이런 의미에서 중생된 인간을 영으로 인식하는 것은 가장 적절한 표현인 것이다.

몸은 죽음을 피할 수 없지만 영은 다시는 죽지 않는다. 중생이 곧 영의 부활이기 때문이다. 영이 영원한 생명으로 다시 살게 된 것처럼 몸도 영원한 생명으로 부활하게 될 소망을 가지고 있다. 완전한 인간은 영육이 하나된 존재이어야만 하기 때문에 몸의 부활이 없이는 완전한 구원이 될 수 없다. 그렇기 때문에 우리가 다 우리 몸의 구속을 기다리고 있다(롬 8:23).

3. 하나님의 형상으로서 인간

창세기 1장에서 언급하고 있는 하나님의 형상으로서 인간의 모습이 어떤 것인지를 살펴보자. 하나님은 하나님의 형상을 따라 하나님의 모양대로 사람을 만드신다고 하셨다. 그렇다면 그 하나님의 형상이란 무엇인가? 로마가톨릭 교회에서는 하나님의 형상대로 창조되었다는 것과 하나님의 모양대로 창조되었다는 것 사이에는 차이가 있다고 주장한다. 그러나 성경 언어의 구조상 형상과 모양은 같은 것을 나타낸다. 두 낱말은 하나님의 어떤 측면들이 외형화되고 시각화되는 관계를 설명하는 단어이다. 다시 말하면 형상은 외형화를 뜻하고 모양은 그 외형화가 정확하게 이루어졌다는 것을 의미한다. 우리는 하나님의 형상으로 만들어진 존재로서 하나님의 성품을 비추고 반사할 수 있는 고유한 능력을 가진 피조물들이다. 사람이 어떤 작품을 만들어낼 때 그 속에 작가의 정신이 담겨 있다. 조각물이나 미술품에 일종의 작가의 사상과 생각이 베어있는 것이다. 마찬가지로 피조된 우주 만물들은 하나님의 솜씨가 어떤 것인지를 들어낸다. 완벽한 예술가로서 하나님은 하늘이 그 영광을 선포하고 궁창이 그 하신 일을 나타내게 하심으로서 자신의 흔적을 남기셨다. 특히 인간을 지으심으로서 하나님이 어떤 분인지를 유별나게 나타내셨다. 그래서 하나님의 형상대로 지음을 받은 사람을 말할 때 우리는 하나님과 닮았다는 의미로 이해한다.

하나님은 창조주이시고 우리는 지음을 받은 존재라는 차이가 있다. 그리고 하나님의 존재와 능력과 영광에 있어서 지음받은 유한한 인간의 능력이나 영광하고는 비교가 될 수 없는 것임에도 불구하고 우리가 하나님을 닮았다고 말할 수 있다. 어떤 면에서 그러한가? 하나님의 가지신 성품 측면에서 그러하다. 우리가 이미 살펴본 하나님의 성품 중 지적이고 도덕적인 품성이 그것이다. 예를 들면, 인간이 가진 지성과 마음과 의지는 하나님의 도덕적 품성의 결과 때문에 존재하는 것이다. 이러한 기능들을 가지고 우리는 하나님의 거룩하심을 반사하는 인간의 본래적 소명을 이행할 수 있는 것이다. 즉 인간의 창조시에 받은 영적 자질들, 참 지식과 의, 거룩은 하나님의 형상에서 나온 것들이다. 이것이 인간을 다른 동물들과 구별되게 하는 것이요 모든 피조물들 중 가장 독특한 존재로 서있는 것이다. 하나님이 영이시며 지식과 의와 거룩, 진실, 주권등의 지성적, 도덕적, 권위적 속성을 가지신 것처럼 인간도 하나님의 속성을 닮은 성품을 지닌 인격적인 존재로 지음을 받은 것이다(엡 4:24, 골 3:10 참고). 진리의 지식과 의로움과 거룩함을 하나님의 형상이라고 할 수 있다.

남자나 여자 모두가 다 하나님의 형상으로 지음을 받았고 이 땅을 다스리고 정복하고 생육하고 번성하라는 인간의 소명도 하나님의 형상에 포함되는 것이다. 다시 말하면 사람은 하나님 다음의 제 이인자로서 이 땅을 가꾸고 채우고 유지하라는 통치권적인 부름을 받은 것이다. 그 임무 수행은 하나님의 의로우신 통치를 반사해야 하는 것이다. 하나님의 다스리심은 그가 지은 것을 파괴하거나 착취하거나 부패케 하는 것이 아니다. 공의와 자비로 다스리신다.

그러나 인간이 죄를 지어 타락함으로서 하나님의 형상이 심하게 훼손되었다. 하나님의 거룩하심을 반사할 수 있는 능력이 상실되었다. 그럼에도 불구하고 타락은 인간성을 파괴하지 않았다. 하나님의 거룩한 성품을 반사할 수 있는 능력은 상실했을지라도 타락한 인간은 여전히 사람이다. 그렇지만 사람의 인격은 왜곡되었고 존재 자체가 부패한 자이다. 타락한 상태에서도 사람은 이해력과 감정과 의지와 양심을 지니고 있다. 그렇지만 이해력이 어두워졌고 감정은 비뚤어졌으며 의지는 부자유스럽고 양심이 왜곡되어버렸다. 양심이 부패하고 더럽혀져서 육욕적이고 하나님과 늘 반목하는 일을 행하는 것이 되었다. 인간의 통치권은 하나님의 지으신 세계를 파괴하는 일로 치닫고 있다. 온갖 폭력과 무질서가 난무하고 거짓과 불의가 횡행하는 통치가 되었다.

그러나 타락한 인간성의 완전한 회복은 그리스도로 말미암는다. 왜냐하면 그리스도만이 하나님의 영광의 광채시요, 그 본체의 보이지 아니하는 하나님의 형상이기 때문이다(히 1:3, 골 1:15).

4. 육체와 영혼으로서 인간

이 부분을 설명하기 전에 한 가지 짚고 갈 것이 있다. 그것은 인간의 영혼이 언제부터 시작되는가? 이다. 세 가지 학설이 있다. 하나는 영혼 선재설로서 모든 인간의 영혼들이 전세에 실체적으로 존재해 있다가 신체의 초기 발전의 어떤 시점에 몸속으로 들어왔다는 견해이다. 그러나 이것은 성경 어디에도 찾을 수 없는 이교도적 철학의 산물이다.

둘째는 영혼 유전설이다. 인간의 영혼도 육체와 함께 부모에게서 자녀에게로 전달된다는 이론이다. 이 이론을 지지하는 자들은 하나님께서 여섯째 날에 사람을 만드신 후 창조 사역이 다 끝났다고 하는 것과 하와의 영혼 창조에 대한 언급이 없다는 점, 및 자손들이 조상의 허리에 있다고 말한 점(창 46:26) 등을 근거로 하고 있다. 자녀의 정신적 특징, 도덕적 특징이 다 부모에게서 유전된다는 것과 도덕적 타락성의 유전이 이 학설을 지지해 준다고 말한다. 그러나 하나님의 창조 사역은 끝나지 않았고 아버지께서 지금까지 일하시니 나도 지금 일한다고 한 주님의 말씀을 보라. 더구나 인간의 원죄가 유전의 원리가 아니라 대표성의 원리로 말하고 있기 때문에 성경적으로 타당한 근거가 없다.

그러나 세 번째 학설은 성경에서 가르치는 것과 근접한 영혼 창조설이다. 이것은 개인의 영혼이 개인의 잉태와 동시에 하나님의 직접적인 창조로 생겨나게 된다는 이론이다. 성경은 육체와 영혼이 서로 다른 기원을 가지고 있음을 말한다(창 2:7, 전 12:7, 사 42:5, 슥 12:1, 히 12:9). 부모의 도덕적 특성이 유전되어지더라도 영혼 창조설은 개개인의 개성을 설명하는 독창성을 뒷받침한다.

육체 혹은 몸이라고 하는 것은 나와 동의어로 사용할 수 있는 인간의 본질적인 요소이다. 영혼이 인간이 소유한 어떤 것이 아니라 인간 자신인 것과 같이 육체도 인간에게 부착된 어떤 것이 아니라 인간 자신이다. 현재의 몸은 연약하고 죄로 인해 죽을 수밖에 없으며 죄의 도구가 된다(롬 6:6,12). 이는 몸 자체의 고유한 성질에 기인한 것이 아니라 죄로 인하여 사망의 몸이 되었기 때문이다(롬 7:24). 하나님이 원래 지으신 몸, 육체는 영생할 가능성이 주어진 온전한 것이었다. 그러나 죄로 인하여 인간의 부패한 성질과 습성이 죽을 몸으로 만들어버린 것이다. 따라서 인간의 부패성 때문에 죄와 사망의 권세에서 벗어날 수 없는 것이 되었기 때문에 그리스도안에서 영으로써 몸의 행실을 죽여야만 한다(롬 8:13). 육체의 본능적인 욕구나 만족 그 자체가 죄의 도구로 사용될 수 있고 영적인 것을 소멸시킬 수 있기 때문에 영으로써 그리스도의 영과 더불어 우리 육체의 행실을 죽여야 하는 것이다. 이것은 단번에 영원히 이루어지는 것이 아니라 이 세상에 살고 있는 동안 지속적으로 추구해야 할 일이다.

자기 몸을 쳐 복종시키고 날마다 산 제사로 우리 몸을 주님께 드리며 의의 병기로 사용하여 하나님께 영광을 돌리는 것이 필요하다(고전 9:27, 롬 12:1, 고전 6:19-20). 그리스도 안에서 새로운 피조물이 된 성도의 몸은 이제 그리스도의 것이니 그리스도를 섬기는 도구가 되어야 한다. 주님을 더욱 닮아가는 도구로 사용되도록 날마다 육체의 욕망이 아니라 성령의 소욕을 좇아야 한다. 몸과 마음의 관계는 너무나 밀접한 것이기 때문에 몸이 범하는 죄는 마음에 영향을 미치게 되고 마음에 품은 죄들이 몸에 영향을 미친다. 그래서 잠언 기자는 "무릇 지킬만한 것보다 네 마음을 지키라 생명의 근원이 이에서 남이니라"(잠 4:23)고 했다. 은혜의 수단을 통하여 날마다 오염된 우리의 몸과 마음을 씻어내야 한다. 계속해서 회개하고 우리 몸의 구속을 기다리며 신령한 일을 날마다 추구해야 하는 것이다. 우리의 몸으로도 하나님의 영광을 위해서 힘써야 하는 것이다. 왜냐하면 육체를 따라 사는 것은 사망이고 하나님과 원수가 되기 때문이다(롬 8:6-7).

성경은 영만을 강조하여 육은 무시하고 악한 것으로 치부하는 것을 부정한다. 그리스도인의 생활은 육체와는 아무런 관계가 없는 것이 아니다. 반대로 육신은 중요하지 않기 때문에 어떻게 사용하든 상관이 없는 것으로 취급하는 것 역시 성경과 반대된다. 또한 육적인 그리스도인과 성령 충만한 그리스도인을 예리하게 구분하는 것도 옳지 않다. 육적인 그리스도인은 성령이 전혀 거하지 않으며 완전히 육적인 생활방식을 가진 사람이라면 그는 그리스도인이 아니라 완전히 불신자이다. 그렇기 때문에 그리스도인이라고 말하면서 성령의 소욕하고는 전혀 상관이 없는 육적인 삶을 산다면 그는 필시 거짓말이다. 육적인 그리스도인이라는 말은 모순된 용어이다. 성경은 육에 속한 사람과 육신에 속한 사람을 구분하고 있다. 전자는 비 기독교인이요 후자는 기독교인이나 그리스도 안에 있는 어린 아이들이다(고전 2:14, 3:1-2). 어린아이 신앙의 특징을 사도 바울은 시기와 분쟁으로 말하고 있다(3:3). 이들은 고린도 교회 성도들 중 일부를 말하는 것이 아니다. 고린도 교회 전체를 가리켜 말하고 있다.

성령의 은사가 가장 활발하게 이루어지고 있는 곳은 교회 성도들이다. 모든 그리스도인들은 성령 충만한 자들이다. 성령으로 충만한 것은 그리스도인들이 성령 하나님께 의지하는 정도에 따라 어느 정도 차이가 있다. 그렇지만 성령 하나님은 모든 그리스도인들 속에 거하신다. 그 성령의 역사하심 때문에 영과 육신의 투쟁이 존재한다. 이것은 육과 영 사이에 이원론이나 본질적인 부조화에 대하여 가르치고 있는 것이 아니다. 다시 말하면 육체와 영혼간의 갈등이 아니라 우리의 타락한 죄의 본성(옛 사람)과 거듭난 본성(새 사람)사이의 갈등이다. 신약에서 육에 해당되는 헬라어 '사르크스'는 몸에 해당되는 '쏘마'와 동의어로 쓰인다. 그러나 이것이 영(프뉴마)이라는 말과 뚜렷하게 대조되어 쓰일 때 육은 단지 몸 이상을 나타낸다. 앞에서 살펴본 타락한 인간의 본성을 가리키는 것이다. 이 본성은 중생할 때 정복당하기는 하지만 몸을 지니고 있는 한 멸절되지 않기 때문에 옛 본성과 성령에 의해서 심어진 새로운 본성 사이의 갈등과 다툼은 세상에 사는 동안 진행되는 것이다. 이것이 성화의 과정이다. 물질로 된 몸인 육신은 성화의 영역에 속하며 부활하여 영생하게 된다. 그러나 부패성으로서 육신은 변화되는 것이 아니라 사망에 이르게 될 것이기 때문에 우리의 몸과 마음을 육신에 맡겨 육신대로 살 것이 아니라 성령의 인도하심을 받아 부패된 본성을 날마다 죽이는 훈련이 있어야 하는 것이다.

우리가 하나님의 자녀임을 증거하는 보증으로 주시고 우리 안에 내주하시는 성령께서 은혜의 수단들을 통하여 충만하게 역사하심으로써 육과의 전쟁에서 항상 이기게 하는 것이다. 우리에게 이김을 주시는 우리 주 예수 그리스도에게 감사와 찬송을 올려드리는 것이다(롬 8:37, 고전 15:57, 요일 5:4). 종종 이 싸움은 치열하기도 한다. 상처를 받아 심한 고통의 나락에 떨어질 수 있다. 그러나 우리가 그리스도 안에 있고 그를 신뢰하는 믿음 가운데 있으면 반드시 승리하게 될 것이다. 죽을 때까지 피해갈 수 없는 싸움이나 죽음 후에는 영화롭게 된다. 육은 완전히 죽고 새 사람은 완전히 정결해 진다. 그 날이 오기까지 성령의 인도하심을 좇아서 우리의 몸을 하나님의 성령이 거하는 전으로, 그리스도의 몸에 붙어 있는 지체로, 의의 병기로서 하나님께 영광을 돌리며 살아가는 것이 신앙생활이다.

5. 사단과 귀신들

하나님의 창조 사역은 물리적인 세계나 눈으로 관찰될 수 있는 우주에만 해당되는 것이 아니다. 영적인 세계도 하나님이 지으신 피조물들이 있다(시 148:2, 5, 골 1:16). 그러나 그 영적인 존재들이 지음받은 시간이 언제인지는 성경에 기록되어 있지 않다. 그렇지만 창세기 첫 두 장은 영적인 존재들도 물리적인 세계가 지음을 받을 때 이미 존재하고 있음을 말한다(창 1:1, 2:1, 욥 38:4-7). 즉 천지만물을 창조하시기 전에 창조된 것이다.

이 영적 세계에 존재하는 피조된 것들에 대해서 성경은 천사들, 영들, 귀신들, 체르빔, 스랍, 하나님의 아들들, 정사들, 권세, 어두움의 세상 주관자들, 악의 영들로 묘사하고 있다(사 6:2f, 롬 8:38, 엡 6:12f). 그 중에 두 천사, 가브리엘과 미가엘이 등장한다(단 21:1, 계12:7). 그들은 육체를 지닌 존재가 아니다(히 1:7). 그리고 그들의 숫자는 아주 많다(신 33:2, 시 68:17, 마 26:53, 막 5:13, 계 5:11).

그들의 주된 기능은 하나님을 예배하는 일(사 6장. 계 4장)과 하나님의 일을 수행하는 것(시 103:20) 및 구원을 상속받을 자들을 수종드는 일(히 1:14)이다. 오늘날 성도들은 반초자연주의와 신비주의의 위험 때문에, 그리고 로마 가톨릭이나 이단들이 하나님과 인간 사이의 중보자는 오직 그리스도뿐임을 배격하고 천사들이나 성인들을 삽입하는 것등 때문에 영적인 존재들에 대한 생각을 잘 하지 않는다. 그러나 신구약 성경은 분명 하늘에 있는 영적인 존재들에 대하여 언급하고 있다. 더욱이 성도들의 올바른 신앙을 방해하는 온갖 유혹들은 사단과 그의 부리는 졸개들로부터 오는 것임에도 불구하고 애써 무시하려고 한다. 우리가 성경적인 그리스도인이라 할 때에 성경이 가르치는 모든 것을 다 믿는 것을 의미한다. 그리고 다양한 가르침에 대하여 성경적인 균형을 잘 유지하는 것이 필요하다. 사단에 대하여 지나치게 집착한다든지, 반대로 천사들만 지나치게 강조한다든지 양 극단은 옳은 처사가 아니다. 그러므로 우리는 우리 주님과 사도들이 그러했던 것처럼 사단과의 싸움에 대하여 진지하게 생각해야 한다. 그러나 그것에 우리들의 사고 전부를 할애하는 것이 되어서는 안된다. 도리어 우리는 우리 주님과 그의 하신 일들에 대한 깊은 묵상과 연구에 더욱 활발하게 몰입해야 하는 것이다.

그런 의미에서 오늘 우리가 간단하게 살펴볼 사단과 그의 부리는 졸개들인 귀신들에 대한 개념도 올바르게 파악하는 것이 중요하다. 여러분은 사단이 존재한다고 믿는가? 오늘날 상당수의 사람들, 특히 잘 교육을 받은 사람들 중에는 사단이나 귀신의 존재를 믿지 않는다고 말하는 자들이 많이 있다. 그들은 사단이 마치 밤중에 나타나는 유령이나 도깨비 같은 미신적인 것이라고 치부한다. 또 우스꽝스러운 빨간 옷을 입고 있다거나 두 갈래로 갈라진 뿔이 머리에 달려 있다거나 세 갈래로 갈라진 꼬리를 달고 있는 익살맞은 모습이거나 아주 볼썽사나운 모습을 하고 있는 존재로 여길 뿐이다. 그러나 성경은 분명히 그들이 존재하고 있고 우리가 생각하는 그런 무시해버려도 될 정도의 어둠에 갇혀 있는 존재들이 아니다.

1) 사단과 귀신들도 하나님의 창조물이다.

그들도 처음엔 다 하나님이 만드신 피조물들이었다. 하나님의 뜻을 수행하도록 지음을 받은 존재들이었다. 다시 말하면 사단이나 귀신들도 악을 행하는 존재들로 지음을 받은 것이 아니었다(창 1:31, 벧후 2:4). 인간과 마찬가지로 그들 역시 타락하게 된 것은 교만함 때문이었다(유다 6절, 사 14:12-14, 겔 28:11-19). 사단(대적자, adversary)은 악한 영들의 우두머리로 묘사된다(마 25:41, 요 8:44, 고후 11:14f, 요일 3:8, 계 12:9). 그를 우리는 마귀라고도 한다. 사단은 '이 세상의 신'(고후 4:4)으로 기록되고 있다. 따라서 이 세상을 사랑하는 것이 하나님과 원수가 된다(약 4:4). 이 세상의 신인 사단의 주된 사역은 하나님과 그의 다스림을 거역하는 것이다. 그러나 그의 이같은 일은 그리스도의 구속 사역으로 말미암아 실패하였다(요 12:31, 골 2:15, 히 2:14).

귀신들은 사단이 부리는 졸개들이다. 사단과 귀신들의 처소는 지금 세상 주관자들로서 활보하고 다닐지라도 마지막 날에 그들을 위해 예비된 영원한 지옥, 무저갱으로 떨어질 것이다. 귀신들은 사단의 반역에 가담한 일등 공신들이다. 그래서 사단과 더불어 하늘나라에서 쫓겨났다. 성경에서 귀신들에 대한 언급은 귀신들린 사람들로 나타난다. 이교도들이 숭배하는 신들이란 사실 존재하지 않으며, 존재하는 것은 귀신들을 숭상하는 것이다. 그렇기 때문에 우상 숭배는 사실상 귀신들을 섬기는 것이다. 귀신의 통제를 받는다.

2) 사단의 정체성

사단은 어둠의 임금이요(요 12:31, 엡 6:12, 골 1:13), 거짓의 아비요(요 8:44), 참소자요(계 12:10, 욥 2:1-6), 미혹하는 뱀(고후 11:3, 계 12:9)이다.

사단은 광명한 천사이다(고후 11:14). 이것은 자신을 선한 것으로 위장하는 교활한 능력이 있음을 말한다. 즉 사단은 음흉하고 사람을 미혹하며 간악한 존재이다. 어둠의 임금이 빛의 외투를 입는다. 그의 책략은 우리의 지혜를 훨씬 뛰어넘는다. 청교도 목사인 토마스 부룩스가 쓴 『사단의 책략 물리치기』를 꼭 읽어보라.

사단은 삼킬 자를 찾는 우는 사자이다(벧전 5:8). 그리스도 역시 사자, 유다의 사자이다. 그러나 그리스도는 구속자요, 우는 사자를 막는 분이시요, 삼키는 자를 제압하는 분이다. 이 두 사자의 이미지는 모두 힘을 말한다. 마치 이집트의 술사들이 지팡이로 뱀을 만들었지만 뱀이 된 모세의 지팡이가 술사의 뱀들을 잡아먹는 것과 같이 사단이 삼킬 자를 삼키려고 우는 사자처럼 두루 다니지만 도리어 그리스도에게 잡혀먹는 신세가 될 것이다. 십자가상에서 이기신 그리스도의 승리는 그가 다시 오시는 재림 때에 최종적으로 확정될 것이다(살후 2:8f, 계 20:10).

＊ 귀신(δαιμονιον, 마 8:31)의 정체성

구약에서는 차이르(שׂעיר) 와 체드(שׁד)라는 명칭으로 귀신에 대해 언급하고 있다. 그러나 그 존재에 대해서 명확하게 다루고 있는 본문은 거의 없다. 다만 귀신들은 참 신이 아니라는 관점에서만 다룰 뿐이다. 그러다가 귀신에 대하여 명확한 설명은 예수님께서 하신 복음서에 수록

되어 있다. 헬라어의 귀신은 다이모니온이라고 하는데 이것은 항상 하나님과 사람에 대해 적대관계에 있는 영적인 존재를 가리킨다. 바알세불이 그들의 왕(막 3:22)이므로 귀신들은 그의 하수인으로 간주한다. 예수님의 신성을 인정치 않는 자들이 귀신들의 힘을 빌려 능력을 행하는 것으로 비아냥거리는 것이었다. 어쨌든 귀신들림은 복음서 외에 신약의 다른 서신들에서는 등장하지 않는 것을 보면 복음서에서 예수님께서 귀신들을 쫓아내는 일이 예수님을 거역하는 사단적인 대항이 강하게 드러난 것임을 알 수 있다. 지상에 계시는 동안 악한 영들과 끊임없이 싸우셔야 했던 예수는 그의 제자들에게도 귀신을 쫓아내는 능력을 부여해 주셨다(눅 9:1, 막 9:38-39). 그리고 사도 바울은 고린도 교회에 편지하면서 우상숭배를 언급할 때 귀신들과 연계시키고 있음을 알 수 있다. 이처럼 성경에서 언급하고 있는 귀신들의 역사는 전적으로 하나님의 일을 대적하는 악한 영들의 일임을 알 수 있다.

첫째는 눈먼 것, 자신을 괴롭히는 것등 신체적 혹은 정신적 질병과 연관되어 있다. 그렇다고 모든 질병이 다 귀신들의 역사라고 말할 수 없다(cf. 마 4:24).

둘째는 귀신도 지식이 있다. 그리스도를 알아본다. 그리스도의 참된 종들도 알아본다. 그래서 예수님의 권위에 복종하고 사도들의 권세에 꿈쩍도 못했다(마 8:29, 행 19:15, 약 2:19).

셋째로 귀신들도 초자연적인 힘을 가지고 있다. 그리고 미래를 예언하는 능력도 있다(눅 8:27, 왕상 18장). 사단과 귀신들의 일은 이미 주 예수 그리스도께서 그의 십자가로 정복하셨기 때문에 우리는 다음과 같은 자세를 견지해야 한다.

3) 사단에 대한 성도들의 자세

A. 무서워하지 말라.

사단은 우리보다 강할지라도 그리스도께서는 사단보다 더 강하신 분이시다. "너희 안에 계신 이가 세상이 있는 이보다 크심이라"(요일 4:4). 그러므로 그리스도 안에서 담대하라. 그리스도 안에 있으면 어떤 두려움도 우리를 침몰시키지 못한다.

B. 대적하라(벧전 5:8).

그는 유한하고 제한된 존재이다. 우리가 대적하면 소리 없이 사라질 것이다. 그렇다고 얕보지 마라. 왜냐하면 그는 교활한 자이기 때문이다. 하와가 넘어갔다. 사단이 밀까부르듯 우리를 넘겨달라고 청구한다(눅 22:31-32). 그는 아주 부지런하다. 그는 잠자거나 쉬는 법이 없다. 그는 거짓의 천재이다. 그는 위장술의 달인이다. 그렇기 때문에 참 진리이신 그리스도 안에 있지 않는 한 그를 당해낼 수 있는 자는 아무도 없다. 이 일을 위해서 우리는 하나님의 전신갑주를 입어야 한다(엡 6:11, 윌리암 거널이 쓴 『하나님의 전신갑주』라는 책을 보라). 그리스도인들은 항상 하늘의 악한 영들을 주관하는 사단과의 싸움터에 있는 자들이다. 누가복음 10:18을 보라. 사단과 귀신들이 하늘로부터 떨어지는 역사를 예수님의 제자들이 경험하였다. 복음을 전파하는 것 외엔 사단의 권세를 꺾는 무기는 없다. 예수 그리스도의 십자가의 복음을 사용하라. 성령의 검을 사용해야 한다.

C. 사단이 틈타지 못하도록 주의하라(엡 4:27).

사단들은 신자들을 고소할 틈을 찾는다(단 6:4). 그래서 사단을 참소자라고 한다. 그러므로 빌미를 제공하는 자가 되지 말라. 그가 우리를 넘보지 못하도록 늘 깨어 기도하며 주님의 진리로 강하게 무장하는 자가 되라. 미혹거리들은 이 세상에 널려있다. 그리스도를 보지 않고 세상을 보면, 그리스도의 뜻을 생각하지 않고 우리 자신의 처지와 형편만 생각하면 항상 유혹에 빠진다. 그렇기 때문에 사도 요한은 이렇게 경고한다: "아무도 너희를 미혹하지 못하게 하라 의를 행하는 자는 그의 의로우심과 같이 의롭고 죄를 짓는 자는 마귀에게 속하나니 마귀는 처음부터 범죄함이니라 하나님의 아들이 나타나신 것은 이는 마귀의 일을 멸하려 하심이니라"(요일 3:7-8). 따라서 이 세상에 안전지대는 오로지 그리스도 품 안임을 기억하라. 그의 집에 거하며 그의 날개 밑에 피하는 것이 가장 안전한 길이다. 그러기에 끝 날이 가까워올수록 모이기에 힘쓰는 자들이 되어야 한다.

그리스도와 그의 말씀이 우리를 다스리게 하지 않는 한 항상 사단에게 우리의 마음 문을 열어놓는 것이 된다. 따라서 성도들이 알아야 할 것은 사단과 귀신들은 실재하고 힘이 있는 존재이지만 그들은 그리스도 안에 있는 성도들을 결코 정복할 수 없다는 사실이다. 우리는 사단과 그의 졸개들인 귀신들에게 괴롭힘을 받을 수 있고 유혹을 받아 넘어지며 참소당할 수 있지만 그에게 통제받지 않는다. 모든 그리스도인에게는 그 안에 성령 하나님이 내주하시고 계시기 때문이다. 그의 임재가 우리를 사단과 귀신들의 공격으로부터 보호해 주실 것이다. 성령은 우리를 공격하는 그 어떤 존재보다 강한 분이시다.

그렇다면 이 성령 하나님을 근심케 하며 떠나게 하는 일은 무엇이겠는가? 사단이 우리에게 언제나 발생하기를 원하는 것은 죄이다.

6. 죄란 무엇인가?

죄라고 번역되는 헬라어는 하마르타노(αμαρτανω)이다. 이 말의 참 뜻은 화살을 쏘았을 때 목표물인 과녁을 맞히지 못한 것, 즉 빗나간 것을 말한다. 물론 과녁을 맞히지 못한 것이 심각한 도덕적 문제라고 볼 수는 없다. 다만 죄라는 말의 성경적 정의가 '과녁을 빗나가다'라는 뜻이다. 그렇다면 성도들이 맞춰야 할 표적은 무엇인가? 그것은 세상의 윤리 도덕적 기준이 아니다. 우리가 늘 과녁으로 삼고 살아야 할 것은 하나님이 주신 율법이다. 하나님의 율법은 하나님 자신의 의로운 속성을 표출하신 것이요 하나님의 백성들의 행동 기준이 된다. 이 기준에 이르지 못하는 것이 죄라는 말이다.

그런 의미에서 우리의 조상 아담과 하와가 하나님이 정해 주신 기준에 미치지 못하여 죄를 범한 이래 모든 인간은 다 죄인이 되었다. 죄 가운데서 출생하여 죄를 먹고 마시며 살아가고 있다. "내 죄악이 내 머리에 넘쳐서 무거운 짐 같으니 감당할 수 없나이다 내 상처가 썩어 악취가 나오니 나의 우매한 연고로소이다"(시 38:4-5). "죄악이 나를 이기었사오니 우리의 죄과를 주께서 사하시리이다"(시 65:3). 내 죄악이 내 머리에 넘친다는 것이나 내 죄악이 나를 이기었다는 말은 인생이 죄의 종노릇하고 있음을 말하는 것이다. 이 부분에 대해서 가장 잘 표현한 것이 아마도 다윗의 시편 51편일 것이다. "내가 죄악 중에 출생하였음이여 모친이 죄 중에 나를 잉태하였나이다"(5절). 죄가 항상 우리 앞에 아른거린다. 주님을 알고 나서 가장 심각하게 다가오는 것이 죄 문제이다. 죄가 없는 세상에서 살고 싶은 욕망이 솟아난다. 그러나 그 나라에 가기까지 우리는 죄 문제로부터 자유로울 수 없다. 마음은 원이지만 육신이 약하여 수없이 죄 앞에 고개를 숙인다. 원하는 바 선은 행치 아니하고 원치 않는 악은 행하는 우리들의 모습 때문에 얼마나 많이 주님께 눈물로 회개하며 간구하는지 모른다.

모든 인생이 다 죄를 범하여 하나님의 영광에 이르지 못한다고 성경은 가르친다(롬 3:20). 인생의 목적이 하나님을 영화롭게 하고 그를 영원토록 즐거워하는 것인데 죄가 우리가 이루어드려야 할 이 목표에 도달하지 못하게 하는 것이다. 털어서 먼지나지 않는 사람이 없다는 말은 모든 인간에게 미치는 죄의 보편성을 말한다. 모든 인간은 죄로부터 구원받아야 한다. 죄는 '하나님의 법을 순종함에 있어서 모자라거나 위반하는 것'을 말한다. 적어도 여기에는 세 가지 중요한 의미가 들어 있다.

하나는 죄는 순종이 부족하다는 말이다. 즉 하나님의 법에 따라 살지 않는 것을 의미한다. 해야 할 것을 하지 않는 것이라든지 하지 말아야 할 것을 하는 것을 말한다. 하나님만을 사랑하고 섬기라는 말에 순종하지 않고 하나님도 세상도 사랑한다고 말하는 것이 죄이다. 이웃을 사랑하되 내 몸과 같이 사랑하라고 했는데 그렇게 하지 않는 것이 죄이다. 순종은 온전한 것을 요구하지 퍼센트를 따지지 않는다. 세상에서 정상참작이라는 것이 있다. 형벌의 정도는 죄질의 정도에 따라 차이가 있다. 그러나 하나님 앞에서는 10계명 중 아홉 가지를 다 순종했는데 하나를 순종하지 않은 것조차도 하나도 순종하지 않은 것과 동일한 것이다. 한 가지 부족한 것 때문에 부자 청년은 천국에 이르지 못하였다. 즉 일분 늦은 것이나 5분 늦은 것이나 한 시간 늦은 것이나 다 같은 것이다. 저울에 달아볼 때 무게가 맞아야 하는데 무게에 이르지 못한 것을 의미한다. 다니엘서에 있는 '메네메네 데겔 우바르신'이라는 말에서 '데겔'이라는 말이 '왕이 저울에 달려서 부족함이 뵈었다'는 뜻이라고 다니엘은 벨사살 왕에게 해석하였다. 죄라는 것이 바로 이것이다. 하나님의 기준에 미달한 것이다. 사람들의 기준에는 완벽할지 몰라도 지극히 선하시고 의로우신 하나님의 기준에 부족함이 뵈었다는 사실은 심판을 피할 길이 없게 되는 것이다.

완벽한 순종은 오직 주 예수 그리스도뿐이었다. 죽기까지 순종하시어 아버지의 뜻을 이루셨다. 우리가 주님의 뜻을 순종하는 것이 어려운 것은 우리의 의지와 생각이 앞서기 때문이다. 그렇기 때문에 항상 회개해야 할 이유가 여기에 있다. 주님의 저울에 달려서 부족함이 드러나기 때문이다. 그러나 순종은 하나님의 모든 복을 불러드리는 축복의 유일한 통로이다.

둘째 죄는 주님의 법을 위반한 것이다. 곧 불법을 말한다(요일 3:4). 위반한다는 것은 법이 정한 경계를 넘어가는 것이다. 성경은 우리에게 **"기록된 말씀 밖을 넘어가지 말라"**(고전 4:6)고 했다. 그런데 자유자재로 넘나드는 자들이 있다. 주 안에서 자유라고 말하면서 말이다. 그러나 그것은 큰 잘못이다. 적진을 자유자재로 돌아다니는 것은 적의 사람들만

가능하다. 혹 간첩이라도 내 집 다니듯 드나들 수 있는 것이 아니다. 그렇기 때문에 그리스도인이라면 원수 마귀가 다스리는 세상에서 마음껏 활보하지 못한다. 항상 주님이 정하신 경계선 안에 있어야 하는 것이다. 죄란 그 경계선을 무시하는 것이기 때문에 죄를 종종 '침해'라고 말한다. 다니지 말아야 할 곳을 다니거나 하지 말아야 할 것을 한다. 이것이 죄이다. 기록된 말씀 밖을 넘어가는 것이다. 언약을 파기하는 것이다. 부부간의 언약을 파기한다. 개인과 개인간의 약속을 파기한다. 직장에서, 사회에서 정한 법을 위반하는 것이 죄이다.

셋째는 죄는 이성적인 피조물에 의해서 저질러지는 악한 행위이다. 하나님의 형상으로 지음을 받은 자이기 때문에 인간은 자유롭게 행동할 수 있다. 그러나 양심에 그르다는 것을 알면서 행할 때 하나님의 법을 불순종하는 것이요 곧 죄를 짓는 일이다. 즉 모든 것이 가하나 모든 것이 다 덕을 세우는 것이 아니다. 덕을 세우지 못하는 일임을 알면서도 행하는 것 그 자체가 죄인 것이다. 로마 가톨릭에서는 소죄와 대죄를 구분한다. 소죄는 용서받을 수 있는 죄를 말하고 대죄는 용서받지 못할 죄라고 한다. 물론 성경에는 사망에 이르는 죄가 있고 그렇지 않은 죄가 있음을 말한다(요일 5:16-17). 이것은 죄질의 차이를 말하는 것이지 대죄와 소죄를 구분하는 것은 아니다. 모든 불의가 다 죄이지만 사망에 이르지 아니하는 죄가 있다(요일 5:17). 이것을 가리켜 칼빈은 말하기를 '하나님을 거역하는 모든 죄는 죽어 마땅한 것이라는 점에서 대죄이지만 어떤 죄도 그것이 믿음으로 말미암는 칭의를 무너뜨릴 수 없다는 의미에서는 대죄가 아니라'고 했다(칼빈의 기독교 강요, 2권 1:362). 따라서 사망에 이르지 아니하는 죄란 성도들이 예수를 믿고 난후에 범하는 윤리도덕적인 죄악들을 말한다. 그렇다고 해서 그 죄를 회개하지 않아도 되는 것이 아니다. 가장 작은 죄 일지라도 하나님을 대적하는 행위이기 때문이다. 따라서 '모든 죄는 하나님께 대적하는 행위이며 하나님을 주권적 권좌에서 강제로 퇴위시키려는 부질없는 시도이다'(알씨 스프롤, 기독교의 핵심 진리 102가지, p. 178).

그러나 사망에 이르는 죄는 가톨릭의 주장처럼 고해성사를 통해서 새로운 칭의를 받을 수 있는 것이 아니다. 주 예수를 완전히 부정하는 자들이기 때문에 그러한 죄를 위해서는 기도할 필요가 없다(요일 5:16). 우리가 하나님에 대해 죄를 짓는 모든 것은 다 그의 거룩하심을 모독하는 것이다. 우리가 이웃에게 범죄하는 것이 그 이웃의 인간성을 모욕하는 것과 같은 것이다. 죄를 지으면 지을수록 하나님의 진노에 우리의 죄책을 더해가는 것이다. 그럼에도 불구하고 예수 그리스도 안에 있는 하나님의 은혜는 우리의 모든 죄책을 다 합한 것보다 크다. 그렇기 때문에 누구든지 그리스도 예수 안에 있으면 결코 정죄함이 없는 것이다. 그리스도 안에서 의롭다함을 받은 자들은 경건한 삶을 추구한다. 경건은 주님을 닮아가는 일이기 때문에 주님이 미워하는 죄를 미워하는 것에서부터 그 진가가 나타난다.

올바른 신앙생활에 있어서 죄를 벗어버리는 것은 필수적인 일이다. 죄를 끼고 살면서 경건한 생활을 할 수 없다. 그렇기 때문에 히브리서 기자는 "모든 무거운 것과 얽매이기 쉬운 죄를 다 벗어버리라"고 했다(히 12:2). 왜냐하면 죄는 우리의 믿음의 경주를 방해하는 최고의 원수이기 때문이다. 죄는 우리의 믿음의 뜀박질을 하지 못하게 넘어뜨리는 것이다. 죄는 옷처럼 우리에게 붙어 있는 것이며 우리 곁을 맴돌면서 떠나지를 않는다. 그래서 존 오웬 목사는 죄가 항상 우리 곁에 있다고 말했다. 죄와 무관한 인생은 아무도 없다. 죄는 우리의 눈을 그리스도에게서 멀어지게 한다. 하나님과 관계를 방해한다. 죄는 하나님을 대적하는 세력이다(Anti-God). 죄는 우리를 세속적인 사람, 이기적인 사람, 교만한 사람 및 불신이 가득한 사람이 되게 한다. 그래서 죄를 조엘 비키 목사는 '영적인 미친 짓'(spiritual insanity)이라고 했다.

죄를 떨쳐버리는 일이나 걸림돌을 치워버리는 것은 쉬운 것이 아니다. 웃옷을 벗어버리듯이 쉽게 내동댕이칠 수 있는 것이 아니다. 그럼에도 불구하고 우리는 그렇게 해야 한다. 믿음의 길을 달려가는 일에 방해가 되는 것들은 과감하게 포기해야 한다. 늘 하는 이야기지만 영적 유익을 위해서는 내 권리조차도 내려놓아야 하는 것이다. 우리 중에는 인터넷 회원 가입을 철회해야 할 자도 있다. TV시청을 포기해야 할 자들도 있다. 좋아하는 스포츠 게임을 포기해야 할 자들도 있다. 잡지나 만화나 소설 같은 것을 덮어야 할 자들도 있다. 영적으로 도움이 되지 않는 사람들 만나는 것도 자제해야 할 자들도 있다. 물론 모든 사람들은 다 약점이 있다. 그러나 특정한 분야에서는 약점을 가져서는 아니되는 것이다. 이것이 하나님의 거룩하심과 같이 거룩한 삶을 살아야 할 성도들의 임무인 것이다(Stuart Olyott, 경건에 이르는 길, p. 28).

이처럼 모든 경건치 않은 일들을 다 버리기 위해서 하나님이 제정해 주신 모든 은혜의 수단을 다 사용해야 한다. 기도하는 일, 성경을 읽고 묵상하는 일, 예배하는 일, 찬송하는 일, 믿음의 사람들과 교제하는 일들을 통해서 영에 속한 일들을 더욱 추구해야 한다. 왜냐하면 우리가 행한 모든 것들은 다 하나님이 그 저울에 다시기 때문이다. 죄가 우리를 지배하게 하지 말라. 걸림돌이 우리를 압도하지 못하게 하라. 그리고 하나님을 따라 의와 진리의 거룩하심으로 지음을 받은 새 사람으로 살아가자. 죄는 우리가 만만하게 볼 상대가 아니다. 우리의 양심을 무디게 하고 경계를 풀어버리게 하기 때문에 결코 방심할 수 없다. 그렇기 때문에 우리가 죄를 범했을 때 주님께 고백하고 회개하며 죄를 버려야 한다. 죄 짓기를 두려워하고 무서워하며 증오해야 한다. 이것은 주님과 동행하는 자들이 반드시 통과해야 할 일이다. 일생을 통해서 실천되어져야 할 의무이다.

로마서 6:11에서 고백하고 있는 대로 죄에 대하여는 죽은 자로 여기고 하나님에 대하여는 우리 주 예수 그리스도를 통해서 산 자로 간주해야 한다. 죄가 우리의 삶이 아니라 그리스도가 우리의 생명이다. 여러분들은 죄를 어떻게 여기는가? 죄를 환영하는가? 아니면 죄를 적대시하는가? 죄에 대하여 관대한가? 아니면 원수처럼 여기고 싸우는가? 죄 때문에 하나님의 아들 예수 그리스도께서 십자가에 못 박혀 죽기까지 하셨다는 것을 기억하라. 죄와 멀리할수록 복된 자이다. 그리고 하나님과 가까이 할수록 복이 넘친다. 반대로 죄와 가까이 하는 자일수록 저주가 기다리고 있기에 주님과 동행하는 자들이 되라. 요한복음 3:20-21을 보라. 빛이신 주님께로 나오는 것만이 악에서 벗어날 수 있다. 존 오웬의 『죄 죽이기』를 읽어보라.

7. 원죄와 인간의 전적 타락

'우리의 첫 부모는 사단의 궤계와 시험에 유혹되어 금지된 실과를 먹음으로 죄를 범하였다. 하나님은 그의 지혜롭고 거룩한 계획을 따라 허용하심을 기뻐하셨는데 이는 그것을 통하여 그 자신의 영광을 드러내시기로 목적하셨기 때문이다.'

'이 죄로 말미암아 그들은 본래의 의를 잃게 되었고 하나님과의 교통도 끊어지게 되었다. 그리하여 죄에서 죽은 자로 되었고 또 영과 육의 모든 기능들과 기관들이 전적으로 더럽혀졌다.'(WCF 6장 1,2항)

죄의 기원에 대하여 만족하게 설명할 수 있는 것은 아니다. 선하시고 전지전능하신 하나님께서 선하게 창조하신 우주 안에 어떻게 죄가 침입하도록 하실 수 있었는가? 이 문제는 신학적으로 철학적으로 답을 내리기가 결코 쉽지 않은 문제이다. 그래서 사람들은 선한 신과 악한 신의 싸움이 처음부터 있었다고 말하는가 하면(마니교) 영지주의자들은 이원론적 우주관을 가지고 죄는 물질인 육체에 내재하고 있는 것인데 영혼이 육체에 접하였기 때문에 죄로 더럽혀진 인간이 되었음을 말한다. 그러나 그 어느 것도 죄 문제를 속 시원하게 말해 줄 수 없다. 다만 우리는 성경에서 죄 문제를 어떻게 가르치고 있는지를 살피며 해답을 얻고자 한다.

창세기 3장은 인류의 최초의 부모인 아담과 하와가 범죄하게 된 과정을 설명하고 있다. 인간을 범죄하도록 뱀으로 나타난 마귀라고도 하는 사단의 출현이 있다. 그는 아담과 하와를 온갖 감언이설로 유혹하여 범죄케 함으로 타락하게 만들었다. 따라서 죄의 기원을 사단으로부터 출발하여 하나님의 형상으로 지음을 받은 인간의 타락에서 찾을 뿐이다. 왜냐하면 아담과 하와가 타락하지 않았으면 죄가 인간 세계에 들어오지 않았을 것이기 때문이다.

우리가 이미 사단의 존재에 대해서 살펴보았듯이 천사의 타락은 불신과 교만이 그 원인이었다(유 6, 딤전 3:6). 그 죄악을 하나님의 창조물인 인간이 저지르도록 유혹한 사단이었다. 아담은 인류의 시조요 대표자이기 때문에 그의 범죄로 인하여 그와 함께 모든 인류는 다 죄 아래 있게 되었고 죄의 값인 육체적, 영적, 영원적 사망선고를 받게 된 것이다(롬 5:12).

사람은 왜 죄를 범하는가? 어떤 사람은 사회적 환경을 탓한다. 인간이 태어나고 살다가 죽는 세상이 온통 죄악된 것들로 가득하기 때문에 환경만 좋다면 나쁜 일들은 벌어지지 않을 것이라고 말한다. 그러나 이런 생각은 그렇다면 우리 사회의 부패는 어떻게 시작되었는가? 라는 질문에는 답을 줄 수 없다. 본래 사람들이 선하게 태어났다면 비록 사회가 부패했을지라도 선한 사람들 몇 사람은 존재해야 한다. 그러나 선한 사람은 한 사람도 없는 것이 우리 현실이다. 따라서 성악설이 더 설득력있어 보인다. 사람은 본래부터 악하게 태어났다는 말이다. 이 주장은 아담과 하와의 지음 받음을 배제시킨 주장이다. 그들은 원래 선하게 지음을 받았다. 그러나 인류의 대표인 그들의 타락이 결국 그들 이후로 난 모든 인생을 죄악 중에서 출생하게 한 것이다. 이러한 의미에서 성경은 성악설과 성선설을 다 말한다. 아담 측면에서만 보면 성선설, 타락한 이후의 인간측면에서 보면 성악설인 것이다.

사람이 왜 죄를 범하는가? 죄 가운데서 태어났고 죄성을 제거할 힘이 없기 때문이다. 모든 인간은 다 죄를 범하였다. 죄인이 아닌 사람은 아무도 없다. 다 원죄를 가지고 있다. 원죄란 아담과 하와가 최초로 범한 죄 자체를 말하는 것이 아니다. 원죄는 첫 번째 죄의 결과인 인류의 타락을 말한다. 즉 우리가 태어날 때 타락한 상태를 말하는 것이다.

왜 타락했는가? 사단의 간계와 유혹으로 말미암아 하나님이 금하신 선악과를 따 먹음으로 타락하였다. 그러나 이것은 끔찍한 결과를 초래하였다. 아담과 하와는 단지 자기들만 사라지면 문제가 커지지 않을 것이라고 생각했을지도 모른다. 그래서 조금도 망설임 없이 "먹음직도 하고 보암직도 하고 지혜롭게 할 만큼 탐스럽기도 한" 그 금단의 열매를 냉큼 삼켜버렸다. 그런데 하나님이 정하신 계획은 그들이 사라지면 끝이 아니었다. 그들은 인류의 시조요 대표자라는 사실을 망각한 것이다. 이것이 죄의 파괴성이다. 죄는 결코 혼자 책임질 것으로 멈추지 않는다. 우리가 범죄하면 우리와 연관된 많은 사람들이 다친다. 낳아주시고 길러주신 부모에게 또는 자식들에게, 또는 이웃들과 친지들에게 말로 다할 수 없는 아픔과 고통을 안겨다 주는 것이다. 이것이 죄의 특성이다. 아담의 죄는 아담 이후로 태어나는 모든 인생들을 다 죄중에서 잉태하여 죄 가운데서 태어나 죄 중에 살다가 죄로 인하여 죽게 만든 것이다. 우리 모두는 아담 안에서 다 죄인인 것이다. 사람이 태어나면 언제부터 죄인인가? 라고 질문할 수 없다. 왜냐하면 죄 있는 상태에서 출생하기 때문이다. 그래서 모든 인간은 다 죄를 범하여 하나님의 영광에 이르지 못하게 된 것이며 하나님 보시기에 좋은 것이 아닌 이젠 역겨운 것이 되어버렸다.

그 결과는 신앙고백서 6장 2항에서 자세하게 기록하였다: '이 죄로 말미암아 그들은 본래의 의를 잃게 되었고 하나님과의 교통도 끊어지게 되었다. 그리하여 죄에서 죽은 자로 되었고 또 영과 육의 모든 기능들과 기관들이 전적으로 더럽혀졌다.' 이것을 가리켜 전적타락이라고 한다. 3항목에서는 이렇게 설명한다: '그들은 온 인류의 시조였으므로 그들이 범한 죄과는 그들로부터 보통 생육법으로 출생하는 모든 후손들에게 돌려져서 그들에게도 죄로 인한 같은 죽음과 부패한 성품이 전달되었다.'

이 최초의 범죄는 모든 죄의 본질을 나타내는 전형적인 죄였다. 사실 "욕심이 잉태하여 죄를 낳고 죄가 장성하여 사망을 낳느니라"(약 1:15)는 말씀처럼 어쩌면 죄는 욕심이라고 말할 수 있다. 인간이 하나님처럼 되고자 하는 욕망, 타락한 천사가 하나님께 도전한 그 욕망이 죄의 근원이라고 말할 수 있는 것이다. 하나님께서 선악과를 두신 것은 인간으로 하여금 범죄케 하여 독생자를 통한 구속의 역사를 이루시고자 한 것이 아니다. 인간으로 하여금 하나님의 법을 따라 살아야 할 존재, 지음을 받은 피조물임을 늘 기억하고 하나님 안에서 영생을 누리게 하시기 위하여 주신 것이다. 그래서 생명나무 열매는 먹도록 허락하신 것이다. 그러나 허락한 것은 하지 않고 금한 것을 하게 되어 결국 자신만이 아니라 그의 모든 후손들까지도 죄인이 되게 한 것이다.

우리는 가계에 흐르는 저주를 믿지 않는다. 얼마든지 그리스도의 보혈로 끊어버릴 수 있는 것이다. 그러나 부모의 죄는 자식에게까지 영향을 미친다는 사실을 기억해야 한다. 그래서 자식들 앞에서도 부끄럽지 않도록 최선을 다하는 사람이 되어야 할 것이다. 어쨌든 타락한 존재가 된 인간은 교만과 불신으로 충만한 존재이다. 사단은 아담과 하와에게 하나님의 말씀을 믿지 못하게 만들었다. 정녕 죽으리라고 한 말씀을 왜곡하여 결코 죽지 아니하리라고 말한 것이다. 이것이 타락을 초래한 원인이다. 우리는 하나님의 말씀을 믿는가? 기록된 말씀이 하나도 땅에 떨어지지 않고 다 살아 역사하시는 하나님의 말씀임을 믿는가? 그렇다면 조금도 의심하지 말고 기록된 말씀대로 순종하는 자가 되어야 한다. 불신은 불순종을 낳는다. 불순종은 사망에 이르러야 끝나게 되어 있다. 성도들은 이 사실을 주의해야 한다.

범죄의 결과로 금방 나타난 것이 무엇인가? 하나님과의 교제에서 끊어졌다. 하나님과 교제할 수 있는 의로운 자의 신분을 잃어버린 것이다. 날마다 동산에서 하나님과 걷고 뛰며 찬양했을 그들의 삶이 그들의 힘으로는 더 이상 지속할 수 없는 지경에 떨어진 것이다. 타락한 인간은 생명과 행복의 유일한 근원이신 창조주 하나님보다 피조물을 더 좋아하게 되었고 하나님의 말씀인 진리보다 거짓을 더 좋아하는 전적으로 부패한 존재가 된 것이다. 인간이 잃은 의로움과 성결과 참 지식 대신 죄책감과 부패성과 수치심과 공포에 사로잡힌 존재가 되어버렸다. 조금 전까지만 해도 하나님과 친구처럼 지냈던 그들이 이제는 하나님을 피해 숨어야 했다. 하나님과 교제가 단절된 것이다. 그것이 곧 악과 불의를 더욱 선호하는 인간이 되게 한 것이다. 이 원죄로부터 인간의 모든 실제적인 범죄들이 출현하는 것이다.

그래서 신앙고백서 4항에서 이렇게 말하고 있다: '우리는 이 원 부패로 말미암아 선을 행하고자 하는 마음이 전혀 없고 행할 능력도 없고 선을 반대하며 모든 악을 행하는 성형만이 있다. 여기에서부터 모든 실제적인 범죄들이 나온다.' 이 원죄와 실제적인 본 죄악들로부터 인간은 온갖 고통과 불행과 비참함을 겪으며 영적 육적 사망을 당하고 영원한 사망, 곧 둘째 죽음을 맞이하게 된 것이었다. 우리는 신앙고백서 6장 4항의 끝에 있는 말에 주목할 필요가 있다. '우리는 죄를 짓기 때문에 죄인이 아니다. 오히려 우리는 죄인이기 때문에 죄를 짓는다'(R. C. Sproul, 기독교의 핵심 진리 102가지, p. 182). 즉 아담의 죄가 후손들에게 전가된 것 때문에 다윗의 고백처럼 '내가 죄악 중에서 출생하였음이여 모친이 죄 중에 나를 잉태하였나이다(시 51:5)라고 말할 수 있는 것이다.

이러한 가르침이 인본주의가 지배적인 우리의 문화에서 배척될 수밖에 없다. 왜냐하면 사람들은 기본적으로 또는 선천적으로 선하다고 생각하기 때문이다. 어떤 사람들은 명백하게 다른 사람들보다 훨씬 사악하다. 김일성, 김정일 부자나 아돌프 히틀러 같은 이들의 사악함은 일반적인 범죄자들을 성자처럼 보이게 한다. 그러나 지극히 선하시고 의로우신 하나님의 눈으로 보는 이 세상은 비록 그것이 선악과 하나 따먹은 것이라 할지라도 인류의 모든 족속들이 속속 부패한 존재들로 여겨질 뿐이다. 사실 아담과 하와는 강도짓도 하지 않았다. 살인죄는 더더욱 범하지 않았다. 간음죄도 없었고 우상을 섬긴 것도 아니었다. 그의 범죄는 이 세상에서 날마다 목격하는 죄악상하고는 거리가 먼 것이

었다. 그럼에도 불구하고 그의 죄는 에덴 동산에 머물러 있을 수 없게
만들었다. 그의 죄는 날마다 함께 거닐었던 하나님과의 관계를 완전히
파괴시켜버렸다. 전적으로 타락한 존재이기 때문이다. 그는 철저하게
부패해 버렸기 때문이다.

여기서 우리는 완전히 타락했다는 말과 전적으로 타락했다는 말을
구분할 필요가 있다. 스프롤은 그의 책에서 이렇게 말한다: '완전히 타
락한다는 것은 한 사람이 최대한으로 타락하는 것을 말한다. 히틀러는
몹시 타락했었지만 사실 그보다 더 심하게 타락할 수도 있었다. 나는
죄인이다. 그렇지만 나는 사실상 내가 범하는 것보다 더 자주 심하게
범죄할 수 있다. 나는 완전히 타락하지 않았다. 하지만 전적으로 타락
했다. 전적 타락이란 나를 포함한 모든 사람이, 우리 존재의 전체가 부
패 혹은 타락했다는 의미이다. 우리가 가진 부분 중 죄의 손상을 받지
않은 채 남아 있는 부분은 없다. 우리의 지성, 우리의 의지, 우리의 몸,
우리의 영혼까지 다 죄의 영향을 받았다. 우리는 죄된 말을 하고 죄된
행동을 하고 불순한 생각을 품는다.'(p. 184).

그런데도 사람들은 이것을 부정하고자 애를 쓴다. 인간에게 부분적
으로나마 선한 것이 남아 있다는 것이다. 그것 때문에 인간의 노력 여
하에 따라 우리가 사는 사회를 얼마든지 나은 사회로 만들 수 있다고
생각한다. 그러나 전적으로 부패하고 타락한 인간이 하는 일이란 하나
님의 눈에 선한 것은 하나도 없다. 작열하는 태양빛에 비춰진 방안은
먼지들로 가득한 것이다. 솔제니첸의 말대로 선과 악을 재는 잣대가 인
간의 마음이 될 수 없는 이유가 여기에 있다. 성경은 "모든 만물보다 거

짓되고 심히 부패한 것은 인간의 마음이라"(렘 17:9)고 가르치기 때문이다. 죄는 우리의 마음에 다 퍼져있다. 죄는 마음 밖에 있는 것이 아니라 마음 안에 있다. 그래서 사도 바울은 이렇게 단언할 수 있었다: "의인은 없나니 하나도 없으며 깨닫는 자도 없고 하나님을 찾는 자도 없고 다 치우쳐 한 가지로 무익하게 되고 선을 행하는 자는 없나니 하나도 없도다"(롬 3:10-12). 솔제니첸과 같은 인본주의자들은 죄가 인간 삶의 가장 자리나 끝부분에 위치해 있는 것으로 생각하기 때문에 우리의 의지에 따라 얼마든지 선한 삶을 추구할 수 있다고 하는 것이다. 그러나 성경은 죄가 우리 마음의 보좌에 있기 때문에 마음이 움직이는 한, 죄악 된 결과뿐임을 말하는 것이다. 예수님은 인간의 마음에서 나오는 것들을 이렇게 말씀하셨다: "마음에서 나오는 것은 악한 생각과 살인과 간음과 음란과 도적질과 거짓 증거와 훼방이니"(마 15:19, 롬 1:28-31, 딤후 3:2-4 참고).

이처럼 인간은 죄와 허물로 죽은 자들이다(엡 2:1). 죄 아래 팔린 자들이다(롬 7:14). 죄의 법 아래 잡혔다(롬 7:23). 우리는 본질상 진노의 자녀들이다(엡 2:3). 이러한 상태에서 벗어날 수 있는 길은 오직 예수 그리스도 안에서 성령의 살리시는 은혜뿐이다. 그래서 신앙고백서 6장 1항에서 아담과 하와의 죄를 허용하신 이유는 아들 예수 그리스도를 통한 인간의 구원을 나타내시기 때문에 하나님이 영광을 받으시게 되는 길을 찾으셨던 것이다. 우리를 만드신 분께서 우리를 살리신 길도 마련하셨다. 주 예수를 믿으라 그리하면 너와 네 집이 구원을 얻으리라! 아멘!

8. 인간의 양심과 용서받지 못할 죄

인간은 누구나 다 양심을 가지고 있다. 지미니 크리켓이라는 사람은 '언제나 당신의 양심이 당신의 안내자가 되게 하라'고 한다. 그러나 문제는 이 양심이 항상 옳으냐? 라는 것이다. 우리의 양심에 하나님의 말씀으로 채워지고 다스려진다면 그의 말은 더할 나위 없이 유익한 것이지만 그렇지 않을 때는 무서운 결과를 초래할 것이다. 왜냐하면 양심이 마비된 자, 양심에 화인 맞은 자들이 있기 때문이다. "그러나 성령이 밝히 말씀하시기를 후일에 어떤 사람들이 믿음에서 떠나 미혹케 하는 영과 귀신의 가르침을 좇으리라 하셨으니 자기 양심이 화인 맞아서 외식함으로 거짓말하는 자들이라"(딤전 4:1-2)고 했다. 양심이 화인을 맞았다는 것은 양심의 소리, 우리 귀에 들려지는 모든 경고와 훈계를 다 무시해버리고 매우 거북스러운 것으로 간주하여 차단시켜버리는 것이다. 결국은 우리 안에 있는 성령을 근심케 하고 성령의 역사를 소멸케 되어 전혀 하나님의 음성에 반응을 보이지 않는 마비된 심령을 말하는 것이다. 그런 사람들에게서 일반적으로 나타나는 현상은 자기 소견에 옳은 대로 행동하는 것이다. 그 결과가 얼마나 끔찍한 것인지는 우리가 너무나도 잘 안다. 무질서와 대혼란의 연속인 것이다. 하나님은 그 일을 방지하도록 사람들에게 율법을 주셨다. 그 율법이 인간의 양심에 새겨져 있다. 그렇다면 양심이란 무엇인가?

양심이란 헬라어로 쑤네이데시스(συνειδησις)라고 하는데 이 단어는 쓰노이다(συνοιδα)라는 단어에서 파생한 말이다. '쓰노이다'는 어떤 지식을 함께 나누다는 말이다. 영어의 양심이라는 단어(conscience)는 '함께 아는'이라는 뜻인 라틴어 콘 씨엔티아(con-scientia)에서 유래되었다. 무엇을 함께 안다는 것인가? 백과사전은 '양심을 사회적 규범과 개인적 욕망 사이에서 양자를 함께 아는 데서 성립하는 것으로 해석하면서 사회적 동물로서 인간 존재의 근본 구조를 형성하는 것'이라고 했다. 어떤 사람은 하나님을 아는 지식과 함께 아는 인간의 인식을 뜻한다고 한다. 하나님의 판단을 인정하는 인간 내면의 음성이라는 말이다. 그 참된 의미가 어떠하든지 성경에서 사용하고 있는 이 단어를 보면 하나님의 자기 계시에 관한 인간의 도덕적 자의식적 반응을 말한다. 즉 하나님의 지식에 대한 윤리적 판단의 내적 기능을 뜻하는 말이다. 사도행전 23:1에서 사도 바울은 "오늘까지 범사에 양심을 따라 하나님을 섬겨왔다"고 한 것이나 로마서 2:15에 언급한 마음에 새겨진 율법에 대한 양심의 증거를 언급할 때 사용된 단어에서도 같은 의미를 담고 있다. 즉 '양심은 하나님이 주시는 내적 음성으로서 우리 마음은 양심을 통해서 죄를 고소하기도 하고 변명하기도 한다.' 이렇게 양심은 믿는 성도의 마음에서 최고의 힘을 발휘하게 된다.

불신자이지만 철학자 임마누엘 칸트는 '나를 둘러싸고 있는 것 중에서 살펴보면 볼수록 감탄을 금할 수 없는 것이 두 가지가 있다. 한 가지는 별이 총총 떠 있는 하늘이고 다른 한 가지는 내 마음 속에 늘 살아 있는 양심이다. 이를 통해서 나는 살아있다는 것을 느낀다'고 했다. 그런 의미에서 양심이 없는 자는 인간이 아닌 것이다. 늘 우리 속에 살아 있는 양심이 있다는 것은 내가 주님의 말씀의 지배를 받는 자임을 나타내는 것이다.

양심에는 두 가지 기본적인 요소가 있다. 하나는 옳고 그른 것에 대한 내적 깨달음 혹은 인식을 말한다. 둘째는 법, 규범, 규칙을 구체적인 상황에 적용할 수 있는 정신적 능력이 그것이다(스프롤, p. 186). 이 두 번째 요소가 로마서 2:15에서 언급하고 있는 양심의 기능이다. 즉 하나님이 주신 율법은 인간의 양심에 알려졌고 그 율법의 가르침이 사람들의 심령 속에 새겨진 것이라고 말하는 것이다. 따라서 사람이 하나님이 새겨주신 율법을 따라 생각하고 판단하고 실천하는 것은 가장 양심적인 사람이다. 그러나 하나님의 율법을 무시해버리고 자신의 소욕에 따라 사는 것은 죄이다. 그런 의미에서 양심을 거슬려 행하는 것은 죄라고 말할 수 있는 것이다. 오직 말씀에 사로잡혀 있는 양심만이 올바른 양심이다. 그 양심에 반하는 것은 결코 옳다거나 안전하다고 말할 수 없다.

사도 바울은 "믿음과 착한 양심을 가지라 어떤 이들은 이 양심을 버렸고 그 믿음에 관하여는 파선하였느니라"(딤전 1:19)라고 했다. 윌리암 핸드릭슨 주석가는 여기서 말하는 선한 양심이란 적어도 세 가지 뜻을 가지고 있다고 했다.

첫째는 착한 양심이란 하나의 규범으로서 하나님의 특별계시에 의하여 인도 받는 양심.

둘째는 하나님의 심판을 수용하는 것과 인도하심에 순종을 하게 하는 양심.

셋째는 구원에 이르는 회개를 하게 하는 경건한 탄식을 일으키는 양심(고후 7:10).

우리의 양심은 하나님을 아는 지식으로 충만해야 한다. 그래야 죄의 유혹과 함정에서 벗어날 수 있다. 양심은 말씀을 잘못 알 수도 있고 반복되는 죄로 인해 무감각해지고 둔해질 수 있다. 우리는 습관적으로 범하는 죄로 인하여 마음이 굳어진다. 늘 죄악된 일들을 보고 듣고 자라는 사회에서는 우리의 양심이 더욱 마비될 수 있다. 그래서 '다 그래!' 하면서 양심의 소리를 억누르고 경고를 무시하는 행동을 한다. 그런 상황에 빠지는 것을 우리는 제일 두려워해야 한다. 왜냐하면 무딘 양심으로 세상을 살아가는 것은 성령께서 떠나가게 하는 일이 되기 때문이다. 다윗은 범죄한 후에 회개하면서 "나를 주 앞에서 쫓아내지 마시며 주의 성신을 내게서 거두지 마소서"(시 51:11)라고 간청하였다. 그는 성령이 떠나가는 것이 무엇을 의미하는지 사울 왕을 통해서 깊이 경험하였기 때문이다. 그리스도인에게서 성령이 떠나가는 것은 하나님의 영광에 이르지 못하는 것을 의미한다. 그렇기 때문에 성령을 근심케 하는 죄를 속히 버리고 양심에 새겨진 하나님의 말씀을 쫓아 순종하는 자가 되어야 한다.

좋은 항해사는 결코 방향타를 포기하지 않듯이 그리스도의 좋은 일 군들은 성령으로 말미암아 우리의 마음을 주님의 말씀에 순응케 하는 양심을 저버리지 않는다. 신자의 양심은 이처럼 우리를 영원한 안식의 항구에 도달케 하는 방향타와 같은 것이다.

또한 비록 하나님의 말씀에는 정해 놓은 것이 아닐지라도 우리 양심의 판단에 이것은 옳지 않다고 생각되는 것을 하는 것 역시 죄를 짓는 것이다. 예를 들어서 가게를 운영하는 그리스도인이 술을 파는 것이 옳지 않다고 양심이 그렇게 말한다면 안하는 것이 옳다는 말이다. 그럼에도 불구하고 술을 파는 일이나 노래방에 들락거리는 일이나 음란 소설 등에 빠져 있거나 하는 일들은 기독교인의 양심에 위반되는 일들을 하는 것이다. 또한 모든 것을 믿음으로 해야 하는데 믿음으로 하지 않는 것 역시 죄임을 기억해야 한다(롬 14:23). 하나님의 선한 일군들을 불신하고, 사람들을 불신하며 심지어 정부를 불신하는 일들도 사실은 죄인 것이다. 미국산 쇠고기로 인해서 미국 사람들 중에 광우병에 걸려 죽은 사람이 한 사람도 없는데도 불구하고 마치 미국산 쇠고기가 수입되면 그 고기를 먹는 모든 한국 사람들은 다 광우병에 걸린다고 오도하는 것에 동참하여 스스로 속고 속이는 일을 하는 것도 잘못이다. 국민의 손으로 뽑은 정부를 타도하자는 것은 분명 옳은 것은 아니다. 그들의 시위 때문에 주변 상인들의 피해를 견디다 못해 그들 역시 거리로 뛰쳐나왔다. 국민의 세금으로 운영되는 그 공권력에 대한 막대한 재산 피해는 누가 보상할 것인가? 대한민국의 건강한 국민들인 전경들의 생명과 신체 보호는 함부로 훼손해도 되는 것인가? 성직자들이라는 사람들이 촛불 시위를 더욱 부채질하고 있는 모습이 정말 안타깝기 그지없다. '어둠이 빛을 정복한 적이 없다'고 하면서 요한복음 1장 5절의 말씀을 인용하는 글귀를 들고 시위하는 그들을 보면서 누가 어둠이고 누가 빛인지 구분도 못하는 자들이 성직자라는 옷을 입고 시위를 주도하고 있는 것은 정말 잘못된 일이라고 말하지 않을 수 없다.

일부 진보적인 개신교도들이나 불교도들이나 모두가 다 정부를 전복시킬만큼 지금 상황이 어려운가? 최근에 개봉한 '크로싱'이라는 영화는 탈북자들에 대한 이야기를 소재로 한 영화인데 북한의 그 처참한 상황을 누구나 지적하면서 북한 김정일 정권을 향한 시위는 한번도 하지 않으면서 민주 정부를 전복시키자는 일부 세력들은 도대체 어느 나라 국민인지 알 수 없다. 우리는 양심에 반하는 일을 해서도 안되지만 법을 지키며 믿음으로 자신의 역할에 충실하게 일해야 할 것이다. 양심은 하나님의 말씀을 알고 그 말씀으로 다스려질 때만이 좋은 안내자가 될 수 있다. 만물보다 심히 부패하고 타락한 것이 인간의 마음이기 때문에 썩지 아니할 하나님의 말씀으로 거듭난 심령만이 옳고 그름을 분별할 수 있는 것이다. 그러나 성경은 용서 받을 수 없는 죄에 대해서 언급하고 있다.

용서받을 수 없는 죄

사실 이 가르침은 기독교인이라고 해도 죄와 무관하게 지낼 수 없기 때문에 한쪽 구석에서 두려움에 사로잡히게 하는 것이다. 주 예수 그리스도의 복음은 자신의 죄를 회개하고 주 예수를 믿으면 누구든지 다 죄사함을 받고 구원을 얻는다고 가르친다. 그러나 모든 죄가 다 용서받는 것은 아니다. 용서의 한계가 있다는 말이다. 사실 이 가르침은 용서와 사랑을 말씀하시는 하나님께서 어찌 용서할 수 없는 죄를 언급하시는가? 매우 의아하게 여길 만한 것이다. 그러나 사랑의 주님께서 그렇게 말씀하신 것이라면 그 죄는 정말 무서운 죄인 것만큼은 틀림없는 것이다. 그렇다면 그 죄가 무엇인가? 그것은 '성령을 훼방하는 죄'이다(마 12:31-32). 이 죄는 현재에도 미래에도 용서받을 기회가 없다.

무엇이 성령을 훼방하는 죄인가? 살인이나 간음과 같은 죄가 그에 해당한다고 생각하는 사람들이 있다. 그 죄들은 다 하나님을 대적하는

못된 죄악들임이 틀림없다. 그러나 진심으로 회개하면 사함을 받을 수 있다. 다윗은 그 두 가지 죄를 다 범하였지만 회개하고 주님께로 돌아섰기 때문이다. 또 어떤 사람들은 집요하게 끝까지 그리스도를 믿지 않는 죄라고 생각한다. 그러나 어떤 사람은 죽음 직전에 죄를 회개하고 그리스도를 영접하는 최종적인 기회를 가지기도 한다. 물론 그렇지 않은 사람들도 많이 있다. 그들의 거부는 용서의 소망을 박탈하는 무서운 결과를 가지는 것이다. 그렇다고 해서 예수님께서 말씀하신 성령 훼방죄를 충분히 설명해 주는 것은 아니다. '훼방은 사람이 말이나 글로 하는 어떤 것이다.' 훼방에는 말이 포함된다. 훼방한다는 것은 하나님을 모독하는 언행심사를 말한다. 그러나 이러한 죄도 용서받을 수 있는 죄이다.

그런데 예수님이 용서할 수 없는 죄에 관한 경고의 말씀은 예수님을 고소하는 자들이 예수님을 사단과 동류라고 말한 상황에서 나온 말씀이다. 이 경고는 매우 진지했고 두려운 것이었다. 그러나 예수님은 무지함으로 인해 예수님을 훼방했던 자들을 용서해 달라는 기도를 십자가상에서 드리셨다. 만일 무지하여 그렇게 행한 것이 용서받을 수 없는 것이었다면 주님은 그렇게 기도하지 말았어야 했다. **"아버지여 저희를 사하여 주옵소서 자기의 하는 것을 알지 못함이니이다"**(눅 23:34).

그러나 만일 사람들이 성령의 조명하심을 통해서 예수가 참 그리스도임을 알게 되었음에도 불구하고 예수님을 사단이라고 고소한다면 그들은 용서 받을 수 없는 죄를 범하는 것이다. 그리스도인들도 스스로의 결정에 의하여 그런 범죄를 저지를 가능성은 얼마든지 있다. 다만 성령의 보호하시는 은혜를 힘입어 하나님의 택함을 받은 자들은 끝까지 그러한 죄로부터 지킴을 받게 될 것이다. 한번 택함을 받아 구원을 받은 자는 하나님이 끝까지 지키시고 구원하시기 때문이다. 그러나 진실한 그리스도인이 자신들이 실제로 그런 죄를 범했을지도 모른다고 두려워한다면 그것은 아마도 그들이 그 죄를 범하지 않았다는 표가 될 것이다. 그러한 죄를 범하는 사람들의 마음이란 너무나 굳어지고 가책을 느끼지 못할 정도로 그 죄 속에 빠져 있기 때문이다.

사실 세속화된 이 사회에 사는 불신자들조차도 하나님을 모독하는 언행을 함부로 내뱉는 일들을 두려워한다. 예수님을 조롱하는 말을 하고 농담이나 말속에 비아냥거리는 일들이 있을지라도 예수님을 사단으로 연결지어 말하는 자들은 그리 많지 않다. 더욱이 사단 숭배자들 그리고 우상 숭배자들이 알지 못해서 그와 같은 일을 저질렀을 때 성령의 도우심으로 깨우침을 받아 얼마든지 회개하고 돌이킬 수 있는 것이다. 그러나 성령의 비침을 받아 충분히 주 예수 그리스도가 하나님의 아들임을 알고 그의 구속의 은혜가 무엇인지를 앎에도 불구하고 의도적으로 부정하고 악한 귀신의 영에 휩싸인 것으로 치부해 버리는 것은 분명 용서 받지 못할 죄를 범하는 것이다. 우리가 김정일을 위해서 기도할 수 있는 것은 그가 회개할 수 있는 기회를 가질 수 있기 때문이다.

11장

구 원 의   길

11장

구원의 길
The Way of Salvation

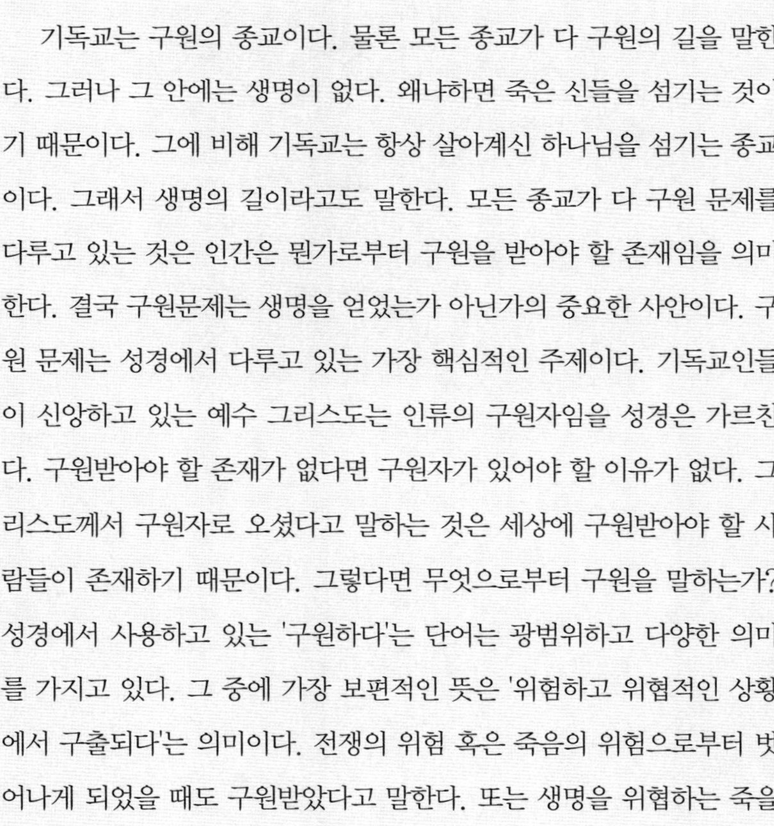

　　기독교는 구원의 종교이다. 물론 모든 종교가 다 구원의 길을 말한다. 그러나 그 안에는 생명이 없다. 왜냐하면 죽은 신들을 섬기는 것이기 때문이다. 그에 비해 기독교는 항상 살아계신 하나님을 섬기는 종교이다. 그래서 생명의 길이라고도 말한다. 모든 종교가 다 구원 문제를 다루고 있는 것은 인간은 뭔가로부터 구원을 받아야 할 존재임을 의미한다. 결국 구원문제는 생명을 얻었는가 아닌가의 중요한 사안이다. 구원 문제는 성경에서 다루고 있는 가장 핵심적인 주제이다. 기독교인들이 신앙하고 있는 예수 그리스도는 인류의 구원자임을 성경은 가르친다. 구원받아야 할 존재가 없다면 구원자가 있어야 할 이유가 없다. 그리스도께서 구원자로 오셨다고 말하는 것은 세상에 구원받아야 할 사람들이 존재하기 때문이다. 그렇다면 무엇으로부터 구원을 말하는가? 성경에서 사용하고 있는 '구원하다'는 단어는 광범위하고 다양한 의미를 가지고 있다. 그 중에 가장 보편적인 뜻은 '위험하고 위협적인 상황에서 구출되다'는 의미이다. 전쟁의 위험 혹은 죽음의 위험으로부터 벗어나게 되었을 때도 구원받았다고 말한다. 또는 생명을 위협하는 죽을

병에서 고침을 받았을 때도 구원을 받았다고 말한다. 또는 자연적인 재앙으로부터 피했을 때도 구원받았다고 말한다.

또 권투운동경기에서 거의 그로기 상태에 있는데 종이 울렸을 때 그 종소리가 선수를 살렸다는 의미로도 사용하는 단어이다. 이렇게 구원이란 어떤 재앙으로부터 벗어나는 것을 말한다. 그러나 기독교에서 구원 문제를 다룰 때는 그와 같은 보편적인 구출이나 벗어남 또는 건짐을 받는 의미만이 아니라 특별히 죄로부터 구속함을 받는 것, 그리고 하나님과의 화해를 얻는 것을 나타내는 특수한 뜻을 가진 단어이다. 그런 뜻에서 볼 때 구원은 궁극적 재앙인 하나님의 심판을 피하는 길을 말한다. 그렇다면 인간은 왜 하나님의 심판을 받게 되었는가? 그것은 인간이 범한 죄 때문이다. 다시 말해서 인간이 구원받아야 할 가장 큰 이유는 인간이 죄인이라는 사실 때문이다. 그런 의미에서 죄로부터 구속함을 받는 것을 말하는 것이다.

성경은 대재판장이신 하나님 앞에서 모든 인간이 다 심판을 받게 됨을 분명하게 가르치고 있다(마 12:36-42, 요 16:8, 히 9:27, 유 15 등). 많은 사람들에게 이 심판의 날 즉 '주의 날'은 빛이 없는 어둠의 날이요 긍휼함이 없는 냉혹한 날이 될 것이다(약 2:13). 그 날은 하나님께서 사악하고 회개하지 않는 자에게 진노를 쏟아 부으시는 날이 될 것이다. 그것은 인간의 역사에서 최후의 대학살이 될 것이고 가장 어두운 시간이 될 것이며 가장 극심한 재앙이 될 것이다. 이처럼 가장 확실하게 임하게 될 하나님의 진노로부터 구출받는 것이 궁극적인 구원이다. 이 길은 길이요 진리요 생명이신 주 예수 그리스도께서 자기 백성들을 위하여 행하시는 십자가의 복음이다.

그렇기 때문에 구원은 홀로 주님께 속한 주님의 일이다. 구원은 인간적인 사업이 아니다. 인간은 스스로 구원할 수 없다. 구원할 수 있다면 구원자의 필요성은 사라진다. 구원의 일은 하나님의 소관이다. 하나님이 계획하시고 실행하신다. 구원은 철저하게 주님의 것이며 주님께로부터 오는 것이다. 우리를 장차 받을 모든 하나님의 진노로부터 벗어나게 하시는 구원자는 오직 주 예수 그리스도뿐이다. 천하에 구원을 얻을 만한 다른 이름은 예수 외에는 없다. 그렇다면 그 구원의 길에 대하여 성경이 가르치고 있는 교리적 가르침이 무엇인지를 살피며 가슴에 새기는 일은 매우 중요한 것이다.

1. 예정과 선택

'하나님께서는 생명에 이르도록 예정하신 그 모든 사람들만을 자신이 정하시고 적당하다고 생각하시는 때에 효과적으로 부르시되 그의 말씀과 성령으로 하신다. 그래서 그들이 태어나면서부터 처해 있는 죄와 사망의 상태에서 불러내어 예수 그리스도로 말미암은 은혜와 구원에로 인도하신다. 또한 그들의 마음을 영적으로 그리고 구원에 관하여 깨우쳐서 하나님의 일들을 이해하게 하시며 그들의 돌같이 굳은 마음을 제하시고 그들에게 살같이 부드러운 마음을 주신다. 또한 그들의 의지들을 새롭게 하시고 그의 전능하신 능력으로 그들이 선한 것을 결심하게 하시며 그리고 효과적으로 그들을 예수 그리스도에게로 이끄신다. 그렇지만 그의 은혜로 기꺼이 나오게 되어 있으므로 그들은 가장

자유롭게 나아오는 것이다.'(WCF 10장, 유효한 부르심, 1항)

예정이라는 말처럼 기독교에 안티세력을 만드는 당혹스러운 교리는 없다고 해도 과언이 아니다. 잘못 이해하면 하나님을 잔인한 압제자요 폭군으로, 인간의 삶을 마치 인형극과 같은 것으로 전락시켜버리기 때문이다. 그러나 이 교리를 제대로 알면 이 교리만큼 은혜로운 것도 없다. 그래서 기독교를 은혜의 종교라고도 한다. 설명하기가 그리 쉽지 않지만 성경에서 이 부분을 명백하게 가르치기 때문에 그냥 넘어갈 수 없는 것이다. 구원받을 자와 구원받지 못할 자를 하나님이 미리 결정하신다는 예정 교리는 잘못 이해하면 인간의 모든 자유와 하나님의 사랑을 우스꽝스러운 것으로 만들기에 충분하다. 예정론이 의미하는 기본적인 것은 천국이든 지옥이든 인간의 궁극적인 목적지가 우리가 그곳에 가기도 전에 심지어 우리가 태어나기도 전에 하나님에 의해 결정되어 있다는 것이다. 즉 인간의 궁극적인 운명이 전적으로 하나님의 손에 달려 있다는 것이다. 로마서 9장에도 기록되어 있듯이 우리가 존재하기도 전에 또는 태어나서 무슨 선이나 악을 행하기도 전에 인류 가운데 어떤 자들은 구원하시기로 결정하셨고 그 나머지는 멸망하도록 방치하셨다는 말이다.

선택의 주체는 하나님이시다. 하나님이 선택하셨다. 어떤 자에게는 구원을, 어떤 자에게는 멸망을 받도록 하나님의 뜻에 의하여 결정되었다는 교리가 예정론이다. 이것이 일반적으로 교회들이 수용하고 있는 가르침이다.

이 예정론의 핵심적인 내용을 다루기 위해서는 자연스럽게 하나님의 선택 교리를 말하지 않을 수 없다. 상당수의 기독교인들은 하나님의 예지(豫知)를 기초로 하여 선택하신다고 믿고 있다. 즉 하나님은 누가 하나님을 믿게 될 자들인지를 미리 아시고 그들을 선택하여 영생을 얻게 하신다는 말이다. 이것은 예정의 선견적 관점이라고 말한다. 하나님께서 인간의 결정과 행동을 미리 아신다는 점에 근거한 이론이다. 그러나 개혁교회의 관점은 이와는 다르다. 우리의 입장을 설명하기 전에 왜 우리는 예수님을 믿는가? 라는 질문을 해 보자. 우리 모두는 자발적으로 예수님을 믿기 시작했다. 누가 강제로 믿게 한 것이 아니라는 말이다. 우리가 교회에 나온 것은 물론 사람들의 권유를 받았을지라도 스스로의 의지적 결단에 의한 것이었다. 그럼에도 불구하고 우리의 구원을 우리는 우리 자신의 공로 탓으로 돌리지 못한다. 우리의 구원은 하나님의 능력으로 그리고 다른 사람들의 간절한 기도에 대한 하나님의 자비하신 응답으로 회심하여 예수를 믿게 되었다는 생각을 지울 수 없다.

기도를 생각하면 예정론을 이해한다는 것이 더 복잡해진다. 왜냐하면 우리는 믿지 않는 친구들이나 가족들의 구원을 위해서 날마다 기도하기 때문이다. 그들의 회심과 중생을 위해서, 심령의 변화를 위해서 하나님께 간구한다. 우리는 그들이 자발적으로 나아가야 한다는 걸 당연시한다. 왜냐하면 마지못해 주님께 나아가는 것은 전혀 나아가지 않는 것과 마찬가지이기 때문이다. 그럼에도 불구하고 하나님께 기꺼이 나아가게 해 달라고 간구한다. 이 때 우리의 기도는 믿지 않는 자들의 자유를 무시하실 것을 하나님께 요구하는 것이라고는 전혀 생각하지 않는다. 그리고 그들이 예수를 믿게 되면 우리는 하나님 덕분으로 여기며 감사를 드리는 것이다. 따라서 우리가 예정을 생각할 때 우리의 자유를 박탈하시는 하나님의 횡포를 떠올리기 쉽지만 우리 자신의 신앙의 출발이나 다른 사람들을 위한 기도를 생각하면 인정하든 인정하지 않든 우리는 다 예정론을 믿고 있는 자인 셈이다. 따라서 우리는 성경에서 가르치고 있는 예정 교리에 대하여 명쾌한 이해를 가질 필요가 있는 것이다. 결론적으로 나는 예정 교리가 피할 수 없는 명백한 성경적 교리임을 증명하며 둘째는 이 교리가 실제로 얼마나 영적으로 유익하고 고무적인 가르침인지를 살펴보고자 한다.

개혁주의 관점에서 이해하는 예정은 인간의 구원에 대한 결정이 궁극적으로 하나님에게 속한 것이라는 것이다. 이에 대한 하나님의 선택은 하나님의 주권적인 일이다. 즉 하나님이 인간의 결정이나 반응을 미리 아시고서 한 것이 아니라 그 결정이 진실로 하나님의 주권적인 은혜로 말미암은 것이라는 사실이다. 알씨 스프롤이 말하는 대로 '타락한 인간을 그냥두면 결코 하나님을 선택하지 않을 것이다. 타락한 인간은 타락했어도 여전히 자유 의지를 가지고 있기에 자신이 원하는 바를 선택할 수 있는 능력이 있다.' 그러나 문제는 우리가 하나님을 향한 소원을 가지고 있지 않다는 것이다. 오직 하나님의 택하심을 받은 자만이 그러한 소원을 가지고 믿게 되는 것이다. 로마서 9장에서 야곱과 에서의 경우처럼 자신들이 해 놓은 어떤 일이나 앞으로 할 일에 근거하여 선택 여부가 결정되는 것이 아니라 오직 하나님의 주권적인 선하시고 기뻐하시는 뜻에 따라 정해지는 것이다. "이뿐 아니라 또한 리브가가 우리 조상 이삭 한 사람으로 말미암아 잉태하였는데 그 자식들이 아직 나지도 아니

하고 무슨 선이나 악을 행하지 아니한 때에 택하심을 따라 되는 하나님의 뜻
이 행위로 말미암지 않고 오직 부르시는 이에게로 말미암아 서게 하려 하사
리브가에게 이르시되 큰 자가 어린 자를 섬기리라 하셨나니 기록된바 내가
야곱은 사랑하고 에서는 미워하였다 하심과 같으니라, … 그런즉 원하는 자로
말미암음도 아니요 달음박질 하는 자로 말미암음도 아니요 오직 긍휼히 여기
시는 하나님으로 말미암음이니라"(롬 9:10-13, 16).

이처럼 성경은 하나님의 선택하심에 대하여 명확하게 언급하고 있
다. 그 일이 언제부터 있었는가? 에베소서에서는 이렇게 증거하신다:
"찬송하리로다 하나님 곧 우리 주 예수 그리스도의 아버지께서 그리스도
안에서 하늘에 속한 모든 신령한 복으로 우리에게 복 주시되 곧 창세 전에 그
리스도 안에서 우리를 택하사 우리로 사랑 안에서 그 앞에 거룩하고 흠이 없
게 하시려고 그 기쁘신 뜻대로 우리를 예정하사 예수 그리스도로 말미암아
자기의 아들들이 되게 하셨으니 이는 그의 사랑하시는 자 안에서 우리에게
거저 주시는 바 그의 은혜의 영광을 찬미하게 하려는 것이라"(엡 1:3-6).

그리스도를 믿는 자들은 다 하나님의 선택함을 받은 자들이며 그 선
택은 창세전에 이루어진 일이다. 그 선택된 자들의 구원은 하나님의 부
르심을 통해서 성취된다. 따라서 부르심이란 택함을 받은 자들을 구원
으로 불러들이시는 성령의 사역을 말하는 것이다. 영원 전부터 하나님
의 기뻐하시는 뜻을 따라 이루어진 선택은 인간 세상 역사 속에서 부르
심을 통하여 실현된다. 그 부르심의 수단은 말씀과 성령이다. 즉 복음
선포를 통해서 듣는 자들의 심령 속에서 성령의 역사하심을 따라 하나
님의 부르심에 응답함으로 구원이 이루어지는 것이다. 복음 전도를 통

한 외적이며 일반적인 구원에로의 초대는 모든 사람이 육신의 귀로 들을 수 있으나 영적으로 죽어 있는 인간은 그 초청에 응할 수 없다. 그러므로 인간은 거듭나지 않으면 그리스도를 선택할 수 없다. 죄와 허물로 죽은 자이고 사단과 죄의 종이기 때문에 일반적인 부르심으로는 구원에 스스로 응답할 수 없는 것이다. 죽은 자가 듣기 위해서는 먼저 살아나야만 한다. 오직 생명을 주시는 하나님의 창조적인 능력으로만 살아날 수 있게 된다. 성경은 이것을 중생 즉 거듭남 또는 새로운 피조물로 묘사한다. 즉 죽은 영이 다시 살아나서 산 영이 되어야만 산 영으로 더불어 증거하시는 성령의 증거를 믿을 수 있게 된다. 그리하여 사도들이 증거하고 있는 것도 영생을 주시기로 작정된 자들은 다 믿는다고 말씀한 것이다(행 13:48). 이 믿음을 가진 자가 회개하게 되고 하나님 앞에서 죄 사함을 받아 의롭다 함을 받으며 영생의 은총을 누리는 것이다.

'이 유효한 부르심은 하나님의 값없고 특별한 은혜로만 되는 것이며 결코 사람 안에 있는 어떤 것을 미리 하나님이 보시고서 하는 것이 아니다. 그 점에서 인간은 전적으로 수동적이다. 성령으로 말미암아 소생하고 새롭게 된 연후에는 이 부르심에 응답할 수가 있게 되며 또한 이 부르심 가운데서 제공되며 전달된 은혜를 받아들일 수 있게 된다.'(WCF 10장 2항)

하나님의 부르심의 목적은 택함받은 자들을 중생시키시며 하나님께로 돌아오게 하고 믿음으로 구원의 은총을 영원히 누리게 함에 있다. 그러나 예정론에서 우리를 곤욕스럽게 하는 것은 하나님께서 모든 사람을 다 선택하여 구원하시는 것이 아니라는 점이다. 그는 긍휼히 여길 자를 긍휼히 여기시며 은혜 베푸실 자에게 은혜를 베푸신다. 따라서 그의 기뻐하시는 뜻을 따라 어떤 이는 구원의 자리에, 어떤 이는 죄 가운데 버림당하여 영원한 하나님의 진노의 형벌을 받는다. 이것을 이중적 예정론이라고 한다. 선택이 있으면 그 뒷면에는 유기(reprobation)가 있다. 하나님은 야곱은 사랑하시고 에서는 미워하신다고 하셨다. 선하신 하나님께서 어떻게 에서를 미워하실 수 있는가? 물론 하나님은 죄인들을 역겨워하신다. 원수로 여기신다. 그런 측면에서 비록 태어나서 무슨 악한 일을 하지 않은 아이일지라도 모든 인간은 다 죄 가운데서 잉태되고 출생하였기 때문에 하나님의 심판을 받아 멸망한다. 따라서 그같은 측면에서 보면 하나님이 에서를 죄인으로서 미워하신다는 말에는 수긍이 간다. 그러나 야곱은 사랑하시고 에서를 미워한다는 것을 우리는 어떻게 이해할 수 있는가? 이 문제는 하나님의 선택의 문제에서만 이해해야 한다. 그 선택의 문제는 하나님의 절대 주권적인 역사로 이해하는 것이다. 이것 때문에 사람들은 하나님이 하시는 일이 불공평하다고 항의한다. 그같은 기준이 무엇이냐고 항변한다. 그런 자들에게 하나님은 이렇게 말씀하신다:

"그런즉 우리가 무슨 말 하리요 하나님께 불의가 있느뇨 그럴 수 없느니라 모세에게 이르시되 내가 긍휼히 여길 자를 긍휼히 여기고 불쌍히 여길 자를 불쌍히 여기리라 하셨으니 … 혹 네가 내가 말하기를 그러면 하나님 어찌하여 허물하시느뇨 누가 그 뜻을 대적하느뇨 하리니 이 사람이 네가 뉘기에 감히 하나님을 힐문하느뇨 지음을 받은 물건이 지은 자에게 어찌 나를 이같이 만들었느냐 말하겠느뇨 토기장이가 진흙 한 덩이로 하나는 귀히 쓸 그릇을 하나는 천히 쓸 그릇을 만드는 권이 없느냐 만일 하나님이 그 진노를 보이시고 그 능력을 알게 하고자 하사 멸하기로 준비된 진노의 그릇을 오래 참으심으로 관용하시고 또한 영광 받기로 예비하신 바 긍휼의 그릇에 대하여 그 영광의 부요함을 알게 하고자 하셨을지라도 무슨 말하리요 이 그릇은 우리니 곧 유대인 중에서 뿐 아니라 이방인 중에서도 부르신 자니라"(롬 9:14-15, 19-24).

즉 하나님께서는 어떤 사람에게서라도 불의하시다는 비난을 받으시지 않으신다. 바울의 논증은 하나님께서 피조물에게 원하시는 대로 행하시는 하나님의 권리를 강조하는 것이다. 사실 하나님의 선택은 인간의 기준과 판이하게 다르다(고전 1:26-31)을 보라. 어느 누구도 자랑하지 못하게 하시려고 약하거나 어리석다고 여기는 자들을 의도적으로 택하신 것이다. 따라서 고린도 교인들은 그리스도 안에 있는 것이 하나님의 은혜로 인한 것임을 그리고 오직 그리스도만을 자랑해야 함을 명심해야 했다. 이것은 에베소 교회 성도들도 마찬가지였다. "너희가 그 은혜를 인하여 구원을 얻었나니 이것이 너희에게서 난 것이 아니요 하나님의 선물이라 행위에서 난 것이 아니니 이는 누구든지 자랑치 못하게 하심이니라"(엡 2:8-9). 고린도 교인들이나 우리들이나 선택의 주도권은 철저하게 하나님께 있는 것이요 우리가 택함을 받았다는 것은 우리들의 미천함과 연약함을 나타내는 표시이기 때문에 자랑할 것이 아무 것도 없는 것이다. 따라서 나의 택함은 전적으로 하나님의 사랑의 결과이다. 고로 선택 교리는 우리로 하여금 더욱 하나님을 사랑하게 하고 구원의 은혜에 더욱 감사하며 찬양하게 하는 것이다.

이 부분에 대한 바른 이해를 위하여 실질적 예를 들어보자.

클랏펠터는『선하신 하나님의 손에 붙들린 죄인들』이라는 책에서 모친이 강간 당함으로 어쩔 수 없이 태어났다고 생각하는 젊은 여성에 대한 이야기를 소개한다. 그리고 그 딸을 낳은 어미를 생각해 보라. 자신이 결혼도 하지 않은 상태에서 자신의 삶을 엉망으로 만들어버린 이 딸에 늘 분노하고 있다고 생각해 보자. 과연 이 젊은 여성이 어떤 위안을 얻을 수 있는가? 세상적인 논리로 보면 이 여성은 세상에 나오지 말았어야 한다. 그녀는 자신의 엄마에게나 우주 자체에 쓸모없는 존재이다. 그러나 성경의 예정론적인 관점에서 보면 그녀는 많은 위안을 얻으며 하나님을 찬양하게 된다. 만일 그녀가 그리스도인이라고 하면 그녀는 세상이 창조되기 전에 이미 하나님의 선택함을 받았다고 확신한다. 그녀는 하나님이 자신을 존재케 하였고 자신이 존재하기도 전에 그 분이 그녀를 사랑하셨음을 알게 된다. 그녀는 자신의 출생을 둘러싼 추한 상황이 자기 존재의 정당성을 훼손시키거나 하나님에 의해 계획되고 피조된 존재로서의 위엄을 실추시키지는 않음을 알 수 있다. 하나님은 미래를 아시며 자연의 사건들과 인간의 결정들을 모두 주관하신다. 그녀가 살아 있는 것은 하나님이 영원 전부터 그녀를 만들기로 결정하셨기 때문이다. 설령 그녀의 부모가 그녀를 원하지 않더라도 우주의 하나님은 원하신다(시 27:10). 이는 그녀의 삶이 행복한 가정에서 태어난 어떤 사람의 삶 못지않게 의미 있음을 뜻한다.

이 은혜를 입은 자들은 당연히 주님의 사랑을 자랑하는 책임과 의무가 일어난다. 온 천하에 다니며 이 영광스럽고 자랑스러운 복음을 전파하는 책임을 기꺼이 감당한다. 누가 선택함을 받았는지 알지 못하지만 하나님의 택함을 받은 자는 다 믿음의 반응을 보일 수 있기 때문이다. 이것 때문에 더욱 전도하는 일을 포기하지 않는 것이다.

한편 예정론에 있어서 버림 받은 자들, 즉 유기된 자들을 생각하면 여전히 의아스러운 생각을 지우기기 쉽지 않다. 출애굽의 바로 왕의 기사와 같이 하나님께서 그의 마음을 강팍하게 하셨다는 말씀이 그 중 하나이다. 하나님이 믿지 못하게 하셨기 때문에 믿지 않은 것이라고 주장하는 것은 그 원인이 하나님께 있기 때문에 그의 멸망은 전적으로 하나님이 책임 져야 할 것이라는 생각이 우리에게서 떠나가지 않는다. 하나님은 분명 택함을 받은 자들이 하나님의 은혜로운 역사로 말미암아 구원에 이르는 믿음을 가지게 하신다. 그들을 일방적으로 거듭나게 하시고 그들의 보증을 성령 하나님과 기록된 말씀을 통해서 확증해 주신다. 반면에 유기된 자들의 경우 하나님은 그들에게 죄악이 역사하게 하시거나 그들이 믿음을 갖는 것을 방해하시는 것이 아니다. 성경에 등장하는 악인들 중 어느 누구도 하나님께서 강제적으로 죄를 짓게 하여 죄를 범했다고 말할 수 있는 자는 아무도 없다. 가룻 유다 조차도 자신의 의지적 결단으로 죄를 범한 것이지 하나님의 충동에 의해서 되어진 것이 아닌 것이다. 그보다 하나님은 그들에게 개입하거나 죄짓게 몰아가는 것이 아니라 그들 자신들의 죄악된 뜻 가운데 버려두시는 것이다.

따라서 하나님이 바로의 마음을 강팍하게 하셨다는 것은 하나님이 어떻게 그렇게 하시는가가 이해의 관건이다. 루터는 하나님이 적극적으로 바로의 마음을 굳게 하신 것이 아니라 소극적으로 그렇게 하셨다고 주장한다. 즉 하나님은 바로의 마음속에 새로운 악을 창조해 넣으신 것이 아니다. 이미 바로의 마음속에는 모든 일에 있어 하나님의 의지에 반대할 만한 충분한 악이 있었다(출 8:15, 32). 하나님이 그 누구든 마음을 굳게 하시기 위해 해야 하는 일은 오직 죄악을 누그러뜨리는 은혜를 그들로부터 거두시고 그들이 자기 자신의 악한 충동대로 하도록 내버려두시는 일뿐이다. 이것이 바로 하나님께서 지옥의 저주받은 자들에게 하시는 일이다. 하나님은 그들을 그들 자신의 사악함 가운데 버려두신다. 이것이 로마서 1장에서 저주를 받은 인생들의 결정에 대한 하나님이 행하신 일이다.

"그러므로 하나님께서 저희를 마음의 정욕대로 더러움에 내어 버려두사 저희 몸을 서로 욕되게 하셨으니 이는 저희가 하나님의 진리를 거짓 것으로 바꾸어 피조물을 조물주보다 더 경배하고 섬김이라 … 이를 인하여 하나님께서 저희를 부끄러운 욕심에 내어버려두셨으니 곧 저희 여인들도 순리대로 쓸 것을 바꾸어 역리로 쓰며 … 또한 저희가 마음에 하나님 두기를 싫어하매 하나님께서 저희를 그 상실한 마음대로 내어 버려두사 합당치 못한 일을 하게 하셨으니"(롬 1:24, 26, 38).

이처럼 하나님은 적극적으로 능동적으로 선택 받은 자들의 삶에 개입하셔서 그들의 마음속에 은혜가 임하게 하고 믿도록 역사하신다. 반면에 하나님은 멸망당할 자들에게는 그들의 죄악 된 의지대로 악을 행하도록 버려두시고 그들의 죄 때문에 멸망당하게 하시는 것이다. 따라서 사람이 망하는 것은 하나님이 택하지 않아서가 아니라 자신의 죄로 인하여 망하는 것이다. 하나님의 적극적인 은혜의 역사나 공의한 심판은 다 하나님의 주권에 속한 일이다. 그렇기 때문에 불의하다고 말할 수 없는 것이다. 도리어 택함을 받은 자들은 버림받은 자들 때문에 자신들의 구원이 얼마나 놀라운 은혜인지를 깊이 깨닫게 되고 그로 인하여 더욱 감사와 찬송을 주님께 드린다. 삶의 목적이 자발적으로 그 분의 영광을 위한 것이 된다. 다시 말해서 하나님의 주권적인 행위에 대하여 이를 갈기보다 도리어 우리를 구속하기 위해 자기 아들을 보내시고 십자가에 죽게 하신 하나님의 사랑을 진심으로 찬미하는 것이다. 전에는 죽은 자요 소망이 없는 자인데 이제 예수 그리스도 안에서 새 생명을 얻는 자가 되었다는 사실이 주님을 더욱 영화롭게 하는 자리에 나아가게 하는 것이다.

이처럼 예정과 유기는 우리로 하여금 하나님 앞에서 겸손하게 하며 즐겁게 하고 삶의 활력을 불러일으킨다. 그리고 그 사랑을 알지 못하는 이들에게 전하는 수고를 결코 마다하지 않는다.

여기서 한 가지 짚고 갈 것은 영아들의 죽음 문제이다. 그들의 구원에 대하여 우리의 신앙고백서는 이렇게 교훈한다: '영아기에 죽은 택함을 받은 영아들은 성령을 통하여 그리스도로 말미암아 중생하고 구원받는다. 성령께서는 그가 기뻐하시는 때와 장소와 방법을 따라 역사하신다. 또한 말씀의 전도에 의하여 외적으로 부르심을 받을 능력이 없는 다른 모든 택함 받은 자들의 경우도 마찬가지이다.'(10장 3항).

영아들 중에도 성인들과 마찬가지로 택함을 받은 자들이 있고 그렇지 못한 자들이 있다. 그러나 택함을 받은 자들이 신앙을 고백하거나 인식하기 이 전에 죽었을 때 그들의 구원이 어떻게 되는가에 대하여 신앙고백서에는 성령을 통하여 그리스도로 말미암아 중생하고 구원받는다고 했다. 그리고 정신적으로도 온전치 못하여 복음을 들어도 깨달을 수 없는 자들도 택함을 받은 영아들처럼 하나님이 취급하여 구원하신다고 가르친다. 그들이 무죄해서 구원받는다는 것이 아니다. 그렇게 생각하는 것은 아담의 죄가 우리 모두에게 전가되었다고 하는 진리에 반하는 것이 되기 때문이다. 그러나 하나님은 자신의 주권적인 지혜와 권능 안에서 유아시기에 죽은 수많은 사람들을 세상 만민 가운데서 부르시고 자신의 기뻐하시는 방식대로 자신의 기뻐하시는 때에 구원을 이루실 것이다. 하나님은 전능하신 분이시기 때문이다.

2. 유효한 부르심

밖에 놀고 있는 자녀를 부를 때 아주 순종적인 아이를 제외하고는 한 번에 아이가 집에 들어오는 경우는 드물다. 보통 두세 번 불러야 좇아 들어온다. 처음에는 점잖게 부르다가 아무 반응이 없으면 큰 소리로 부르고 그래도 반응이 없으면 빗자루를 들고 나가 으름장을 놓아야 부리나케 들어온다. 강제로 끌려 들어오는 아이도 있지만 대체로 아이들은 으름장 앞에 순수히 응한다. 하나님이 죄인들을 부르심에도 비슷한 면이 있다. 우리의 신앙고백서에서 하나님의 부르심을 효과적인 부르심 또는 유효한 부르심이라고 말하는데 그것은 하나님의 부르심엔 반드시 하나님이 원하는 효력이 발생한다는 것을 내포하는 말이다. 즉 부르심이란 창세 전에 택하신 자들을 하나님의 정하신 때에 구원으로 불러들이시는 성령의 사역을 가리킨다. 택하심은 이미 살펴 본 것처럼 영원한 세계에서 하나님의 기뻐하시는 뜻대로 이루어진 것이다. 부르심은 그 택함을 받은 자들의 구원을 위해서 인류 역사 속에서 실현되는 일이다.

웨스트민스터 신앙고백서의 가르침을 다시 읽어보자:

'하나님께서는 생명에 이르도록 예정하신 그 모든 사람들만을 자신이 정하시고 적당하다고 생각하시는 때에 효과적으로 부르시되 그의 말씀과 성령으로 하신다. 그래서 그들이 태어나면서부터 처해 있는 죄와 사망의 상태에서 불러내어 예수 그리스도로 말미암은 은혜와 구원에로 인도하신다. 또한 그들의 마음을 영적으로 그리고 구원에 관하여 깨우쳐서 하나님의 일들을 이해하게 하시며 그들의 돌같이 굳은 마음을 제하시고 그들에게 살같이 부드러운 마음을 주신다. 또한 그들의 의지들을 새롭게 하시고 그의 전능하신 능력으로 그들이 선한 것을 결심하게 하시며 그리고 효과적으로 그들을 예수 그리스도에게로 이끄신다. 그렇지만 그의 은혜로 기꺼이 나오게 되어 있으므로 그들은 가장 자유롭게 나아오는 것이다'(WCF 10장, 유효한 부르심, 1항).

사실 하나님의 부르심에서 제일 말을 잘 듣지 않는 피조물이 인간이다. 하나님이 말씀으로 이 세상을 창조하실 때 존재하라는 명령에 어떤 것도 머뭇거리거나 반항하지 않았다. 말씀하신대로 다 이루어졌다. 하나님이 바라시는 효과는 그대로 적중된 것이다. 그런데 인간은 하나님의 부르심과 명령하심에 잘 순종하는 자들도 있지만 반항하는 자들이 많이 있다. 주님은 이렇게 말씀하신다:

"내가 부를지라도 너희가 듣기 싫어하였고 내가 손을 펼지라도 돌아보는 자가 없었고 도리어 나의 모든 교훈을 멸시하며 나의 책망을 받지 아니하였은즉 너희가 재앙을 만날 때에 내가 웃을 것이며 너희에게 두려움이 임할 때에 내가 비웃으리라"(잠 1:24-26). "나 여호와가 말하노라 이제 너희가 그 모든 일을 행하였으며 내가 너희에게 말하되 새벽부터 부지런히 말하여도 듣지 아니하였고 너희를 불러도 대답지 아니하였느니라"(렘 7:13).

이러한 주님의 말씀은 인간의 타락함과 부패함이 얼마나 강렬한 것인지를 지적하는 말씀이다. 그러나 우리가 유효한 부르심을 말할 때 구원을 주시기로 작정하신 자들에 대한 부르심에는 반드시 하나님이 정하신 것을 성취하신다는 것을 의미한다. 이 부르심은 외적으로는 말씀 선포를 통해서 나타나지만 성령의 도우심을 통하여 그 외적인 부르심에 효과적으로 반응하게 된다. 즉 죄인을 영적인 죽음으로부터 거듭나게 하시는 성령의 역사를 통한 구원을 말하는 것이다. 이 성령의 중생케 하시는 능력을 우리는 '불가항력적 은혜'라고도 말한다. 그 성령의 역사로 말미암아 '그들이 태어나면서부터 처해 있는 죄와 사망의 상태에서 불러냄'을 받아 '예수 그리스도로 말미암은 은혜와 구원에로 인도 된다.' 죄와 허물로 죽은 자들이기 때문에 인간 스스로는 하나님의 부르심에 응답할 수 없는 것이다. 그 음성에 반응을 보이려면 죽은 자가 먼저 살아나야 하는 것이다. 다시 살아나는 그 역사를 성령께서 우리 속에서 하시는 것이다. 왜냐하면 성령은 살리시는 영이기 때문이다(요 6:63). 그 성령의 역사로 말미암아 예수 그리스도를 믿게 되고 죄 사함을 받으며 의롭다 함을 받고 영생을 얻게 되는 것이다. 즉 바울이 로마서에서 기록하고 있는 것처럼 "미리 정하신 그들을 또한 부르시고 부르신 그들을 또한 의롭다 하시고 의롭다 하신 그들을 또한 영화롭게 하셨느니라"(롬 8:30). 이 부르심이 유효한 부르심이며 이것은 복음을 듣는 심령들 속에서 내적으로 성령께서 즉각적이고 초자연적인 행하심에 의해 택함을 받은 자의 영혼 속에서 일어나는 새 생명의 역사이다.

이 일은 영혼의 성향이나 의도 및 소원까지도 내적으로 변화시키는 효과를 가져온다. 그리하여 '또한 그들의 마음을 영적으로 그리고 구원에 관하여 깨우쳐서 하나님의 일들을 이해하게' 되며 '그들의 돌같이 굳은 마음'이 제거 되고 '살같이 부드러운 마음을' 가지게 된다. 이처럼 하나님의 유효한 내적 부르심의 역사가 일어나기 전에는 어느 누구도 하나님께 가까이 가려는 의지나 성향이 전혀 없는 것이다. 그러나 유효적 부르심을 통하여 주 예수 그리스도를 영접하게 되고 하나님의 자녀가 되는 놀라운 신비의 역사가 일어나는 것이다. 그래서 부르심과 거듭남 그리고 믿음과 회개는 모두가 다 하나님의 은혜가 택함을 받은 자들에게 효력있게 역사한 증거인 것이다. 즉 불가항력적 은혜를 힘입어 그 모든 일이 가능케 된 것이다.

불가항력적 은혜란 하나님이 어떤 영혼에게 새 생명을 주시기로 결정하실 때 그 은혜가 거부될 수 없다는 것을 말한다. 그러나 신자이든 불신자이든 여러 방식으로 성령을 거역할 수 있다는 것이 성경의 가르침이다. 우리는 성령을 근심하게 하거나 소멸할 수 있다(엡 4:30, 살전 5:19). 또한 세상에서 그 분을 거스릴 수도 있다(행 7:51). 그러나 만일 타락한 인류가 하나님께 속한 것을 이해하거나 사랑할 수 없다면 하나님이 일방적으로 그들의 심령에 개입하시지 않는 한 결코 그들은 하나님께로 돌이키지 않는다. 아니 결코 할 수 없다. 알지도 못한다. 따라서 앞에서 언급한 사례들은 하나님의 외적 부르심에 대한 인간들의 반응에 속하는 것들이다. 외적 부르심은 복음 선포를 통해서 택함을 받은 자들과 유기된 자들 모두에게 들려지는 음성이다. 그 외적인 부르심에 대하여 반발하고 거절할 능력이 인간에게는 있다. 그리고 성령의 내적 부르심이 병행되는 것이 아니면 누구도 하나님의 외적 부르심에 반응하지 못하는 것이다. 그런데 유효한 부르심은 하나님이 그의 성령으로 말미암아 주권적으로 기대되는 효과를 가져온다는 측면에서 불가항력적 은혜라고 말하는 것이다.

여기에서 알미니안주의자들은 하나님이 인간의 의지를 침해한다고 비난한다. 그러나 앞에서 이미 여러 차례 말한바와 같이 인간의 힘으로는 도저히 구원받을 수 없다는 사실을 근거할 때 하나님의 강력한 주권적 의지가 작용되지 않는다면 인간 어느 누구도 구원에 이를 수 없는 것이다. 하나님의 개입하심으로 내가 구원받은 것이 내 자유 의지를 침해한 사건으로 불평할 것인가? 아니면 구원해 주신 은혜를 찬양할 것인가? 나는 매운 음식을 싫어한다. 그렇다고 매운 것을 못 먹는 것에 대해 자랑스럽게 생각하지 않는다. 오히려 큰 결함으로 여긴다. 하나님이 주신 고귀한 선물 중 하나가 고추 아닌가? 대부분의 사람들은 다 좋아한다. 된장찌개를 만들었을 때 하나는 고추가 들어간 것이 있고 다른 하나는 없다고 하면 분명 나는 고추가 들어가 있지 않는 것을 선택한다. 나는 고추가 들어가 있는 찌개가 더 맛있다고 믿는다. 그러나 나는 매운 찌개를 택하지 않는다. 그런 나를 하나님이 당신의 은혜로 변화시킬 결심을 하신다고 생각해 보자. 그래서 내일 아침에 모든 음식에 고춧가루를 첨가하고 싶어하신다고 생각해 보자. 그리하여 그 음식을 맛있게 먹을 수 있도록 하나님의 은혜가 작용하여 내가 고추가 들어가 있는 음식을 먹는데 아무 지장이 없게 되었다고 하자. 과연 나는 내 미각을 이처럼 탈바꿈시키신 하나님이 나의 자유로운 의사를 침해했다고 불평하겠는가? 아니면 이젠 고춧가루가 들어가 있는 음식도 먹게 됨을 감사하다고 말하겠는가? 물론 매운 고추를 싫어하는 것과 하나님을 미워하는 것과는 별개의 문제이지만 인간에게 있는 결함의 문제로 이해할 때 스스로가 할 수 없는 일을 하나님께서 그의 주권적 의지로 역사하시어 나로 하여금 하나님을 사랑하게 하고 섬기게 하심에 대하여 무한 감사를 드리는 것이 된다. 하나님이 불가항력적으로 개입하심이 없었다면 하나님을 찾지도 찾을 수도 없는 내가 그리스도인이 된다는 것은 결코 일어날 수도 없는 일인 것이다. 그렇기 때문에 불가항력적 은혜는 엄청난 감사의 조건이다.

데이빗 클라펠터의 말대로 하나님이 계속해서 우리의 의지에 침해하여 주시기를 간구해야 한다. 왜냐하면 우리의 의지에는 여전히 이기심과 교만함이 들어 있고 세상과 짝하고 싶은 욕망이 항상 꿈틀대고 있기 때문이다. 정상적인 그리스도인이라면 온전히 하나님을 사랑하고 싶어한다. 그러나 마음은 원이지만 육신이 약하여 할 수 없는 우리자신의 나약한 의지를 본다. 우리 자신을 변화시킬 힘도 능력도 없다. 우리가 하나님 나라 백성으로서 합당하게 살아가려면 우리의 영혼을 계속해서 변화시키실 하나님의 강력한 손길이 절대적으로 필요한 것이다.

이처럼 유효적 부르심이란 한 때 진노의 자녀였고 영적으로 죽은 우리들을 하나님의 내적 부르심의 능력과 효력적인 은혜로 말미암아 불러냄을 받아 하나님을 아버지라 부르는 자녀가 된 것이다. 하나님의 이 은혜 안에서 우리가 보지도 못했던 것을 보게 되고 듣지도 못했던 것을 듣고 반응을 보이는 산 자가 된 것이다. 이것이 유효적 부르심의 목적이다. 즉 죄인을 중생시켜 하나님께로 돌아오게 하며 믿음으로 구원의 은총을 영원히 누리게 함이다. 이 은혜를 받은 자들은 하나님이 사용하시는 수단 즉 복음 전파에 힘을 기울인다. 왜냐하면 자신이 받은 구원의 은혜를 다른 사람들도 누리게 하고 싶은 열망이 마음에 솟아나기 때문이다. 누가 하나님의 택함을 받은 자인지 모르기 때문에 우리가 만나는 모든 사람들이 다 택함을 입은 자이기를 소망하면서 복음을 전파하는 것이다. 고로 인간이 인간에게 할 수 있는 최고의 봉사는 복음 전도이다. 이 일은 택하신 자들을 영원한 구원으로 불러들이시는 성령의 역사하심에 동참하는 것이며 악령과 죄와 사망에서 구원하여 영생하게 하시는 하나님의 구원사역에 수종되는 일이기 때문이다.

3. 중 생

성도들 중 무의식적으로 '거듭난 그리스도인'이라는 말을 쓴다. 사실 이 말은 모순이다. 왜냐하면 거듭나지 않은 그리스도인은 없기 때문이다. 그리스도인이라는 말을 쓰는 것은 그가 거듭난 성도이기 때문이다. 다시 말해서 거듭나지 않은 그리스도인은 없는 것이다. 그러나 거듭난 교인이라는 말은 가능하다. 교인들 중에는 중생의 체험을 하지 않은 자들도 있기 때문이다. 그러나 그리스도인이라는 말은 중생한 사람을 가리킨다.

중생(重生)이란 새로 태어남을 말하는 신학적 용어이다. '새로 태어나다' 또는 '거듭나다'라는 말을 사용하는 것은 인간의 육적 탄생과 구분되게 하기 위함이다. 사람은 누구나 다 생년월일을 가지고 있다. 그러나 그런 육적인 탄생 말고 다시 태어나는 영적 탄생, 이것을 가리켜 중생 혹은 거듭남이라고 말하는 것이다. 이 단어를 최초로 사용하신 분은 요한복음 3장에서 니고데모와 대화하신 예수님이시다. '거듭나야만 하늘나라에 들어갈 수 있다'고 하셨다. 다시 말하면 거듭나지 않으면 누구도 하늘나라에 들어갈 수 없다는 것이다. 또 거듭나지 아니하면 하나님 나라에 들어가는 것은 고사하고 그 나라를 보는 것조차도 불가능하게 된다. 따라서 하나님 나라를 보는 것이나 들어가는 일은 반드시 거듭나야만 가능한 일이다. 이처럼 중생은 새로운 탄생, 새로운 기원 혹은 새로운 시작을 말하는 단어이다. 옛 것은 지나가고 새 것이 된 것이다. 일부만 새 것인 것이 아니라 완전히 새 것이다. 이전 것은 다 지나가고 말았고 새것이 된 새로운 피조물인 것이다(고후 5:17).

1) 사람이 어떻게 거듭나는가?

거듭나게 하시는 분은 성령 하나님이시다. 중생의 대상은 영적으로 죽어 있는 사람이다. 즉 성령께서 죄와 허물로 영적 생명을 상실했던 인간을 새 생명으로 다시 살리시는 일이 중생이다. 그 방도는 주님의 살아 있는 말씀을 통한 성령의 주권적 역사하심이다(딛 3:5, 벧전 1:23, 약 1:18, 엡 4:23-24).

2) 거듭남의 특성

① 중생은 자연인의 지정의의 계발향상을 말하는 것이 아니다. 자연인이 지정의를 아무리 많이 계발하고 발전시켜도 육으로 난 것은 육에 불과한 것이다. 오직 성령으로 난 자라야 영의 것을 분별할 수 있다. 다시 말하면 하나님의 일에 대하여 마음에도 없었고, 소망하거나 갈망하는 것이 전혀 없었고 오직 눈이 보이는 육에 속한 것들만 추구하며 살았으나 거듭남으로 말미암아 하나님께 향하게 되고 신령한 것을 구하게 되며 영적인 것들을 깨닫게 된다. 하나님을 향한 거룩한 소원을 가지게 된다.

② 중생은 병든 자의 점진적 회복과 같은 것이 아니다. 중생은 죽은 것이 살아나는 즉각적인 변화를 말한다. 죽음과 삶 사이에는 중간 단계가 없다. 중생은 출생이 단번에 이루어지는 것과 같이 즉각적이지 점진적인 것이 아니다. 그러나 중생 후 성화는 점진적이며 지속적이다.

③ 중생은 회심과는 달리 인간이 경험하거나 지각할 수 있는 것이 아니다. 예수께서 말씀하신 것과 같이 "바람이 임의로 불매 네가 그 소리를 들어도 어디서 오며 어디로 가는지 알지 못하나니 성령으로 난 사람은 다 이러하니라"(요 3:8). 이것은 신비로운 변화를 말하는 것이다. 출생이 출생하는 본인의 뜻이나 노력으로 말미암는 것이 아니듯 중생 역시 사람의 뜻이나 노력으로 되는 것이 아니다. 중생은 하나님의 주권적인 역사이며 우리 속에서 즉각적이고 순간적으로 일어나는 신비적인 변화이다. 중생은 자연적 교

육적 결과로 이루어지는 변화가 아닌 성령의 초자연적인 사역으로 이루어지는 기적 중의 기적이다.

④ 중생은 믿음의 열매나 결과가 아니다. 오히려 믿음보다 앞서는 믿음의 필수 조건이다. 이것은 인간의 결심이나 노력에 의한 것이 아니라 하나님의 독단적인 창조 사역이다. "할례나 무할례가 아무 것도 아니로되 오직 새로 지으심을 받은 자뿐이니라"(갈 6:15). 고린도후서 5:17의 새로운 피조물과 같은 새 창조의 일인 것이다. 따라서 중생에 있어서 인간은 지극히 수동적이다. 자연적인 영역에서든 영적인 영역에서든 인간은 자신을 낳거나 창조하거나 부활시키지 못한다. 이것은 전적으로 하나님의 일로서 우리가 하는 어떤 것이 아니라 우리 속에서 이루어지는 그 무엇이다. 거듭난다는 헬라어 '아노덴'은 다시 태어난다는 것도 뜻하지만 '위로부터'라는 말로도 번역이 된다. 다시 말해서 중생은 두 번째 출생이며 바람처럼 임의로 행하시는 성령의 신비한 사역으로 말미암는 '위로부터'태어나는 것이다.

그렇기 때문에 우리의 믿음이 우리를 거듭나게 했다고 말하는 것은 아기의 울음이 그 아기를 출산시켰다고 말하는 것과 같은 것이다. 중생에 있어서 하나님은 능동적이시고 우리는 전적으로 수동적이다. 아키발드 알렉산더는 다음과 같이 말했다. '우리 시대에 새롭고 미숙한 신학에서 마구 쏟아내는 터무니 없는 온갖 개념들 중에서 죽은 상태인 신자가 스스로 새 생명을 낳을 수 있다고 하는 개념보다 더 우스꽝스러운 것도 없다. 영적 중생에 있어 어떤 사람이 스스로 자신의 아버지가 된다고 하는 개념은 우리의 첫 출생과 관련해서와 마찬가지로 터무니 없

다. 그처럼 영혼을 파괴하고 신성모독적인 생각들은 모조리 내던져 버
리라’

하나님의 주권적인 사역임을 강조하고 있는 것은 인간의 구원에 있
어서 인간은 자랑하거나 내세울 만한 건더기가 전혀 없다는 사실을 말
하고자 하는 것이다. 우리의 거듭남과 구원은 전적으로 하나님의 무궁
한 사랑과 자비하신 은혜로 말미암는 것이기 때문에 항상 감사와 찬송
으로 구원해 주신 하나님께 영광을 돌려야 하는 것이다. 하나님이 우리
에게 새 생명을 주신다. 우리를 새롭게 창조하신다. 그렇기 때문에 다
윗의 기도에도 그는 ‘내 속에 정한 마음을 창조하여 주시고 정직한 영을
새롭게 해 달라’고 간구한 것이다(시 51: 10).

3) 거듭남의 결과

거듭난 그리스도인은 거듭나기 전하고 후하고 외적인 모습은 그대
로다. 우리의 인격이 근본적으로 변한 것이 아니다. 그러나 우리는 변
했다. 이제 우리는 전에 싫어하던 것을 사랑하게 되었다. 하나님의 거
룩한 성품과 그의 말씀을 사랑한다. 그리고 전에 사랑하던 것을 싫어한
다(하나님께 대적하던 것들). 돌같은 마음이 부드러워진다(겔 19:11, 36:26). 예
전에는 하나님 나라를 볼 수 없었지만 이제는 세상에서 일하시는 하나
님의 사역을 감지하며 거기에 참여하기를 갈망한다. 예전에는 하나님
께 적대적이었고 관심조차도 기울일 수 없었지만 이젠 그 분의 율법에
순종하려고 힘쓰며 순전하고 신령한 젖을 사모한다. 그리고 구원에 이

르도록 힘쓴다(벧전 2:2). 예전에는 우리가 죄에 대하여 태연했지만 이제
는 거룩해 지기를 갈망한다(요일 3:9). 우리는 새로운 피조물이며 존 뉴
턴의 고백과 같이 전에는 잃었지만 이제는 찾은바 되었고 전에는 눈이
멀었으나 지금은 보게 되었다고 즐거이 노래하는 것이다. 전에는 어둠
에 있어서 어둠의 자식들처럼 행하였지만 이제는 빛의 자녀가 되어 빛
의 열매를 맺게 된다(엡 5:9). 전에는 육신의 소욕을 좇아 살았지만 이제
는 성령의 소욕을 좇아 살아간다(갈 5:16-17). 전에는 세상의 허망한 것
들이 삶의 목적이었지만 이제는 먹든지 마시든지 무엇을 하든지 하나
님의 영광을 위해서 한다.

어떤 이는 이러한 변화를 갑자기 경험하기도 하지만 어떤 이는 오
랜 기간에 걸쳐 경험하게 된다. 분명 중생 그 자체는 하나님에 의해 순
간적으로 일어나는 일이지만 자신이 거듭났음을 자각하는 것은 사람들
마다 다르다. 그러나 거듭난 자는 자신을 영원히 변화시키는 그 무엇이
자신 속에서 일어나고 있음을 조만간 자각하기 마련이다. 죄에서 떠나
고 악한 자의 길에 서지도 않으며 주님을 믿고 의의 길을 사모하며 하
나님과 이웃을 사랑하고 천국에 들어가 영생복락을 누리는 것이다.

4. 회심(回心, Conversion)

1) 성경의 어원적 의미

구약성경에서 회심을 뜻하는 단어는 나함(נחם)과 슈브(שוב) 이다. 전자는 악행을 뉘우치는 것을 말한다(렘 8:6). 슬픔과 탄식의 깊은 뉘우침을 내포하는 말이다. 이것은 종종 계획과 행동의 변화를 수반한다. 이것은 사람만이 아니라 하나님에게도 사용된 단어이다(창 6:6-7, 출 32:14, 삿 2:18, 삼상 15:11). 후자는 가장 흔하게 사용되는 단어로서 인간이 범죄하여 하나님을 멀리 떠났다가 다시 돌아오는 것을 의미한다(렘3:22-23, 시 51:13, 사 6:10, 사 1:27). 이것은 신약성경의 돌아온 탕자 비유에서 가장 명확하게 나타난다.

신약성경에는 회개하다를 뜻하는 메타노이아(μετανοια)라는 말이 가장 많이 쓰인다. 이 말은 메타(μετα, 뒤에)라는 말과 노에오(νοεω, 인식하다, 이해하다)의 합성어인 메타노에인에서 파생된 명사형이다. 이 단어는 후에 알게 되다, 또는 후에 알게 된 지식 혹은 깨달음 때문에 나타난 결과로서 마음의 변화를 뜻하거나 또는 마음의 변화를 일으켜 지금껏 나갔던 방향이나 삶의 방식에 대해 깊이 뉘우치고 돌이키는 것을 말한다. 그래서 미래를 위해서 삶의 변화를 나타내는 단어이다. 즉 이 단어는 슬픔과 통회의 개념과 함께 중심과 생활의 변화를 포함한다. 죄에 대한 뉘우침과 증오, 죄로부터 돌아서서 하나님께로 향함, 순종생활의 부단한 결의와 노력을 포함한다.

이 단어에는 인간의 지정의 요소가 다 변화되는 것을 수반한다. 지적 변화(딤후 2:25)는 하나님과 그의 진리에 대한 보다 나은 지식을 소유하게 된다. 의지적 변화(행 8:22)는 자신을 돌이켜 하나님께로 향하게 하는 것이다. 여기에는 믿음의 행동을 포함한다. 감정적 변화(고후 7:10)는 경건한 슬픔과 후회를 포함하며 하나님의 영광을 위한 의로운 분노도 나타난다.

이처럼 메타노이아는 옛적 일을 생각하고 뉘우치며 앞을 향해 새로운 목적을 가지고 전환적인 삶을 살아가는 것을 뜻하는 것이다. 자신의 무지와 과오를 깊이 인식하고 이제는 하나님이 제시하신 의로운 길로 나아가며 하나님의 영광을 위해서 전적으로 헌신된 길을 가는 것이다.

구약의 슈브에 해당하는 헬라어는 에피스트로페(επιστροφη)로서 마음의 단순한 변화만을 표시하는 것이 아니라 새로운 관계가 성립되어 완전히 다른 방향으로 움직이게 된 것을 의미한다(행 15:3, 행 3:19, 마 13:15, 막 4:12, 눅 22:32, 요 12:40, 행 28:27).

2) 회심에 대한 성경적 정의

① 국가적 회심: 모세나 여호수아나 사사시대에 이스라엘 사람들이 하나님께 범죄한 후에 전 국민적으로 회개하고 주님께로 돌아가는 일들을 하였다. 하나님을 반역한 그들이 잘못을 뉘우치고 죄를 고백하며 하나님 여호와께로 돌아오는 것이다. 이같은 일은 히스기야왕이나 요시아 왕 때에도 있었다. 요나의 설교를 듣고 니느웨 사람들이 전적으로 회심하였다. 이러한 현상은 윤리도덕적 개혁을 의미하였다. 물론 이 안에 개인적으로 하나님께 참으

로 회심하고 돌아온 자들도 있을 수 있으나 국가적 회심은 집단적 돌이킴을 의미한다. 이것은 인위적인 것이어서 경건한 지도자들이 이끌 때에는 하나님을 섬기고 악한 왕들이 들어섰을 때에는 악한 왕들과 더불어 여전히 하나님을 떠나는 악을 행하는 것이다. 그런 측면에서 참된 회심이라고 말할 수 없다.

② 일시적 회심: 성경은 또한 마음의 변화가 없는 개별적인 돌이킴을 언급하고 있다. 이것은 일시적인 돌이킴이지 참된 회심이라고 말할 수 없다. 씨 뿌리는 비유에서 사람들이 일시적으로 말씀을 듣고 기뻐하지만 말씀으로 인해 핍박이나 환난이 임하게 되면 그 안에 뿌리가 없어 넘어지고 만다(마 13:20-21). 사도 바울은 휴메네오와 알렉산더와 같은 이를 언급하였다(딤전 1:19-20, 딤후 2:17-18). 이것은 영생하고는 상관이 없다(히 6:4-6, 요일 2:19).

③ 참된 회심: 참된 회심은 경건한 탄식으로부터 나온다. 하나님께 향한 헌신으로 이어진다. 이 회심은 중생의 일에서 출발한다. 성령 하나님으로 말미암아 사람의 마음에 생명이 시작되어 발생하는 일이다. 생각과 견해 및 욕구와 의지의 전폭적인 변화가 일어난다. 이전의 삶이 엉망진창이었음을 깊이 자각하고 어리석고 잘못되이 행한 일들에 대한 깊은 뉘우침으로 이젠 전적인 새로운 삶을 살아가는 것이다. 따라서 회심은 두 가지 의미가 있다. 하나는 능동적인 변화로서 회심을 말한다. 이것은 중생한 죄인에게 하나님께서 회개와 믿음을 통하여 하나님께로 돌아서게 하는 하나님의 일이다. 예를 들어 나아만(왕하 5:15), 므낫세(대하 33:12-13), 삭개오(눅 19:8-9), 소경(요 9:38). 사마리아 여인(요 4:29,

39). 내시(행 8:30 이하). 고넬료(행 10:44 이하), 바울(행 9:5 이하), 루디아(행 16:14) 등에서 발견된다. 이 회심은 단번에 이루어지는 것으로 영생과 밀접한 관계를 가진다. 또 하나는 신앙이다. 우상을 버리고 죄악된 길에서 떠나 이제 오로지 마음을 다해 하나님만을 섬기고 그의 말씀을 믿고 의지하며 살아가는 능동적 신앙 결단을 말한다.

④ 반복적 회심: 구원에 이른 회심한 사람이 일시적인 범죄행위를 저지른 후 회개하고 하나님께로 돌아서는 것을 말한다(눅 22:32, 계 2:5,16,21,22, 3:3, 19). 그리스도인들도 날마다 죄를 범하기 때문에 날마다 회개해야 한다. 교부인 터툴리안은 '나는 단지 회개를 위해 태어났을 뿐이다'라는 말까지 했다. 수시로 반복적으로 죄를 범하는 인생들이기에 회개가 필요없는 날은 하루도 없는 것이다.

3) 회심의 특징

앞에서 언급한 것과 같이 회심은 그 자체가 변화를 의미하는 것이기 때문에 생각, 판단, 의도, 목적 및 행위의 변화를 가져온다. 이것은 곧 전적인 변화를 말하는 것이다. 이것은 회개에 합당한 열매를 맺게 된다. 죄에 대한 진정한 슬픔과 미움, 새생명 가운데서 하나님과 동행하는 삶이 우리의 행실 속에서 나타나야 한다. 이것이 하나님의 선물이요 내 안에 그리스도께서 사시는 것이며 성령의 인도함을 받는 것이다. 그래서 이것을 신학적으로는 '구원에 이르는 회개' 혹은 '생명 얻는 회개'

라고 말한다(행 11:18). 웨스트민스터 신앙고백서에서는 이 부분을 다음과 같이 설명하고 있다: '이것에 의해 죄인은 그의 죄를 하나님의 거룩한 성질과 의로운 율법에 배치하는 것으로, 그 위험함만이 아니라 또한 더러움과 추악함을 보고 느끼며, 그리고 통회하는 자들에게 향한 그리스도 안에 있는 하나님의 긍휼을 깨달아 그의 죄를 슬퍼하며, 미워하여 그것들을 다 버리고 하나님께로 돌아와서 하나님의 계명들의 모든 길에서 그와 동행하기를 목적하고 또 노력하게 된다'(15장 2항).

이처럼 회심은 구원 과정의 시발점에 있는 경험으로서 전에는 땅에 있는 것을 추구하며 살았으나 이제는 구원의 하나님과 동행하며 하나님 나라를 향하여 나아가는 길을 가는 인생의 대 전환을 의미하는 것이다. 이 일은 하나님의 성령께서 전적으로 주도하시는 일이지만 우리가 알지 못하는 사이에 벌어지는 일이 아니라 우리의 의식 가운데서 일어나는 변화이다. 옛 사람을 벗어버리고 새 사람을 입는 일이며 인간의 본성에 따라 사는 것이 아니라 이제는 성령의 인도하심을 받아 산다. 즉 죄악된 길을 버리고 거룩한 삶을 위해 주께서 주신 기록된 말씀을 따라 순종하는 길을 가는 것이다. 죄를 미워하고 하나님과 교제하기를 기뻐하며 더 이상 자신을 위해 살지 않고 오로지 주님의 영광을 위해 살아간다.

참 회개에는 세 가지 요소가 있다. 하나는 지성적 요소로서 자기가 죄인이며 전적으로 타락하여 선을 행할 수 없는 무능한 죄인임을 깊이 인식하는 것이다. 둘째는 감성적 요소로서 자기의 범한 죄로 인하여 하나님을 불쾌하게 해 드린 것에 대한 깊은 통회자복하는 감정의 변화를 말한다. 마지막은 결의적 요소로서 죄에 대한 의지의 변화이다. 즉 죄를 버리고 죄의 길에서 전적으로 돌이켜 하나님의 말씀을 따라 살고자 하는 행동적 결단을 말한다. 이 결단은 그리스도 안에 부어진 하나님의 긍휼하심과 사랑하심에 기인한다. 죄의 형벌에 대한 하나님의 무서운 진노와 죄인 구원을 위한 하나님의 무궁한 사랑에 대한 깨달음이 회개로 나아가게 하며 주님께 붙어사는 원인인 것이다. 그런 의미에서 회심에는 죄에 대한 회개와 하나님께 대한 신앙이 다 포함되어 있다.

즉 회개가 죄로부터 돌이키는 것이라고 한다면 신앙은 살아계시며 참되신 하나님에게로 돌아와 그의 약속을 믿고 그를 의지하며 그만을 바라보고 그만을 경외하며 순종하는 삶을 말하는 것이다. 이같은 회심의 일은 인간 스스로에게서 나오는 것이 아니라 우리 속에서 역사하시는 성령의 강하고 불가항력적인 역사로 말미암는 것이다. 거듭남이 그러하듯 회심도 성령의 감화와 하나님의 말씀의 능력으로 이루어진다. 그러나 중생은 전적인 하나님의 행동이지만 회심은 하나님의 역사에 대한 인간의 반응이 요구된다. 하나님이 말씀으로 우리에게 권고하시는 하나님의 은혜로운 동작이면서 동시에 회개하고 신앙하는 사람의 자원하는 마음의 의지적 행동이 수반되는 것이다. 그러나 이것도 우리 속에서 역사하시는 하나님의 은혜에 대한 결과임을 잊지 말아야 한다. 그래서 사도 바울은 이렇게 말했다: "두렵고 떨림으로 너희 구원을 이루라 너희 안에서 행하시는 이는 하나님이시니 자기의 기쁘신 뜻을 위하여 너희로 소원을 두고 행하게 하시나니"(빌 2:12-13). 이처럼 하나님께서 그의 은혜로운 사역으로 인하여 우리를 돌이키시고 믿음을 선물로 가지게 하시지 않는다면 아무도 스스로 회개와 신앙의 자리에 나아갈 수 없는 것이다.

그러나 여기서 오해하지 말아야 할 것은 회개 없이는 죄 사함이 없지만 그것이 속죄의 공로가 되거나 사죄 받은 원인이 될 수 없다. 회개 때문에 하나님의 사죄를 받은 줄로 생각하는 것은 잘못이다. 사죄의 근거는 그리스도께서 십자가상에서 성취하신 대속의 죽음이다. 그럼에도 불구하고 회개로 사죄의 은총을 입게 하심은 그리스도의 대속의 공로를 유효하게 적용시키시는 전적인 하나님의 은혜인 것이다. 그러나 회개가 사죄의 근거나 원인이 아닐지라도 회개 없이는 사죄를 기대할 수 없다는 것도 명심해야 한다(눅 13:3-5, 행 17:30-31). 회개에 합당한 열매를 맺어 우리가 하나님께 속한 하나님의 사람임을 날마다 입증하며 살아가자. 사실 회심은 일반적으로 의식적이지만 소위 모태 신앙이라고 말하는 자들은 언제 회심했는지 모르는 경우가 허다하다. 따라서 회심의 경험보다 회심의 상태가 더 중요하다.

5. 칭의(Justification)

하나님께서 유효하게 부르신 사람은 또한 값없이 의롭다 함을 받게 하신다(롬 8:30, 3:24). 그것은 그들에게 의를 주입하심으로 말미암은 것이 아니라 그들의 죄를 사하시고 그들의 인격을 의롭게 간주하여 용납하심으로 말미암는 것이다. 이것은 그들 안에서 이루어진 어떤 것이나 또는 그들에 의해서 행해진 어떤 것들 때문이 아니라 오직 그리스도 때문이다. 믿음 자체, 믿는 행위 또는 다른 어떤 복음적 순종을 그들의 의로 돌림으로 말미암는 것이 아니라 그리스도의 순종과 만족을 그들에게 전가시킴으로 말미암는 것이다(롬 4:5-8, 고후 5:19,21, 롬 3:22, 24-25, 27-28, 딛 3:5,7 엡 1:7, 렘 23:6, 고전 1:30-31, 롬 5:17-19). 그들은 믿음으로 그리스도와 그의 의를 받아드리고 의존함으로 의롭다 함을 받게 된다. 그 믿음은 그들 스스로에게서 나온 것이 아니라 하나님의 선물이다(행 10:44, 갈 2:16, 빌 3:9, 행 13:38-39, 엡 2:7-8,WCF 11장 1항).

칭의란 무엇을 뜻하는가? 성경에서 말하고 있는 의의 개념은 히브리어의 '히츠띠크'(הצדיק)와 헬라어의 '디카이오오'(δικαιοω)가 있다. 이 두 단어는 다 법정적 용어로서 사람을 의롭다고 선언하는 것을 가리킨다. 스프롤의 정의에 의하면 '칭의란 불의한 죄인이 의롭고 거룩하신 하나님이 보시기에 의롭다고 여김받는 것'이라고 했다(기독교의 핵심 진리 102가지, p. 226). 이 교리의 중요성 때문에 가톨릭에서 종교개혁이 일어난 뿌리가 되었다. 우리의 의로움이 우리들의 행위로 말미암는 것이 아니라 그리스도께서 이루신 일에 근거하여 하나님이 그리스도를 믿는 죄인들을 죄 없는 자로 여기시는 법정적 선언이 칭의이다. 이것은 오직 믿음으로 의롭게 되어진다. 그 믿음은 믿는 자의 행위가 순종이 아니라 그리스도께서 하나님의 율법의 요구에 순종하시고 하나님의 뜻에 복종하신 것에 근거한 것이다. 그리스도의 순종은 십자가의 죽으심과 다시 살아나심에서 확실하게 증명된다. 우리가 복음을 말할 때 복음은 그리스도의 오심과 고난과 죽으심과 부활하심과 승천하심 및 다시 오심에 집중되어 있는 것이다.

그런데 오늘날 복음은 도리어 복음을 사랑하고 설교한다고 말하는 사람들이나 복음적인 사람이라고 주장하는 자들, 그리고 전도에 관심을 가지고 있고 복음이 확산되는 것에 관심 있는 자들에 의해서 공격을 받고 있다. 복음주의자들 가운데는 '복음'이 무엇인지 명확하지 않은 자들이 있다. 그 용어가 '좋은 소식'이라는 뜻을 지닌 단어임을 누구나 다 알고 있음에 비해서 그 소식이 무엇을 말하고 있는지에 대해서는 일치함이 없다. 두 가지 극단이 있다. 현대 복음주의 진영에 있는 몇 사람들은 싱클레어 퍼거슨이 지적한 것처럼 십자가에 놓여 있는 복음의 기초를 회피하고 개인의 주관적 경험에 관한 복음을 설교하는 자들이다. 그가 염두에 두고 있는 자들은 20세기 후반에 '중생 운동'을 일으키고 있는 자들이다. 그러나 퍼거슨이 옳게 지적한 것처럼 단지 '거듭난다'는 것이 복음은 아니다. 중생은 복음의 열매이다(The Glory of the Atonement, Hill & James, InterVarsity Press/Apollos, 2004, p 432).

또 하나의 극단은 잉글랜드 북부지역에 있는 더람 대주교인 톰 롸이트의 주장이다. 그의 주장은 칭의가 복음의 내용이 아니라 복음의 열매라는 것이다. 그에게 있어서 복음은 사람들이 어떻게 구원을 받느냐가 아니다. 복음은 그리스도께서 어떻게 우리의 죄를 담당하셨는지 그리고 우리가 그의 의를 어떻게 입게 되었는지를 말하는 것이 아니다. 도리어 복음은 예수에 관한 선포이며 십자가상에서 그의 죽으심으로 말미암아 죄와 사망의 권세가 패하였으며, 그의 부활하심으로 말미암아 선지자들에 의해서 예언된 새로운 세계가 동을 트게 되었으며, 이스라엘의 하나님이 유일한 참 하나님이시며, 이 하나님은 이스라엘의 대표자 왕이신메시아 예수 그리스도 안에서 그를 통해서 지금 알려지시며, 그가 세상의 참 주이심을 선언하는 것이다(What St Paul Really Said, Lion, 1997, pp 40-61). 우리는 그가 예수에 관하여 말한 것이 잘못되었다고 말할 수 없다. 문제가 되는 것은 그가 말하지 않은 것이다. 라이트 대주교와는 달리 복음은 사람들이 어떻게 구원을 받는가에 관한 것이며 이것은 사람들이 죄를 지은 자들이며 구세주가 필요하다는 것을 선포하는 것이다. 복음은 우리의 죄악들을 용서하시며 우리를 하나님께로 데리고 갈 수 있으신 분이신 예수를 선포하는 것을 의미한다.

여러분들이 로마서 4:25의 놀라운 말씀들에 주목하기를 원한다. 찰스 하지는 '이 구절이 복음에 대한 포괄적인 진술'이라고 주해하였다. 이것은 예수 그리스도의 죽으심과 부활에 초점을 맞추고 있고 우리의 죄와 칭의를 말한다. 칭의는 복음주의자들이 복음의 메시지에 심혈을 기울이고 있는 또 다른 주제이다. 그러면서도 사방에서 공격을 받고 있는 주제이기도 하다. 일반적으로 복음주의자들이 이해해온 칭의는 다음과 같다:

'심판의 날에 앞서 현재 하나님께서 선언하신 법정 진술로서 죄인들이 죄 없는 자임을 선언하는 것이며 그래서 그들에게 지워진 모든 형량이 다 제거되었음을 선언하는 것이다. 이 일은 죄인들의 대표자이신 그리스도로 말미암아 그들의 모든 죄가 다 사해졌으며 하나님 앞에 의로운 자로 인정을 받는 것이며, 그의 의가 생명과 사망 안에서 죄인들에게 전가되었음을 선언하는 것이다. 죄인들이 절망가운데서 구원을 위해 오직 그만을 바라볼 때 그것은 죄 사함을 포함하는 것이요 그의 의를 나눠준다거나 주입한다는 것이 아니라 전가된다는 것을 말하는 것이다.'

칼빈이 전가된 의를 믿었다는 것을 부정하는 학자도 있다(알란 클리포드). 그러나 칼빈은 그의 기독교강요에서 주장하기를 '우리는 칭의를 하나님께서 우리를 그의 선하심 속에서 의로운 사람들로 받아드리는 것으로서 설명한다. 우리는 그것이 죄 사함과 그리스도의 의가 전가됨을 내포하고 있는 것이라고 말한다'(강요 3:11:2)고 하였다. 칭의론에 대한 칼빈의 기여는 그리스도와 연합에 관한 성경적 개념이다. '그러므로 우리는 그의 의가 우리에게 전가되기 위해서 우리 밖에 멀리 있는 그 분을 생각할 수 없다. 왜냐하면 우리가 그리스도를 옷 입었고 그의 몸에 접붙임을 받았기 때문이다'(3:11:10). 칭의 교리의 중요성은 최근에 우리나라에서도 로마 가톨릭의 칭의 교리와 일치화하자는 운동이 있었기 때문에 더욱 강조되어야 한다. 가톨릭과 개신교와의 가장 두드러진 차이인 칭의 교리의 희색이 만연되어 가고 있는 시점에서 이 부분을 심도 있게 다룬 필립 이브슨 교수의 『칭의론 논쟁』(신호섭, 석기신 역, 기독교문선선교회, 2001)을 추천한다.

나이가 들수록 교회에 정기적으로 출석하는 성도들에게나 가끔 부흥회에 참석하는 자들에게 복음을 설교해야할 필요성을 더더욱 절감하고 있다. 예배당에 오는 성도들이 기독교의 근본진리에 대해서 너무나 많이 알고 있다는 착각에 빠지면 안 된다. 사실 성도들의 일상적인 생활과 마찬가지로 교회 생활에서도 발생하는 모든 일에 복음 진리가 그 중심에 자리 잡고 있어야 한다. 사단은 항상 교회들이나 목사 개개인 장로들 및 신학생들 교사들로 하여금 예수 그리스도와 관련된 고귀한 진리들을 부정하도록 유혹한다. 대속적인 죽으심과 부활하심 및 영광에로의 승천하심과 같은 진리를 고백하지 못하게 만든다. 그것 때문에 칭의와 구속교리에 많은 논란을 일으키고 혼잡스러운 주장들이 산재해 있는 것이다. 이 모든 교리들에 누구나 다 동의하고 있다거나 믿고 있다는 안일한 생각을 해서는 안 된다. 비록 같은 단어를 사용하더라도 전혀 다른 의미로 말하는 경우가 다반사이기 때문이다. 바울은 왜 성도들을 항상 예수 그리스도의 품격과 사역에 몰입하게 만들고 있는지 그 이유를 알겠는가? 성도들이 항상 붙들어야 하는 것은 예수 그리스도이다. 이 놀라우신 그리스도께서만 우리를 죄로부터 건져주시고 하나님께 나아가게 하신다. 바울은 로마서 4장 끝에 25절 말씀을 첨가시킬 필요가 없었다. 그러나 그가 이 놀라운 복음의 핵심 메시지를 한 구절로 요약하여 포함시켰다. 이것은 우리에게 개인적인 경건시간과 공적인 설교와 가르침 및 기도생활과 대화에 있어서 근본적인 이 복음 진리들에 열중하도록 격려하기 위함이다.

로마서 4:25에서 우리는 칭의와 관련된 중요한 메시지를 발견한다. 사실 바울이 다른 서신에서 사용하던 칭의를 위하여 '의'라는 단어를 사용하는 대신 본문에서는 특별한 의미의 '칭의'(디카이오시스)라는 말을 사용하고 있다. 물론 이 단어 역시 같은 어근에서 파생된 단어이다. 이 단어는 로마서 5장 18절 말고는 신약 성경 어디에서도 사용되지 않았다. 의의 한 행동으로 말미암아 많은 사람이 의롭다 하심을 받아 생명에 이르렀다. 여기서 분명 사용된 단어의 뜻은 칭의이다. 바울은 본문에서 십자가와 부활을 함께 염두에 두고 있다고 볼 수 있다. 우리는 그의 언급이 인간의 허물과 칭의가 연합되어 있는 것으로 간주해야 할 것이다. 전체 구조는 예수님의 죽으심과 부활하심이 신자들의 구원의 기초라는 것 그 이상의 의미는 없다(Moo의 p.289를 보라). 그럼에도 불구하고 '우리는 Moo와 함께 수사기법을 허용한다고 할 때 우리는 바울이 여기에서 예수님의 부활과 우리의 칭의 사이에 신학적인 연결점이 있음을 확정 짓고 있다고 단언하지 않을 수 없다'(p. 290). 톰 라이트(Tom Wright)는 이것을 하나의 미사여구 그 이상이 아닌 것으로 간주한다(The Resurrection, p. 247).

그렇다면 이 본문으로부터 우리가 배우는 것은 무엇인가? 첫째는 성부 하나님께서 이 모든 일을 주도하신다는 것에 대해서 감사할 일이다. 하나님께서 능동적으로 일하고 계심을 시사하고 있는 본문에서 예수께서 하나님에 의하여 내어주심이 된 것만이 아니라 하나님에 의해서 다시 살아나셨음을 가르쳐준다. 아들을 죽음에 내어주신 분이 아버지이시며 그리하여 그를 다시 죽음에서 살아나게 하신 분도 아버지이시다. 예수님 역시 자신의 생명을 스스로 버릴 권세도 가지고 계시며 다시 얻을 권세도 있으시다고 말씀하신다(요 10:18). 그럼에도 불구하고 여기서 강조하고 있는 것은 아들의 죽음과 부활에 있어서 아버지께서 주도하시고 계시다는 사실이다.

둘째는 십자가의 성취는 부활과 무관한 것이 아니라는 사실이다. 바울이 십자가를 설교할 때 그리스도께서 십자가에 못 박혀 죽으심을 전하거나 혹은 회중들이 예수 그리스도와 그의 십자가 못 박히심 외에는 다른 어떤 것도 알지 아니하기를 원한다고 말했을지라도 그의 생각에는 부활을 염두에 두고 있는 것이다. 만일 예수께서 죽음으로부터 다시 살지 아니하였다면 십자가를 설교할 이유가 없다. 그리스도께서 다시 살지 않았다면 바울의 설교는 무용한 것이며 신자들도 여전히 죄 가운데 있는 것이다. 부활은 십자가상에서 성취하신 그리스도의 구속사역에 엄청 중요한 것이다.

셋째로 십자가상에서 그리스도의 구속사역은 우리의 칭의에 매우 중요하다는 점이다. 칭의는 죄 사함을 포함하고 있다. 우리의 죄가 그리스도에게 전가되어 그가 형벌을 받으신 것을 증언하는 것이다. 그가 고난당하신 것은 우리의 죄악 때문이었다. 칭의의 길이 종종 그리스도의 구속 사역과 별 연관이 없다는 비평에 어쩌면 수긍이 갈만한 것이 있을지도 모르겠다. 그러나 로마서 4:25은 분명하게 그 연관성을 강조하고 있다. 그 다음 장에서 사도 바울은 이 점을 더욱 명확하게 설명한다. '우리가 그의 피로 의롭다함을 받게 되었다'고 강조하고 있다(롬 5:9). 이것은 우리를 로마서 3:24-25 말씀으로 되돌아가게 한다. 그곳에서 바울은 죄를 범한 자들은 그리스도 예수 안에 있는 구속함을 통해서 하나님의 은혜로 말미암아 값없이 의롭다하심을 얻은 자가 되었다고 기록하고 있다. 하나님은 이 예수를 그의 피로 인하여 믿음으로 말미암는 화목제물로 세우셨다. 따라서 예수의 피가 없이는 칭의가 불가능하다. 그리스도의 구속사역은 우리의 칭의의 본질이다.

넷째로 칭의는 부활과 상관없이 십자가상에서 성취된 것이 아니라는 점이다. 본문의 말씀을 전체로 보든지 각각의 문장을 떼어서 생각하든지 부활은 우리의 칭의에 아주 중요한 교리이다. 문제는 이것이 얼마나 중요하냐? 이다. 우리가 그의 부활하심으로 말미암아 어떻게 의롭다하심을 받을 수 있는가? 우리가 이 질문에 답하기 전에 우리는 여기서 전치사가 무엇인지를 확신해야 한다. 이 구절 앞뒤를 연결하고 있는 전치사는 ‘for’이다(δια는 대격으로 사용된 단어에 의해 따라나온 것이다). 예수께서 속죄 제물로서 죽임을 당하시도록 내어줌이 되었다. 우리의 칭의를 위해for 아니면 우리의 칭의 때문에(because)? 대부분의 학자들은 우리의 칭의가 예수의 부활의 원인으로 보기어렵다고 한다. 따라서 하반절에 나오는 ‘for’는 우리의 칭의’를 위하여’ 또는 우리의 칭의’를 다루기 위하여’, ‘획득하기 위하여’ 그가 다시 살아나셨다고 해석할 수 있는 것이다. 왜냐하면 하나님께서 부활을 인하여 우리를 의롭다 함을 얻게 하시려고 의도하셨기 때문이다. 또는 우리의 칭의를 다루시려고 의도하셨기 때문이다(그렇다면 전반절도 우리의 허물을 다루시는 방법으로 그리스도께서 내어주심이 되었다고 해석이 가능하지 않겠는가? 그러나 그런 주장은 누구도 지지하지 않는다). 대부분의 학자들은 두 문단이 정밀하게 병행하는 것이 아니라고 인정한다. 형식이 잘 조화된다고 해서 의미도 조화되는 것은 아니다. 두 가지가 먼저 떠오른다.

1. 부활은 갈보리 십자가상에서의 사역은 완성되었고 종결되었으며

하나님에 의해서 받아드려진 것이라는 사실을 선언하는 것이다. 이것은 예수께서 율법의 요구를 완벽하게 이루셨으며 공의가 실현되었다는 것을 지칭하는 것이다. 그리스도의 부활은 그리스도께서 대가를 다 치루시고 형벌을 다 받으셨다는 것을 선언하는 것이다. 사망은 죄의 삯이다. 죄는 죽음을 쏘는 것이다. 죄의 힘은 율법이다. 죄 없으신 구세주께서 그의 희생적인 죽으심으로 율법의 요구와 죄책을 해결하신 것이다. 그리스도의 부활은 그리스도의 구속 사역의 완성을 입증하신 하나님의 인침이다. 그것은 사망의 형벌이 그리스도로 말미암아 다 끝나게 되었고 죄와 죄책의 권세가 다 붕괴되었고 저주가 다 파멸되었다는 것을 공적으로 선언하신 것이다. 이제는 의의 평강이 완성되어서 그리스도 예수 안에 있는 성도들은 면죄되었으며 용서받았고 자유함을 얻게 되었다고 선언하는 것이다. 인간의 몸을 입고 오신 구속주께서 다시 살아나셔서 하나님 보좌 우편에 좌정하고 계신 것이다. 그 구속의 일이 다 성취되었으며 하나님께서 그 사실을 수용하신 것이다. 그리스도의 부활이 그것을 선포하고 있다('만일 그리스도께서 다시 사신 것이 없다면 우리의 믿음은 헛된 것이요 우리는 여전히 죄 가운데 있을 것이다 … 그러나 이제 그리스도께서 죽은 자 가운데서 다시 살아나셨느니라'(고전 15:17, 20)).

웨스트민스터 신앙고백서는 이렇게 설명한다: '그의 순종과 죽으심으로 그리스도는 의롭다함을 받은 모든 자들의 빚을 완전하게 갚으셨다. 그리고 그리스도는 그들을 대신하여 그의 아버지의 공의 합당하고 실제적이며 온전한 만족을 드리셨다. 그러나 그들을 위하여 아버지로 말미암아 그 자신이 내어준바 되었고 그의 순종과 만족이 그들 대신에 받아들여졌다. 둘 다 그들 안에 어떤 무엇이 있어서가 아니라 그들의 칭의는 오직 값없이 베푸신 은혜로 말미암은 것이다 그리하여 하나님의 엄정한 공의와 풍성한 은혜가 죄인의 칭의에서 영화롭게 되어진다(11장 3항).

2. 그러나 우리는 그 이상을 말할 수 있다. 나는 여러분들이 복음을 요약한 또 다른 중요한 본문인 디모데전서 3:16을 보기 바란다. 여섯 줄로 된 이 시구는 세 문단으로 구성되어 있다. 각각은 두 개의 대조되는 내용으로 연결되어 있다. 첫 대조는 육과 영이며 둘째 대조는 천사들과 열국들 그리고 셋째 대조는 세상과 영광이다. 세 문단은 그 대조되는 것을 강조하는 것으로 배치되어 있다. 그리하여 영과 천사들과 영광이 육과 열국과 세상과 병행되어 있는 것이다. 현재 이 세상 질서는 영원한 상태의 세상에 반하는 구조로 되어 있는 것이다.

신앙고백적인 이 말씀도 예수님의 탄생으로부터 영화롭게 된 것까지의 내용을 다 말하고 있다. 성육신을 말한다. 성육신 이전에 존재하고 계신 하나님이 성육신으로 육신가운데서 보이셨다. 하나님과 함께 있었고 하나님이신 그 말씀이 육신이 되어 우리 가운데 거하셨다. '성령에 의해서 의롭다 하심을 입으셨다'는 것은 그리스도의 부활을 지칭한다. 다시 말하면 하나님의 아들이신 그리스도께서 인간의 몸을 입고 이 땅에 오셔서 십자가에 못 박혀 죽으셨다. 그러나 죽은 자 가운데서 다시 살아나셨는데 그것이 영원한 성령에 의하여 정당함을 증명받았다는 것이다. 그의 성육신과 죽으심과 부활을 증언한 천사들이 이제는 하늘에서 높임을 받으신 그리스도를 보고 있다. 바로 그 분이 유대인들에게 선포된 분이요 만국에서 전파되시고 세상에서 믿은 바 되시고 영광 가운데서 올리우셔서 지금은 하나님의 보좌 우편에서 영광 가운데 거하시는 그리스도를 믿으라고 설교하는 것이다.

이것이 복음의 핵심이다. 복음은 언제나 예수 그리스도의 인격과 사역에 초점이 맞춰져 있으며 그가 행하신 일과 그가 지금 계신 곳에 집중되어 있다. 복음 메시지는 사람들로 하여금 이 그리스도를 믿는 것의 중요성을 포함하고 있는 것이다. 그러므로 톰 롸이트가 오직 믿음으로 말미암는 칭의가 복음의 한 부분이요 한 뭉치라고 주장하는 것은 잘못된 것이다. 18개 헬라어 단어들 속에 복음 메시지가 다 압축되어 있다. 이것은 성령에 의해서 스스로 의롭게 되신 이 그리스도를 믿고 신뢰하는 것도 포함하고 있다. 디모데전서 3:16과 로마서 4:25의 대조되는 말씀의 중요성을 보라. 육은 영과 대조되고 있다. 물론 여기서 영은 성령이다. 이것은 사도 바울의 로마서 서론을 상기시켜주고 있다: "이 아들로 말하면 육신으로는 다윗의 혈통에서 나셨고 성결의 영으로는 죽은 가운데서 부활하여 능력으로 하나님의 아들로 인정되셨으니 곧 우리 주 예수 그리스도시니라"(롬 1:3-4).

하나님의 아들께서 육체 가운데 나타나셨다. 연약하고 쇠약한 상태의 몸으로 오신 것이다. 비록 죄는 없으시지만 그는 자신을 옛 창조의 세계, 현 세상의 질서에 동화하셨다. 그 다음 영으로 의롭다함을 입게 되었다는 것은 그의 부활에서 벌어진 성령의 확증을 말하는 것이다. 그것은 새 생명으로의 변화, 중생, 새로운 시작, 새 창조 및 영광에 이르게 하는 성령의 기적적인 변형 능력과 연계되어 있다. 고린도전서 15장은 동일한 대조를 기록하고 있다. 자연적인 것과 영적인 것, 땅의 것과 하늘의 것, 썩어질 것과 썩지 않을 것, 굴욕과 영화, 연약함과 강력을 대조하여 말한다. 그리스도의 부활은 그가 최종적인 영원한 상태로 진입하셨음을 말하는 것이다. 이 부패하고 타락한 세상 너머에 있는 영원한 질서의 나라로 들어가신 것이다.

부활은 그의 성취하심에 대한 확정이다. 우리가 로마서 1:3-4에서 본바와 같이 예수께서 실로 메시아라는 하나님의 공개적인 선언이요 확정이다. 부활은 하나님께서 그리스도를 그의 우편에 계시는 자이심을 보여주신 것이다. 하나님에 의해서 죄인의 몸으로 이 세상에 오셔서 인간의 죄 때문에 죽으셨다가 다시 살아나시고 성령으로 의롭다함을 입으신 그리스도이시다. 예수께서는 둘째 아담이요 마지막 아담으로 사셨고 죽으셨고 부활하심으로 의로운 자가 되셨다. 그런데 왜 예수께서는 부활하심으로 의인이 되셨음을 선언해야 할 이유가 무엇인가? 그는 세례받을 때와 변화산상에서 아버지의 기뻐하시는 자라고 하지 않았는가? 그런 그가 왜 부활로 인하여 의롭다함을 입어야할 필요가 있다는 것인가? 여기엔 두 가지 답이 있다.

첫째는 우리가 기억할 것은 그가 비록 아무 죄도 범하지 않았을지라도 그의 죽음은 죄인으로서의 죽음을 당하신 것이라는 사실을 기억할 필요가 있다. 우리가 이사야서를 통해서 본 것처럼 백성들은 그를 멸시하였고 거절하였으며 마땅히 죽어야 할 자로 여겼다. 그는 자신의 죄 때문에 하나님께 징벌을 당하여 죽어야 할 자로 생각한 것이다. 십자가에 달려있을 때 사람들이 그에게 뭐라 소리쳤는지를 보라. '만일 당신이 그리스도이거든 십자가에서 내려오라!' 그러나 십자가상에서 내려오고 싶은 충동이 있음에도 불구하고 그는 그곳에 머물렀고 하나님의 쓰디쓴 진노의 잔을 끝까지 다 들이키셨다. 하나님께 버림을 당하는 충만한 공포의 고난을 겪으셨다(단지 자신이 버림을 당했다는 생각이 아니다. 하나님의 특별한 임재하심이 없는 지옥을 경험하신 것이다). 그는 아버지의 뜻에 다 순종하셨다. 그는 자신을 의롭다 여겨주실 하나님을 사모하였다. 베드로가 말하고 있듯이 의롭게 판단하신 하나님께 자신을 맡기셨다. 부활은 그가 하나님을 기쁘시게 하는 의로운 자임을 입증하신 것이다. 사면과 의롭다함의 법적 선언이 부활의 행위로 동시에 발생한 것이다. 그것은 그의 삶과 주장들이 정당한 것임을 확정한 것이다. 그것은 그가 세상에서도 의로운 자였으며 죽어서도 의인이었음을 명백하게 선언하는 것이다. 부활은 아들 예수 그리스도에 대한 하나님의 공의한 심판이시다. 하나님의 최종적인 심판이 성육신하신 아들 예수에게 그의 부활로 인하여 의로운 자라고 선언된 것이다.

마태는 다음과 같은 예수님의 말씀을 인용할 때 '의롭다함을 받았다'는 동사와 관련하여 이 점을 잘 이해하도록 도움을 주고 있다. '인자가 와서 먹고 마시매 말하기를 보라 먹기를 탐하고 포도주를 즐기는 사람이요 세리와 죄인의 친구로다 하니 지혜는 그 행한 일로 인하여 옳다 함을 얻느니라'(마 11:19, 눅 7:35 참고). 본문에 사용된 '옳다 함을 얻는다'($\epsilon\delta\iota\kappa\alpha\iota\omega\theta\eta$)는 형태나 의미에 있어서 동일한 단어인 것이다. 로마서 4:2에서 바울이 만일 아브라함이 행위로 말미암아 의롭다함을 받았다면 그는 자랑할 것이 있을 것이나 하나님 앞에서는 없느니라고 했을 때도 같은 단어가 쓰이고 있다. 이 모든 사례에서 쓰인 동사는 공적인 사면을 말하는 것이다. 법적 선언과 확정의 개념을 포함하고 있다. 예수의 부활에 있어서 온 세상의 대 심판자께서 예수는 의인이라고 선언하는 것이다. 그의 부활은 그의 법적 정당성을 우리 모두가 보게 하는 것이다.

예수 그리스도의 부활은 구속사의 완성을 확정하는 것이기도 하다. 예수의 정당성은 구원의 드라마에서 최종적인 구원행위이다. 그는 육체가운데서 살아나시어 영광에 이르셨다. 그는 의롭다함을 받으셨고 영화롭게 되셨다. 부활과 관련된 그리스도의 의롭다함은 확정적인 구원과 연관된 것이다. 그것은 그리스도가 사망에서 생명으로 옮기시고, 옛 사람에게서 새 사람이 되게 하시고 육적인 영역에서 영적인 영역으로 옮기시는 능력을 말하는 것이다. 우리는 하나님이시요 동시에 인간이신 둘째 아담, 의로운 자를 가지고 있는 것이다. 저주와 부패와 쇠락과 타락과 변형의 세상에서 죽음이 죽게 되고 시험자가 영원히 추방되며 시험당하심이 이젠 영원히 종식된 세상으로 나아가게 함을 말하고 있다.

롸이트와 같이 칭의의 의미를 개정하려고 하는 자들은 여기서 칭의가 무엇을 뜻하는지를 설명할 수 있어야 한다. 사실 톰 롸이트는 로마서 4:24에 대한 자신의 설명을 심각하게 가슴 깊이 새겨야 할 필요가 있다. '예수의 부활은 그가 메시아라는 하나님의 확정이다 … 마찬가지로 모든 신자들에 대한 하나님의 칭의는 그들이 옳은 상태에 있고 그들의 죄는 이제 용서받았다는 하나님의 선언을 의미하는 것이다 … 그러므로 하나님께서 죽은 자 가운데서 일으키신 예수의 부활은 그리스도 안에 있는 모든 하나님의 백성들이 의롭다고 하는 것을 포함하고 있는 정당한 행위였다(The Resurrection of the Son of God, SPCK, 2003, p248). 칭의가 교회론의 주제가 아니라 도리어 복음의 본질과 관련된 모든 것이며 사망에서 생명으로 나아가는 복음의 핵심이다. 본문의 문맥은 유대인과 이방인의 관계를 말하는 것이 아니라 마지막 아담이요 둘째 아담으로서 그리스도께서 삶과 죽음에서 자신이 의로운 자였기 때문에 사단과 죄와 사망을 정복하신 것을 말하고 있는 것이다. 그의 부활에서 그리스도의 선언은 그가 둘째 아담으로서 그의 의에 대한 확정이요 선언이다.

둘째로 그리스도께서는 그를 신뢰하는 자들을 위하여 그의 부활로 말미암아 의롭다함을 얻으셨다. 이것이 디모데전서 3:16과 로마서 4:25이 보여주고 있는 것이다. 그의 부활에 관하여 우리가 말한 모든 것이 다 신자들의 칭의를 위한 그의 부활이 사실임을 붙들게 한다. 우리의 칭의를 얻게 하기 위하여 그리스도께서는 다시 사셔서 의롭다함을 받으셨다. 마지막 아담이신 그리스도께서 우리가 범한 죄 때문에 나무에 달려 우리의 죄짐을 자신의 몸에 지시고 스스로 내어주신 것처럼 우리의 의롭다하심을 위하여 다시 살아나신 것이다. 그리스도는 우리의 대표자이시다. 첫째 아담이 죄성 가운데 있는 모든 인간의 대표자인 것처럼 둘째 아담은 새로운 피조물의 대표요 머리이시다. 이것을 바울이 로마서 5장과 고린도전서 15장에서 주장하고 있는 내용이다. 예수 그리스도 안에 있는 자들은 그와 다시 살아나며 옳다 함을 선언받게 된다. 부활은 예수께서 삶과 죽음에서 의로운 분이셨고 예수에게 속한 모든 자가 다 그 안에서 의로운 자임을 증명하는 것이다. 그는 우리의 대표이시며 머리이시다. 그에 대한 모든 진실이 그에게 속한 모든 자에게도 사실이다. 그리스도 안에서 우리의 칭의는 완성된 사실인 것이다.

칭의와 관련하여 간과할 수 없는 두 가지 중요한 주제가 있다. 그리스도와의 연합과 전가이다.

그리스도와의 연합: 만일 우리가 그리스도와 연합되지 않았다면 우리는 의롭다함을 받을 수 없다. 바울은 그리스도를 얻고 그 안에서 발견되는 일이라면 모든 것을 다 배설물로 여기겠다고 했다. 이는 율법으로 말미암는 자신의 의가 아니라 그리스도 안에 있는 믿음을 통한 의를 말한다. 믿음으로 말미암아 하나님으로부터 난 의이다(빌 3:9). 우리는 그리스도 안에서 하나님의 의가 되었다(고후 5:21). 우리의 삶은 하나님 안에서 그리스도와 더불어 감추어져 있다(골 3:3-4). 그리스도와의 연합에 있어서 우리의 위치와 위상은 그리스도의 것과 동일한 것이다. 그리스도께서 죽으시고 장사되시고 다시 살아나시고 하늘에 오르신 것은 그리스도 안에 있는 모든 자들도 같은 것이다. 그리스도에게 속한 자는 그의 부활에서 의롭다함을 받으며 고로 그 의는 그리스도와 연합된 우리에게 속한 것이다. 그의 의는 우리의 의이며 그의 정당성은 우리의 정당성이다. 그의 칭의는 우리의 칭의이다.

전가(Imputation): 이것은 일반적으로 현대 학자들 사이에서 무시되는 단어이다. 그러나 바울이 그 주제로 특별히 로마서 3-5장, 고린도후서 5:19-21과 빌립보서 3:8-9에서 취급하고 있는 것처럼 반드시 설명되어야 한다. 전가는 우리의 죄를 그리스도에게 덮어씌운다는 것만 뜻하는 말이 아니라(그로 인해 죄인들이 마땅히 받아야 할 형벌을 그리스도께서 당하신 것이다) 그리스도 자신의 의를 우리에게 전가(轉嫁)시키는 것을 뜻한다(여기에는 지상의 삶에서 가지신 그의 도덕적 의와 율법 안에 나타난 하나님의 뜻에 순종하심과 대속적인 죽음과 관련된 의까지도 포함된다. 이것을 신학자들은 그리스도의 능동적 수동적 순종으로 규정한다).

　칭의는 우리의 죄 용서 그 자체로만도 놀라운 것이지만 그 이상을 뜻한다. 공짜로 죄 사함을 받는다는 것이 얼마나 놀라운 것인가! 모든 흠을 다 값없이 제거하게 된다는 것 그 자체만으로도 엄청난 것이다. 그러나 재판관이 실상은 우리가 불경건한 존재임에도 불구하고 죄 없는 의인이라고 판정한다는 것은 또 다른 문제이다. 그리스도를 신뢰하는 불경건한 자를 의롭다고 선언하는 것은 그들이 의롭다는 지위만 가진 것이 아니라 그리스도의 의가 그들의 의를 보장한다는 것을 뜻하는 것이다. 마치 아담의 죄가 그의 모든 후손들에게 전가되어 아담 안에 있는 모든 자들이 다 죽게 된 것처럼 그리스도 안에 있는 자들에게는 마지막 아담의 의가 전가된다는 것을 뜻하는 것이다. 일부 학자들은 이것을 '법적 허구'(legal fiction)라고 비판한다. 그들은 복음적인 신앙을 제거하려는 그들의 야비한 목적 달성을 위해서 법적인 용어를 사용하고 있다. 그러나 죄인들의 칭의는 시대를 초월하여 인간의 모든 추론을 능가하는 교리이다. 이것은 하나님의 은혜를 높이며 하나님이 되시는 그리스도의 절대 권세를 드러내는 것이다. 그러나 이것은 우리의 대표자요 머리이신 그리스도의 대속적인 희생에 기초한 것이다. 그리하여 하나님은 의로우시며 믿는 모든 자들을 의롭게 하시는 분이심을 나타낸다.

전가는 그리스도의 옷을 입는 것과 같은 것이다. 그러나 학자들은 개신교의 이러한 옛 용어 사용하기를 살며시 비켜가고자 한다. 왜냐하면 이에 대한 성경적 근거가 희박하다는 것 때문이다. 또 신학적으로 건전한 주장이 아니라는 것이다. 그러나 Carson이 지적한 것처럼 갈라디아서 3:27이 이를 지지하고 있다: "누구든지 그리스도와 합하여 세례를 받은 자는 그리스도로 옷입었느니라!"(입었다는 동사 $\epsilon\nu\delta\upsilon\omega$는 옷을 입다는 뜻이다). 그리스도와의 연합과 관련하여 세례가 그 표시요 인증이듯이 신자들은 우리의 의이신 그리스도로 옷 입었다는 것을 뜻하는 것이다. 그의 완벽한 의가 우리의 것으로 간주되는 것이다. 이 구절은 이사야 61:10을 상기시켜 준다. 여호와께서 선지자에게 구원의 옷을 입히시고 의의 겉옷으로 나를 덮어주신다고 말씀하고 있다. 우리는 또한 예레미야가 여호와 우리 의이신 메시아적 가치에 대한 예언을 포함시킬 수 있다. 마치 예수를 죄인으로 취급하여 죄인으로 죽게 하셨듯이 믿는 죄인들은 의로운 자로 간주하시고 살려주시는 것이다.

톰 라이트는 그리스도와의 연합은 전가를 불필요로 한다고 주장한다. 그는 그리스도와의 연합이 전가와 같은 동일한 기능을 수행한다고 보기 때문이다. 그리스도와의 연합이 칭의의 근거이기 때문에 그리스도의 의의 전가는 중복되는 과다한 것이라고 한다. 그러나 분명 이 연합을 관계성 차원에서 이해하면 우리의 칭의의 근거가 될 수 없다. 그리스도와 우리의 관계가 칭의의 근거는 아니다. 우리는 이것을 강력하

게 배격해야 한다. 우리 칭의의 근거는 그리스도의 인격과 사역이며 그
것이 우리를 의롭게 한다. 이것은 바울이 강력하게 로마서에서 강조하
고 있는 것이다. 그리스도 자신의 의가 우리의 칭의 근거이지 그리스도
와의 연합이 아니다.

그리스도와의 연합과 전가는 구별되나 분리될 수 없다. 그리스도와
의 연합은 그리스도의 의의 전가를 필요로 하고 그리스도의 의의 전가
는 그리스도와의 연합을 요구한다. 우리는 칭의 교리를 반대하는 자들
의 놀이에 놀아날 수 없다. 그들은 칭의가 마치 그리스도와의 연합을
언급함이 없이 상술적인 전환으로 생각하고 있다(루터교회의 위험성). 그리
스도와의 연합은 전가 이상의 것을 포함한다.

이것은 성결한 삶이 칭의와 분리할 수 없다는 중요한 것을 보여준
다. 그런 의미에서 우리의 신앙고백서는 칭의 문제를 다루고 성도의 신
분에 이어 성화 문제를 다루고 있다. 의롭다함을 받은 자는 그리스도와
의 연합에서 자연스럽게 거룩한 삶을 추구하게 되는 것이다. 그리스도
의 도덕적 의의 전가는 우리 칭의의 법적 근거를 제공하는 그리스도와
의 연합의 한 측면이다. 그리고 법적 허구와 관련한 비평들을 물리치는
것이다. 이 모든 것은 신자들에게 무슨 일이 벌어졌는지를 뜻하는 것이
며 메시아 예수에 대한 사실이 그의 백성들에게도 사실임을 의미한다.
성도들은 의롭다 함을 받게 되었고 의롭다 함을 받은 자들은 영화롭게
된다. 이것이 왜 바울이 믿음으로 말미암아 의롭다 함을 받은 자들은
이미 하나님의 영광의 소망 가운데서 즐거워하고 있다고 말할 수 있는
이유인 것이다(롬 5:2). 이것이 그리스도 안에 있는 우리의 현재 위상이
다.

심판의 마지막 날에 우리에게 어떤 죄목도 우리를 발목잡지 못할 것이다. 마지막 날에 우리의 위대한 고소자가 우리를 제대로 고소할 수 있을 것 같은가? 아니다. 왜? 그리스도께서 죽으셨고 다시 사셨기 때문이다(롬 8장). 바울의 확신은 과거에 일어난 것에 기초한 것이다. 우리를 대신하여 이 모든 것을 이루신 그리스도의 인격과 사역이 우리의 확신의 뿌리이다. 그리스도께서 이루신 모든 것이 현재 성도의 신분을 만들어 준 것이다. 우리가 이미 그리스도 안에 있는 것보다 더 의롭게 될 수 없다. '하나님은 의롭다 함을 받은 모든 자들을 그의 독생자 예수 그리스도 안에서 그리고 예수 그리스도를 위하여 양자됨의 은혜에 참여하는 자들이 되는 것을 허락하신다'(WCF 12.1). 칭의는 법적 허구가 아니라 실제적인 전가이다. 예수 그리스도 안에서 은혜의 보좌 앞에 담대하게 나아가 하나님을 아바 아버지라 부르며 성령의 능력으로 보호함을 받으며 그리스도와 함께 한 상속자로서 하나님 나라를 기업으로 받게 된다. 또 이 세상에서 필요한 모든 것을 공급하며 인도하심을 받는다. 그러나 우리의 불경건한 행위들로 인하여 때로 징계를 받으나(히 12:6) 결코 버림을 당하지 않을 것이다. 하나님께서 그에게 부르짖는 자기 백성들을 옹호하시지 않을 것인가?

행위에 따른 미래 심판

우리는 하나님께서 성령을 통해서 우리에게 수여해 주신 의와 하나님께서 우리에게 전가시킨 그리스도의 의를 혼돈해서는 안 된다. 성도로서 하는 선행이 무엇이든 선행을 하도록 지음 받은 자로서 그것은 신앙생활의 본질이다. 그러나 선행이 그리스도 안에서 의롭다 함을 받은 우리의 위상에 무엇을 더 첨가할 수 있는 것이 아니다. 이 문제에 있어서 바울과 비교할 때 야고보를 더 잘 이해할 수 있는 것은 '지금'과 '그러나 아직' 사이의 종말론적 차이를 이해하는 것이다. 우리는 그리스도 안에서 구속함을 가지고 있으나 여전히 우리의 몸의 구속을 기다리고 있다. 우리는 그리스도와 함께 죽었고 다시 살았으며 하늘에 올림을 받은 자이나 부활을 기다리는 자이다. 우리는 그리스도 안에서 새로운 피조물이나 여전히 옛 창조의 세상에서 살고 있고 새로운 창조를 기다린다. 우리는 새 시대에 속한 자이지만 여전히 옛 시대에 산다. 그리스도 안에 있는 우리 모두는 최종적인 상태에 속한 자이나 우리의 여건은 우리의 신분에 합당한 상태에 있지 않다. 우리는 여전히 앞을 내다보고 있고 소망 중에 기뻐한다. 우리는 오직 믿음으로 말미암아 심판의 날 이전에 의로운 자라고 선언된 차원에서 의롭게 된 자들이며 우리 자신들의 선행이 아니라 그리스도의 선행으로 말미암은 것이다. 그런 측면에서 심판의 날은 우리에게 이미 이루어진 것이다. 그러나 우리는 여전히 심판의 날을 기다린다.

심판의 날은 객관적으로 그러나 부분적으로 그리스도의 죽음과 부활에서 증언되었다. 왜냐하면 그가 둘째 사망과 몸의 부활을 위하여 고난당하신 것이기 때문이다. 그것이 신자들의 확실하고도 분명한 소망과 불신자들의 영원한 저주의 보증이다. 그러나 그리스도 안에서 우리는 이미 사망에서 생명으로 옮겨졌다. 우리는 이미 죽음의 반열에서 제거되었다. 선고는 끝났다. 우리는 하나님 앞에서 의로운 법적 지위를 가지고 서 있는 것이다. 심판의 날의 선언은 이미 앞으로 당겨진 것이다. 이 세상 모든 것의 최후 심판자께서 우리에게 더 이상 죄 없다 선언하셨으며 면제되었다고, 용서받았다고, 그리스도 안에서 의인이라고 선언하신 것이다. 그러나 그 선언의 실체는 마지막 날에 체감될 것이다. 최후의 심판의 날이 다가 올 때 오직 그리스도 안에 있는 믿음으로 의롭다 함을 받은 자로 하나님께서 선언하신 자들은 자신들이 의롭게 됨을 볼 것이다. 그리스도 안에 있는 자들은 부활의 날에 영화롭게 된 몸 안에 있는 자신들을 보게 될 것이다. 부활 때에 그리스도에게 일어난 것이 그의 의의 선언과 확정으로 구성된 그의 정당성과 그의 칭의 안에서 마지막 날에 그의 백성들에게 온전히 실감될 것이다. 그리스도 안에서 그의 사역에 근거하여 이미 선언된 의는 마지막 날에 확정될 것이다. 그 때 그리스도 안에서 우리의 의로운 행위와 더불어 의로운 자임을 확정하게 될 것이다.

심판의 날과 관련하여 말씀하신 것에는 예수께서 양과 염소를 나누는 비유로 설명하신다. 그 심판은 선행에 근거하고 있다. 그것은 의로운 자와 불의한 자 사이의 차이가 분명하게 나타난다. 여기엔 선언은 없지만 그들의 행위에 기초하여 차이가 무엇인지를 분명하게 확정한다. 우리는 요한복음 5:24-29에서 동일한 진리를 가지고 있다. 우선 그리스도 안에서 신자들의 현재 위치에 대한 설명이 있다(24절). 그리고 미래 심판과 부활의 날에 대한 언급이 있다. 선한 일을 행한 자는 생명의 부활에 이를 것임을 말한다. 내가 주장하고자 하는 것은 야고보가 그토록 강조하고 있는 칭의와 정당성 그리고 바울이 갈라디아서 5:5에서 의의 소망이 무엇을 의미하는 지를 말하는 것이다. 로마서 8:23도 보라.

로마서 5:25은 바울이 앞 구절들에서 말한 것들, 즉 아브라함에게 맺은 약속의 하나님을 믿은 것 같이 그리고 그리스도 안에서 그 모든 약속들이 궁극적으로 다 성취하신 기적의 하나님, 불가능이 없으신 하나님, 죽은 자를 살리시는 하나님, 없는 것들을 있는 것처럼 부르시는 하나님, 우리 주 예수를 죽음에서 다시 살리신 하나님을 굳게 신뢰하라고 촉구한다. 아브라함은 하나님의 약속들을 믿으매 의로 여김을 받았다. 그 믿음을 의로 간주하신 것이다. 바울이 지적하고자 하는 요지는 그 동일하신 하나님, 하나님의 약속들에 대한 아브라함의 믿음을 의로 여기신 그 동일하신 하나님의 약속들을 믿는 우리들에게도 의로 여기실 것이라는 사실이다. 우리의 범죄를 인하여 자신을 내어주시고 우리의 의롭다 하심을 위해 다시 살아나신 예수 안에서 그 모든 것들이 실감될 것이다.

우리 주 예수 그리스도의 아버지시요 하나님을 신뢰하는 것은 아주 중요하다. 예수를 믿어야 한다. 우리는 그를 신뢰하라고 청함을 받는다. 그를 의지하라고 요구받는다. 이것을 아브라함이 했다. 그는 멀리서 그 자신의 아들의 그림자를 통하여 예수를 보았다. 이삭은 만져질 수 있는 상징이었다. 약속의 씨로 주어진 가문의 유일한 독자였다. 그의 수태도 기적과 다름없다. 후에 이삭은 비유적으로 희생제물이 되었고 다시 살아났다. 우리는 하나님의 그 모든 약속들이 그에게 예가 되고 아멘이 된 예수를 굳게 신뢰해야만 한다. 우리는 신앙의 이 놀라운 고백들을 배우는 것으로 충분하지 않다. 단지 머리로 아는 지식이 비록 유용한 것일지라도 그것은 구원을 받게 하지 못한다. 우리는 자신을 믿고자 하는 것을 떨쳐버리고 오직 그리스도에게 붙어야 한다.

이것이 우리의 삶과 죽음에 있어서 가지는 구원의 확신이다. 우리는 하나님의 임재 앞에서 의로운 자로 설 수 있다. 우리는 우리 자신이 행한 선행이나 교회의 사역을 쳐다보는 것이 아니다. 오직 그리스도 안에서 우리는 우리의 머리를 들 수 있으며 담대하게 하나님의 거룩한 임재 앞에 나아올 수 있다. 또한 죽음을 맞이할 때 그리스도께서 하신 것을 근거로 확신을 가지고 간청할 수 있다. 예수께서 나를 위해 죽으시고 다시 사셨다는 것을 근거로 부르짖을 수 있다. 얼마나 놀라운 복음이란 말인가!

우리는 어떤 것도 당연한 것으로 여겨서는 안 된다. 우리는 비평학자들의 입장에서 우리가 견지하고 있는 복음적인 진리들을 재진술해야지 재해석할 필요가 없다. 세상으로 하여금 복음을 듣게 해야 한다. 칭의와 구속의 교리와 더불어 우리의 수직적 위치(하나님 앞에선 우리의 신분)를 사람들 앞에서 굳게 붙들고 있어야 한다. 단지 수평적 관계(우리의 상황들의 변형)만이 아니다. 인간 존재들과 그들의 필요와 반응이 무엇인지를 먼저 고려하기 전에 우리는 먼저 하나님과 시작해야만 한다.

세속주의가 교회 안에 침투해 왔다. 성도들 주위를 감싸고 있는 불경건한 문화의 압박에 압도되어서 그런 것만이 아니다. 설교자들과 교사들이 하나님의 말씀에 일치되지 않는 신앙 체계를 흡입해서 그런 것이다. 나는 찰스 스펄전의 경고로 글을 맺고자 한다. '우리는 요즘 우리 주변에 그리스도를 설교하는 사람들이 있다. 심지어 복음을 설교한다. 그러나 그 후 그들은 진리가 아닌 것들을 크게 다루고 있다. 따라서 그들이 전파한 모든 좋은 것들을 다 파괴시키고 있다. 사람들을 오류로 끌어들이고 있다. 그들은 복음주의자로 규정될지 모르나 실제로는 반복음적인 학파의 사람들이다(The Greatest Fight in the World'p 39). 디모데 후서 4:1-5을 읽으라.

6. 성도의 견인: 하나님의 보존해 주시는 은혜

신앙생활과 관련하여 종종 발생하는 질문은 그리스도를 믿는다고 고백하고 열심히 신앙생활하던 자가 나중에 그 믿음을 부정하는 생활로 되돌아가는 경우, 과연 사람이 한번 구원을 받고도 그 구원을 잃어버릴 수 있는가? 라는 것이다. 처녀 총각 때 열심이었던 자가 결혼이나 군대 혹은 직장생활하면서 신앙을 오랫동안 잃은 상태로 지내는 자들, 게중에는 후에 돌아오는 자들도 있지만 그 길로 영영 회복하지 못하는 자들을 생각할 때 과연 구원에 대한 신앙고백의 효력은 일시적인가? 아니면 영구한 것인가?

대체로 알미니안주의자들은 진정으로 거듭나고 회심한 사람도 타락하여 파멸에 떨어질 수 있다고 믿는다. 가톨릭교회도 사람이 한번 구원을 받고도 자신의 구원을 잃어버릴 수 있다고 가르친다. 그러나 고해성사를 하게 되면 지옥 가지 않고 천국에 간다고 한다. 칼빈주의신학은 그같은 개념을 그리스도의 완벽한 구속 사역을 심각하게 모독하는 죄라고 간주한다.

사실 칼빈주의도 견인교리가 인간의 의지를 무시하는 것이 아니라 반드시 필요한 것이라고 가르친다. 왜냐하면 배교의 위험성이 항상 도사리고 있기 때문이다. 더구나 히브리서 6장의 경고나 사울 왕의 이야기, 그리고 심지어 사도 바울까지도 고린도전서 9:27에서 밝힌 것처럼 남에게 전파한 후에 도리어 자기가 버림이 될까 염려하는 말씀을 주고 있기 때문이다. 그런 말씀에 근거하여 성도도 끝내 주님의 은혜로부터 끊어져버릴 수 있다고 결론을 내리게 된다.

그러나 칼빈주의 혹은 개혁주의 신학에서 가르치고 있는 견인교리는 성도의 영원한 안전 교리를 말한다. 이를 간단히 정의하면 '만일 사람이 구원에 이르는 믿음을 가졌다고 한다면 결코 그것을 잃어버릴 수 없으며 만일 그것을 잃었다면 애초부터 구원에 이르는 믿음을 가지지 않았다고 간주해야 한다'는 것이다. 이에 대한 성경적 증거는 요한일서 2:19이다. "저희가 우리에게서 나갔으나 우리에게 속하지 아니하였나니 만일 우리에게 속하였다면 우리와 함께 거하였으려니와 저희가 나간 것은 다 우리에게 속하지 아니함을 나타내려 함이니라."

사실 사람들 중에는 예수님과 상관없이 교회에 다니는 자들이 있다. 단지 교회생활이 좋아서, 교회에서 하는 여러 가지 프로그램이 맘이 들어서, 사람들과 교제하는 것이 좋아서 교회에 다니는 경우가 있다. 교회에서 하는 여러 가지 음악적 활동 때문에, 문화적이고 교양적인 요소들 때문에 교회에 다니는 자들이 있다. 즉 불교신자처럼 법당에 들어서면 왠지 마음이 평안해 지는 것 같고 거기서 뭔가 소원을 빌고 나면 기분이 좋아지는 것 같아서 그저 사찰에 다녀오는 불교신자들이 많은 것이다. 그들 중에는 부처의 가르침을 몸소 실천하려는 의지보다 단지 자신들의 종교적인 의지를 더 강조하는 것이다. 그와 마찬가지로 교회에 다니는 사람들 중에는 그런 종교적 행사에 동참하는 것을 참 신앙생활로 간주하는 자들이 있다. 그들의 회심은 그리스도에로의 회심이 아니라 기독교 삶의 방식에로의 회심을 말하는 것이다. 요즘 알파 코스나 여러 가지 교회 프로그램에서 사람들이 소위 은혜받았다고 하며 전에 보지 못한 열정으로 참여하는 경우는 상당수가 새생명을 얻은 그리스도인으로서가 아니라 기독교 종교인으로서의 삶을 열심히 하는 것이다. 그들에게는 참 회개가 없이 삶의 방식 자체를 바꾼 것에 불과한 것이다. 심령의 변화보다 단지 라이프 스타일의 변화를 추구하는 것이다.

그러나 진정으로 예수 그리스도를 구주로 믿고 거듭나 영생을 소유하고 주님의 몸에 붙어 그를 떠나서는 아무것도 할 수 없다는 것을 마음 깊이 확신하며 오로지 주님의 영광을 위해서 살아가는 자들은 교회의 어떤 일들 때문에 교회다니는 것이 아니라 주님 때문에 교회의 일원으로 사는 것이다. 찬양대에서 봉사할 수 없다고 해서, 교회에서 하는 일이 없다고 해서, 교회가 알아주지 않는다고 해서, 또 특정한 사람에 의해서 시험을 받았다고 해서 주님을 등지고 사는 일은 없다. 도리어 그런 경우가 혹 닥친다고 할지라도 더욱 주님을 사랑하며 주님을 의지하는 믿음의 길을 간다. 물론 여기서도 오해하지 말아야 한다. 견인교리를 믿는다고 해서 우리의 구원이 인내하는 능력에 달려있다는 것을 말하는 것이 아니다. 구원에 대한 궁극적인 소망은 자신의 연약한 의지가 아니라 하나님의 능력에 달려 있는 것이다. 다시 말해서 하나님께서 우리를 보존하리라 말씀하신 약속에 달려 있는 것이다. 사도 바울은 이렇게 교훈한다: "너희 속에 착한 일을 시작하신 이가 그리스도 예수의 날까지 이루실 줄을 우리가 확신하노라"(빌 1:6). 따라서 견인교리는 인간의 인내하는 능력이 아니라 오직 주님의 은혜로 말미암는 것이다.

이 교훈에 대한 강력한 성경적 가르침이 구원의 황금사슬 구절이 있는 로마서 8장에 있다. 특히 30절에서 "또 미리 정하신 그들을 또한 부르시고 부르신 그들을 또한 의롭다 하시고 의롭다 하신 그들을 또한 영화롭게 하셨느니라!" 그리하여 이렇게 결론적인 선언을 하고 있다: "내가 확신하노니 사망이나 생명이나 천사들이나 권세자들이나 현재일이나 장래일이나 능력이나 높음이나 깊음이나 다른 아무 피조물이라도 우리를 우리 주 그리스도 예수 안에 있는 하나님의 사랑에서 끊을 수 없으리라"(롬 8:38-39). 이 말씀은 다음과 같은 의미이다. 만일 하나님이 의롭다 하시는 자들을 영화롭게 하신다면 그리고 그들을 위해 그리스도를 내어주신 하나님이 그들에게 모든 것을 베푸시며 아무 것도 당신의 사랑으로부터 그들을 분리할 수 없다고 약속하신다면, 그분은 그들을 배교로부터 보호하는 책임을 지심을 시사하는 것이다. 이 결론을 거부하려면 로마서 본문을 다음과 같이 철저히 다시 써야 할 것이다. 즉 '하나님이 의롭다 하시는 자들 중 "일부"를 영화롭게 하시며 그들을 위해 그리스도를 죽게 하신 하나님이 그들에게 "어떤" 것들을 베푸시며 당신의 사랑으로부터 그들을 분리할 수 있는 "어떤" 것들을 허용하지 않으실 것이다.'

그러나 그리스도의 피로 의롭다 하심을 받는 자들은 틀림없이 하나님의 진노로부터 보호될 것이다(롬 5:9). 또한 이것은 아버지께로부터 받은 자들 중 한 사람도 잃지 않고 마지막 날에 다시 살리실 거라고 하신 예수님의 약속으로부터 끌어낼 수 있는 유일한 결론이다. 구원은 하나님께 속한 것이고 우리는 그가 만드신 자들이므로 안전하다. 하나님은 하나님이 시작하신 것을 이루시리라는 약속으로 모든 신자들에게 성령을 보내셨다. 하나님은 사도 바울을 통해 에베소 교회에 보낸 서신에서

는 이렇게 말씀한다: "모든 일을 그 마음의 원대로 역사하시는 자의 뜻을 따라 우리가 예정을 입어 그 안에서 기업이 되었으니 이는 그리스도 안에서 전부터 바라던 우리로 그의 영광의 찬송이 되게 하려 하심이라 그 안에서 너희도 진리의 말씀 곧 너희의 구원의 복음을 듣고 그 안에서 또한 믿어 약속의 성령으로 인치심을 받았으니 이는 우리의 기업에 보증이 되사 그 얻으신 것을 구속하시고 그의 영광을 찬미하게 하려 하심이라"(엡 1:11-14).

이 성령께서 우리 기업의 보증이 되시며 우리 안에서 우리의 영과 더불어 우리가 하나님의 자녀인 것을 증거하신다(롬 8:16). 그러나 견인 교리를 반박하는 사람들이 이렇게 주장한다. 주님의 말씀은 성도가 멸망의 길을 선택하지 않는 한 결코 망할 수 없다는 말이지 그들 스스로 파멸의 길을 선택한다면 멸망당할 수 있다는 것이다. 성령의 증거도 우리의 자발적 의지에 동의할 때만 가능하다고 말하는 것이다. 그러나 예수님께서 아버지께서 주신 양들 중 한 사람도 잃어버리지 않고 구원하신다는 것은 어떤 조건이나 상황에 따라 하신 것이 아니라 무조건적이며 그 어떤 예외도 허용하지 않는 것이다. 주님은 아무도 잃어버리지 않을 것이다. 결코 주님의 백성들은 망하지 않을 것이다. 선한 목자이신 예수님은 자신의 양 떼를 온전히 책임지시며 이리들로부터는 물론이고 그들 자신의 완악함으로부터도 그들을 지키신다. 하나님은 이렇게 선포하신다: "야곱 집이여 이스라엘 집의 남은 모든 자여 나를 들을지어다 배에서 남으로부터 내게 안겼고 태에서 남으로부터 내게 업힌 너희여 너희가 노년에 이르기까지 내가 그리하겠고 백발이 되기까지 내가 너희를 품을 것이라 내가 지었은즉 안을 것이요 품을 것이요 구하여 내리라"(사 46:3-4).

그럼에도 불구하고 우리가 성도의 견인 교리에 혼란을 가진다. 그이유는 두 가지 사실 때문이다. 하나는 앞에서도 잠시 언급한 것처럼 하나님의 경고 때문이며 둘째는 믿음을 저버리는 듯한 사람들 때문이다. 만일 하나님이 우리의 믿음의 보존을 보증하신다면 굳이 경고의 말씀을 하실 필요가 있는가? 이 질문에 대한 답은 이렇다. 만일 하나님이 보존하시는 것이 분명하고 거기에 어떤 경고도 없다면 우리는 방종의 길을 가기 쉽다. 이렇게 하나 저렇게 하나 어차피 구원을 받는다고 한다면 아무렇게나 살아도 면죄부가 될 수 있는 것이다. 그렇기 때문에 하나님은 우리에게 경고의 말씀을 주어서 두렵고 떨림으로 우리의 구원을 이루라고 말씀하시는 것이다. 예를 들어서 우리 각자의 수명은 하나님이 정하셨다. 그렇다고 해서 우리가 먹지 않아도 그 수명까지 살수 있다는 말이 아니듯이 하나님이 구원을 확실하게 이루셨지만 그 믿음의 보존을 위해서 아무 것도 하지 않아도 된다는 말이 아니다. 그 믿음의 보존을 위해 우리에게 하나님께서 마련해 주신 은혜의 수단들을 적절하게 사용해야 하는 것이다. 그렇기 때문에 예배에 참여하고 기도회에 참여하고 성경 공부에 임하며 성도의 교제가 필요한 것이다. 물론 하나님은 우리의 노력 없이도 우리를 보존하실 수 있지만 하나님은 그처럼 일하시지 않는다. 우리에게 주님이 바라시고 원하시는 길을 가도록 촉구하시며 가르치시는 것이다. 말씀을 믿고 순종하는 길을 가도록 힘을 다해야 하는 것이다.

또한 그리스도인으로 보인 자들의 타락 문제를 어떻게 이해할 것인가? 이 부분은 가장 난해한 것 중 하나이다. 그러나 앞에서도 언급한 것처럼 진짜 그리스도인이 아니라 단지 기독교적인 삶의 방식이 좋아서 따라 했을 가능성이 더 많이 있다. 마태복음 13장 씨 뿌리는 비유에서 보는 것처럼 말씀을 인해 혹은 교회의 여러 가지 행사들을 인해 열심히 교회에 나오는 것일 뿐 그리스도와는 아무 상관이 없이 사는 것이다. 그리스도의 몸에 붙어 있는 지체로서의 감동과 감격 및 헌신은 찾아보기 힘들다. 더욱이 말씀으로 인해 핍박이나 손상이 다가오면 금방 되 돌아서는 것이다. 재물의 염려나 세상의 근심이 그만 말씀에 순종하지 못하게 한다. 그런 것은 참 믿음이라고 말할 수 없다.

타락에 빠진 자들의 문제는 두 가지 차원에서만 설명이 가능하다. 하나는 처음부터 진정한 그리스도인이 아니었다는 것, 이 부분은 이미 설명하였다. 그리고 둘째는 실제로 그리스도인인데 하나님이 얼마동안 타락의 길을 가도록 허용하시는 경우가 있다. 그리하여 죄악의 비통함과 주님의 용서의 은혜가 얼마나 크고 놀라운 것인지를 가슴깊이 깨닫게 하실 수 있다. 신자들도 한동안 심각한 죄에 빠질 수 있는 것이다. 다윗도 간음과 살인 죄를 범했으며 베드로도 주님이 가장 친구가 필요로 했을 때 배반의 길을 갔다. 우리가 이런 죄 짓는 행위를 합리화 할 수 없지만 종종 하나님은 자기 자녀들에게 죄지음을 허용함으로서 더욱 큰 하나님의 은혜를 깊이 경험하게 한다. 그러나 방황하는 기간 동안 그들이나 다른 누구도 구원 문제를 확정하여 말할 수 없다. 구원의 확신은 회개의 열매를 맺고 있는 자들에게만 유효하기 때문이다.

주님의 중보사역을 믿으라: 히브리서 7:24-25, 요한복음 10:27-30, 17:12을 보라 타락상황이 어떤 식으로 설명되든 그 현상 자체로 인해 하나님의 자녀를 보존하시는 그 분의 약속과 능력에 대한 확신이 흔들려서는 안된다. 그리스도께서 우리를 위해 죽으셨고 지금도 하늘 보좌에서 우리를 위해 중보의 기도를 드리시며 우리가 최종적으로 주의 나라에 입성하도록 지키시고 인도해 주실 것이다. 그렇기 때문에 누구든지 그리스도 예수 안에 있는 자들은 버림받을 가능성은 전혀 없다. 아멘!

7. 구원의 확신

구원의 확신 문제는 성도들이라면 늘 의혹거리로 다가온다. 특히 자신의 삶 자체가 그리스도의 복음에 합당하지 못한 행위들을 할 때 과연 나는 구원받은 자인가? 라는 자책을 시작으로 구원받았다는 확신이 흔들리게 되는 것이다. 성경도 성도들의 신앙의 흔들림을 인정하고 이렇게 말한다: "그러므로 형제들아 더욱 힘써 너희 부르심과 택하심을 굳게 하라"(벧후 1:10). 주님의 부르심과 택하심을 굳게 하라(βέβαιος, 베바이오스)는 말은 확정하라는 말이다. 분명하게 다져야 함을 촉구하는 말이다. 특히 법적으로 확실한 보증이 되게 하라는 말에 강조점이 있다.

과연 내가 구원받았다는 것을 어떻게 확신할 수 있는가? 나의 구원을 어떻게 법적으로 보증할 수 있는가? 천국 문 앞에서 무슨 문서를 내밀고 당당하게 천국에 들어갈 것인가? 단지 교회 등록교인이라는 교적부가 보장하는가? 세례를 받았다는 것이 그 증표인가? 믿는 집안에서 태어나 믿는 부모 밑에서 자랐다는 것이 보증할 수 있는가? 답은 그 어느 것도 아니다. 내가 구원받았다는 것은 주관적인 확신도 필요하지만 객관적인 증거도 반드시 요구된다. 그렇다면 주관적인 것은 무엇이며 객관적인 사실들은 어떤 것들일까?

우선 주관적인 확신이 참으로 중요하다. 내가 믿는다는 신앙고백이다. 요한복음 3:16에 선포되어 있는 복음 진리를 내가 입으로 시인하고 마음으로 믿는다는 고백이 있다면 그 사람은 구원받은 사람이다. 사도 바울은 이렇게 지적하고 있다: "네가 만일 네 입으로 예수를 주로 시인하며 또 하나님께서 그를 죽은 자 가운데서 살리신 것을 네 마음에 믿으면 구원을 얻으리니 사람이 마음으로 믿어 의에 이르고 입으로 시인하여 구원에 이르느니라"(롬 10:9-10). 적어도 우리의 마음속에 내가 하나님의 아들 주 예수 그리스도를 나의 구주로 믿는다는 확신이 있고 그 사실을 내 입으로 시인하는 것 그 자체가 주관적인 신앙고백으로서의 증거이다. 그러나 여기서 우리가 주의해야할 것은 우리의 구원은 내 자신의 신앙고백 자체에 달려 있는 것이 아니라 주님께서 이루어놓으신 일에 달려 있다는 것이다. 우리의 고백은 유동적일 수 있으나 주님께서 이루어놓으신 일은 영원불변한 일이다. 따라서 내 주관적인 신앙고백이 주님께서 하신 일에 근거한 것이 될 때 나의 고백은 하나님께 의롭다 함을 받는 수단이 되는 것이다. 다시 말해서 단지 우리가 믿는다는 신앙고백 때문에 의롭게 되는 것이 아니라 그 믿음에 의해, 그 믿음에 근거해서 그리고 그 믿음을 통해서 의롭게 되는 것이다. 즉 우리의 믿음 고백이 의의 내용이 아니라 의로운 상태, 또는 구원받은 자가 되게 하는 도구임을 말하는 것이다. 우리 주 예수 그리스도를 믿음으로 말미암은 우리의 구원은 믿음으로 하나님께로서 난 의인 것이다(빌 3:9).

엄밀하게 말하면 주님께서 갈보리 십자가에서 이루어놓으신 일이 곧 나를 위한 것임을 믿는다는 신앙고백을 통해서 우리가 하나님 앞에 의롭다 함을 얻게 되는 것이다. 사실 많은 사람이 믿음을 우리의 구원의 반석으로 오해한다. 그러나 믿음과 구원은 떼려야 뗄수 없는 것이지만 믿음 자체가 우리의 구원을 말하는 것이 아니다. 하나님께로부터 오는 선물인 구원은 오직 주 예수 그리스도의 십자가 공로로 말미암은 것이다. 우리의 구원은 자신의 주관적인 생각이나 느낌이 아니라 우리 주 예수께서 이루신 구원의 은혜에 기초한 것이다. 영국의 유명한 제이 씨 라일 목사가 쓴『옛길』이라는 책에 이 부분을 잘 설명하는 내용이 있다:

'참된 믿음은 그 자체에 관해 자랑할 것이 전혀 없는 것이며 엄밀한 의미에서 "행위"라고 지칭될 수도 없다. 그것은 단지 구주의 손을 붙드는 것이며 남편의 팔에 기대는 것이며 또한 의사의 약을 받는 것이다. 믿음이 그리스도께 가지고 가는 것은 죄악된 인생의 영혼뿐이다. 그것은 아무것도 드리지 않으며 아무런 기여도 하지 않고 아무런 대가도 지불하지 않으며 아무 일도 행하지 않는다. 그것은 단지 그리스도께서 주시는 영광스러운 칭의의 선물을 받고 취하고 받아들이며 붙들고 또한 껴안을 뿐이며 날마다 새로워지는 행실을 통해 그 은사를 누릴 뿐이다.'(선하신 하나님의 손에 붙들린 죄인들, p. 309에서 인용)

이렇게 우리 마음에 주 예수 그리스도께서 나의 구원을 위해 십자가 상에서 대속의 죽음을 죽으시고 사흘 만에 다시 살아났다는 확신이 있을 때 구원받은 증거로 말할 수 있다. 그러나 이러한 주관적인 신앙고백이 없는 사람은 비록 교회에 다니고 있을지라도 구원받은 자라고 말하기 어렵다. 그렇다면 반대로 그러한 믿음의 고백을 하는 자들은 다 구원받은 자인가? 중심을 볼 수 없는 인간들 입장에서는 그렇다고 말할 수 있지만 중심을 보시는 하나님 입장에서는 그렇지 않은 경우도 있을 수 있다. 그래서 우리에게 필요한 것은 객관적 증거이다.

이 객관적 증거는 적어도 두 가지가 수반된다. 하나는 성령의 내적 증거이다. 둘째는 기록된 말씀에 의한 구원의 열매들이다.

첫째 성령의 내적 증거. 이것은 우리 안에서 있는 일로서 주관적 신앙고백과 밀접한 관계가 있다. 사실 입으로 시인하고 고백하는 것 자체도 성도 안에 내주하고 계신 성령의 증언없이는 불가능한 것이기 때문에 성도들은 입으로 나오는 시인 그 자체를 보고 구원을 판단하게 되는 것이다. 이 부분에 있어서 사도 바울의 서신은 매우 중요한 근거를 가진다. "그러므로 내가 너희에게 알게 하노니 하나님의 영으로 말하는 자는 누구든지 예수를 저주할자라 하지 않고 또 성령으로 아니하고는 누구든지 예수를 주시라 할 수 없느니라"(고전 12:3). 또한 그는 로마서 8장에서도 아주 중요한 교훈을 주고 있다: "무릇 하나님의 영으로 인도함을 받는 그들은 곧 하나님의 아들이라 너희는 다시 무서워하는 종의 영을 받지 아니하였고 양자의 영을 받았으므로 아바 아버지라 부르짖느니라 성령이 친히 우리 영으로 더불어 우리가 하나님의 자녀인 것을 증거하시나니"(롬 8:14-16).

우리가 적어도 하나님을 아바 아버지라고 부르며 주 예수 그리스도를 나의 주시요 나의 하나님이라고 진정으로 고백하는 것이 있다면 그것은 곧 우리가 하나님의 아들이요 딸임을 확신해도 된다는 말이다. 우

리의 구원이 허상이 아님을 알게 하시기 위해서 하나님과 아들 예수 그
리스도는 성도들에게 성령을 보내 주셨다. "그 안에서 너희도 진리의 말
씀 곧 너희의 구원의 복음을 듣고 그 안에서 또한 믿어 약속의 성령으로 인치
심을 받았으니 이는 우리의 기업에 보증이 되사 그 얻으신 것을 구속하시고
그의 영광을 찬미하게 하려 하심이라"(엡 1:13-14). 우리가 하나님의 후사로
서 장차 받을 기업의 보증이 곧 하나님과 아들로부터 나오신 성령 하나
님임을 말씀하고 있는 것이다. 이 성령께서 우리 속에 내주하시어 우리
의 길을 인도하신다. 우리의 눈을 밝히 떠 진리를 보게 한다. 진리가운
데로 나아가게 한다. 이것이 곧 두 번째로 보는 객관적 증거로서 곧 신
앙의 열매들이다.

　　과연 우리는 믿음의 열매들을 잘 맺고 있는가? 믿음의 열매들은 무
엇인가? 그것은 하나님과의 관계에서 찾아지는 것과 동시에 사람들과
관계에서 찾아지는 것이다. 전자는 우리의 거룩한 생활이다. 하나님과
우리 주 예수 그리스도를 더욱 알고자 하는 열망으로 충만한 삶을 산
다. 이것이 구원의 확신을 가진 성도에게서 자연스럽게 나타나는 현상
이다. 내가 믿는다고 고백은 하는데 이런 마음이 없다면 내 믿음의 고
백은 가짜일 가능성이 있다. 즉 구원받지 않았는데도 구원받았다고 착
각하며 살아가는 것이다. 진정한 구원의 믿음은 주님을 알고자 하는 갈
망이다. 참 성도들의 공통적인 현상은 영적 갈망함이 강하다는 것이다.
시편 기자가 고백하듯이 사슴이 시냇물 찾아 갈급해 함과 같이 우리 영
혼이 주를 찾아 갈망하는 것이다. 다른 모든 것이 있어도 주님이 없으
면 만족이 없는 것이다. 찬란한 음악이 있고 수많은 성도들이 몰려들고
우리의 눈과 귀를 즐겁게 하는 좋은 프로그램이 있어도 우리 주님의 임

재하심을 맛보지 않으면 도무지 만족을 느끼지 못하는 것이 진정한 신앙의 열매이다. 그 갈망함이 우리의 성화를 이루어가는 것이다. 보다 더 거룩한 삶을 살아가게 되는 것이다. 로마서 8장 17절은 우리가 그리스도와 더불어 하나님 나라 기업을 받을 후사 즉 상속인이라면 장차 "그와 함께 영광을 받기 위하여 고난도 함께 받아야 될 것이라"고 했다. 왜 고난이 오는가? 그리스도 예수 안에서 경건하게 곧 거룩하게 살고자 하는 자들은 핍박을 받게 되어 있다(딤후 3:12). 우리가 세상에 속한 자들이 아니기 때문이다.

따라서 믿음의 열매는 거룩한 생활에서 찾아지고 그 삶은 사람들로부터 때로는 비난과 조롱과 핍박과 고난을 당하는 것이 된다. 적어도 고난받는 것이 없다는 것은 내가 거룩한 삶을 살지 않는다는 것으로도 볼 수 있는 것이다. 그리스도인으로서 살면서 세상의 모든 것을 다 누릴 수 없다. 세상 부귀영화는 다 초개같은 것이다. 땅에 있는 지체를 죽이고 위엣 것을 찾는 것이 참 신앙이다. 땅에 있는 것으로 만족하는 것이 아니라 주님으로 만족하는 것이다. 주님이 나의 전부요 나의 모든 것의 모든 것이라고 고백한다. 마치 아이들이 좋은 장남감이 있고 먹을 것이 풍족하다고 하더라도 엄마가 없으면 얼굴 한 구석에 그늘짐이 드리우듯 교회에 다니기는 해도 항상 불안하며 기쁨을 누리지 못하는 것이다. 우리의 기쁨은 진리 안에서 주님과 더불어 교제하는 것이다.

사도 요한은 이 부분을 아주 잘 설명하고 있다. 사실 우리가 예수를 구주로 믿는다고 고백하는 것이 무엇을 뜻하는 것이겠는가? 사도 요한이 그가 눈으로 보고 귀로 듣고 손으로 만져본 사실을 우리에게 낱낱이

전해 준 이유가 무엇인가? 그는 이렇게 증언한다: "우리가 보고 들은 바를 너희에게도 전함은 너희로 우리와 사귐이 있게 하려 함이니 우리의 사귐은 아버지와 그 아들 예수 그리스도와 함께 함이라"(요일 1:3). 그렇다. 우리가 믿는다는 것은 곧 우리가 성부 하나님과 성자 예수님과 함께 하는 신령한 교제를 가지기 위함이다. 전에는 하나님 나라 밖의 사람이요 예수 그리스도의 생명에서 떠나 있는 자들이었으나 이제는 그리스도 예수의 십자가로 말미암아 하나님과 더불어 화목하게 되었다. 그러므로 이제 우리는 그 전능하신 하나님과 사랑의 구주 예수 그리스도와 더불어 교제하는 즐거움 속에 진입하게 된 것이다. 내가 구원받았다는 증거가 무엇인가? 이 교제의 맛을 맛보는가? 이 교제 속에 더 오래 있고자 하는 갈망함이 있는가? 이 주님과 더불어 교제함으로 더욱 신령한 삶을 살아가는가? 이 교제 속에서 얻어진 하늘의 빛이 내 얼굴에 빛나고 있는가? 어거스틴이 고백한 것처럼 그 안에서 안식을 얻기까지 참 쉼이 결코 없는 갈급함이 내게 있는가?

하나님과의 관계 속에서 나타나는 경건생활은 반드시 이웃과의 관계에 영향을 준다. 이웃을 향한 사랑의 마음과 행동이 나타난다. 말과 혀로서만이 아니라 행함과 진실함으로 사랑한다. 사실 주님을 사랑한다고 말하면서 눈에 보이는 형제를 사랑하지 않는 것은 스스로 거짓말하는 자가 된다. 따라서 하나님 사랑은 이웃 사랑으로 나아가는 것이다. 이것이 율법의 총 강령이라고 주님께서 교훈하셨다. '강령'이라는 말은 원문 성경에는 없는 말인데 현재동사로 쓰인 크레마타이(κρεμαται)는 '매달리다'는 뜻이다(마 22:40). 즉 위로 하나님 사랑과 옆으로 이웃 사랑에 대한 이 두 계명이 온 율법과 선지자에게 매달리고 있다는 말이다. 하나님 사랑과 이웃 사랑에 대한 모든 가르침이 다 율법과 선지자들의 총 핵심임을 말하고 있는 것이다. 따라서 성도는 위로는 마음과 뜻과 목숨과 힘을 다하여 주 우리 하나님을 사랑해야 한다. 그리고 동시에 우리 이웃을 우리 몸처럼 아끼고 사랑해야 한다. 사랑실천이 없는 신앙생활은 가짜이다.

여기서 우리가 착각하지 말아야 할 것은 내가 좋아하는 사람이나 나를 사랑하는 사람을 사랑하는 것이 참 사랑이 아니라는 점이다. 예수님은 이렇게 말씀하셨다: "너희가 만일 너희를 사랑하는 자를 사랑하면 칭찬받을 것이 무엇이뇨 죄인들도 사랑하는 자를 사랑하느니라 너희가 만일 선대하는 자를 선대하면 칭찬받을 것이 무엇이뇨 죄인들도 이렇게 하느니라 너희가 받기를 바라고 사람들에게 빌리면(δανειζω, 빌리다, 빌려주다, to lend money) 칭찬받을 것이 무엇이뇨 죄인들도 의수히 받고자 하여 죄인에게 빌리느니라 오직 너희는 원수를 사랑하고 선대하며 아무 것도 바라지 말고 빌리라 그리하면 너희 상이 클 것이요 또 지극히 높으신 이의 아들이 되리니 그는 은혜를 모르는 자와 악한 자에게도 인자로우시니라 너희 아버지의 자비하심 같이 너희도 자비하라"(눅 6:32-36).

주님께서 말씀하시는 것은 은혜를 아는 자나 모르는 악한 자에게나 다 자비로우신 것처럼 우리들도 우리를 사랑하고 좋아하는 자만이 아니라 그렇지 않은 자에게도 같은 마음을 가지고 사랑할 것을 말씀하는 것이다. 그런 의미에서 보면 사랑한다는 것이 정말 말처럼 쉬운 것이 아님을 안다. 내가 좋아하고 가까이 하고 싶은 사람도 온전한 사랑을 하기 힘든데 그렇지 않은 사람에게 사랑을 쏟는다는 것은 정말 어려운 일이다. 그러나 이방인들도, 죄인들도, 심지어 짐승들도 할 수 있는 사랑에만 머무는 것은 악한 자에게까지도 자비로운 하나님을 사랑하고 섬기는 그리스도인의 일이 아니라는 점이다.

더욱이 자신의 종교적 만족과 안위만을 추구하는 것은 하나님을 알지 못하는 자들의 전형적인 종교적 생활이다. 그러나 참 그리스도인들은 하나님의 형상으로 지음을 받은 사람들을 사랑한다. 이 사랑은 고린도전서 13장에서 말하는 완벽한 사랑이어야 하는 것이 아니다. 우리 중에 이웃을 그렇게 완벽하게 사랑하는 자는 아무도 없다. 오직 예수 그리스도만이 그렇게 사랑했다. 그러나 그 사랑을 향해서 끊임없이 달려가는 것이다. 우리가 사랑하며 살아야 할 가장 큰 이유는 주님께서 우리로 하여금 서로 사랑하라고 명령하셨기 때문이다. 우리 사랑의 표준은 주님이 우리를 사랑하신 것이다. 부부관계에서도 필요한 사랑의 잣대는 주님이 교회를 사랑하사 자신을 내어주신 희생에 있다. 사람들과의 관계에서도 마찬가지이다. 그것이 우리가 주님의 참 제자인 것을 드러내는 것이다. 객관적인 열매들이다. 마태복음 25장에서 마지막 심판날에 오른쪽 양들과 왼편의 염소들을 구별해 놓을 때 그 기준을 설명한 것이 곧 사랑이다.

"내가 주릴 때에 너희가 먹을 것을 주었고 목마를 때에 마시게 하였고 나그네 되었을 때에 영접하였고 벗었을 때에 옷을 입혔고 병들었을 때에 돌아보았고 옥에 갇혔을 때에 와서 보았느니라 … 내가 진실로 너희에게 이르노니 너희가 여기 내 형제 중에 지극히 작은 자 하나에게 한 것이 곧 내게 한 것이니라"(마 25:35-40). 자기희생과 수고가 없는 사랑은 가짜이다. 사랑은 구호가 아니라 행동이다. 먼저 사랑의 손을 내밀라.

그러나 구원받은 자에게서 나타나는 가장 큰 사랑은 복음 전파이다. 다른 영혼을 구원하고자 하는 열망이 솟구친다. 다른 영혼들이 지옥에 달려가는 것을 보고 안타까워하며 주님의 복음을 전한다. 구원의 확신은 내가 다른 사람에게 죄인의 구주 예수 그리스도를 전파할 때 더욱 견고해 진다. 우리의 거룩한 삶과 사랑의 삶이 죄 가운데서 신음하고 있는 자들에게 그리스도의 생명의 향기를 발하는 것이 된다. 우리가 주님과 동행하고 있음을 저들이 알게 된다. 직접 입을 벌려 주 예수를 믿으라고 말하는 것을 참으로 즐겁게 여긴다. 자기가 좋아하는 것을 다른 사람에게 말하는 것을 부끄럽게 여기는 것은 진정한 사랑이 아니다. 자신이 깨달은 진리를 다른 사람에게 기쁨에 차서 말하는 것은 자연스러운 일이다. 그렇기 때문에 죄와 허물로 죽은 우리를 살려주시고 하나님의 자녀가 되게 하시며 하나님의 후사가 되게 하신 그 놀라운 은총을 입은 성도들이 구원의 이 복음을 전파하지 않는다는 것은 내가 구원받은 자가 아니라는 것을 역설하는 것이요 동시에 주님을 사랑하지 않는 것이다.

과연 우리는 죄인의 구원에 관심을 가지고 있는가? 망해가는 예루살렘을 보며 우셨던 주님의 마음을 여러분도 소유하고 있는가? 이러한 마음은 구원받은 참 성도에게 자연스럽게 우러나는 것이다.

또한 구원받은 자녀들은 하나님의 것을 사랑한다. 하나님과 교제하는 기도와 영혼을 구하는 전도에 이어 하나님의 것을 정말 사랑하고 아낀다. 특히 주님께서 피값으로 산 주님의 교회를 사랑한다. 교회를 소중히 여긴다. 주님의 거하실 처소가 되어가게 하기 위하여 수고를 아끼지 않는다. 오늘날 성도들의 빗나간 신앙의 모습에는 교회를 사랑하지 않는 것이다. 주님은 이 땅에 교회를 세우기 위해서 자신의 생명을 내어 주었다. 성도들이 교회를 사랑하지 않고 주님 사랑한다고 말할 수 있을까? 불가능하다. 주님의 교회가 성장하고 발전하도록 물심양면으로 희생을 아끼지 않았던 선배들이 있었기에 오늘 우리가 존재하는 것이다. 그러나 교회의 미래는 암울하다. 주님이 일하시지 않아서가 아니다. 성도들이 주님의 교회를 사랑하지 않는 것 때문이다. 과거에는 부모들이 자녀들의 손을 이끌고 교회를 사랑하고 섬기는 일을 친히 솔선수범해 보였다. 그러나 지금은 부모들도 솔선수범하지 않을 뿐 아니라 자녀들에게 교회를 통해서 뭔가를 얻어가게만 하려고 하지 교회를 위해서 충성하고 봉사하고 섬기는 일을 가르치지 않는다. 교회의 일들을 위해서 함께 협력하고 동참하고 헌신하는 마음을 아이들에게 전수해 주지 않는다. 교회가 일군이 부족해서 안달해도 본척만척한다. 교회가 재정적으로 힘겨워 해도 자신들의 안락과 유희를 위해서 쓸지언정 주님의 교회를 위해서 애쓰지 않는다. 각 부서의 부흥과 발전을 위해서 땀 흘리고 수고하는 것을 피하고 싶어하고 모른척 눈감고 지나가고 싶어한다. 오, 사랑하는 성도 여러분! 과연 우리가 구원받은 자인가?

이러한 증거들이 있으면 내가 하나님께 속한 하나님의 자녀임을 확신할 수 있다. 그러나 그 모든 것들보다 더 중요한 것이 있으니 기록된 말씀이다. 앞에서 인용한 구절들 외에 주님께서 기록된 말씀으로 우리의 구원을 확정해 주시는 것이다. 따라서 하나님 말씀으로부터 우리의 구원의 확신을 가져야 한다. 하나님의 말씀을 듣고 마음에 확정함이 없이는 누구도 구원을 보장할 수 없다. 성령께서도 기록된 말씀을 통해서 역사하시기 때문이다. 이것이 가장 객관적인 증거이다. 일반 사회에서도 법적 문서가 있을 때 효력이 분명한 것처럼 우리의 구원도 기록된 주님의 말씀이 있을 때 확신할 수 있다. 결코 내 자신의 행위나 느낌이나 생각에 의존하지 말라. 우리 중에 완벽한 자가 아무도 없기 때문이다. 그러나 주님과 그의 입에서 나온 말씀을 근거하여 살라. 이것이 참 신앙이다.

이 말씀과 관련하여 두 가지 말씀을 더 찾아보자. "내가 진실로 진실로 너희에게 이르노니 내 말을 듣고 또 나 보내신 이를 믿는 자는 영생을 얻었고 심판에 이르지 아니하나니 사망에서 생명으로 옮겼느니라"(요 5:24). "그러므로 이제 그리스도 예수 안에 있는 자에게는 결코 정죄함이 없나니 이는 그리스도 예수 안에 있는 생명의 성령의 법이 죄와 사망의 법에서 너를 해방하였음이라"(롬 8:1-2).

이 놀라운 구원을 주신 하나님께 감사하며 그 이름을 지극히 높여드리는 거룩한 삶을 살며 주님의 교회를 사랑하고 섬기며 다른 영혼 사랑을 위한 복음 전파에 힘을 다하는 구원받은 참 성도들로 살아가기를 소망한다.

8. 중간 상태

중간상태라고 함은 사람이 죽은 후 부활할 때까지의 기간을 말한다. 부활은 생명의 부활이 있고 사망의 부활이 있다. 전자는 주 예수를 믿는 성도들의 것이며 후자는 불신자들을 위한 것이다. 성도는 영원히 사는 생명의 부활을 맞이하게 되지만 사단의 자식들은 사망의 부활을 맞이하여 영원한 고통의 불못에 떨어진다. 이것을 성경은 둘째 사망이라고 말한다. 한번 죽는 것은 사람에게 정한 이치이다(히 9:21). 그러나 둘째 사망은 주 예수 그리스도를 믿는 자들에게는 해당되지 않고 오직 마귀와 그 졸개들과 주 예수를 대적하는 자들에게 임한다. 이것이 성경에서 우리가 배우는 가르침이다. 따라서 중간상태란 사람이 죽은 후 부활할 때 까지의 기간을 의미하는데 그에 대하여 성경은 무엇을 가르치고 있는지를 살펴보자.

사람이 죽으면 어떻게 되는가? 이에 대한 기독교의 가르침은 분명하다. 우선 우리가 믿고 있는 웨스트민스터 신앙고백서의 가르침을 보자:

1. 사람의 육체는 사후에 흙으로 돌아가 썩게 된다(창 3:19, 행 13:36). 그러나 죽지도 않고 잠자지도 않는 그들의 영혼은 죽지 않는 본질을 가지고 있어서 그것을 주신 하나님께 즉시 돌아간다(눅 23:43, 전 12:7). 의인의 영혼은 죽는 순간에 거룩함으로 완전하게 만들어져서 지극히 높은 천국에 들어가 거기서 빛과 영광 가운데 하나님의 얼굴을 뵈며 몸의 완전한 구속을 기다린다(히 12:23, 고후 5:1,6,8, 빌 1:23, 행 3:21, 엡 4:10). 악인들의 영혼들은 지옥에 던져져 거기서 고통과 전적으로 어둠 가운데

거하며 마지막 심판의 큰 날까지 갇혀 있다(눅 16:23,24, 행 1:25, 유다 6,7, 벧전 3:19). 이처럼 영혼과 육체가 분리되어 가는 이 두 장소 외에 성경은 다른 아무 곳도 인정하지 않는다.

2. 마지막 날에 살아 남아 있는 자들은 죽지 않고 변화될 것이다(살전 4:17, 고전 15:51,52). 그리고 모든 죽은 자들은 전과 같은 몸으로 다시 살아날 것이다. 그러나 그 부활한 몸은 질적인 면에서는 전과 같지 않으며 그 몸은 그 영혼과 영원히 결합될 것이다(욥 19:26,27, 고전 15:42-44).

3. 불의한 자들의 몸은 그리스도의 능력으로 말미암아 살아나서 굴욕을 당케 될 것이나 의인의 몸은 그의 영으로 말미암아 영광에 이르게 될 것이다. 그리고 그리스도 자신의 영화로운 몸을 닮게 될 것이다(행 24:15, 요 5:28,29, 고전 15:43, 빌 3:21).

성경에 보면 예수님은 '죽은 것이 아니라 잔다'(눅 8:52)고 표현하였다. 다른 곳에서도 죽는 것을 잔다는 말로 표현하고 있다(요 11:11-나사로의 죽음, 행 7:60-스데반의 순교, 행 13:36-다윗의 죽음, 고전 15:6,18,20, 살전 4:13-15 등등). 이러한 표현 때문에 어떤 사람은 영혼 수면설, 혹은 가면설(soul sleep)을 주장한다. 이 말은 사람이 죽는 순간과 우리의 몸이 부활하는 때 사이에 우리 영혼이 가사 상태에 있다고 주장하는 것이다. 그러다가 우리의 몸이 부활하게 되면 잠들어 있는 영혼이 깨어나 하늘나라에서 인격적인 연속성을 의식하게 된다는 것이다. 즉 죽음과 마지막 부활 사이에 수많은 세월이 흐른다고 하더라도 '자고 있는 영혼'은 세월이 흐른다는 것을 인식하지 못한다.

그러나 이러한 주장은 기독교의 정통 교훈이 아니다. 우리가 전통적으로 가르쳐 온 것은 중간상태라고 말하는 것인데 이것은 죽을 때 신자의 영혼이 즉시 그리스도와 함께 있게 되어 몸의 마지막 부활을 기다리면서 지속적이고 의식있고 인격적인 삶을 누리게 되는 것을 말한다. 사도 신경에서 몸이 다시 사는 것을 믿는다고 고백하는 것은 그리스도의 인성, 몸이 다시 산다는 것을 말하는 것이 아니라 신자의 부활을 의미하는 것이다.

이에 대해 우리의 신앙고백서의 교훈은 명백하다. '죽지도 않고 잠자지도 않는' 우리 영혼은 죽음과 동시에 즉시 하나님께로 돌아간다. 그곳에서 하나님의 얼굴을 뵈며 하나님과 지속적인 교제를 가진다. 그리고 몸의 부활을 기다린다. 그러나 육체는 땅에 묻혀 썩게 된다. 최후의 부활을 기다리며 무덤 속에 남아 있는 것이다. 이것 때문에 전통적으로 기독교는 화장보다 매장 문화를 강조해 왔다. 그러나 에스겔 골짜기에서 일어난 환상을 보는 것처럼 화장했다고 해서 하나님께서 그 능력으로 죽은 몸을 부활시키는 일을 하지 못하심이 없기 때문에 요즘은 화장을 택하는 일들이 많아지고 있다.

요점은 매장이나 화장이냐가 아니라 죽은 다음 우리 영혼이 어디로 가느냐이다. 답은 하나님께로 간다. 예수님도 십자가에 달려 죽는 한편 강도에게 이렇게 말씀하셨다: "오늘 네가 나와 함께 낙원에 있으리라"(눅 23:43). 영혼 수면설을 주장하는 사람들은 그리스도께서 3일 동안 죽어 무덤에 계셨고 승천하시기 전이었기 때문에 그 강도와 함께 낙원에서 만나자는 의미로 말씀한 것이 아니라고 말한다. 그러나 그의 승천이 아직 발생하지 않았고 그의 몸도 3일간 무덤에 있었던 것은 사실이라 할지라도 그는 자신의 영혼을 아버지께 맡기셨다(눅 23:46). 우리는 예수께서 직접 선포하신 대로 그의 영혼은 아버지가 계신 낙원에 가셨다고 믿는다.

이것이 우리에게 주는 교훈

죽음이 죄로 인해 찾아왔으나 죽음이 끝이 아니라 또 다른 세계가 존재하는 것이다. 우리는 그 세계를 천국과 지옥으로 나누어 설명한다. 하나님의 자녀들은 천국에 가고 그렇지 않은 자들은 지옥에 간다. 천국은 창세전부터 예비된 나라를 상속받을 하나님의 택한 백성들이 주 예수 그리스도를 믿음으로 들어가는 곳이다. 지옥은 마귀와 그의 졸개들과 예수를 믿지 않는 자들이 들어가게 되는 고통의 장소이다. 이 두 세계를 가르는 기준은 땅에서 사는 동안 주 예수 그리스도를 믿느냐 아니냐에 달려 있는 것이다. 우리가 그리스도의 십자가의 복음을 전파해야 하는 이유는 바로 죽은 다음의 세계가 존재하기 때문이다. 더욱이 사람은 자신이 언제 죽게 될지 아무도 알지 못한다. 인간의 시간은 죽음으로 끝난다. 우리의 궁극적인 운명은 죽을 때 결정된다. 죽은 후에는 다시는 회개할 수 있는 기회가 없다. 천주교에서 말하는 천국과 지옥 사이의 연옥은 존재하지 않는다. 그렇기 때문에 신앙고백서에서는 '영혼과 육체가 분리되어 가는 이 두 장소(천국과 지옥) 외에 성경은 다른 아무 곳도 인정하지 않는다'고 선언한 것이다. 성도에게는 죽음이 이생의 갈등과 혼란으로부터 복된 상태로 들어가는 즉각적인 해방이다. 그렇기 때문에 하나님은 성도의 죽는 것을 복되다고 하신다(계 14:13).

왜 성경이 죽음을 잠자는 것으로 표기하는가? 그것은 죽음이 성도에게 영원한 안식을 가져다주기 때문이다. 이는 우리 영혼이 몸의 부활이 있기까지 잠을 자는 중간상태에 있다는 것이라든지 무의식 상태로 남아 있다든지 가사 상태에 있게 된다는 말이 아니다. 천국에서 우리의 영혼은 주님과 더불어 즐겁고 행복한 시간을 가지며 몸의 부활이 일어나기까지 기다린다. 따라서 성도들은 이 행복한 나라에 들어가기를 힘써야 하며 지옥으로 달려가고 있는 자들에게 참 안식과 평강의 나라 천국 복음을 전파하여 생명을 얻게 하는 일에 힘써야 한다.

여기서 한 가지 짚고 갈 질문이 있다. 예수 그리스도를 믿어 죄 용서를 받을 뿐 아니라 은혜로 말미암아 값없이 의롭다 함을 받은 성도의 경우 그리스도께서 피로 값주고 사셨고 죄와 사망의 권세에서 이미 해방되었고 사망에서 생명으로 옮겨져 심판을 면한다고 분명히 가르치는데(요 5:24) 왜 죄의 삯인 사망 자체는 면하지 않고 죽음을 당하는 것인가? 그리스도의 십자가 대속의 죽음이 있음에도 불구하고 성도가 죄의 삯인 사망을 경험하는가? 대요리문답 85번에서는 이렇게 말한다: '죽음은 죄의 삯이다 그런데 의인들은 그리스도 안에서 모든 죄가 용서되었다. 그렇다면 왜 그들이 죽음을 당하는가?

답: 의인들은 마지막 날에 죽음 자체에서 완전히 자유하게 된다. 그러나 육체가 죽음을 당하는 때에도 사망의 쏘는 것과 저주로부터 이미 자유하게 된다. 그들이 죽는 것은 하나님의 사랑으로 말미암는다. 이로써 죄와 불행으로부터 완전히 자유케 되며 죽음 이후에 그들이 들어가는 영광중에서 그리스도와 더불어 더욱 풍성한 교제를 나눌 수 있게 되는 것이다'.

성도가 죽는 것은 죽을 육체 때문이다. 그러나 하나님의 사랑으로 죄와 저주에서 완전히 해방되어 영광 가운데 들어가 그리스도와 더 깊은 교제를 나누게 되는 것이다. 몸이 썩고 죽어야만 장차 새롭고 영광스러운 몸으로 부활하게 된다. 그런 의미에서 성도의 죽음은 피하거나 두려워할 대상이 아니라 세상에서 사랑으로 맞이해야 할 마지막 일이다. 하나님의 생명과 영광으로 들어가는 관문이기 때문이다.

이에 비해 불신자들의 죽음은 그야말로 고통의 연속이다. 빛이 전혀 없는 어두운 지옥에 떨어진다. 지옥에서 고통가운데 있다가 마지막 심판의 날을 기다리며 영원한 저주에 빠지게 된다. 이것이 둘째 사망이다. 이 사망을 피할 수 있는 길은 오직 예수 그리스도를 믿는 것뿐이다. 그 신앙을 가질 기회는 이 세상에서 살 때 뿐이다. 죽음 이후에는 결코 길이 없다. 예수님은 죽은 나사로와 부자의 비유에서 이 점을 분명히 하셨다(눅 16:27-31). 전도의 기회는 세상에서 살 때만 주어진다. 구원의 기회도 마찬가지이다. 아직 기회가 있을 때 부지런히 복음을 전하자. 지금은 구원받을 만한 때요 은혜 받을 만한 때이다. 때를 놓치면 영영 기회가 없다. 아직 주님이 부르시고 건질 기회를 주었을 때 순종하여 주님의 기쁨을 충만케 하자.

9. 부활과 영화

기독교 신앙은 육체의 부활을 믿는다. 그 증거가 예수님의 부활이다. 부활의 첫 열매이신 그리스도께서는 부활에 있어서 육신의 상태가 어떤 것일지를 보여주셨다. 그리고 제자들과 함께 떡도 잡수시며 도마로 하여금 만져볼 수 있게 하심으로 부활하기 이전의 몸 상태와는 완연히 다른 몸이지만 그 형태는 그대로 간직하고 계심을 보이셨다. 하늘에 승천하실 때 제자들이 그의 올라가심을 본 그대로 다시 오실 것이라고 말씀하셨다(행 1:11). 성경은 예수께서 다시 오실 그 때 벌어질 상황을 이렇게 말씀한다: "주께서 호령과 천사장의 소리와 하나님의 나팔로 친히 하늘로 좇아 강림하시리니 그리스도 안에서 죽은 자들이 먼저 일어나고 그 후에 우리 살아남은 자도 저희와 함께 구름 속으로 끌어 올려 공중에서 주를 영접하게 하시리니 그리하여 우리가 항상 주와 함께 있으리라"(살전 4:16-17).

웨스트민스터 신앙고백서는 이렇게 가르친다: '마지막 날에 살아남아 있는 자들은 죽지 않고 변화될 것이다(살전 4:17, 고전 15:51-52). 그리고 모든 죽은 자들은 전과 같은 몸으로 다시 살아날 것이다. 그러나 그 부활한 몸은 질적인 면에서는 전과 같지 않으며 그 몸은 그 영혼과 영원히 결합될 것이다'(욥 19:26-27, 고전 15:42-44).

'불의한 자들의 몸은 그리스도의 능력으로 말미암아 살아나서 굴욕을 당케 될 것이나 의인의 몸은 그의 영으로 말미암아 영광에 이르게 될 것이다 그리고 그리스도 자신의 영화로운 몸을 닮게 될 것이다'(행 24:15, 요 5:28-9, 고전 15:43, 빌 3:21, WCF 32장, 2, 3항).

여기서 분명하게 교훈하는 것은 우리의 몸이 변화할 것이라는 것과 그 변화될 몸은 현재의 몸과는 완전히 다른 몸이라는 것, 그리고 그리스도의 부활하신 몸과 같은 것이라는 점이다. 즉 하늘나라에 가서 성도들이 어떤 모습으로 있게 될지에 대한 궁금증, 젊은 자의 모습일까 아니면 늙은 자의 모습일까와 같은 의문에 대해 사실 정확하게 알 수는 없어도 분명한 것은 신령한 몸이라는 것, 그리고 시집도 아니 가고 장가도 아니 간 가장 아름다운 모습으로 변화될 것이라는 것, 또한 상대방이 누구인지 서로가 잘 인식할 수 있다는 것을 짐작할 수 있다.

신령한 몸이라는 것은 이미 고린도전서 15장에서 충분히 입증하고 있다. "죽은 자의 부활도 이와 같으니 썩을 것으로 심고 썩지 아니할 것으로 다시 살며 욕된 것으로 심고 영광스러운 것으로 다시 살며 약한 것으로 심고 강한 것으로 다시 살며 육의 몸으로 심고 신령한 몸으로 다시 사나니 육의 몸이 있은즉 또 신령한 몸이 있으니라 기록된 첫 사람 아담은 산 영이 되었다 함과 같이 마지막 아담은 살려 주는 영이 되었나니 그러나 먼저는 신령한 자가 아니요 육 있는 자요 그 다음에 신령한 자니라 첫 사람은 땅에서 났으니 흙에 속한 자이거니와 둘째 사람은 하늘에서 나셨느니라 무릇 흙에 속한 자는 저 흙에 속한 자들과 같고 무릇 하늘에 속한 자는 저 하늘에 속한 자들과 같으니 우리가 흙에 속한 자의 형상을 입은 것 같이 또한 하늘에 속한 자의 형상을 입으리라"(15:42-49).

이 말씀에서 우리는 이 땅에서 성도가 죽게 되는 몸과 장차 받게 될 부활의 몸 사이에는 분명한 연속성이 있다는 사실을 짐작할 수 있다. 우리가 가진 현재의 몸은 썩게 되고 부패할 것이다. 또 어떤 경우에는 죽으면서 찢어지고 산산 조각이 나 그 형체도 알아 볼 수 없을 정도로 비참함에 빠질 수 있다. 그러나 무덤에서 다시 살아나신 그리스도께서 부활하신 변화된 몸을 가지고 제자들에게 나타나신 것처럼 성도의 몸도 그와 같게 될 것이다. 몸이라는 정체성이 파괴되지 않으면서 전혀 다른 새로운 몸으로 변화되는 것이다. 이 몸은 그 양과 질에 있어서 완벽할 것이다. 그 완벽한 몸을 우리 각자는 알아볼 것이다. 더구나 우리가 전혀 보지도 듣지도 못한 앞서간 수많은 믿음의 선진들도 다 알아볼 것이다.

한 실례로 마태복음 17장에서 예수님은 변화산상의 기적을 베드로와 요한과 야고보에게 보여주셨다. 그 제자들의 눈에 비친 모습은 예수님이 모세와 엘리야와 함께 대화를 나누고 계신 것이었다. 지금처럼 모세나 엘리야의 모습을 사진이나 비디오나 디지털로 저장해 놓은 것이 있어서 수시로 열어볼 수 있는 어떤 흔적이 있었던 것이 아니다. 베드로의 눈에 비친 낯선 두 사람이 모세와 엘리야라는 것을 어떻게 알아볼 수 있었는가? 그것은 변화산상의 기적 외엔 달리 설명할 길이 없는 것이다.

다시 말하면 우리의 부활한 몸은 전혀 부족한 것이 없는 완벽한 몸으로 변화될 것이 틀림없지만 어떻게 하나님의 능력으로 그런 일이 가능한지는 전혀 알지 못한다. 그러나 우리의 지식에까지 새롭게 함을 입게 되는 것임은 틀림없다. 그래서 만나보지도 못했고 들어보지도 못했을지라도 천국에서의 성도들의 삶은 분명 서로가 알아보고 반갑고 즐거워할 수 있다는 것이다. 그 신기한 나라가 속히 임하기를 기도한다. 사도 바울은 이렇게 기록하고 있다: "하나님이 자기를 사랑하는 자들을 위하여 예비하신 모든 것은 눈으로 보지 못하고 귀로도 듣지 못하고 사람의 마음으로도 생각지 못하였다"(고전 2:9). 따라서 지금 희미한 것 같아도 그때에는 얼굴과 얼굴을 대하여 보듯 분명하게 드러나게 될 것이다(고전 13:12).

이처럼 우리의 몸이 신령한 몸이 되어서 하늘나라에서 영생하기에 꼭 들어맞는 몸일 것이다. 그러나 착각하지 말라. 우리가 신이 되는 것이 아니다. 비록 신의 성품에 참예하는 자가 될지라도 신은 아니다. 우리의 새로운 몸은 썩음이나 부패가 없는 몸이다. 거기엔 어떤 질병도 고통도 죽음도 없게 될 것이다. 우리의 몸은 그리스도의 영광스러운 몸처럼 변화를 받을 것이다. 이 몸은 더 이상 땅에 속한 것이 아니라 하늘에 속한 몸이다.

육신의 부활을 믿는 신앙은 땅에 사는 성도들에게 큰 위로와 용기를 준다. 수고와 슬픔뿐인 인생에 집착하지 않고 하늘에 소망을 가지고 인내하며 믿음의 길을 가게 한다. 이 땅에서의 생명이 다 하는 날 우리의 영혼은 즉시 그리스도께서 계신 곳으로 올라가며 때가 되면 우리의 육신도 그리스도의 능력으로 말미암아 다시 살아나서 우리의 영혼과 완벽하게 결합하여 그리스도의 영광스러운 몸과 같이 변화할 것이다. "우리가 다 수건을 벗은 얼굴로 거울을 보는 것 같이 주의 영광을 보매 저와 같은 형상으로 화하여 영광으로 영광에 이르니 곧 주의 영으로 말미암음이니라"(고후 3:18).

이처럼 성도가 마지막으로 가지게 될 상태는 주님의 영광을 날마다 바라보며 사는 영화로운 상태에 이르는 것이다. 우리를 택하시고 부르셔서 예수를 믿음으로 말미암아 의롭다 하심을 받게 하신 하나님은 우리를 영화롭게도 하신다(롬 8:30). 이 상태에 이르는 것이 얼마나 값지고 찬란하고 황홀한 것인지 부활의 때에 직접 경험하게 될 것이다. 질병이나 죄가 전혀 없는 아름다운 곳, 무엇보다 그리스도의 형상으로 변화하여 영광스러운 상태에 이르게 된다는 것은 생각만 해도 감격스러운 것이다. 이러한 신앙이 성도들에게 주는 유익은 땅에서의 모든 수고와 눈물과 심지어 죽음까지도 기꺼이 감수하며 승리의 자리에 나가게 하는 것이다. 앞에 있는 이 즐거움 때문에 십자가 지심을 결코 부끄러워하지 않은 주님처럼 자신을 부정하고 자기가 져야 할 십자가를 지는 것이다. 왜냐하면 조만간에 이를 그 영광스러운 나라를 내다보기 때문이다.

마치 운동선수들이 챔피언이 되는 그 영광이 있기까지 수고와 땀 흘림을 전혀 마다하지 않고 힘을 다하여 준비하는 것과 같다. 어쩌면 우리는 지금 그 순간을 위해 달려가고 있는 것이다. 하나님이 영광을 받으심이 곧 나의 영광이기 때문이다. 주님의 이름이 높아짐이 곧 내 이름도 높아짐이기 때문이다. 한번 우승자가 되었다고 해서 평생 우승자가 되는 것은 아니다. 땅에서의 영광은 다 지나가는 것이다. 전 세계를 재패하고 승리를 만끽하고 있는 한 황제가 이 기쁨과 감격을 기억하고 후손에게 줄 교훈을 찾고자 했다. 그 명을 받은 한 조각가는 왕에게 헌사한 반지에 '이 모든 것은 다 지나가는 것이다'라는 말을 새겨 넣었다는 말을 들은 적이 있다. 영화도 고통도 땅에서는 다 지나가는 것에 불과하다는 말이다. 그래서 승리를 얻었다고 해서 자만할 필요가 없고 패배를 했다고 해서 절망할 이유가 없는 것이다. 그러나 하늘에서 성도가 누리는 영광과 승리는 또 다른 도전자에 의해서 끊임없이 도전을 받아 젊고 씽씽한 선수에게 챔피언 벨트를 헌납하게 되는 일은 결코 일어나지 않는 영광인 것이다.

성도의 삶은 순례자의 삶이다. 그 기나긴 순례의 고통과 수고가 끝나면 더 크고 영원하며 이 세상 그 무엇과도 비교가 되지 않는 더 큰 만족을 주는 영광이 있다. 이것이 바로 성경이 '영화'라고 부르는 것이다. 이 영화에 이르는 길은 성령께서 우리 안에서 역사하심으로 가능한 것이다. 거룩한 영께서 우리를 성결케 하시고 온전한 길로 나아가게 하신다.

이 영화는 그리스도께서 다시 오실 때 살아 있는 자나 주 안에서 이미 죽은 자나 그들 몸이 완전하고 최종적인 구속을 받은 마지막 상태를 말하는 것이다. 창세전에 택함을 받은 모든 성도들의 구속함이 완성될 그 날이 영화로운 날의 시작이다. 인간의 최후의 대적인 죽음이 완벽하게 패배하게 될 날이다. 그 날이 있기에 수고와 슬픔뿐인 땅에서 인내하며 주님을 닮고자 말씀과 기도로 거룩한 삶을 추구하는 것이다. 때로 고난의 풀무 불에 던져져 이루 말할 수 없는 탄식과 고통이 있을지라도 포기하지 않는 이유는 영광스러운 이 날이 우리에게 주어지기 때문이다. 우리의 소망은 땅에 있는 것이 아니다.

사실 정치가에게 소망을 둔다는 것이 얼마나 어리석은 일인지 살수록 실감한다. 경제적인 어려움 때문에 이명박 정부에 기대를 너도나도 걸었지만 실망의 연속이며 젊고 싱싱한 대통령이 수렁에 빠진 미국을 건져낼 것이라고 엄청난 지지를 보내주었건만 오바마의 인기 역시 하양곡선을 그리고 있다. 땅에 있는 인간이 아무리 훌륭하고 위대해 보여도 한계가 있는 부패한 심령이라는 것을 잊지 말아야 한다. 부패한 인간의 마음에서 나오는 것은 가장 의로운 것이라 할지라도 지극히 의롭고 선하신 하나님의 눈엔 쓰레기 조각에 불과한 것이다. 성도의 눈이 하늘을 바라보아야 할 이유가 여기에 있다. 성도의 삶이 위엣 것을 찾아야 할 이유가 여기에 있다. 영원히 썩지 아니할 면류관을 사모할 이유가 여기에 있는 것이다. 우리가 안팎으로 날마다 죄를 경험하는 이 타락한 세상 속에서 장차 누리게 될 그 영광스러운 나라에 들어갈 훈련을 쌓는 것이 신앙생활이다. 순결한 성도가 되도록 끊임없이 말씀을 선포하고 가르치고 교훈하는 것이다. 우리를 진리 가운데로 인도하시며 그 영광을 보게 하시고 인내하며 당한 경주를 경주하게 하신다.

우리는 언제인지를 알 수 없지만 곧 종착점에 이른다. 인생의 종착점과 마찬가지로 사실 끝이 보이지 않아도 끝이 있다는 것을 누가 부정할 수 있는가? 그 종착점에서 영광스러운 주님을 만나기 위해서 우리는 정결한 신부로 몸단장을 잘 해야 한다. 그렇지 않으면 음부로 쫓겨나 슬피 울며 이를 가는 고통만 임하게 될 것이기 때문이다. 어떻게 정결케 할 것인가? 기도와 말씀으로만 거룩해 지는 것이다. 주의 종들의 가르침을 받아서 순종함으로, 또 늘 깨어 기도함으로, 주의 일에 더욱 힘쓰는 자들이 됨으로 우리의 신랑되신 영광스러운 주님을 만나게 될 것이다. 그 때 우리 주님은 우리의 눈에서 눈물을 닦아 주시며 앞서간 모든 믿음의 선진들과 더불어 주님의 잔치에 참여하게 될 것이다. 그리고 우리의 수고에 따라 우리가 받을 영광스러운 상급을 내리실 것이다.

그 날은 사람 누가 추측이나 상상하여 만들어낸 날이 아니다. 실지로 인간의 몸을 입고 이 땅에 오신 그리스도께서 직접 말씀하신 날이다. 히브리서 12:27 이하에 이렇게 교훈하고 있다: "이 또 한 번이라 하심은 진동치 아니하는 것을 영존케 하기 위하여(하나님의 나라) 진동할 것들(하늘과 땅) 곧 만든 것들의 변동될 것을 나타내심이니라 그러므로 우리가 진동치 못할 나라를 받았은즉 은혜를 받자 이로 말미암아 경건함과 두려움으로 하나님을 기쁘시게 섬길찌니 우리 하나님은 소멸하시는 불이심이니라!"

진동될 것들이라 함은 하늘과 땅이 풀어지고 체질에 다 녹아 없어지는 최후의 심판의 날 때를 가리키는 것이다. 그 때가 되면 모든 것이 다 사라지고 말 것이요 오직 진동치 아니하는 즉 소멸되지 않는 영원한 주님의 나라가 임할 것임을 말씀하는 것이다. 그렇기 때문에 이 나라에 들어가기 위하여 경건함과 두려움으로 하나님을 기쁘게 섬기는 자가 되어야 한다. 왜냐하면 그 심판의 때에는 경건치 않은 모든 자들, 하나님을 섬기지 않는 모든 자들이 다 영원한 지옥 형벌을 당하게 되기 때문이다. 이 말씀을 주신 하나님께서 아들 예수를 통해 보여주신 하늘나라, 새 하늘과 새 땅이 하나님을 기쁘게 섬기는 자들에게 주어질 것이다. 그 예수께서 하늘나라의 참 모습을 가르쳐 주셨다. 그의 입의 증거가 참인 것을 나는 믿는다. 이 성경은 거짓이 없는 참 하나님이 말씀하신 것으로서 성령의 감동하심을 받은 자들이 받아 기록한 것이다. 거짓을 말하실 수 없으신 하나님의 입에서 나온 이 말씀이 우리의 믿음이 헛되지 않았음을 입증할 것이다.

또한 우리 속에서 역사하시는 하나님의 성령께서 우리가 참 하나님의 아들들임을 증거하실 것이며 우리를 위하여 친히 몸을 내어주시고 못에 박히고 창에 찔리신 그 모든 흔적을 지니신 주님께서 우리를 대변하여 말씀하실 것이다. 이 모든 일들이 어찌 꾸며낸 이야기라고 말할 수 있겠는가? 믿지 않는 자들에게는 부끄럼과 수치와 낭패를 당할 것이나 믿는 자들은 구원의 잔치를 만끽할 것이다. 그 최종적인 영화로운 상태를 우리가 조금 더 살펴보자.

첫째는 새 하늘과 새 땅에 들어간다. 주 안에서 의롭다 함을 받은 자들은 현재 보이는 세상에서 주님이 지으신 새로운 창조 세계로 입성하는 것이다. 마태복음 19:28에서 예수님은 이렇게 말씀하셨다: "내가 진실로 너희에게 이르노니 세상이 새롭게 되어 인자가 자기 영광의 보좌에 앉을 때에 나를 좇는 너희도 열 두 보좌에 앉아 이스라엘 열 두 지파를 심판하리라." 사도 베드로는 이렇게 말씀한다: "우리는 그의 약속대로 의에 거하는 바 새 하늘과 새 땅을 바라보도다"(벧후 3:13). 주님이 약속하신 것은 반드시 이루어진다. 비록 우리가 기대하고 소망하는 것과는 시간적인 차이가 있을지라도 다시 오신다는 약속, 새 하늘과 새 땅에 들어간다는 약속은 반드시 성사될 것이다. 그렇기 때문에 그 나라가 임하기를 바라보고 두렵고 떨림으로 우리의 구원을 이루어 가야 하는 것이다. 오직 말씀과 기도로 우리의 신앙이 흔들리지 않도록 항상 점검하며 믿음 가운데 거해야 한다. 하나님의 나라는 누구도 침범할 수 없고 흔들 수도 없다. 왜냐하면 오직 구속함을 입은 자들만이 들어가기 때문이다. 의롭다 함을 받은 자들만이 영화로우신 그리스도와 더불어 영원토록 거하게 되는 나라이기 때문이다. 이곳에서 의롭다 함을 받은 성도들은 말로 다할 수 없는 영원한 즐거움을 누리게 된다.

그러나 여기엔 의문점이 있다. 새 하늘과 새 땅은 전적인 새 창조를 말하는 것인지 아니면 현 세상에 대한 갱신을 말하는 것인지 하는 의문이다. 대체로 개혁교회 신학자들은 현 창조에 대한 새로운 갱신을 말하는 것으로 가르친다. 예를 들면 시편 102:26-27에 이렇게 말씀하고 있다: "천지는 없어지려니와 주는 영존하시겠고 그것들은 다 옷 같이 낡으리니 의복 같이 바꾸시면 바뀌려니와 주는 여상하시고 주의 년대는 무궁하리이다!" 의복같이 바꾸시면 바뀌겠다는 말씀에서 그 근거를 찾는다. 또 앞에서 본 히브리서 12장 28절에서 "만든 것들의 변동될 것"을 언급하고 있기 때문이다. 그러나 이 모양이 어떠하든 주요한 것은 오직 그리스도 예수로 말미암아 구속함을 받은 자들만의 세상이라는 사실이다. 그 나라엔 믿지 않는 자들 우상 숭배자들, 불의한 자들, 거짓말 하는 자들, 음행하는 자들, 경건치 않은 자들은 결코 들어갈 수 없는 것이다. 그러나 구원함을 받은 신자들은 주님께서 예비하신 나라, 특정한 장소에 들어간다. 새 하늘과 새 땅에 들어간다. 그리스도께서도 이 땅에서 하늘로 올라가셨다. 아버지가 계신 집에 우리가 거처할 처소를 예비하신다 (요 14:1).

둘째로 의인들의 참 안식이 있다.

세상에서는 수고와 슬픔뿐이라 하더라도 성도들이 누리는 영원한 영광의 상태는 안식이 충만한 상태이다. "그런즉 안식할 때가 하나님의 백성에게 남아 있도다 이미 그의 안식에 들어간 자는 하나님이 자기 일을 쉬심과 같이 자기 일을 쉬느니라 그러므로 우리가 저 안식에 들어가기를 힘쓸지니 이는 누구든지 저 순종치 아니하는 본에 빠지지 않게 하려 함이라"(히 4:9-11). 성도의 죽음을 하나님께서 복되도다고 하신 이유가 무엇인가? " … 지금 이후로 주 안에서 죽는 자들은 복이 있도다 하시매 성령이 가라사대 그러하다 저희 수고를 그치고 쉬리니 이는 저희의 행한 일이 따름이라 하시더라"(계 14:13).

사실 이 영원한 안식에 대해서 우리가 세상에서 미리 맛보도록 주의 날을 제정해 주신 것이다. 우리가 주일을 온전히 안식하지 못하면 장차 임하게 될 참 안식에 대한 감격이 덜할 것이다. 엿새 동안 힘써 수고하고 제 칠일은 안식하는 날이다. 모든 일손과 오락을 금하고 오직 주님 앞에 나와 신령한 양식을 공급받으며 우리를 지켜주시는 하나님의 은혜의 영광을 찬미하는 것이야 말로 성도들이 마땅히 할 일이다. 땅에서 주님의 영광을 위하여 수고의 땀을 흘리는 자들을 위하여 하나님은 심령 골수를 찔러 쪼개기까지 하는 능력의 말씀으로 성도들을 위로하고 격려하며 은혜 안에 거하도록 이끄시는 것이다. 땅에서 수고에 대한 주님의 상급이 있다.

세째로 의인들이 받을 상이 있다.

그 상은 물론 영생이다. 이것은 단지 영원히 산다는 것만이 아니라 그 생명의 충만함에 이르는 것을 의미한다. 여기엔 어떤 불완전함이 있는 것이 아니다. 현재의 삶에서 제약을 받듯이 어떤 장애에 부딪혀 한계를 절감하는 생명이 아니다. 온전한 생명을 누리는 것이다. 이 온전한 생명에 대해서 사도 바울은 로마서 2:7에 이렇게 말씀한다: "참고 선을 행하여 영광과 존귀와 썩지 아니함을 구하는 자에게는 영생으로 하시고." 이 온전한 생명은 하나님과 더불어 교통함의 즐거움을 누리는 것이요 이것이야 말로 영생의 본질이다. 성도들은 예수 그리스도 안에서 하나님을 얼굴과 얼굴을 대면하여 보게 될 것이요 그 안에서 완전한 만족을 얻게 될 것이다. 그리고 정말 기뻐 찬송할 것이다. 영원토록 주님을 영화롭게 할 것이다. 이 기쁨을 단지 영적인 기쁨으로만 생각하지 말라. 그 기쁨은 부활한 몸과 연계되어 있는 것이다. 거기엔 분명한 인식과 상호 교통의 작업이 있는 기쁨이다.

그러나 이것이 전부가 아니다. 성도들이 받게 되는 하늘의 상급이 더 있다. 땅 위에서 주를 위하여 수고한 것에 대한 보상이 그것이다. 많은 사람을 옳은데로 돌아오게 한 자는 별과 같이 영원토록 비취게 될 것이다(단 12:3). 적게 심은 자는 적게 거두고 많이 심은 자는 많이 거두게 된다(고후 9:6). "심는 이와 물주는 이가 일반이나 각각 자기의 일하는대로 **자기의 상을 받으리라**"(고전 3:8). 이처럼 우리의 선행은 우리가 하늘나라에서 가 받을 상을 규정하게 된다. 그렇다고 이것이 구원의 조건이라고 생각해서는 안된다. 사실 주 안에서 수고하고 땀 흘린 자들의 공통적인 생각은 모든 것이 다 하나님의 은혜로라고 간주하는 것이다. 그렇기 때문에 선행을 일삼았다고 하더라도 하나님 앞에서 자랑 할 것이 못된다. 그러나 하나님은 주를 위해서 희생하고 헌신한 그 모든 수고를 하나도 잊지 아니하시고 상을 베푸신다. 받은 상급의 차이가 있다고 해서 그 안에서 시기 질투가 벌어지지 않는다. 땅에서는 의시대고 뽐내는 자들이 있을지라도 주의 나라에 들어온 성도는 개별적으로 완벽하고 충만한 즐거움과 기쁨을 가지고 있게 되기 때문이다.

그렇다면 우리의 남은 생애를 어떻게 살 것인가? 베드로는 이렇게 질문하며 답한다: "그러나 주의 날이 도적 같이 오리니 그 날에는 하늘이 큰 소리로 떠나가고 체질이 뜨거운 불에 풀어지고 땅과 그 중에 있는 모든 일이 드러나리로다(타지리로다) 이 모든 것이 이렇게 풀어지리니 너희가 어떠한 사람이 되어야 마땅하뇨? 거룩한 행실과 경건함으로 하나님의 날이 임하기를 바라보고 간절히 사모하라 그 날에 하늘이 불에 타서 풀어지고 체질이 뜨거운 불에 녹아지려니와 우리는 그의 약속대로 의에 거하는 바 새 하늘과 새 땅을 바라보도다"(벧후 3:10-13). 우리의 구주이시요 왕이신 그리스도와 함께 하는 영원한 나라에 들어가기까지 주님 안에서 악에서 떠나 오로지 주님을 닮아가는 복된 성도들이 되기를 소망한다.

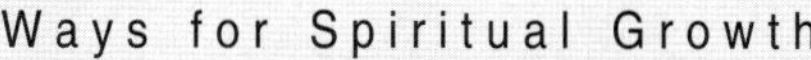

12장

영   적
성 장 의   길

12장

영적 성장의 길

Ways for Spiritual Growth

　‘교회는 신자들의 어머니’라는 칼빈의 교훈처럼 성도들은 교회를 통해서 영적으로 필요한 모든 양분을 공급받으며 성장한다. 예수 그리스도께서 지상에 교회를 세우신 것은 단지 복음 전파만을 위한 것이 전부가 아니다. 교회를 통해서 성도로서 세상에서 살아가는데 필요한 모든 자질을 기르며 숙성되어 그리스도의 장성한 분량에 이르기까지 자라나게 함이다. 성장의 주 목적은 예수님 닮는 것이며 그리스도 안에서 거룩하고 흠이 없고 책망 받을 것이 없는 온전한 사람으로 하나님 앞에 서게 하기 위함이다(골 1:22, 28). 교회의 머리이신 예수 그리스도는 이 목적 달성을 위하여 교회에 직분자들을 세우신 것이다.

　웨스트민스터 신앙고백서 25장 교회에 관한 규범에서 제 3 항에 이렇게 기록하고 있다: ‘그리스도께서 이 보이는 보편적 교회에게 교역자들과 말씀들과 규례들을 제정하셔서 이 세상에서 세상 끝 날까지 성도들을 모으고 온전케 하도록 하셨다. 그리고 자신의 임재와 성령으로 말미암아 그의 약속을 따라서 그것들을 효과있게 하신다(고전 12:28, 엡 4:11-13). 따라서 개혁교회는 주님의 말씀에 약속하신 방편들을 효과적으로 사용하여 창세 전에 택함을 받은 하나님의 백성들을 모으는 구령사역과 모여진 성도들을 그리스도 안에서 온전한 성도로 양육하는 목적 달성에 최선을 다해야 한다. 그 목적을 위해 개혁교회는 교회의 삼대 표지를 이렇게 규정하였다: 1) 하나님 말씀 선포 2) 올바른 성례 거행 3) 정당한 권징시행.

1. 말씀의 사역자들

교회는 말씀을 선포하고 강론하는 일을 통해서 주님께서 부탁한 주님의 양들에게 신령한 양분을 공급한다. 에베소서 4장에서 주님께서 교회에 주신 선물은 사도와 선지자와 복음 전하는 자와 목사와 교사라고 언급하고 있다. 이 다섯 유형의 직임들의 공통점은 하나같이 말씀선포사역과 직접적인 관련이 있는 것이란 점이다. 사실 교회 머리이신 그리스도께서 교회에 주신 직임, 특히 성도들을 온전케 하는 일을 위해서 허락한 직임은 말씀의 사역자들임을 알 수 있다. 부활후에 예수께서 고기잡이로 나간 베드로에게 찾아와 '네가 나를 이 모든 것들보다 더 사랑하느냐?'고 세 번 물으셨다. '내가 주님을 사랑하는 줄 주께서 아신다'고 대답한 베드로에게 예수님은 '내 어린 양을 먹이라' '내 양을 치라' '내 양을 먹이라'고 세 번 동일한 대답을 하셨다. 교회 안에는 어린 양도 있고 장성한 양도 있다. 어린 양이나 장성한 양이나 똑같이 필요한 것은 양식이다. 사람이 떡으로만 사는 것이 아니라 하나님의 입에서 나오는 모든 말씀으로 살아야 하듯이 주님의 양들은 하나님의 말씀을 떠나서는 살 수 없다. 그러므로 하나님의 말씀을 읽고 듣고 배우고 묵상하는 일은 성도에게서 자연스럽게 되는 일이지 무거운 짐이 아니다. 누가 밥을 먹으면서 밥 먹는 것을 무거운 짐, 또는 숙제하듯 고통스럽게 하는 자가 어디 있는가? 그런 자들이 있다면 몸을 가누지 못하는 중병에 걸린 자들이다. 그러나 중환자들일지라도 입을 벌려 음식을 넣어주어야 하고, 입을 못 벌리면 목구멍에 구멍을 뚫어 양분을 투입한다. 그래야 살기 때문이다. 식물인간일지라도 음식물을 먹지 않으면 살 수 없다. 적어도 사람이라면 음식을 찾는 것은 본능이다. 우리가 그리스도 안에서 거듭난 성도라고 한다면 반드시 하나님의 말씀을 섭취하는 일을 하게 되어 있다. 말씀을 사랑하지 않는 자는 성도가 아니다. 예수님은 하나님의 말씀을 듣지 아니하는 자들에게 이렇게 말씀하였다: '하나님께 속한 자는 하나님의 말씀을 듣나니 너희가 듣지 아니함은 하나님께 속하지 아니하였음이로다'(요 8:47). 하나님께 속하지 않은 사람, 즉 사단에게 속한 멸망의 자식만이 하나님의 말씀을 듣지 않는 것이다.

건강한 성도는 밥이 보약이듯 하나님의 말씀을 잘 섭렵하는 자이다. 선포되고 가르쳐지는 말씀을 잘 귀담아 듣고 자신의 양식으로 삼아 순종하는 자들이 옥토에 떨어진 열매처럼 풍성한 열매를 맺으며 산다. 그러나 생산적인 활동을 하지 못하고 어린아이 자리에 머물러 있는 자들도 교회 안에는 상당수 있다. 물론 이제 예수를 처음 믿은 자들이라면 문제될 것이 없다. 계속 성장할 수 있는 출발선상에 있기 때문이다. 그러나 예수를 믿은지 오래되었음에도 불구하고 여전히 어린아이 자리에 머물러 있는 '장애성 성도'들이 문제이다. 히브리서 기자는 이 부분에 대해서 언급하면서 장성한 자가 되어야 할 것을 촉구하고 있다(5장).

사실 어린아이와 장성한 자의 차이는 분별력이다. 선악을 분별하여 행동하는 것, 의의 말씀을 깊이 경험하는 자들이 성숙한 그리스도인인 것이다. 그러나 이 성숙도는 끊임없는 배움과 훈련을 통해서 이루어진다. 이 배움과 훈련을 위해 교회에 말씀의 사역자들을 세운 것이다.

1) 사도들

그리스도의 제자들 가운데 열두 명이 후에 사도가 되었기 때문에 사도라는 말과 제자라는 말이 자주 혼동되어 사용된다. 사도들도 예수님의 제자들이라는 측면에서 보면 제자라는 말이 더 광범위한 용어임을 알 수 있다. 즉 예수의 가르침을 받아 그를 믿고 따르는 자들이 제자이다(요 6:66, 행 6:1,2,7 11:26 등). 그러나 사도라는 용어는 다르다. 사도들도 제자들이었지만 모든 제자들이 다 사도가 된 것이 아니기 때문이다. 사도라는 말은 그 뜻이 '보냄을 받은 자'(아포스톨로스), 또는 '위임받은 자'라는 말이다. 사도는 자기를 보낸 사람을 대신하여 말하는 권위를 가진 자이다. 이에 가장 대표적인 분이 예수님 자신이다. 그는 하나님 아버지의 보내심을 받은 자로서 아버지께서 맡기신 권위로 말씀하셨다(히 3:1). 예수님을 거부하는 것은 그를 보내신 하나님 아버지를 거부하는 것이다. 이와 마찬가지로 사도들은 예수 그리스도에 의해서 부름을 받아 세상에 보내심을 받은 특별한 전권대사이다. 그래서 그들은 모든 교회에 권위를 가지고 말씀하는 자들이다. 이 사도의 권위를 부인하는 것은 곧 그리스도를 부인하는 것과 같은 것이다. 에베소서 2장에서는 교

회가 '사도들과 선지자들의 터 위에 세우심을 입은 자라'(20절)고 하였
다. 교회의 근간이 여기에 있다는 말이다.

　신약성경에서 예수님의 열 두 제자들이 사도로 임명되었다. 유다가
죽은 뒤에 사도행전 1장에서 보듯이 마가 다락방에 모여 기도하던 120
여명의 성도들 앞에서 베드로는 유다 대신 맛디아를 선출하는 작업을
하였다. 그 때 자격을 보면 크게 두 가지가 있다. 하나는 예수님의 지상
사역에 3년 내내 함께 동행하였던 제자라야 하며 둘째는 예수님의 부
활을 목격한 증인이라야 했다. 여기에 하나 더 부연한다면 그리스도께
서 직접 부르시고 위임하신 사람이어야 하는 것이다. 이것을 말하는 이
유는 그리스도께서 처음 두 부류에 해당되는 것은 아니지만 그리스도
께서 직접 부르시고 위임한 사도 바울을 염두에 두고 하는 것이다. 이
방인을 위한 특별한 사역을 위하여 그리스도께서 사도 바울을 부르셨
던 것이다. 바울은 예수님이 지상에 있을 동안에는 예수님을 알지도 못
했고 만난 적이 없었다. 그가 부활하신 예수님을 만난 것은 부활하시고
승천하신 이후의 일이었다. 그가 경험한 것은 다른 사도들이 한 것과
전혀 다른 방식이었다. 그럼에도 불구하고 그가 다메섹 도상에서 주님
의 부름을 직접 받은 것을 예루살렘에 있는 다른 사도들이 인정하였고
그 자신의 사도권에 대해서 반박하는 무리들에 대해서 전혀 의문의 여
지가 없음을 하나님이 보여주신 여러 기적들을 통해서 확정하였던 것
이다(갈 2:8, 고후 12:12). 바울은 주님을 만난 후에 아라비아 광야로 가서
삼년 동안 주님으로부터 개인지도를 받았다고 말할 수 있다(갈 1:17-18).

　이 사도들 외에 다른 사도는 없다. 그들 후계자들도 존재하지 않는
다. 일세기 말엽에 속사도 시대 교부들은 자신들의 권위가 초대 사도들

의 권위 아래에 있다는 점을 분명히 하였다. 따라서 그 뒤로는 살아 있는 사도들도 없거니와 성경에 말하는 사도직은 더 이상 존재하지 않는다. 사도들이 남긴 성경만이 유일하게 오늘날의 우리에게 사도적 권위를 가지고 있는 것이다. 따라서 로마 가톨릭의 교황이 사도권 계승자라고 주장하는 것은 성경적으로 타당한 것이 아니다. 다만 기록된 말씀을 전파하는 사명을 가진 말씀의 종들이 기록된 말씀을 증거할 때 그 말씀의 권위가 사도적 권위를 나타낼 뿐이다. 즉 목사는 사도가 아니라 말씀으로부터 나오는 권위로 말씀을 증거하는 자이다. 그렇기 때문에 오늘날 신사도 운동을 주장하는 자들처럼 사도직임을 가진 자들을 주님께서 여전히 세우시고 계신 것이 아니다. 사도들은 계시의 종결과 함께 종식된 직분으로 가르친다.

2) 선지자

구약의 선지자들처럼 신약의 선지자들도 하나님으로부터 말씀을 받아 하나님의 백성들에게 전달하는 자를 말한다. 즉 선지자란 하나님의 입에서 나오는 말씀을 듣고 심지어 본 것을 충실하게 전달하는 하나님의 대변자이다. 그러나 신약에서 선지자들의 활동이 두드러지게 나타나지 않는다. 빌립의 네 딸들이 예언하는 자라는 칭호를 가지고 있었으나(행 21:9) 그들이 한 사역에 대해서는 일체 함구하고 있다. 어쩌면 이것은 성령의 부어주심에 대한 요엘서의 예언과 같이 성령을 받은 자녀들이 예언할 것이라는 말씀의 한 성취로 거론된 것일 수 있다. 그런 의미에서 모든 그리스도인은 잠재적으로 다 선지자들이다. 왜냐하면 성령의 부어주심이 있는 이유가 우리로 하여금 그리스도를 증거하게 하려 함이기 때문이다. 그러나 여기서 사용된 선지자라는 말도 바울의 사도권처럼 특수한 의미의 선지자, 구약의 선지자와 같이 하나님의 계시의 말씀을 받아 전달하는 하나님의 사자라고 말할 수 있다. 그리고 사도행전 13:1에 안디옥 교회에 선지자들과 교사들이 있었는데 그들은 바나바, 흑인 시므온, 구레나 사람 루기오, 마나엔과 사울이었다. 이들도 다 하나님의 말씀을 전하고 가르치는 일을 한 자들이라는 측면에서 보면 선지자들도 초대 교회에서는 매우 지도적인 위치에 있었던 직분임을 알 수 있다.

그러나 오늘날에는 이 사도직과 마찬가지로 이 선지자직도 종결되고 없다고 본다. 그 이유는 기록된 계시의 말씀으로 충분히 하나님이 말씀하셨기 때문에 우리의 구원에 필요한 다른 계시가 더 필요하지 않기 때문이다. 결국 선지자직은 계시의 종결이 되기까지 임시직으로 허용된 직임이었다고 볼 수 있다. 그러나 선지자직이 활동하고 있을 때도 거짓 선지자들이 있었음을 기억할 필요가 있다. 오늘날도 마찬가지이다. 사단의 활동은 이들을 통해서 믿는 성도들을 미혹한다(마 7:15, 24:11,24, 벧후 2:1, 요일 4:1 이하). 문제는 이들도 많은 기적들을 사용한다는 점이다. 따라서 어떤 기적이 있다고 해서 다 참된 교사라고 말할 수 없다(그 영이 그리스도의 영인지 사단의 영인지 분별하는 것이 필요하다, 요일 4:1-3, 살후 2:9). 사실 나무는 열매로 알듯이 참 선지자는 그가 전하는 메시지의 열매로 판가름할 수 있게 된다. 사도와 선지자는 교회의 기초이다. 이 직분도 후계자가 없는 직분이다(엡 3:5 참고)

3) 복음 전하는 자

이 단어는 신약에서 오직 세 번 사용되었다. 사도행전 21:8, 디모데후서 4:5 그리고 본문이 그것이다. 물론 복음을 전하다는 동사는 신약에서 자주 쓰인 단어이지만 전도자라는 칭호는 세 번이라는 말이다. 사실 모든 그리스도인이 주 예수의 복음을 전파해야 할 책임이 있는 자들이라고 할 때 성령께서 교회에 주신 은사 중 '복음 전하는 자'라는 호칭은 특별한 의미가 있는 것을 의미한다. 이것은 복음적인 설교나 혹은 불신자들에게 복음을 명백하고 분명하게 전달하는 은사를 말할 것이다. 개인적인 전도활동에 아주 열매가 많은 사람을 말할 수 있다. 오늘날 '전도왕'에 해당되는 자들일 것이다.

4) 목사와 교사

헬라어에 이 두 직분 앞에 정관사가 따로 붙어 있지 않고 하나만 있다. 아마도 이것은 이 둘이 같은 사역을 의미하는 것으로 이해하기 때문일 것이다. 즉 한 직책의 두 가지 기능을 강조하는 말이라고 본다. 그러나 칼빈은 따로 구분하여 생각하였다. 그래서 훈육과 성례 경책과 권고에 해당되는 사역은 목사(목자)에게, 그리고 교사는 가르치는 일에 해당된다고 보았다. 그러나 사실 목자가 하는 중요한 일은 양들을 먹이는 일이요 돌보는 것이다. 그것은 가르치는 일을 통하지 않고는 불가능하다. 그런 의미에서 사도 바울은 디모데에게 쓴 서신에서도 모든 장로는 잘 다스리는 자지만 그 중에 잘 가르치는 자들이 있음을 말하고 있는 것이다(딤전 5:17). 이것은 사도행전 20장에서 바울이 에베소 교회 장로들을 청하여 밀레도에서 고별설교를 할 때 그들을 가리켜 '감독자로 삼고 하나님이 자기 피로 사신 교회를 치게 하셨느니라'(행 20:28)고 한 이유일 것이다. 그리고 그 감독자들을 '주와 그 은혜의 말씀께 부탁한다'(행 20:32)고 당부한 것이다. 감독하고 가르치는 일을 교회의 장로로 세움을 입은 자들이 하는 은사임을 말하는 것이다. 그러나 장로 중에는 잘 가르치는 자들이 따로 있다. 이를 위해서 우리는 편의상 목사라고 하고 잘 다스리는 자들을 치리 장로로 부르는 것이다.

오늘날 교회의 성도들을 잘 돌보고 잘 가르치며 양육하는 진정한 목사와 교사들이 그 어느 때보다 필요하다. 부모 말을 잘 듣는 아이들 중 잘못된 길로 나가는 아이들은 하나도 없다. 다 말을 듣지 않고 자기주장대로 하기 때문에 곤욕을 치루는 일들이 많은 것이다. 부모가 잘났든 못났든 자식에 대한 애정과 훈육은 다 나름대로 타당한 것이며 자식들이 훌륭한 사람되기를 바라는 마음은 한결같은 것이다. 그래서 부모 공경을 잘 하는 자녀들이 땅에서 잘되고 장수의 복을 받겠다고 주님은 약속하신 것이다. 마찬가지로 목사는 성도들의 양분 섭취와 성장을 책임지고 있는 영적 어버이와 같은 것이다. 그것을 성경에서는 양부(養父)라고 한다. 이 단어 자체는 성경에서 민수기 11:12과 이사야 49:23에 두 번 쓰였지만 신약에서는 자녀를 양육하는 아비와 같은 의미로 쓰인 에베소서 5장과 6장 디모데전서 4장과 5장 요한계시록 12장 등 6번이나 사용되고 있다.

이 중에서 특별히 두 곳만 찾아보자. 구약에서 모세가 하나님의 부르심을 받아 이집트에서 종살이하는 자들을 젖과 꿀이 흐르는 가나안 땅으로 인도하는 막중한 책임을 부여받게 되었다. 이 엄청난 사역을 감당하면서 그는 숱한 좌절과 고통을 맛보아야 했다. 그래서 한번은 하나님께 항의한다. 그 내용 가운데 양부라는 말이 포함되어 있음을 볼 수 있다. "이 모든 백성을 내가 잉태하였나이까 내가 어찌 그들을 생산하였기에 주께서 나더러 양육하는 아비가 젖 먹는 아이를 품듯 그들을 품에 품고 주께서 그들의 열조에게 맹세하신 땅으로 가라 하시나이까 이 모든 백성에게 줄 고기를 내가 어디서 얻으리이까 그들이 나를 향하여 울며 가로되 우리에게 고기를 주어 먹게 하라 하온즉 책임이 심히 중하여 나 혼자는 이 모든 백성을 질 수 없나이다 주께서 내게 이같이 행하실진대 구하옵나니 내게 은혜를 베푸사 즉시 나를 죽여 나로 나의 곤고함을 보지 않게 하옵소서"(민 11:12-15).

먹을 고기를 달라 아우성치는 그 많은 백성들을 어찌 혼자 가슴에 품고 보양시킬 수 있겠는가? 차라리 죽어서 이 막중한 책임을 면하고 싶다는 모세의 심정을 충분히 이해할 수 있다. 젖 먹는 아이를 품듯 주님의 백성들을 가슴에 품고 양육하는 일을 맡은 이가 오늘날 선지자요, 제사장이요, 왕 같은 기능을 가지고 주님의 양 무리를 먹이고 돌보는 수고를 하는 자가 목사인 것이다. 모세와 같은 다른 선지자이신 그리스도께서 하신 일을 기록하고 있는 에베소서를 보자: "누구든지 언제든지 제 육체를 미워하지 않고 오직 양육하여 보호하기를 그리스도께서 교회를 보양함과 같이 하나니 우리는 그 몸의 지체임이니라"(엡 5:29-30). 이 본문이 들어 있는 전후 문맥은 사도 바울이 그리스도와 교회에 대하여 설명하면서 남편과 아내와의 관계를 언급한 가운데 지적된 말씀이다. 그리스도께서 교회를 보양함과 같이 목사는 주님의 생명의 양식으로 주의 백성들을 양육하고 돌보아야 함을 말하지 않을 수 없다. 사실 그리스도께서 그 일을 교회에 주신 선물인 말씀의 사역자들을 통해서 하시기 때문이다. 그렇기 때문에 사역자들은 그리스도가 교회를 사랑하여 자신을 내어주시기까지 하였듯이 주님의 백성들의 성장을 위하여 땀과 눈물의 수고를 아끼지 않아야 한다.

성도들은 영적인 자녀들로서 이들을 귀히 여기고 존중하며 순종해야 한다. 마치 교회가 그리스도에게 하듯 아내들도 자기 남편에게 범사에 복종해야 하는 것이다. 즉 성도들은 네 부모에게 순종하라고 가르침 받듯이 말씀의 종들에게 순종하고 따르는 것이 합당한 것이다. 그러나 성도들도 사람인지라 목사가 자기들 보다 어리고 미숙한 면들이 있을 때 또는 허물이 보일 때 그걸 가지고 비난과 조롱을 또는 불순종을 일삼는 것은 마치 자식이 제 아비 허물을 나팔 불고 다니는 것과 같은 것이다. 비록 지적하고 있는 것이 사실일지라도 존경과 순종을 하려는 겸손한 자세에서 조언하고 논의하는 것이 아니라 깎아내리고 자신들이 주도적으로 행세하기 위하여 험담하는 것은 주의 자녀들의 자세가 아니다. 그들을 비난하는 것은 곧 그들을 세우신 주님을 비난하는 것과 같은 것이다.

사실 자신들의 눈에 보이는 허물과 약점이 있을 때 주의 종들을 존경하고 순종하는 것이 결코 쉽지 않은 일이다. 그러나 그것이 우리의 불순종과 비난을 합리화할 수 있는 것은 아니다. 그들의 인격이 탁월해서가 아니라 그들에게 피로 값주고 산 양무리들을 치도록 주님께서 위임해 주셨기 때문에 존중히 여기고 순종해야 하는 것이다. 비록 여러분들이 목사를 청빙하고 공동의회에서 정하였을지라도 교회에 목사를 세우는 것은 주님이 하시는 일이다. 부모가 모든 일에 남보다 뛰어나야만 존경하는 것이 아니듯이 세상에서 내노라 하는 부모도 있지만 대다수는 그렇지 못한 것이다. 그래도 하나님이 주신 부모이기 때문에 존경하고 따라야 한다. 자녀가 잘되어서 부모 호강시키는 것이 있듯이 성도들이 잘 양육받아 훌륭한 그리스도인이 됨으로서 목사는 성도들을 가리켜 여러분이 '나의 영화요 면류관이요 기쁨'이라고 말할 수 있는 것이다.

그러나 목사가 기억해야 할 것은 모든 일에 양 무리의 본이 되려고 힘써야 하는 것이다. 말과 행실과 사랑과 믿음과 정절에 있어서 본이 되는 교회의 좋은 일군들이 주님이 오실 때까지 주님의 교회에 끊이지 않도록 기도하자.

2. 교회 지체들

주님의 교회를 보양하는 책임을 맡은 말씀의 사역자들이 있는 것은 양육과 돌봄이 필요로 하는 양들이 있음을 간과해서는 안된다. 양들 때문에 사역자들이 존재하는 것이지 사역자들 때문에 양들이 존재하는 것이 아니다. 성경은 이 양무리들을 그리스도의 몸에 붙어 있는 지체로 묘사하고 있다. 지체들은 각각 다르지만 반드시 그리스도의 몸에 붙어 있어야 한다. 그렇지 않으면 생명을 유지할 수 없기 때문이다. 그리스도께서 세우신 사역자들을 통해서 신령한 양식을 공급받아 그 안에서 온 몸이 각 마디를 통하여 도움을 입어 서로 연락하고 상합하여 각 지체의 분량대로 역사하여 그 몸을 자라게 하며 사랑 안에서 스스로 세워가야 한다(엡 4:16).

여기서 중요하게 볼 것은 상호교통과 연합 그리고 영적 성장을 꾀해야 한다는 점이다. 그리스도를 중심으로 그 몸에 붙어 있는 자들에게 영의 양식이 공급되게 하는 것이 목회라고 한다면 그 양식을 공급받는 각 지체들끼리의 서로 연락하는 상호교통을 성도의 교제라고 말할 수 있다. 성도의 교제의 목적은 두 가지이다. 하나는 하나 됨과 둘째는 스스로 세워지는 것이다. 그리스도 안에서 거룩하고 흠이 없고 책망 받을 것이 없는 자로 세움을 입게 하는 것이다.

교회가 하나여야 한다는 것은 두 말할 것도 없다. 몸은 하나이고 지체는 여럿일지라도 그 모두가 하나여야 하듯 지체 각각이 독립단체로 남아 있을 수 없는 것이다. 물론 교회 안에 여러 모양의 구분이 있다. 연령별 주일학교가 존재하고 각 전도회가 존재한다. 그것은 교회 분열이 아니라 양육의 필요에 따라 구분한 것뿐이다. 비록 나이 때문에 특정한 그룹에 속해 있을지라도 그리스도의 몸인 교회에 속한 지체라고 하는 것을 잊어서는 안된다. 지체의 이기적 욕망보다 몸 전체의 균형 발전을 위해 모두 힘을 기울여야 한다. 어느 한 부서에 과다한 이목이 집중되면 그것은 몸의 불균형을 초래하여 비정상적인 몸을 가질 수 있다. 피가 한쪽에만 공급된다고 해 보자. 온 몸을 고통스럽게 만들고 결국은 그 병 때문에 모두 생명을 잃게 되는 것이다. 그러한 조정 작업을 지체들 중 당회가 하는 것이다.

당회는 담임목사와 시무장로로 구성되는데 우리 교단의 헌법에서 장로의 직무를 이렇게 규정하고 있다(교회정치 제 5장 치리 장로 제 4 조 장로의 직무):

- 교회의 신령적 관계를 총찰한다. 치리 장로는 교인의 택함을 받고 교인의 대표자로 목사와 협동하여 행정과 권징을 관리하며 지교회 혹은 전국 교회의 신령적 관계를 총찰한다.
- 교리 오해나 도덕상 부패를 방지한다. 주께 받은 양무리가 교리 오해나 도덕상 부패에 이르지 않기 위하여 당회로나 개인으로 선히 권면하되 회개하지 아니하는 자가 있을 때에는 당회에 보고한다.
- 교우를 심방하여 위로, 교훈, 간호한다. 교우를 심방하되 특별히 병자와 조상자를 위로하며 무식한 자와 어린 아이들을 가르치며 간호할 것이니 평신도보다 장로는 신분상 의무와 직무상 책임이 더욱 중하다.
- 교인의 신앙을 살피고 위하여 기도한다. 장로는 교인과 함께 기도하며 위하여 기도하고 교인 중에 강도의 결과를 찾아본다.
- 특별히 심방할 자를 목사에게 보고한다. 병환자와 슬픔을 당한 자와 회개하는 자와 특별히 구조 받아야 할 자가 있는 때에는 목사에게 보고한다.

특히 각 지체들 중 연약한 자들을 돌보고 세워주는 일은 장로와 집사들을 통해서 감당한다. 집사는 구제와 봉사하는 일을 우선적으로 감당한다. 주의 종들은 말씀과 기도에 전념하는 자들이어야 한다면 집사는 믿음의 분량을 따라 받은 직임에 충성해야 한다. 가난한 자들을 돌아보고 연약한 자를 일으켜 주고, 도움의 손길이 필요로 하는 자들을 적극 도와 그리스도 안에서 우리가 하나 된 지체들임을 늘 확정하며 살아야 하는 것이다. 이 모든 일들도 오늘날은 교회 사역자들에게 일임되다 시피하고 있다. 그러나 이것은 결코 바람직하거나 성경적인 것이 아니다. 교회 직분은 타이틀이나 계급이 아니라 그 직임에 맞게 봉사하기 위한 것이다. 교회에 말씀의 종들을 둔 이유를 사도 바울은 **"성도를 온전케 하며 봉사의 일을 하게 하며 그리스도의 몸을 세우려 하심이라"**(엡 4:12)고 하였다. 봉사의 일을 강조하고 있다. 우리 헌법에도 이렇게 규정한다: '집사의 직무는 목사 장로와 협력하여 빈핍곤궁한 자를 권고하며 환자와 갇힌 자와 과부와 고아와 모든 환난 당한 자를 위문하되 당회 감독 아래서 행하며 교회에서 수금한 구제비와 일반 재정을 수납지출한다'(제 6장 3조).

결론적으로 각 지체들은 자신들의 역할에 충실해야 한다. 각자의 기능은 그 자체를 위해 존재하지 않고 오직 몸을 위한 것이다. 따라서 온 몸이 성해지고 온전한 몸이 되며 교회로서 존재의미를 올바르게 부연하기 위해서 모든 역량을 다 쏟아야 하는 것이다. 오늘날 교회의 위기는 총체적이라고 볼 수 있다. 강단에서 말씀이 충분히 공급되지 않는 것과 설사 충분히 공급된다고 해도 순종하고 실천하려는 수고와 땀이 없는 것, 그리고 자기 역할수행을 못하는 마비된 지체들이다. 식물 인간도 아닌데 계속 양분만 공급받고 제 기능을 발휘하지 못해 온 몸이 병들게 하고 결국 고사되게 하는 자가 되지 말아야 한다. 교회의 머리이신 그리스도께서 목사를 통하여 여러 지체들을 세울 때에는 하나님이 거하실 처소가 되게 하기 위해 함께 지어져 가게 하기 위함이다. 그러나 직분자들이 하나님이 거처할 처소를 세워가기보다 허무는 자들이 되고 있는 것이 오늘날 한국교회의 비극이라 말하지 않을 수 없다. 교회 직분은 계급이 아니라 봉사직이다. 위로 그리스도를 섬기는 것이요 옆으로 각 지체들을 섬기는 것이다. 서로 하나 되어 주님이 이 땅에 교회를 세우신 목적을 달성하는 일에만 몰두해야 하는 것이다. 그것이 각 지체의 영광이요 기쁨이다.

각 지체는 하는 역할의 무게와 상관없이 서로를 존중해야 한다. 왜냐하면 모든 은사는 다 빛들의 아버지로부터 온 것이기 때문이다. 남을 나보다 낮게 여기는 겸손함이 연합의 필수적인 발판이다. 어떤 원망도 시비가 없이 몸에 붙어 있는 것에 감사하고 주어진 역할에 충실하여 몸을 세워가는 일에 기여할 수 있음에 자부심을 가지고 섬겨야 한다. 연합을 해치고 형제를 괴롭히는 것은 지체의 일이 아니다. 항상 남의 유익을 구하는 것이 먼저이며 그것이 곧 주님의 나라와 그 의를 구하는 일이 된다.

교회직분: 권사제도에 관하여

이 직분을 생각하면 답답한 측면이 있다. 개혁교회 원칙에 충실하자니 제도가 울고 제도를 지키자니 원칙에 어긋나는 모순을 계속 안고가야 하기 때문이다. 물론 대부분의 목회자들은 권사제도에 대하여 고민하지 않는다. 교회 안에 전통적으로 자리 잡아 온 직분이기 때문에 당연시 하고 있고 또 성도들 역시 그러하다. 그러나 과연 이 직임이 성경적인가? 라는 고민을 하지 않을 수 없다. 그리고 그에 대한 우리의 입장을 정리하고자 한다.

16세기 종교개혁 당시 개혁자들의 표어이며 구호 중 가장 중요한 것이 '오직 성경'이었다. 이것이 개혁주의 기본 정신이며 또한 신자들의 믿음과 생활에 있어 최종적인 기준이었다. 교회의 제도와 가르침 및 예배 등 모든 것이 다 성경의 원리로 돌아가야 한다는 이 정신은 로마교회가 우선시하는 전통보다는 성경이 최고 권위를 차지한다는 원칙을 분명히 내세웠던 것이다. 따라서 교회의 전통도 성경의 권위 아래 있으며, 성경적 근거가 없는 전통은 인정하지 않는다는 뜻이다. 종교개혁 이후로 오늘날 전 세계에 존재하는 대부분의 개신교파도, 그들의 헌법에 '성경을 최고의 권위'로 인정하고 있다. 장로교단의 종주국인 스코틀랜드 헌법(The Constitution and Laws of the Church of Scotland) 서문을 보면 "원칙과 편의(적용)"라는 부분에서 "교회의 법은 근본적인 원리를 변경시킬 수 없으며 교회의 근본적인 법은 성경에서 유래한다"라고 말하고 있다. 미국장로교 헌법에도 마찬가지이다. 교회의 법은 성경에 종속되어 있으며 성경의 범위 내에서 한정되어 있다고 기술한다.

국내 주요교파의 헌법도 마찬가지로 성경을 최고의 권위로 내세우고 있는 것을 볼 수 있다. 먼저, 웨스트민스터 신앙고백서 '제1장 성경'에서 가르치고 있는 것도 오직 하나님의 영감으로 된 신구약 성경만이 우리의 신앙과 행위에 대한 정확 무오한 유일의 법칙임을 믿는다고 말

한다. 다시 말해서 성경만이 신앙과 행위에 관한 가장 정확한 표준이
므로 그것에 관련된 모든 것은 성경에 의해서 판단을 받아야 하는 것이
다. 스코틀랜드 교회 헌법은 편의성적용을 원칙 못지않게 상당히 중요
하게 생각한다. 왜냐하면 적용이 불가능한 원칙은 의미가 없기 때문이
다. 그러나 스코틀랜드 헌법은 편의성을 도로의 흰색라인으로 비교하
면서 자동차가 흰색라인을 넘으면 편리할 때도 있지만 그것은 규칙을
위반하는 것이기 때문에 불안하다는 것이다. 즉 원칙을 무시한 편의성
은 언젠가 큰 코를 다칠지 모른다는 것이다.

권사제도는 어떻게 생긴 것인가? 그것은 1746년 감리교의 창시자
존 웨슬리에 의해 생겨나게 되었다. 그는 성경에 나오는 '권위하는 자(롬
12:8)'라는 구절에서 '권사'라는 직분을 만들어 내어 사용하였다. 당시에
는 교회 내에 설교자가 부족해서 평신도 가운데 헌신적인 신자를 뽑아
서 일정 기간 훈련을 시켜 '평신도 설교자'를 만들어 설교를 시켰으며,
나아가 초신자들의 신앙을 지도하는 역할까지 맡아 부족한 목사역할
을 대신하게 했다. 이렇게 생겨나 유지되어 왔던 감리교의 권사제도는,
미국에서는 비성경적이라 판단을 내려 1939년 미연합감리교단에 의해
그 제도를 폐지하였다. 그러나 한국에 들어온 감리교는 처음부터 지금
까지 계속해서 권사제도를 운영해 오고 있다. 이렇게 국내 감리교회에
서 운영하는 권사제도를, 국내의 장로교가 1955년 제 40회 총회에서
그 제도를 받아들였다.
그러나 그 당시의 논리에 의한 지금의 권사제도는 여권신장운동을
주장하는 분들의 공격의 대상이 되고 있다. 뿌리 깊은 여성차별의 역

사를 바탕으로 했다는 것이다. 한국교회에 1930년대 중반부터 불게 된 여성에 대한 목사와 장로 안수요구 목소리는 1950년대 들어 더욱 높아만 갔고, 끝내 여성안수를 허용할 수 없었던 장로교단이 궁여지책으로 만들어낸 것이 여성권사 제도라는 말이다. 이성희 목사(연동교회 담임. 장신대 교수)는 "여성에게 안수는 줄 수 없고 그렇다고 교회 안에서 중추적인 봉사역할을 감당하고 있는 여성들의 요구를 무시할 수는 없고 해서 남자 집사가 안수집사를 거쳐 장로가 되듯이 여성 집사에게는 권사직분을 만들어 주자는 차원에서 나온 아이디어였다"면서 이런 배경으로 1955년에 제 40회 장로교 총회에서 항존직으로 권사제도가 도입되었다고 말하고 있다.

즉 권사제도는 성경에 없는 직책이지만 '오직 성경'이라는 원칙을 깨고 교회 운영의 편의상 만들어낸 임시직이라는 것이다. 그러나 실상은 장로와 집사직처럼 항존직으로 굳어져 있는 것이 현실이다. 이 부분에 대해서 일각에서는 차제에 권사제도를 없이하고 성경의 원리를 따라 가자는 주장들이 제기되고 있으나 여성 성도들의 직임에 대한 대안이 없는 상황에서 적극적으로 찬동하기도 어렵다고 본다. 물론 교회 안에서 폭넓게 사용되고 있는 것이라 할지라도 개혁해야 할 것이 있다면 과감하게 수술을 해야 할 입장이 개혁교회이다. 그러나 유교적 사상이 뿌리 깊게 박혀 있는 한국사회에서 교회 직분을 마치 서열이나 계급처럼 잘못 인식하고 있는 입장을 송두리째 뽑아내지 않는 한 권사제도의 철회는 불가능하다. 실지로 남자들도 서리집사에서 안수집사로 그리고 장로로 마치 승급하는 듯한 절차들이 진행되고 있으면서 유독 여성에게만 서리집사로 남아 있으라는 것은 여권신장 운동을 주도하는 분들의 눈에 당연히 성차별이라는 불씨만 제공하는 것이다.

통합측에서는 그것 때문에 권사도 안수하여 세우는 법을 정하여 여성 목사와 장로에 이어 '안수권사'라는 직분을 허용하고 있다. 안수는 성차별적인 측면에서 수긍이 가는 주장이기는 하지만 성경에서 여성에게 안수하여 세운 적이 없는 것을 단지 성차별화를 극복한다는 입장에서 임의대로 안수하는 것은 옳지 않다고 본다. 물론 권사제도를 허용하자고 하면서 안수는 안된다는 말도 사실 모순된 주장임을 인정한다. 그러나 안수는 계급적 승진을 위해 주어지는 신비적 수단이 아니다. 안수를 받았다고 해서 더 권위가 있고 없고가 결정되는 것이 아니라 얼마만큼 주님의 뜻을 따라 섬기는 것인가가 우리의 권위를 결정한다. 목사직의 권위보다 목사로서 하나님의 말씀을 잘 듣고 지켜 행하는 것이 더 큰 권위가 되는 것과 같다.

이러한 입장에서 오늘 권사직에 대해서 고찰하고자 하는 것이다. 성경에서 보여주고 있는 여 성도들의 역할들과 그리고 교회의 실제적 상황에서 여 성도들의 역할을 염두에 두고 실제적인 다음 몇 가지를 제시하고자 한다.

현재 우리 교단에서 권사제도에 대하여 어떻게 규정하고 있는지를 보자:

합동측 장로교단 헌법 정치 제 3장 3조 3항 권사(勸師)

1) 권사의 자격: 여신도 중 만 45세 이상된 입교인으로 무흠히 다

년간 교회에 봉사하고 공동 의회에서 투표하여 투표수 2/3 이상
의 찬성을 얻은 자로 한다.

2) 권사의 직무: 당회의 지도대로 교인을 방문하되 병환자와 고난
을 당하는 자와 연약한 교인을 돌아본다.

장로교(통합측)의 헌법에서 권사의 자격은 "권사의 자격은 30세 이상
된 여자로서 무흠 세례교인으로 5년을 경과한 자이며, 직무는 교회의
택함을 받고 제직회의 회원이 되며 목사를 도와 궁핍한 자와 환란당한
교우를 심방하고 위로하며 교회에 덕을 세우기 위해 힘쓰는 자"로 설명
되어 있다.

〈실천적 교훈〉

첫째: 세례를 받은 지 5년이 지난 만 45세 이상된 한 남편의 아내
이거나 홀로 된 여 성도들로서 본 교회 출석 3년 이상인 자

둘째: 기도 생활에 본이 되며 말과 행실에 덕이 있는 자(엡 4:29-32,
딤전 5:5), 기도하는 모임에 적극 참여해야 하고 개인기도 생활에도 힘쓰
며 말과 행실에 있어서 거룩의 향기를 발할 줄 알아야 한다. 특히 말에
있어서 영적인 언어, 은혜를 끼치는 언어, 덕을 세우는 언어생활에 힘
쓰도록 해야 한다. 원망과 불평은 입밖에도 내지 말며 감사하는 말, 칭
찬하는 말, 사랑하는 말을 하도록 해야 한다.

셋째: 단정하고 검소하며 참소하지 않으며 경건의 능력이 있는 자
(벧전 3:1-6), 남의 험담을 결코 말하지 않으며 사치를 피하고 단정하고
검소해야 한다. 경건의 모양만이 아니라 경건의 능력이 있는 자라야 한
다. 특히 남편을 존중하며 진실로 하나님 경외하는 경건한 아내로 인정

받으라.

넷째: 말하기보다 듣기를 잘하며 절제하며 충성된 자(약 1:22-24, 딤전 5:13-14)

다섯째: 영혼 구원에 힘쓰며 선한 행실에 증거가 있는 자(딤전 5:10, 딛 2;14), 양들 중에 새끼 잘 낳는 양이 귀하다. 선한 행실로 하나님께 영광을 돌린다.

여섯째: 신앙으로 자녀를 양육하며 젊은 여성도들을 잘 가르치며 진리의 사랑으로 교회를 섬기는 자, 사랑으로 대접하고 진리로 잘 가르치며 정성과 물질로 교회를 사랑하며 봉사한다.

일곱째: 목사의 목회를 적극 돕고 협력하며 연약한 자를 심방하여 위로하며 봉사하는 자(롬 16:1-4). 목사의 목회를 위해서 항상 기도한다. 목사에 대하여 거룩한 말로 칭찬하며 격려한다. 기회가 되는대로 목사를 대접한다. 목사 응원부대가 된다(설교를 잘 들으며 받은바 은혜를 나눈다). 목사와 온 성도들의 마음을 시원케 한다(고전 16:18). 심방하며 연약한 자들을 잘 돌본다. 초신자들을 교회에 잘 적응하도록 도와준다.

이와 같은 자들이 성도들에게 존경을 받으며 교회의 주인이신 그리스도로부터 칭찬을 받고 썩지 않는 면류관을 얻게 된다.

3. 교회의 참된 표지

교회의 머리이신 예수 그리스도께서 이 땅에 교회를 세우신 이래 교회라고 불리는 수많은 조직들과 단체들이 존재하고 있다. 그리고 이 교회에 속한 개개인이나 교회전체가 다 부패하고 타락할 수 있는 가능성은 항상 존재하고 있기 때문에 우리는 진정한 교회의 모습은 어떤 것인지를 분별할 수 있는 시각을 가지는 것은 매우 중요하다. 그래서 종교개혁자들도 개혁의 기치를 내걸면서 교회의 표지를 강조하며 가르친 것이다. 다양한 교회의 모습들, 다양한 주장들이 존재하고 있는 현실 속에서 성경이 말하는 참된 교회의 본질적인 특성이 무엇이냐를 살피는 일이야말로 부패와 이탈에서 스스로를 교정하고 정화하는 분명한 잣대가 되는 것이다. 이 일이 참으로 중요한 것은 성도들의 영적 성숙이 교회를 통해서 일어나는 것이기 때문이다. 물론 교회가 외형적으로 전혀 존재하지 않는 특수한 경우에 성도의 개개인의 영적 성장은 교회 없이도 하나님의 초자연적인 섭리하심에 따라 있을 수도 있다. 그러나 보편적인 방식은 교회가 신자들의 어머니이기 때문에 교회의 양육과 돌봄이 없이는 영적 성장의 길은 불가능한 것이다. 고로 성도들은 내가 속해 있는 지 교회가 참된 교회인가를 확정해야 한다. 그 잣대는 개혁자들의 주장과 같이 세 가지이다.

1) 신실한 말씀 선포

인간의 생명이 육의 양식에 밀접한 관계가 있듯이 성도의 영적 생명은 하나님의 말씀에 달려있다. 사람은 떡으로만 사는 것이 아니다. 하나님의 입에서 나오는 모든 말씀으로 산다는 주님의 가르침은 결코 폐기될 수 없는 진리이다. 문제는 무엇이 하나님의 말씀이냐 라는 것이다. 전통적으로 개혁교회는 신구약 성경 66권이 정확 무오한 하나님의 말씀으로 믿는다. 이 성경의 특정한 부분에 대한 해석의 차이나 교리적 입장의 차이는 다소 있을지라도 참된 교회라면 기독교 신앙의 본질적인 모든 가르침, 예를 들면, 그리스도의 신성, 삼위일체 교리, 이신칭의, 그리스도의 대속의 죽음과 부활, 인간의 타락으로 말미암은 구원의 길 등을 성경에서 가르치고 있는 참된 것으로 선언하며 믿는다. 이것들을 부인하는 것이 이단이며 교회가 그리스도와 상관없는 배교의 길을 가는 것이다.

물론 개혁교회는 하나님 중심, 성경 중심, 교회 중심이라는 모토를 통해서 사소한 부분에 이르기까지 성경에 근거한 것들만 믿고 가르친다고 고백한다. 그러나 같은 개혁교회 안에서도 예배나 교회 정치 및 교육 문제 등에 있어서 견해 차이가 조금씩 있다. 그러므로 교파가 틀리다고 해서 틀린 교회라고 말할 수 없으나 하나님의 말씀을 선포하지 않는 교회는 틀린 교회, 잘못된 교회, 배교의 길을 갈 수 있는 길이 열려 있는 교회라고 말할 수 있다. 목사는 이미 살펴본 것대로 진리의 일군이다. 진리이신 그리스도의 생명의 말씀을 전파하라고 세움을 입은 자이다. 하나님의 말씀을 이루기 위해 교회의 일군이 된 자들이다(골 1:25). 그렇기 때문에 말씀을 전파하지 않는 자들은 그리스도께서 세우신 교회의 일군이 아니다. 하나님의 말씀이 신실하게 선포되는 교회가 참 교회이다.

문제는 너도나도 말씀을 선포한다고 주장하는 점이다. 유명한 대중 연설자를 강단에 세워서 사람들에게 인기 있는 교육 내용을 전한다고 해서 그것이 설교가 될 수 없는 것처럼 목사가 강단에서 사람들의 삶에 필요한 유익한 가르침을 준다고 해서 그것이 하나님의 말씀 선포라고 말할 수 없다. 설교는 강의가 아니라 선포이다. 기록된 하나님의 말씀을 강론하는 것이다. 따라서 목사의 가르침이 성경을 잘 풀어 증거하는 것인지, 그리고 그 풀이가 성경에 근거하여 볼 때 전혀 모순된 것이 없는 것인지, 그 선포된 말씀이 우리 심령의 변화를 이끄는 능력의 말씀인지를 통해서 말씀 선포사역의 신실함 여부를 결정할 수 있는 것이다. 단지 사람들이 듣고 싶어하는 말들을 잘하고 상담을 잘하며 구제와 봉사를 잘 한다고 해서 그 사람이 훌륭한 진리의 일군이라고 말할 수 없다. 교회는 진리의 기둥과 터이기 때문에 언제나 진리가 풍성하게 선포되어야 한다. 사람들이 사는 집도 항상 가면 먹거리가 풍성한 집이 좋지 먹을 것이 부실하거나 빈약하면 발걸음이 뜸해 진다. 교회도 영혼을 살리는 영의 양식이 풍성해야 한다.

성도는 영의 양식을 섭취하여 힘을 얻어서 세상에서 빛이 되고 소금이 되는 자기 역할 수행에 충실해야 한다. 그것이 온전한 그리스도인의 삶을 사는 길이다. 먹는 것은 잘 하는데 아무 힘을 쓸 수 없는 사람이라면 식량만 축내는 무익한 존재가 된다. 다시 말하면 양식을 헛되이 사용하는 것이다. 소위 밥값을 하지 못하는 자가 되고 만다. 일하기 싫은 자는 먹지도 말라는 것은 단지 세상살이에서만 통용되는 말이 아니라 영적 생활에서도 그대로 적용된다. 주님의 몸된 교회를 섬기며 주님의 영광을 위해서 살지 않는 삶은 신령한 양식을 섭취할 자격도 없는 것이다.

오늘날 교회 안에 걸인들이 너무나 많다. 걸인의 특징은 무엇인가?

남에게 구걸하며 산다. 구걸하는 이유는 오직 자신의 배만 채우기 위함이다. 물론 계중에는 자기 가족들을 돌보기 위한 자들도 있을 수 있다. 그러나 대부분 그들은 다른 사람을 위해서 전혀 봉사하거나 헌신하는 길을 가지 않는다. 성도에게 있어서 가난한 자들, 구걸하는 자들을 도울 수 있는 선한 기회이지만 그들이 구걸만을 하며 인생을 허비하는 것은 옳은 것이 아니다. 연약한 자들은 강한 자의 돌봄이 필요하다. 그러나 돌봄을 통해서 스스로 강한 자리에 나아가야 한다. 그래야 자신도 도움이 필요로 하는 자들을 능히 도울 수 있는 길로 나아가는 것이다. 배우는 것은 능히 다른 사람을 가르칠 수 있게 되기 위함이다. 그러나 항상 배우는 것 같은데 필요한 사람을 능히 도울 수 없는 자가 되고 만다면 배움을 헛되게 하는 것이다. 우리를 가르치는 교사들의 수고를 무익한 것으로 만든다.

목사의 말씀 선포 사역이 무익하게 되는 것은 영의 양식을 섭렵하는 자들이 그리스도인으로서 자기 삶에 충실하지 않기 때문이다. 먹든지 마시든지 무엇을 하든지 다 하나님의 영광을 위해서 하는 자가 되어야 한다. 그리고 주님의 몸인 교회의 한 지체로서 자기 역할을 충실하게 감당하려고 힘을 다해야 하는 것이다. 그럴 때 말씀의 능력이 어떠한지를 깊이 체험하게 된다. 개혁파 교회 성도들이 다른 어느 교파 성도들보다 세상에서 보다 능력있는 그리스도인으로 사명을 잘 감당할 수 있기를 소망한다. 이번 총리 청문회를 보면서 꽤 영향력 있는 말씀 사역자가 사역하는 신실한 교회의 안수집사라고 하는데도 세상 사람들이 비난하는 일들에 여전히 자유롭지 않은 것을 보며 무척이나 마음이 안타까웠다. 과연 우리 중에는 그에게 돌을 던질만한 깨끗한 사람이 얼마나 되겠는가? 그러나 특히 개혁교회의 그리스도인들은 삶에 있어서 더 신중하고 경건하고 깨끗하고 흠이 없는 사람들이어야 한다. 마치 다니엘을 고소하는 자들이 그를 고소할 거리를 찾지 못했던 것처럼 이방 사람들이 사는 사회에서 보다 말씀에 충실한 자가 되어야 한다. 난 다니엘이 정말 대단한 믿음의 사람인 것을 말하지 않을 수 없는 것은 그의 신분이 포로로 잡혀간 신세였고 온통 주변에 하나님을 두려워하지 않는 사람들로 꽉 차있는 환경에서 하나님을 변함없이 사랑하고 섬겼다는 점이다.

우리는 우리가 사는 사회 환경을 탓하며 스스로를 합리화시켜 적당한 선에서 무마하는 일들이 얼마나 많은가? 하나님의 신실한 말씀 선포사역을 그 무엇보다 중시하는 우리 교회 성도들은 세상에서도 구별된 백성으로, 자녀 교육에서도 구별된 백성으로, 가정생활에 있어서도 구별된 거룩한 백성으로, 상거래에 있어서도 구별된 백성으로, 인간관계에 있어서도 구별된 거룩한 하나님의 백성으로 승리할 수 있기를 소망한다.

2) 올바른 성례 거행

개혁교회 둘째 표지는 올바른 성례 거행이다. 그리스도께서 제정하신 성례는 로마 가톨릭에서 말하는 7성례가 아니라(성세성사, 견진성사, 성체성사, 고해성사, 종부성사, 신품성사, 혼배성사) 오직 세례와 성찬 두 가지 뿐이다. 이것을 부인하는 교회는 이단이다. 성례라는 말은 영어에서 '세크라멘트'(sacrament)라고 하는데 이 단어는 라틴어의 사크라멘툼 (sacramentum)에서 파생된 단어이다. 이 단어는 본래 로마 군인들이 상관에게 충성할 맹세할 때 쓰여졌던 단어였다. 이것을 교회가 사용하면서 하나님께서 은혜의 약속을 외적 형태로 보여 주시는 수단으로 정의된 것이다. 하나님이 약속하신 것을 그대로 받되 그 약속에 부합하게 충성을 다해 주님만을 섬긴다는 의식인 것이다. 그런 의미에서 성례는 물이나 떡 그리고 포도주 등 눈에 보이는 요소들과 하나님이 그러한 상징들과 관련하여 약속하신 것과 그에 따른 수찬자의 헌신을 담고 있다. 이 예식들에는 하나님이 하신 일들과 약속들 그리고 성도들의 찬양과 감사와 결단으로 이루어져 있는 것이다.

그러면 성례라고 말할 수 있는 기준은 무엇인가? 왜 천주교는 7성례를 주장하고 개신교는 두 가지만을 말하는가? 그 기준은 일반적으로 다음과 같은 항목에 준하여 설명한다. 첫째 그 예식이 교회의 머리이신 그리스도에 의해서 직접 제정된 것인가? 둘째는 그 예식이 교회가 존재하는 한 영구적으로 실시되는 성경에 언급되어 있는 것인가? 셋째는 그 예식이 신자들을 위한 영적인 의미를 갖고 있는 것인가? 신자를 교훈하며 하나님의 자녀로 인치기 위함인가? 만일 그런 목적이 충족되지 않는다면 우리는 성례라고 인정할 수 없는 것이다. 우리가 가톨릭의 7성례를 부인하는 것은 여기에 있다. 그리스도께서 제정하신 것이 아니요 성경에서 성례로 간주한 적이 없으며 하나님의 자녀들만을 위한 것이 아니기 때문이다.

성례는 일반적으로 하나님의 약속을 전달하고 인치는 은혜의 수단이다. 성례전의 능력은 성례전의 요소(물이나 떡과 포도주)에 있지 않고 그 예식을 제정해 주신 하나님께 있다. 그래서 하나님의 은총의 표징인 것이다. 성례전의 능력은 또한 그 예식에 참여하는 신자들의 성품이나 신앙에 의존하지 않고 하나님의 신실하심에 의존되어 있다. 성례는 가시적 설교이다. 하나님의 말씀 선포와 상관이 없는 것이 아니라 선포된 말씀을 확정하는 보이는 말씀이다. 그렇기 때문에 성례전은 말씀 선포 없이 거행됨이 없다.

성례와 관련하여 기억할 것은 성례가 구원의 조건이 아니라는 점이다. 구원은 성경에서 가르치고 있는 것처럼 오직 주 예수 그리스도를 믿음으로 말미암는다. 세례나 성찬에 참여하였다고 해서 구원이 이루어지는 것이 아니라 이미 구원받은 사람의 믿음이 겉으로 표출되는 예식이다. 그렇기 때문에 성례에 참여하고 안하는 것은 선택의 문제가 아니라 반드시 참예해야 한다. 구원받은 자로서 구원의 결과로 주님과의 결혼과 주님의 잔치에 동참하는 즐겁고 엄숙한 선언이 수반되는 것이다. 그렇다고 이 예식을 하나의 형식으로 여겨서도 안된다. 그 의식의 생명은 하나님의 약속에 있으나 참여자가 헛되이 받는 형식주의나 의식주의에 빠져서는 아니된다. 그리스도께서 정해 주신 예식에 두려운 마음과 감격스러운 마음으로 나아감이 합당하다.

세례는 한번만 받는 것이다. 여러 번 받고자 하는 것은 하나님이 주신 약속의 진실함과 성실함을 의심하는 불신앙적 행위가 될 수 있다. 잘 모르고 받은 경우일지라도 하나님의 약속은 신실하다. 결혼식은 일생에 있어 한 번 주어지는 것처럼 세례도 한번이면 족하다. 그러나 성찬은 수시로 받는다. 주님을 향한 우리의 사랑과 헌신은 언제나 강조되고 갱신되어야 한다. 결혼한 부부가 항상 두 사람간의 사랑을 확인하고 서로에게 충실한 약속을 다짐하는 시간들이 필요하듯이 성도에게도 나태함과 불성실함을 회개하고 새롭게 다짐하는 언약갱신이 필요한 것이다. 성례가 시행되지 않는 교회는 참 교회가 아니다.

3) 정당한 권징 시행

교회의 권징은 종종 그 엄격함과 정도에 있어서 오류를 범할 수 있다. 교회의 재판이 항상 옳은 것이라고 말하지 못하는 이유는 인간의 편협적이고 잘못된 기준과 판단의 가능성 때문이다. 어떤 것은 그릇된 적용으로 인하여 상식적으로 용납이 되지 않는 경우도 발생하는 것이다. 법을 집행하는 판사가 고무줄 잣대를 사용할 때 그의 권위는 추락하고 그의 판단은 누구도 믿지 않게 된다. 마찬가지로 교회의 권징도 분명한 잣대로 이루어져야 하는 것이다.

권징은 신학적 오류를 방지하고 교회의 타락을 억제하며 성결함을 보존함에 그 목적이 있다.

웨스트민스터 신앙고백서 제 30장에서 교훈하고 있는 권징의 목적은 이러하다:

(3) 교회 권징은 범죄하는 형제들을 바로잡고 다시 얻고자 함이며, 동일한 죄악으로부터 다른 이들을 보호하기 위함이다. 그리고 온 덩어리에 퍼져 부패케 할 누룩을 제거함이며, 그리스도의 명예와 복음의 거룩한 고백을 옹호하기 위함이며, 만일 악명 높고 완악한 범죄자들에 의해서 하나님의 언약과 그 언약의 인침을 훼손하게 되면 교회에 임할

하나님의 진노를 막기 위함이다(고전 5장, 딤전 5:20, 마 7:6, 딤전 1:20, 고전 11:27-34, 유 23).

(4) 이러한 목적들을 효과적으로 달성하기 위하여 교회 직임자들은 당사자의 범죄와 과실의 성격에 따라서 권계 일시적인 수찬정지 그리고 교회에서의 출교를 부과할 수 있다(살전 5:12, 살후 3:6,14,15, 고전 5:4,5,13, 마 18:17, 딛 3:10).

교회 헌법의 권징조례에서 말하고 있는 권징의 의의: 권징은 예수 그리스도께서 그 교회에 주신 권을 행사하며 설립하신 법도를 시행하는 것이니 교회에서 그 교인과 직원의 각 치리회를 치리하며 권고하는 사건의 일체를 말한다(1조).

권징의 목적(2조)

진리를 보호하며 그리스도의 권병(權柄)과 존영을 견고하게 하며 악행을 제거하고 교회를 정결하게 하며 덕을 세우고 범죄한 자의 신령적 유익을 도모하는 것이다.

＊권병: 권력으로 사람을 마음대로 좌우할 수 있는 힘. 또는 그런 지위나 신분.

범죄(3조)

교인 직원, 치리회를 불문하고 교훈과 심술과 행위가 성경에 위반되는 것이나 혹 사정이 악하지 아니할지라도 다른 사람으로 범죄하게 한 것이나 덕을 세움에 방해되게 하는 것이 범죄이다.

오늘날 한국교회의 아픔은 권징이 잘 시행되지 않고 있는 점이다. 그로 인해 교회의 부패함과 도덕성 추락은 그 어느 때보다 심각하다. 교회의 지도자들, 웨스트민스터 신앙고백서가 밝히고 있는 대로 천국 열쇠를 쥐고서 정당하게 권징을 시행함으로서 회개치 않는 자들에게는 천국이 닫히게 하고 복음을 받아서 회개에 이르는 자들에게는 천국 문이 열리게 하는 권세는 아무 의미가 없게 되었다. 그리고 성공논리에 빠져서 성경적이지 않은 가르침을 해도 교회회집 수만 성공한다면 웬만한 잘못과 허물은 용납이 되고 있는 시점이다. 성도들은 교회의 분열과 성도간의 불화를 일으키는 죄나 온 교회를 더럽히는 중한 죄에 빠지지 않도록 주의해야 하며 신학적 오류로부터 자신을 지키고 믿음의 공동체를 이탈하는 악에 빠지지 말아야 한다. 교회가 완벽해서가 아니라 교회를 통해서 교회의 머리이신 그리스도께서 일하시기 때문이다. 그리고 교회는 그리스도의 말씀으로 언제나 개혁되어져야 한다.

4. 교회의 참된 예배

웨스트민스터 신앙고백서 21장은 예배와 예배일에 대한 규례를 제정하고 있다. 인간이 하나님을 예배하고 섬기는 일은 마땅한 일이다. 왜냐하면 하나님이 인간을 지으셨기 때문이다. 지음 받은 자로서 창조주 하나님을 섬기는 것은 극히 아름답고 영화로운 것이다. 섬김의 자세는 하나님이 인간에게 언제나 선하고 의로우시기 때문에 인간도 마음을 다하고 성품을 다하며 힘을 다하여 하나님을 섬기고 사랑하며 찬양하며 신뢰해야 한다.

　그러나 하나님께 합당한 예배 방식은 그의 성품에 어긋나는 것이 되지 말아야 하기 때문에 인간의 생각이나 형편에 좌우되는 것이 아니라 오로지 하나님 자신이 계시하신 방식으로 하나님께 나아가는 것이라야 한다. 하나님이 명하시지 않은 방식으로 하나님을 섬기는 것은 하나님이 받으시는 예배가 되지 못한다. 따라서 사람들의 상상이나 어떤 가시적인 형상을 사용하여 성경에 명시되어 있는 않은 방식으로 하나님을 예배할 수 없는 것이다. 사람의 방식은 사람을 위한 하나님으로 전락시키는 일이며 예배가 예배하는 자의 의중에 달려있게 만든다. 그러나 우리는 하나님을 위해 지음을 받았고 하나님을 섬기는 자이다.

　그래서 예배의 대상은 오로지 삼위일체 하나님 한분이며 천사들이나 성도들이나 다른 어떤 피조물에게 경배해서는 안된다. 주 하나님 한 분만 경배하는 것이다. 인간의 타락 이후에 인간이 하나님께 나아가는 방식은 중보자 없이는 불가능한 것이 되었다. 그 중보자는 하나님과 사람 사이에 있는 유일한 분 예수 그리스도이다. 그로 말미암지 않고는 누구도 하나님 아버지께 나아갈 수 없다. 그러므로 예배자들은 주 예수 그리스도를 영접하여 새 사람이 된 자들, 곧 하늘의 시민권자들이어야 한다. 죄 사함 받기 위한 것이 주된 것이었던 구약의 제사와는 달리 신약의 예배는 이미 그리스도 예수의 피로 말미암아 죄 사함을 받은 자들이 그 은혜에 감사하여 하나님만을 섬기며 하나님만을 신뢰하며 하나님만을 따르는 하나님의 백성임을 고백하는 행위이다. 그렇기 때문에 주 예수를 믿는 자들만이 참 예배자가 될 수 있다. 그런 의미에서 구도자 예배는 성경적인 예배라고 말할 수 없다. 죄인이 스스로 하나님을 찾는 것이 불가능하기 때문이다. 오직 죄인을 찾아오신 주 예수 그리스도를 영접하는 길만이 하나님의 자녀가 된다. 하나님의 자녀가 되었다는 최고의 표징은 하나님을 하나님의 방식대로 예배하는 것이다.

예배는 창조주시요 주권자이시며 구원자이신 하나님께 하는 복종의 의식이기 때문에 인간이나 그 어떤 피조물을 높이는 행위는 결코 용납할 수 없다. 예배의 주 목표는 하나님이다. 하나님 중심의 예배가 되어야 예배자들이 가장 안전하고 하늘의 복을 확실하게 누린다. 한 나라의 임금께 나아가는 일도 알현하는 자의 방식대로가 아니라 왕의 직임과 성품에 맞는 방식에 따라야 하듯이 하나님이 정하신 방식대로 나아가는 것이라야 한다. 반역자는 하나님 앞에 설 수 없다. 대적자도 하나님을 만날 수 없다. 그렇기 때문에 예배는 철저하게 하나님의 백성들의 의무요 동시에 특권이자 영광이다. 사람의 제일되는 목적이 하나님을 영화롭게 하는 것이요 그 이름을 영원토록 즐거워하는 것이다. 예배 외에 무엇이 하나님을 가장 영화롭게 하겠는가? 그의 이름을 높이는 찬양과 그의 은혜에 대한 깊은 감사의 마음 외에 무엇이 그를 가장 즐거워하는 것이 되겠는가? 이렇게 예배는 하나님의 은혜의 영광을 찬미하는 최고의 수단이다. 동시에 성도들이 하늘의 복을 가장 풍성하게 받을 수 있는 은혜의 수단이다. 예배를 소중히 여기지 않는 것은 하나님을 등한히 여기는 것과 같다. 구약의 이스라엘 백성들이 가장 소중히 여겼던 유월절 절기처럼 예배는 우리를 죄 가운데서 구원해 주신 하나님의 놀라운 은혜를 드러내는 최고의 의식이다. 예배를 통해서 성도들에게 행하신 하나님의 놀라운 구속의 은혜가 가져오는 모든 신령한 복을 누린다.

　예배의 목적은 성도들이 받는 복이 아니다. 하나님이 원하시는 참된 예배는 하나님의 거룩성과 그의 영광을 드러내는 것이다. 하나님께 나아가는 자들에게서 하나님이 거룩하다 함을 얻어야 하며 그의 백성들 가운데서 영광을 받으셔야 하는 것이다(레 10:3). 그런 의미에서 아버지께서 찾으시는 참된 예배자는 신령과 진정으로 예배하는 자라야 한다(요 4:23-24). 신령한 예배는 우리의 몸과 마음을 하나님이 기뻐하시는 거룩한 산 제사로 드릴 때 가능하다. 우리 안에 내주하시는 성령 하나님의 인도하심이 있을 때에만이 하나님의 거룩한 성품에 걸맞는 정결한 신부로 주님 앞에 서게 되는 것이다. 또한 하나님의 진리의 말씀으로 나아간다. 그가 말씀하신 것을 묵상하며 그 말씀에 순종하는 마음으로 주 앞에 서는 것이다. 그가 말씀하신 것을 듣고 준행하지 않는 것은 왕의 노여움을 살 뿐 예배자에게 유익한 것은 아무것도 없다. 그로 그가 선포하는 말씀에 두렵고 떨림을 받아 삶 속에서 실행해 갈 때 우리가 하나님께 속한 하나님의 백성임을 드러내며 우리를 구속해 주신 주님께서 영광을 받으시는 것이다.

　하나님이 예배의 중심이 아니라 인간이 그 자리에 서는 것은 신성모독죄에 해당된다. 하나님이 받으셔야 할 영광을 가로채는 것은 패망의 길을 걷고 있는 것이다. 예배는 철저하게 하나님 중심이다. 교회의 머리는 그리스도이기 때문에 사람들이 교회에 나와 머리되신 주님을 가장 먼저 뵙고 그와의 교통함을 즐거워하며 그로 말미암아 받은 은혜의 진미를 예배자들 간에 서로 나누는 것이 되어야 한다. 이것이 참 예배이다.

예배의 요소에 대하여 웨스트민스터 신앙고백서는 이렇게 지적하고 있다: '경건한 경외감으로 성경을 읽어야 한다. 건전한 설교와 이해와 신앙과 경외심으로 하나님께 복종하는 자세로 말씀을 양심적으로 듣는 것과 마음에 은혜로 시편을 찬양하는 것과 그리스도에 의해서 제정된 성례를 올바르게 거행하고 합당하게 받는 것은 하나님을 합당하게 예배하는 통상적인 예배요소들이다. 이 외에 종교적인 맹세와 서약, 신성한 금식, 그리고 특별한 경우의 감사들은 몇 차례 적당한 시기에 거룩하고 종교적인 방식으로 사용되어야 한다.'(21장 5항)

예배의 장소에 대한 것은 구약에서는 성전을 중심으로 한 것이었으나 신약의 복음 시대에서는 어떤 특정한 장소에 매이는 것은 없다. 다시 말하면 하나님이 더 잘 받으실만한 장소가 따로 있는 것이 아니라는 말이다. 그렇다고 나이트 클럽이나 술집 같은데서 성도들이 모여 예배할 수 있는 것이 아니다. 반드시 하나님을 예배하는 구별된 장소가 필요하다. 그것이 더 효험이 있어서가 아니라 거룩하신 하나님을 예배하는 일에 집중하기 위한 방편 때문이다. 그러나 장소보다 더 중요한 것은 신령과 진정으로 예배하는 일이다. 경솔하거나 천박한 태도로 나아갈 수 없다. 그런 의미에서 교단에서 정한 예배 모범에서 엄숙한 태도와 공경하는 마음으로 하나님을 예배할 것을 주문하고 있는 것이다. 즉 '귓속말이나 출입하는 자에게 인사나 곁눈질이나 졸음이나 웃거나 그

밖에 모든 합당치 못한 행동을 일체 하지 말고, 어린이들은 부모가 데리고 있는 것이 좋고, 한 가족이 하나님의 집에 같이 모여 앉는 것이 가장 마땅함을' 정하고 있다.

예배일은 성경에 정한 바 주일이다. 초대교회 성도들이 안식후 첫날 곧 주의 날에 모여 하나님을 경배하였다. 창조의 완성을 뜻하는 안식일(토요일)이 아니라 구원의 완성을 의미하는 주일을 지킨 것이다. 따라서 신약의 모든 교회들이 다 주일을 거룩히 지키고 있는 것이다. 비록 예배하는 날짜는 변경이 되었을지라도 그 날을 지키는 원리는 동일하다. 주일에 시장을 본다거나 사업에 종사하거나 모든 사무와 육신적인 쾌락에 종사하는 것을 금해야 한다. 하루 24시간이라고 못박을 필요는 없지만 잠자리에서 일어나 잠자리에 들어갈 때까지 온 종일 거룩하게 지켜야 한다.

예배는 미리 정한 시간에 회집하며 시작하기 10분 전에 미리 와서 예배에 임할 준비를 해야 한다. 그 날 예배가 하나님께 열납되는 예배가 되고 예배 순서를 맡은 이들에게 성령의 감화를 위해서 기도하며 특히 말씀 선포자에게 성령의 기름 부으심이 있기를 위해 묵상하며 준비해야 한다. 그리고 자신이 받을 은혜를 생각하고 정결한 마음의 그릇을 준비할 수 있도록 집에서 나오기 전부터 기도로 준비해야 한다. 묵도에서부터 축도에 이르기까지 급한 일이 아닌 한 출입을 삼가는 것이 옳다. 그리고 예배의 엄숙함을 방해하는 일체의 말이나 몸가짐을 정숙하게 해야 한다. 반드시 정장 차림으로 나오는 것이 합당하며 아이들에게도 하나님께 나아가는 올바른 몸가짐을 가질 수 있도록 준비시켜야 한다.

이 주일을 지키기 위해서 미리 육신의 모든 업무들을 정돈하고 먹을 것까지라도 미리 준비하며 위급한 일 밖에 모든 사무와 육신적인 쾌락의 일을 폐해야 한다. 따라서 주일에 성경을 읽거나 경건서적을 읽거나 혹은 환자들을 심방하거나 기도하는 일에 힘쓰며 보내야 한다. 결혼식장에 참여하거나 운동경기장에 참가하는 것, 사사로운 오락을 일삼는 것은 반드시 금해야 한다. 구약에서 이스라엘 백성들이 하나님의 백성이라는 외형적인 표징은 안식일 준수와 할례였다. 신약에서도 성도들이 하늘나라 백성임을 나타낼 수 있는 외적인 표징이 있다고 한다면 주일을 거룩히 지키는 것과 음주와 흡연을 금하는 것이다. 물론 후자는 서구 교회에서는 자유롭게 행하고 있는 것이나 한국교회에서는 악을 행하는 것과 밀접한 관계가 있기 때문에 일찍이 선교사들이 금했던 아름다운 덕목이다. 술 담배를 한다고 해서 덜 경건하고 안하면 더 거룩한 것이라고 말할 수 없지만 술 담배 문제가 성도들의 경건 생활에 방해가 됨은 틀림없다. 장로의 신분을 가진 자가 폭탄주를 마시고 막걸리 파티를 즐기는 것은 덕스럽지 않다. 단지 주일에 예배당에 오는 것이 신앙생활의 전부가 아니다. 성도는 구별된 백성으로 살아가야 한다.

사회적인 변화를 수용한다고 해서 하나님께 나아가는 방식조차도 세상 흐름에 맞게 변경하는 것은 옳지 않다. 예배는 지존하신 하나님과의 만남이기 때문에 그 하나님께 합당한 예의를 표할 수 있는 몸가짐이어야 한다. 예배자 편리주의가 아니라 예배를 받으시는 하나님의 거룩한 이름에 합당한 것이라야 한다. 하나님에게 최고의 예우를 표할 수 있는 옷차림이어야 한다. 그런 의미에서 남자는 양복 정장을 여성은 치마 정장을 하라고 하는 것이다.

오늘날 주일 예배가 몹시 혼란스럽고 무질서하다. 다양한 사람들을 위하여 다양한 예배 방식이 도입되어서 마치 교회가 손님들 입맛에 맞는 백화점식 장사에 몰두하고 있다. 전통적 예배의식을 전면 부정하고 어떠한 형식에 매이지 않아야 하며 복장은 가장 편안한 것으로 입고 일 주일에 어느 한 날 예배 시간에만 참석하고 헌금만 하면 된다는 식으로 전락하고 있다. 주일에 교회에 나오는 것도 성경 찬송을 가지고 다닐 필요가 없도록 만들고 있다. 영상매체 사용 때문에 일어나는 일이다. 어느 교회는 시편찬송은 말할 것도 없거니와 찬송가조차도 부르지 않고 복음 송만 부른다. 설렘과 흥분을 일으키는 저속한 음악인 현대 복음송을 열광적으로 부르고 감정적인 흥이 고조되어 박수치고 춤추고 하는 것은 잘못된 것이다.

설교 중이나 특별찬양이 있은 후에 박수를 쳐서 그런 사람을 기리는 행위와 '영광의 박수'를 사람에게 하듯 하나님께 박수를 올려드린다고 하는 것은 성경에도 없고 하나님의 성품에 반하는 죄악이다. 요즘 워십 댄스라는 것, 현대 무용과 뮤지컬, 힙합등이 무분별 하나님을 예배하는 일에 도입하고 있는 것도 대단히 잘못된 일이다. 성경에 춤추며 하나님을 찬양하는 구약의 말씀은 다윗 개인이 구원의 감격을 몸과 영혼에 넘치는 충만한 기쁨으로 기뻐하는 외적인 표현일뿐 실제로 성전에서나 회당에서 그리고 신약시대의 예배나 기독교 2000년 동안의 정통적인 교회 예배의식에서 전혀 찾아지지 않는 이교도식 방식이다. 마치 출애굽기 32장에서 아론과 이스라엘 백성들이 금송아지 만들어 놓고 그 앞에서 번제와 화목제를 드린 후에 먹고 마시며 춤추며 뛰었던 이교도적 풍습과 다를 바가 없는 것이다. 성경 어디에도 그와 같은 풍습이 없음에도 불구하고 기독교티브이나 방송을 통해서 그리고 대형집회등을 통해서 무분별하게 확산되고 있는 것이다. 그들이 진정 하나님께 영광을 돌리는 일이라고 생각한다면 그리고 하나님의 성품을 한번만이라도 제대로 생각한다면 감히 무례한 일들을 행할 수 없는 것이다.

우리는 하나님의 방식대로 하나님을 예배하되 성경과 교회 헌법 및 예배 모범을 따라 바르게 하나님을 섬기는 개혁교회 성도들이 되어야 한다.

부록

참 고 문 헌

존 칼빈『기독교 강요』, 원광연 역, 크리스천다이제스트사, 2004.

존 머레이『존 머레이 선집 2』, 조직신학 크리스천다이제스트사, 1996.

송용조『개혁주의 조직신학 강의』, 고려서원, 2004.

R. C. Sproul『기독교의 핵심 진리 102 가지』, 생명의 말씀사, 운혜경
    역, 2003

데이비드 크라펠터 『선하신 하나님의 손에 붙들린 죄인들』, 생명의 말
    씀사, 김태곤 역, 2008.

찰스 핫지『웨스트민스터 신앙고백 해설』 크리스천다이제스트사, 김종
    흡 역, 2001.

나용화『웨스트민스터 신앙고백서』기독교문서선교, 2002.

『하이델베르크 요리문답』성약출판사, 2004.